Und wenn ich dich lieben würde?

3

Yuki Shiraishi

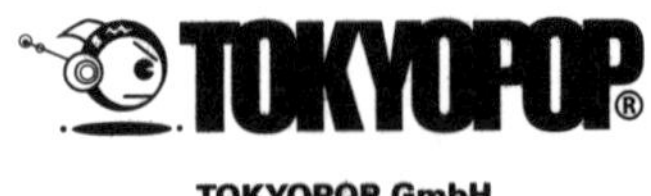

TOKYOPOP GmbH
Hamburg

TOKYOPOP
1. Auflage, 2018
Deutsche Ausgabe/German Edition

Aus dem Japanischen von Anne Klink

KIMI WA, ORE GA SUKIDATTE ITTARA DONNA KAO SURU DARO. 3
by Yuki SHIRAISHI

Original Japanese edition published by SHOGAKUKAN.
German translation rights arranged with SHOGAKUKAN
through The Kashima Agency.

Redaktion: Benjamin Spinrath
Lettering: Vibrraant Publishing Studio
Herstellung: Annika Meyer-Wülfing
Druck und buchbinderische Verarbeitung:
CPI-Clausen & Bosse GmbH, Leck
Printed in Germany

ISBN 978-3-8420-4036-6

www.tokyopop.de

Und wenn ich dich lieben würde?

3

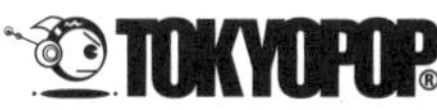

INHALT

Und wenn ich dich lieben würde?

Die Charaktere

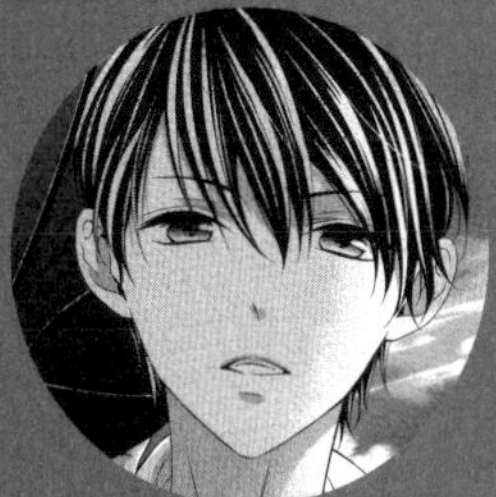

Soshi Kanzaki

Ein Weiberheld, dem die Mädels in Scharen hinterherlaufen. Aus einem ihm unbekannten Grund fühlt er sich zu Minato hingezogen und ist deshalb dem Basketballklub beigetreten. Er geht in dieselbe Klasse wie Minato.

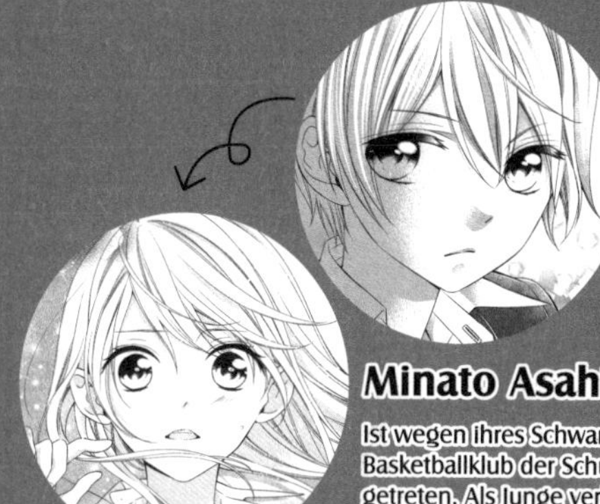

Minato Asahina

Ist wegen ihres Schwarms de Basketballklub der Schule beigetreten. Als Junge verkleidet gibt sie im Team ihr Bestes u hofft darauf, dass ihr nieman auf die Schliche kommt. Sie geht ins erste Highschool-Jah

Takumi Sakaki

Kapitän des Basketballklubs und im dritten Highschool-Jahr. Er ist Minatos großer Schwarm.

Was bisher geschah

Soshi ist zum ersten Mal richtig verliebt, und zwar in seine Klassenkameradin Asahina☆. Asahina wiederum ist in Kapitän Sakaki des Schulbasketballklubs verliebt und schleust sich als Junge verkleidet in den Klub ein, um ihm möglichst nah zu sein. Trotz allem macht Soshi ihr ein Liebesgeständnis und gibt seinen Versuch nicht auf, sich ihr zu nähern.

Als Asahina allein im Park trainiert, kommt sie mit einem Jungen namens Eito in Berührung, einem ehemaligen Mitglied des Basketballklubs. Eito kommt recht schnell hinter ihr Geheimnis und zieht sie damit auf. Später kommt es zu einem versehentlichen Kuss zwischen Asahina und Sakaki, woraufhin sie von Soshi gemieden wird. Erst jetzt erkennt sie ihre verborgenen Gefühle für Soshi ...

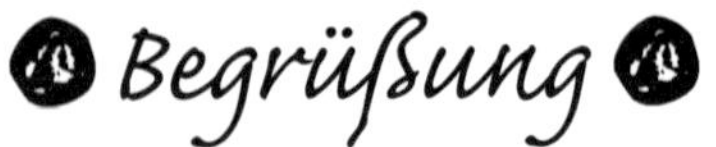

Guten Tag, ich bin's, Yuki Shiraishi.

Vielen Dank, dass ihr auch in Band 3 von Und wenn ich dich lieben würde? hineinschaut! Letzten Monat ist erst der zweite Band erschienen, und jetzt ist schon dieser letzte Band da*. W... Wie schnell das alles geht!

Ich hoffe, ihr habt Freude daran, Soshis und Asahinas Liebesgeschichte bis zum Schluss zu verfolgen.

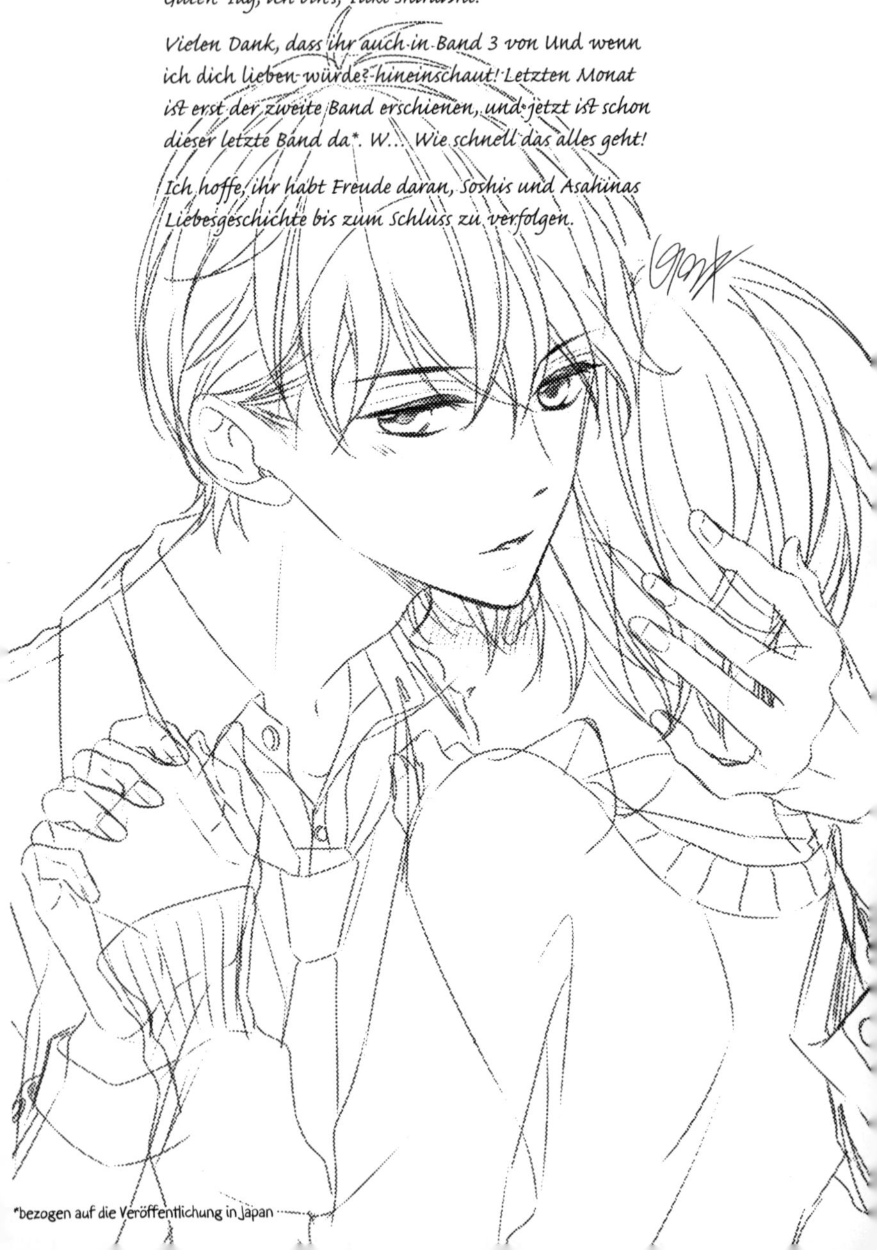

*bezogen auf die Veröffentlichung in Japan

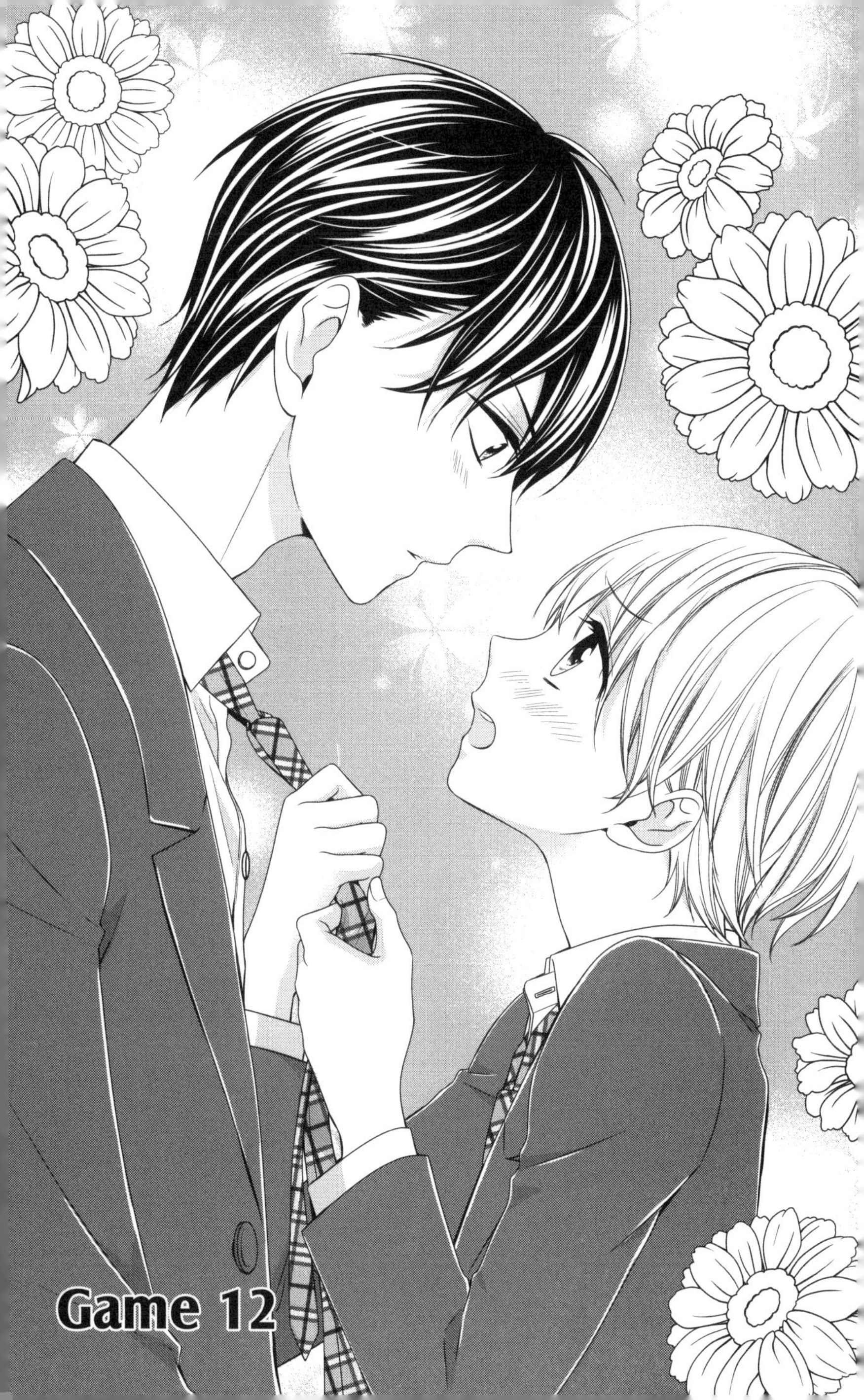
Game 12

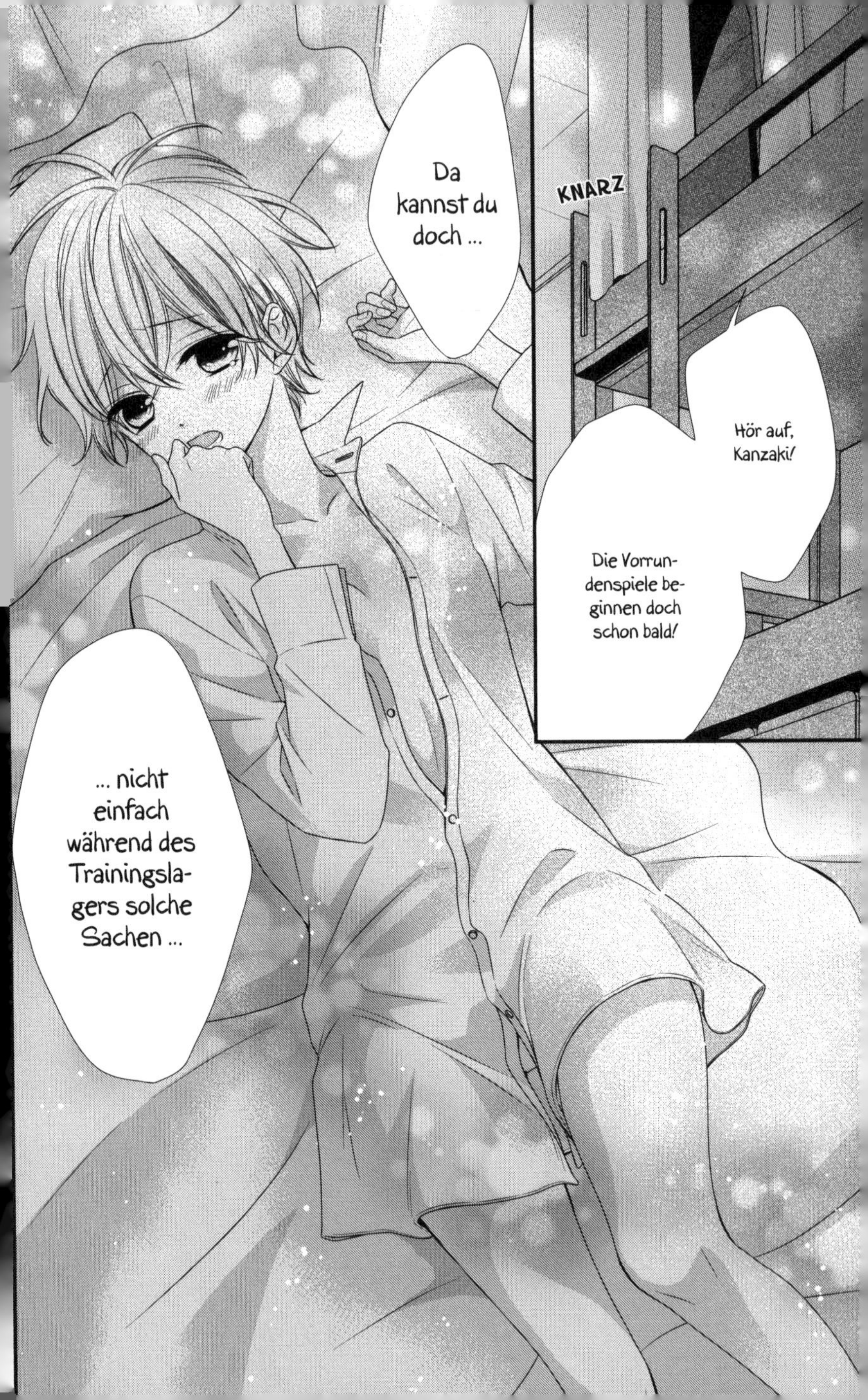
KNARZ
Hör auf, Kanzaki!
Die Vorrundenspiele beginnen doch schon bald!
Da kannst du doch …
… nicht einfach während des Trainingslagers solche Sachen …

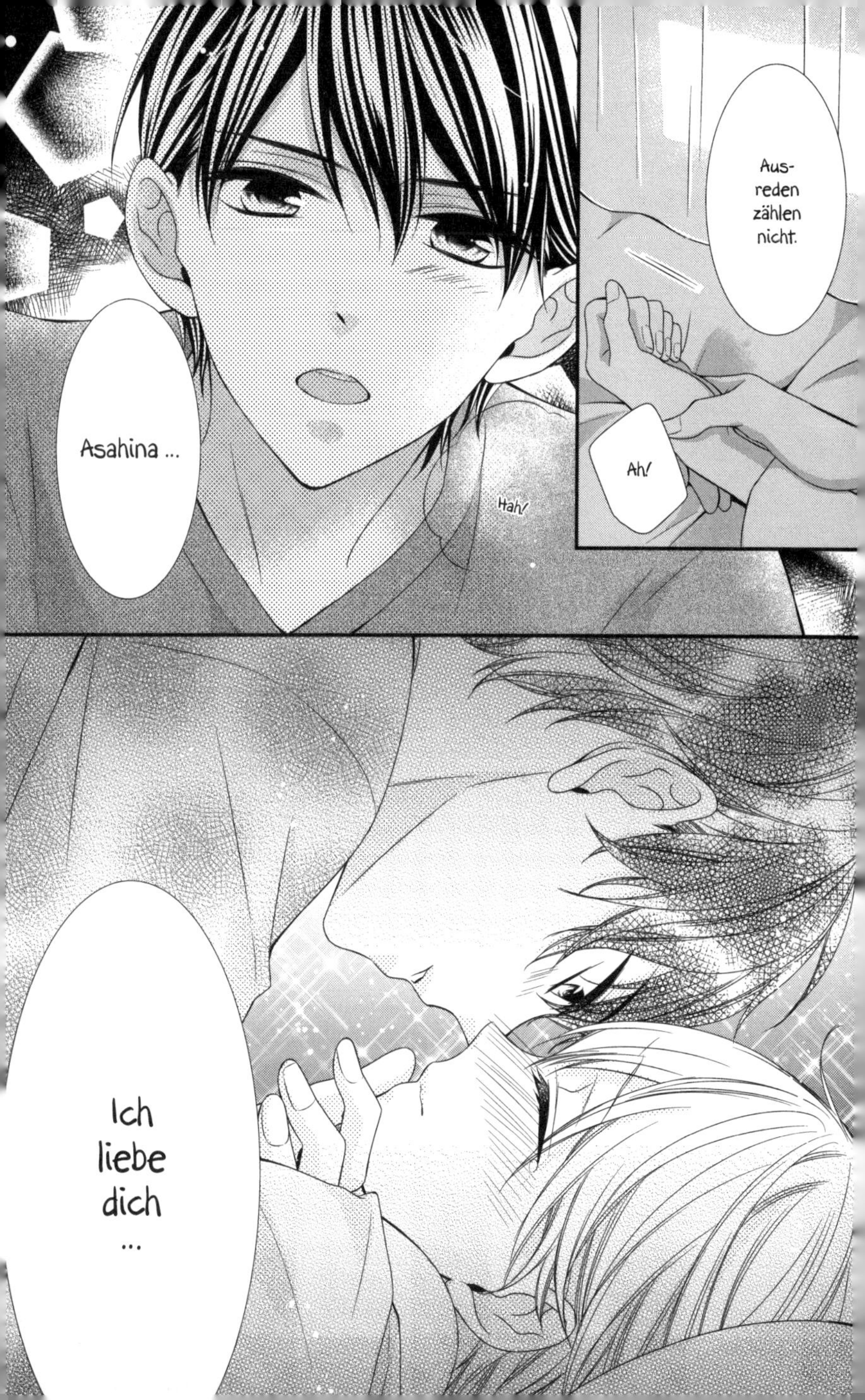
Aus-
reden
zählen
nicht.
Ah!
Hah!
Asahina ...
Ich
liebe
dich
...

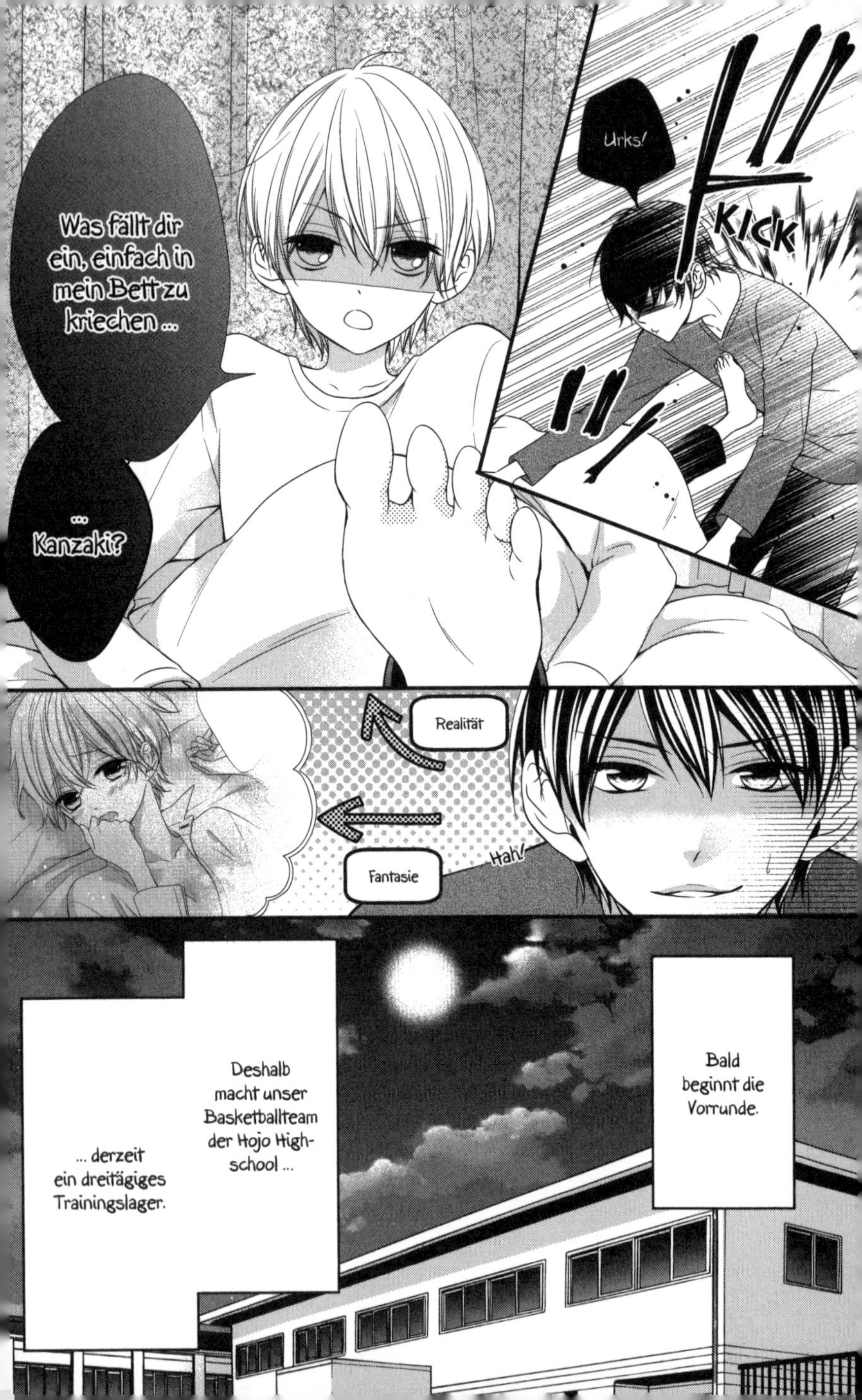
KICK
Urks!
Was fällt dir ein, einfach in mein Bett zu kriechen …
… Kanzaki?
Realität
Fantasie
Hah!
Bald beginnt die Vorrunde.
Deshalb macht unser Basketballteam der Hojo High-school …
… derzeit ein dreitägiges Trainingslager.

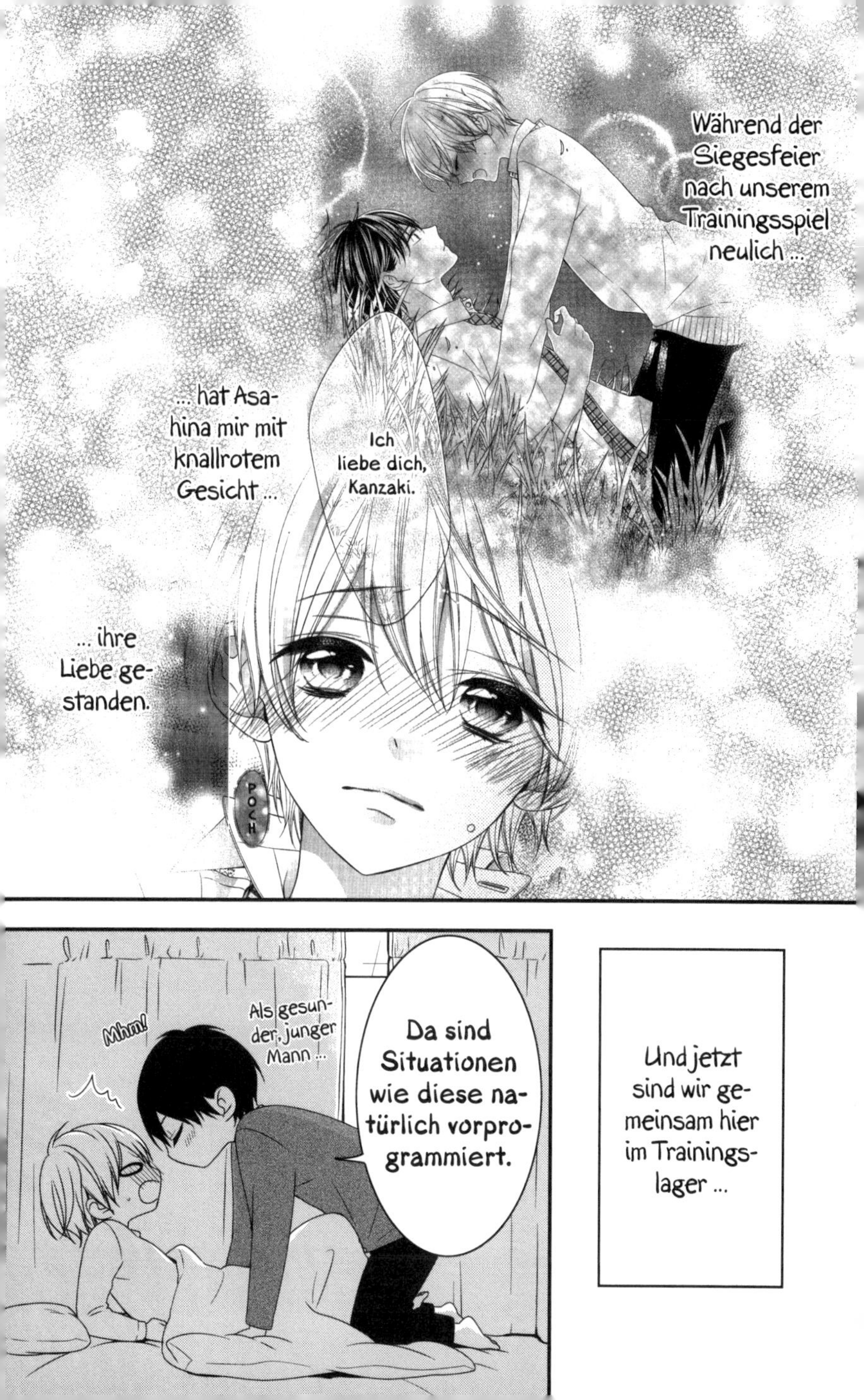

Während der Siegesfeier nach unserem Trainingsspiel neulich ...

... hat Asahina mir mit knallrotem Gesicht ...

Ich liebe dich, Kanzaki.

... ihre Liebe gestanden.

POCH

Und jetzt sind wir gemeinsam hier im Trainingslager ...

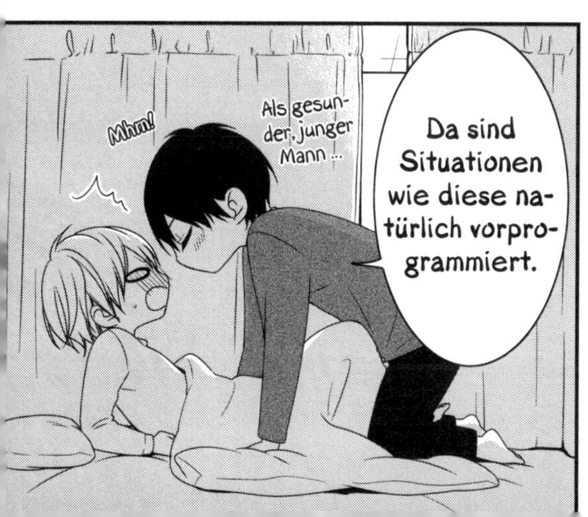

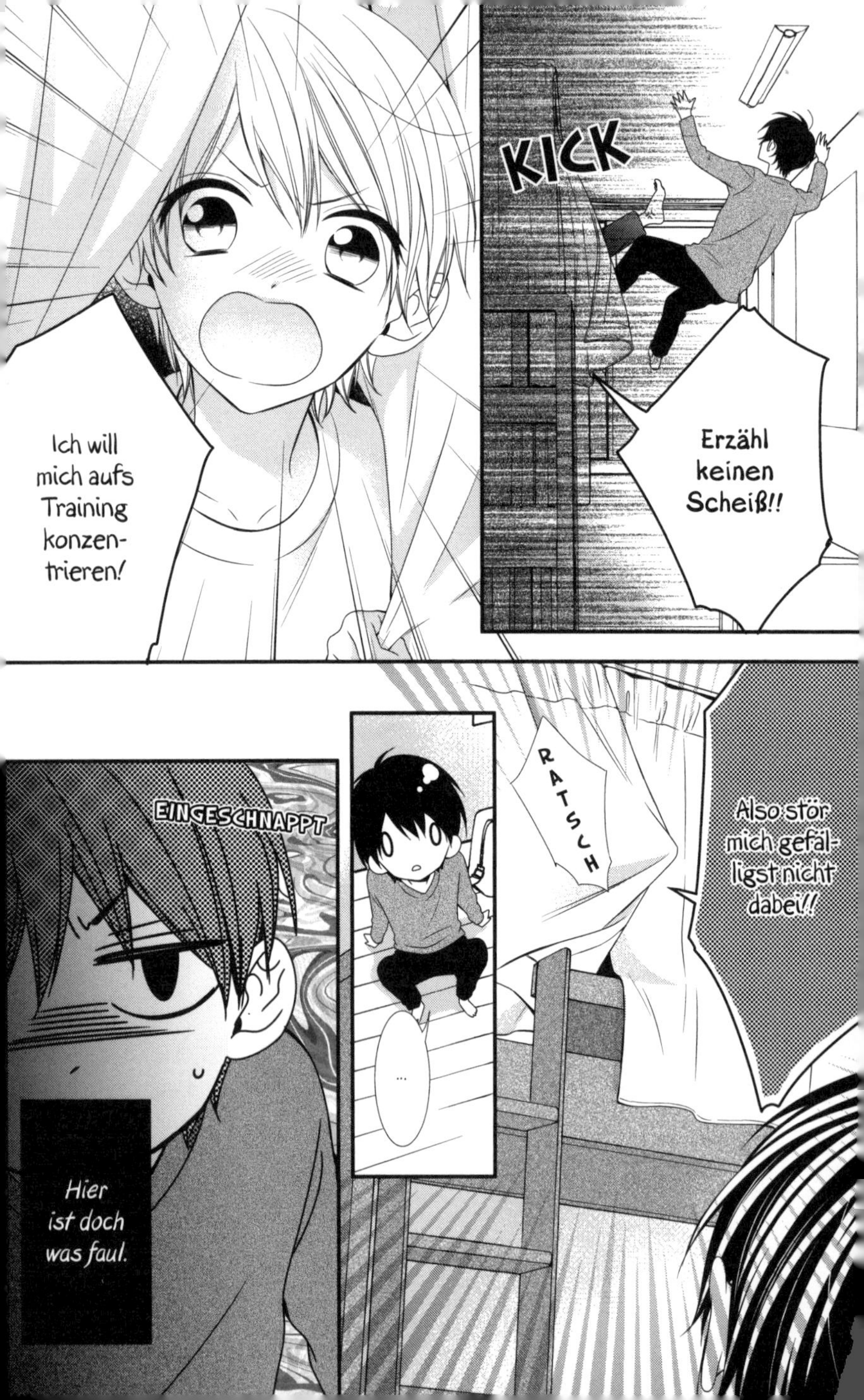
KICK
Erzähl keinen Scheiß!!
Ich will mich aufs Training konzentrieren!
Also stör mich gefälligst nicht dabei!!
RATSCH
...
EINGESCHNAPPT
Hier ist doch was faul.

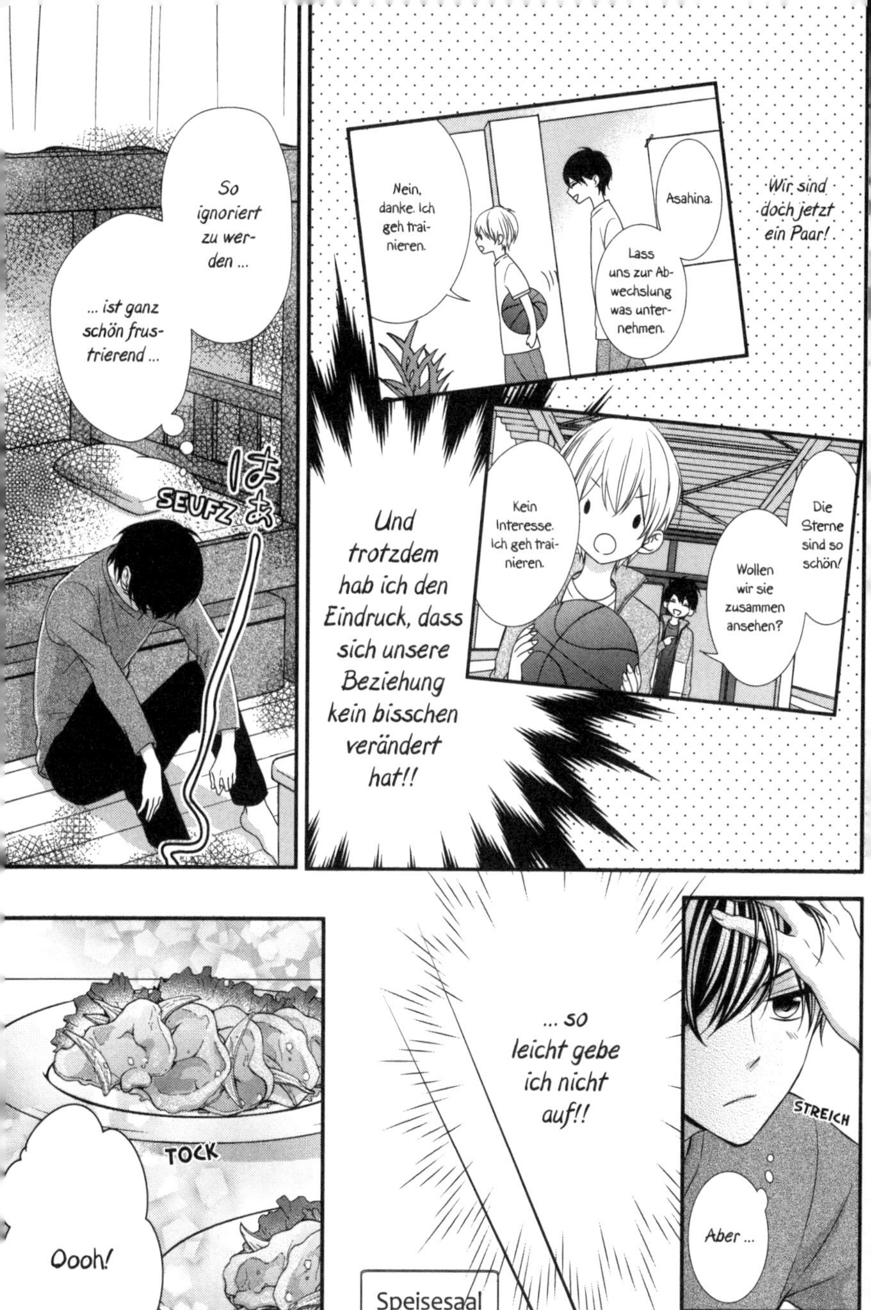
Wir sind doch jetzt ein Paar!
Asahina.
Lass uns zur Abwechslung was unternehmen.
Nein, danke. Ich geh trainieren.
Die Sterne sind so schön!
Wollen wir sie zusammen ansehen?
Kein Interesse. Ich geh trainieren.
Und trotzdem hab ich den Eindruck, dass sich unsere Beziehung kein bisschen verändert hat!!
So ignoriert zu werden ...
... ist ganz schön frustrierend ...
はぁ
SEUFZ
STREICH
Aber ...
... so leicht gebe ich nicht auf!!
Speisesaal
TOCK
Oooh!

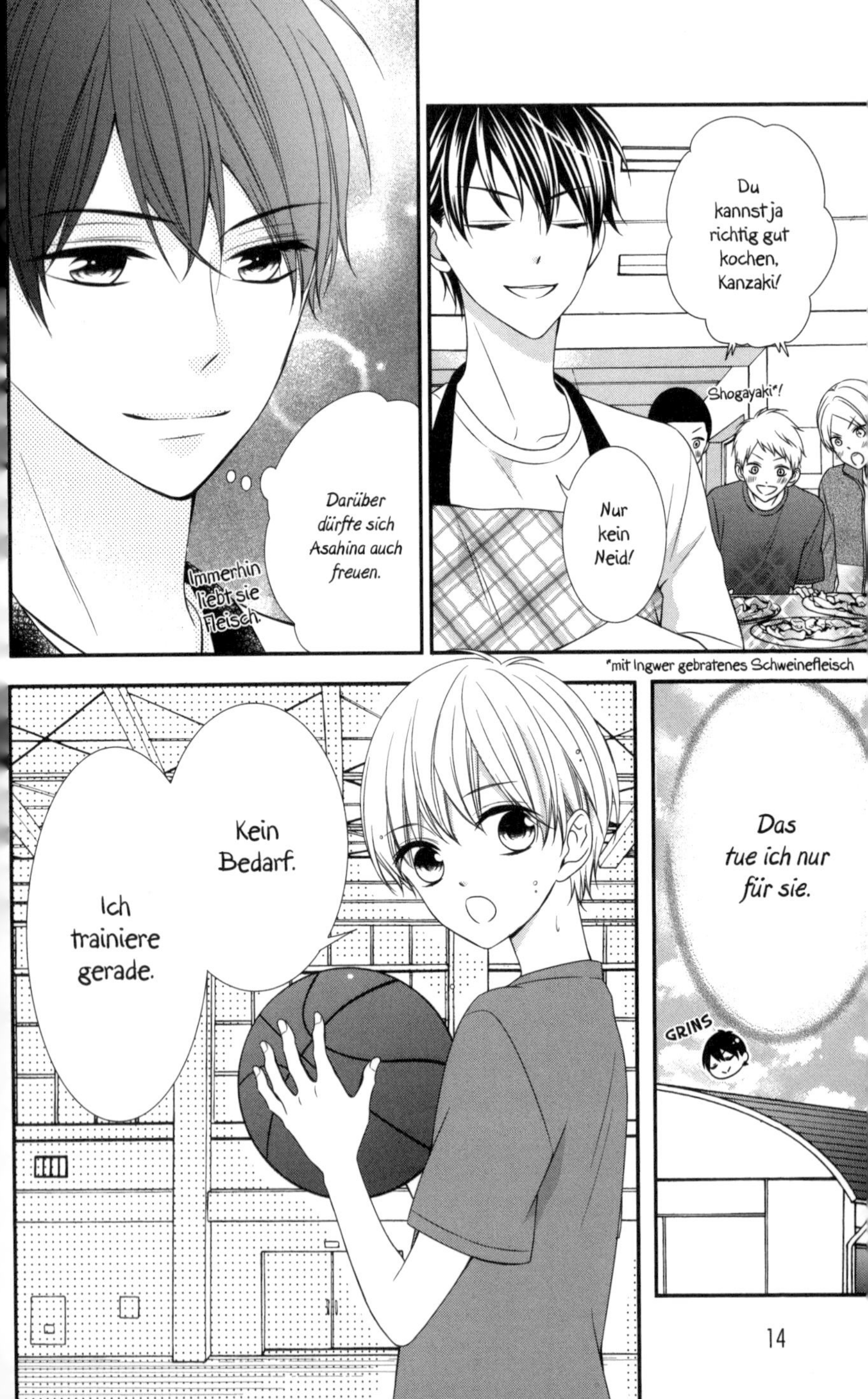

*mit Ingwer gebratenes Schweinefleisch

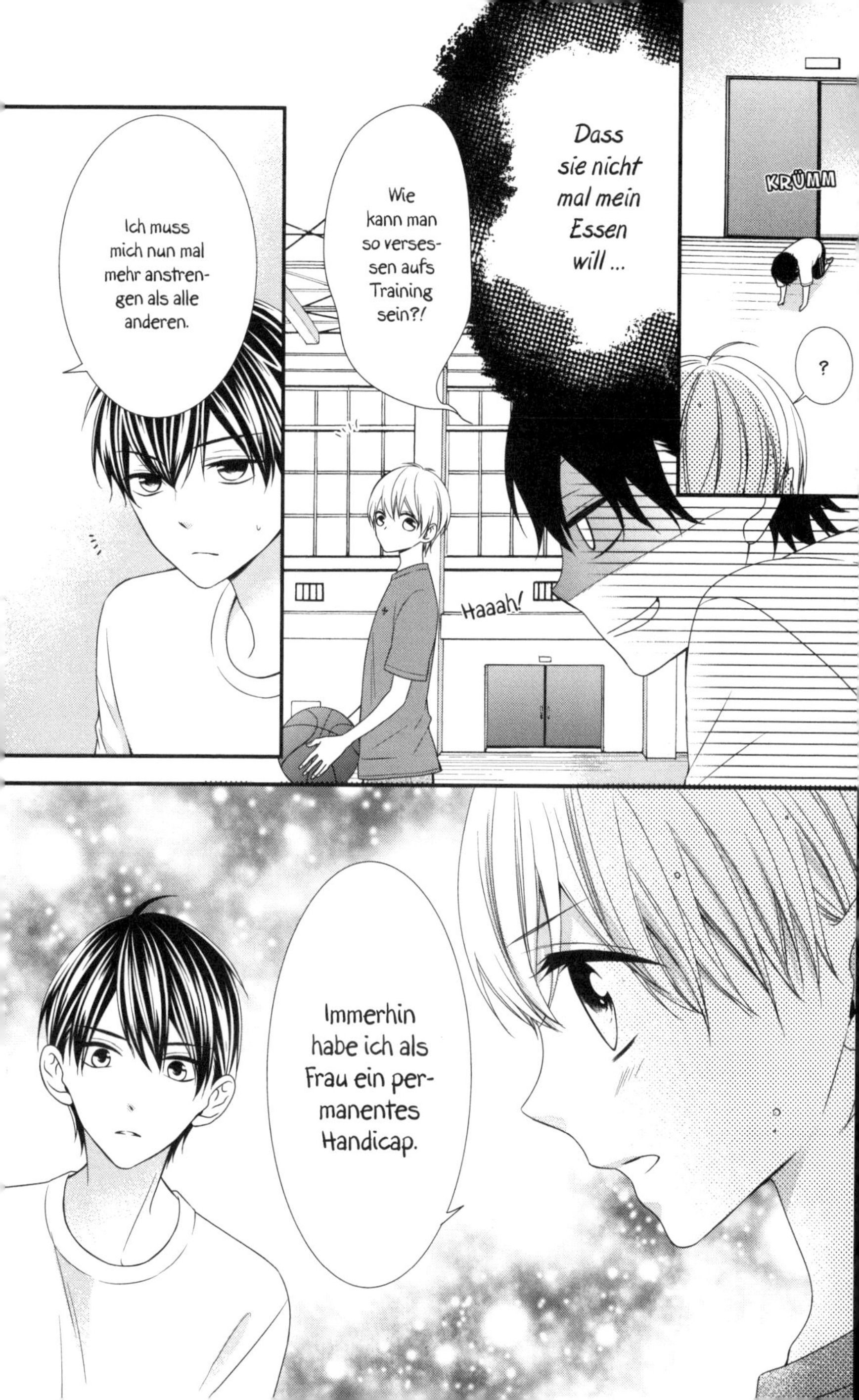
KRÜMM
?
Dass sie nicht mal mein Essen will ...
Haaah!
Wie kann man so verses-sen aufs Training sein?!
Ich muss mich nun mal mehr anstren-gen als alle anderen.
Immerhin habe ich als Frau ein per-manentes Handicap.

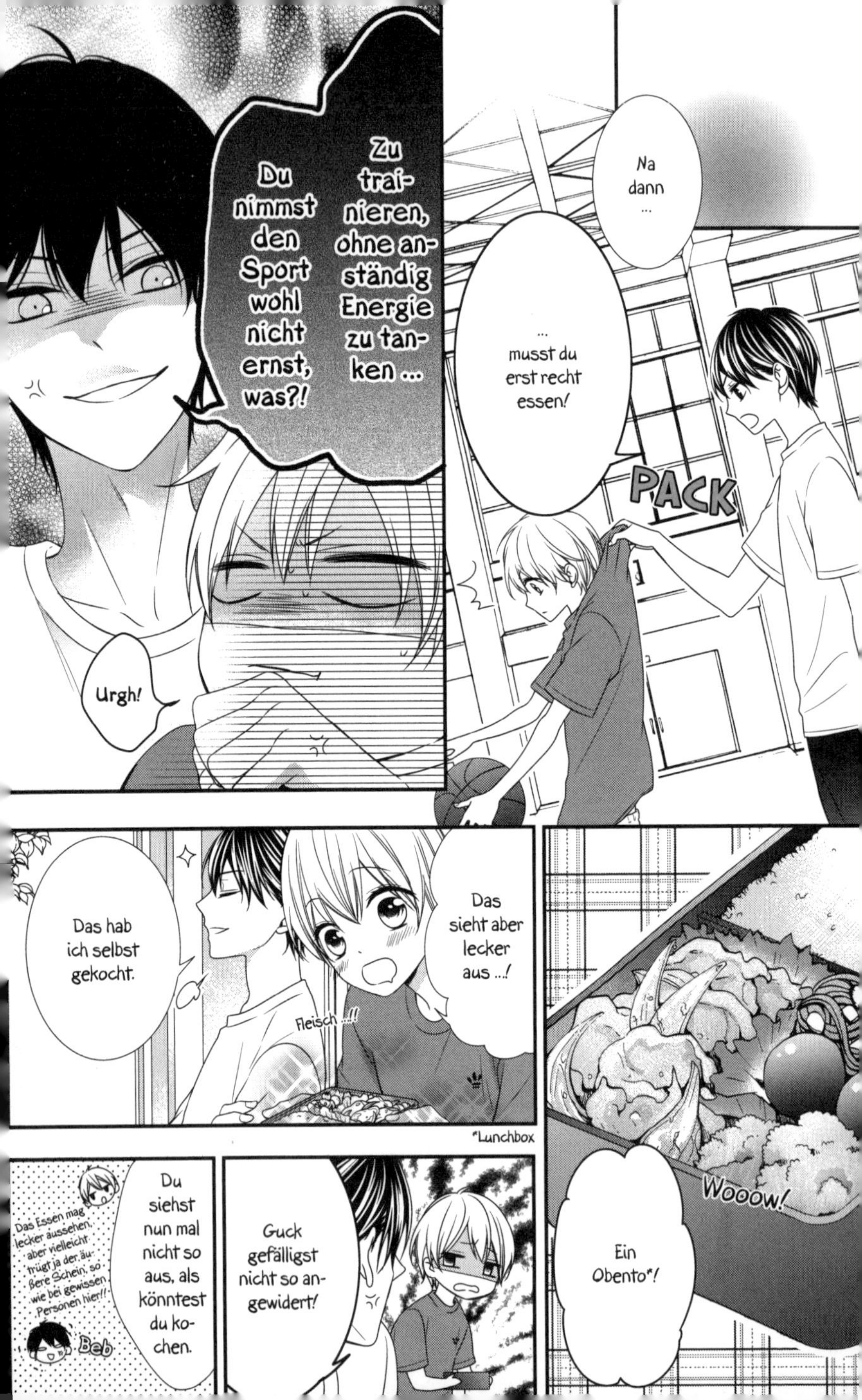
Na dann ...
... musst du erst recht essen!
PACK
Zu trainieren, ohne anständig Energie zu tanken ...
Du nimmst den Sport wohl nicht ernst, was?!
Urgh!
Ein Obento*!
Wooow!
Das sieht aber lecker aus ...!
Fleisch ...!!
Das hab ich selbst gekocht.
*Lunchbox
Guck gefälligst nicht so angewidert!
Du siehst nun mal nicht so aus, als könntest du kochen.
Das Essen mag lecker aussehen, aber vielleicht trügt ja der äußere Schein, so wie bei gewissen Personen hier!!
Beb

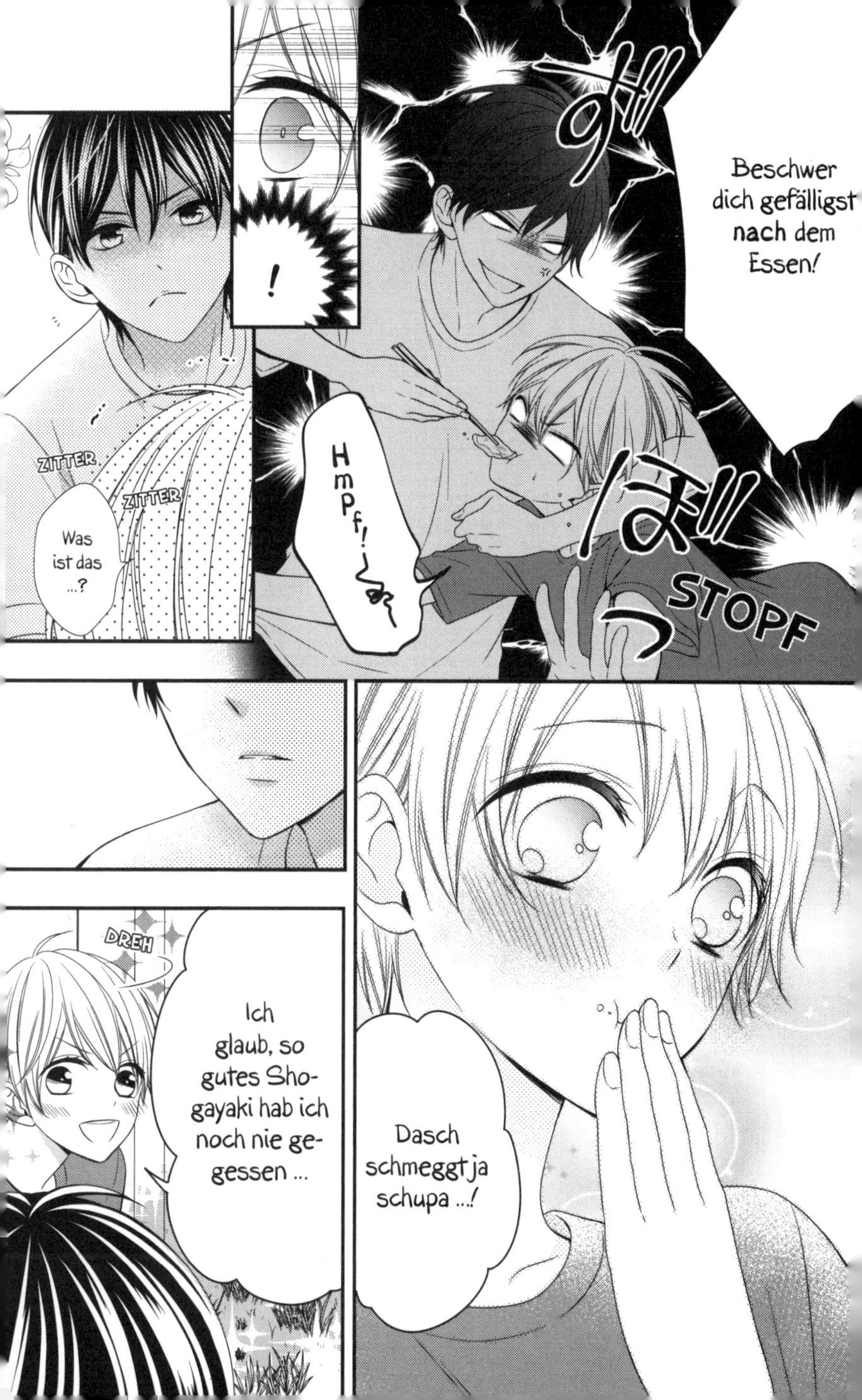

Beschwer dich gefälligst nach dem Essen!
!
Hmpf!
STOPF
ZITTER
ZITTER
Was ist das ...?
Dasch schmeggt ja schupa ...!
DREH
Ich glaub, so gutes Shogayaki hab ich noch nie gegessen ...

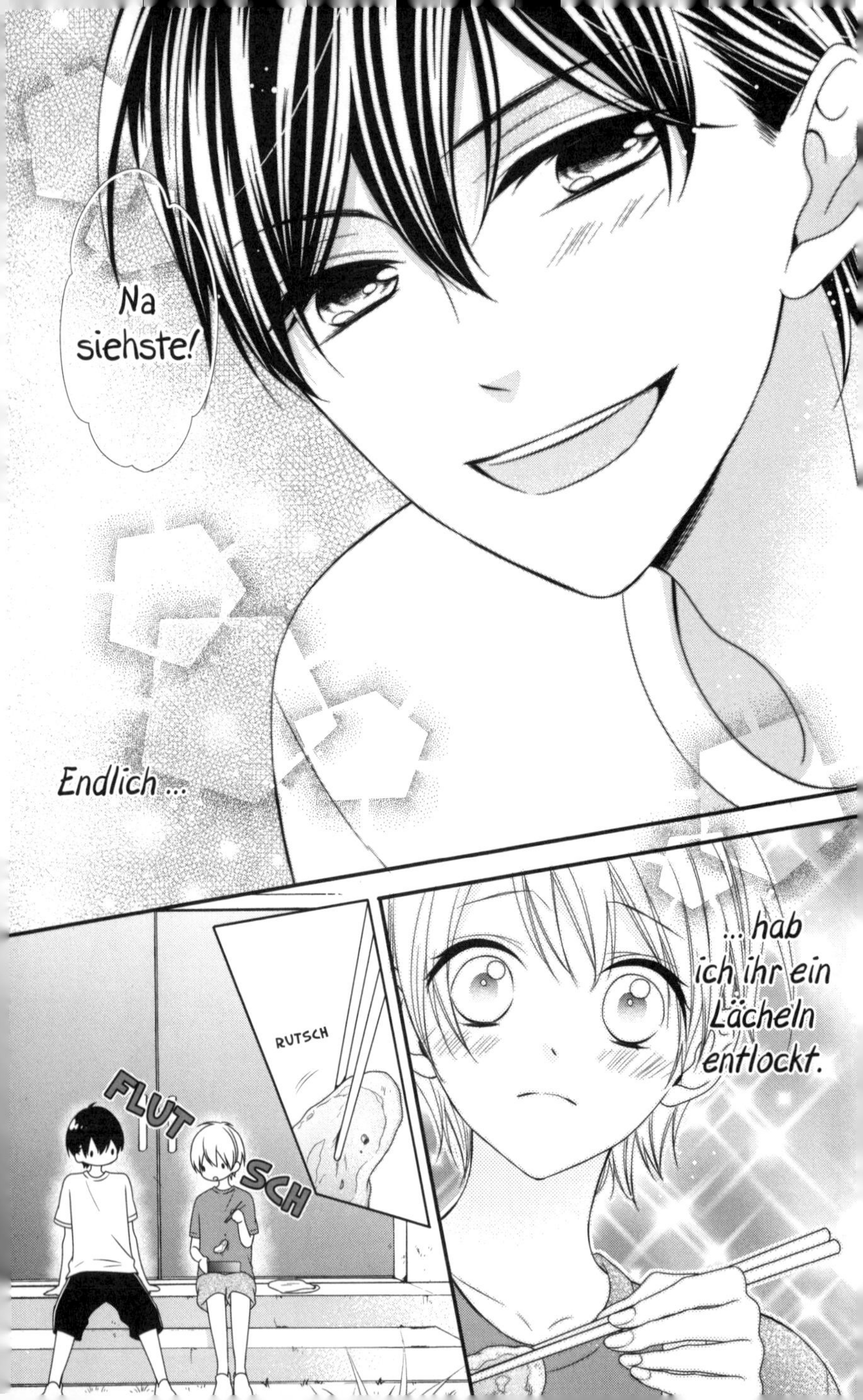
Na siehste!
Endlich ...
... hab ich ihr ein Lächeln entlockt.
RUTSCH
FLUTSCH

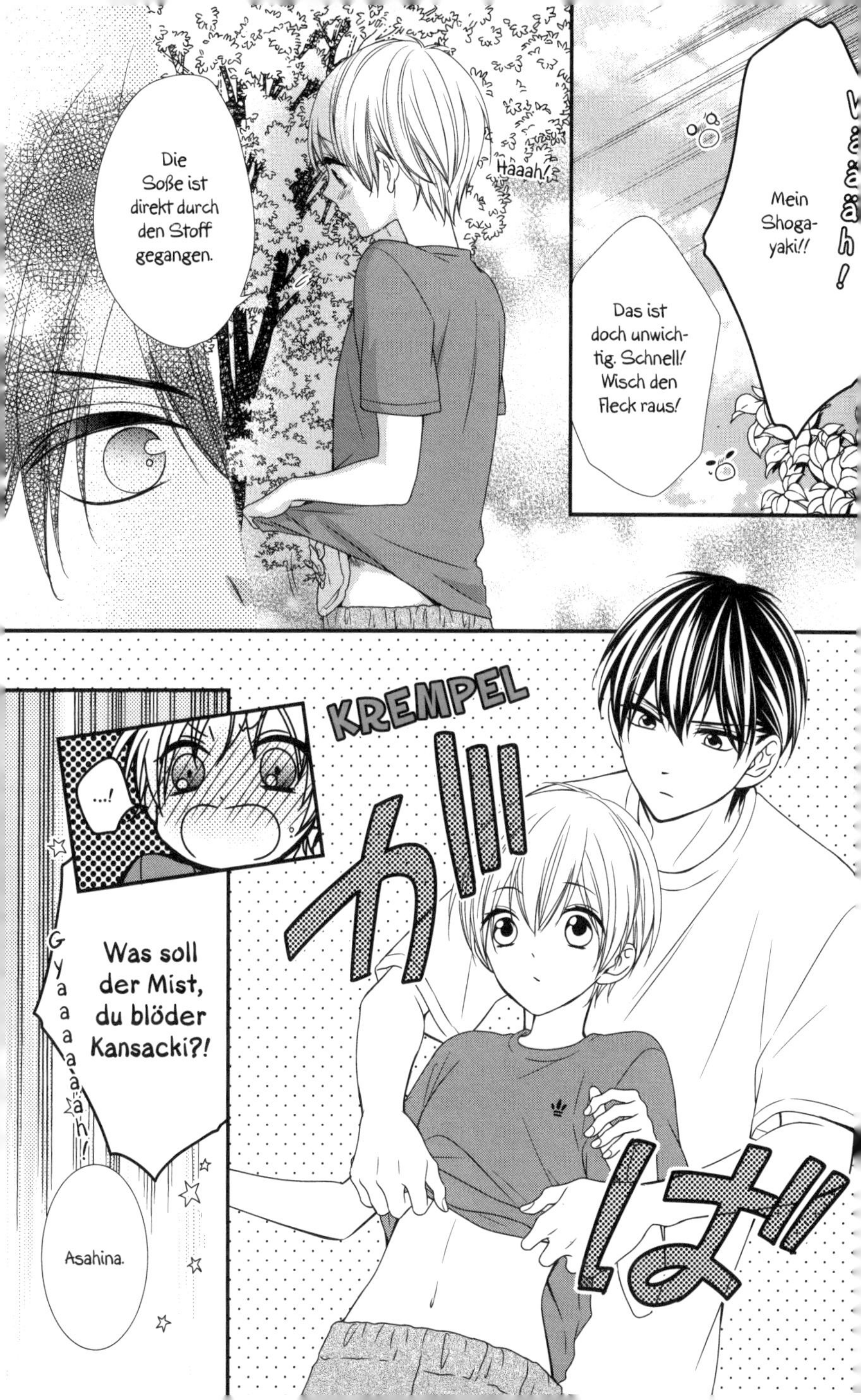
Uäääh!
Mein Shoga-yaki!!
Das ist doch unwich-tig. Schnell! Wisch den Fleck raus!
Häaah!
Die Soße ist direkt durch den Stoff gegangen.
KREMPEL
…!
Was soll der Mist, du blöder Kansacki?!
Gyaaaaaah!
Asahina.

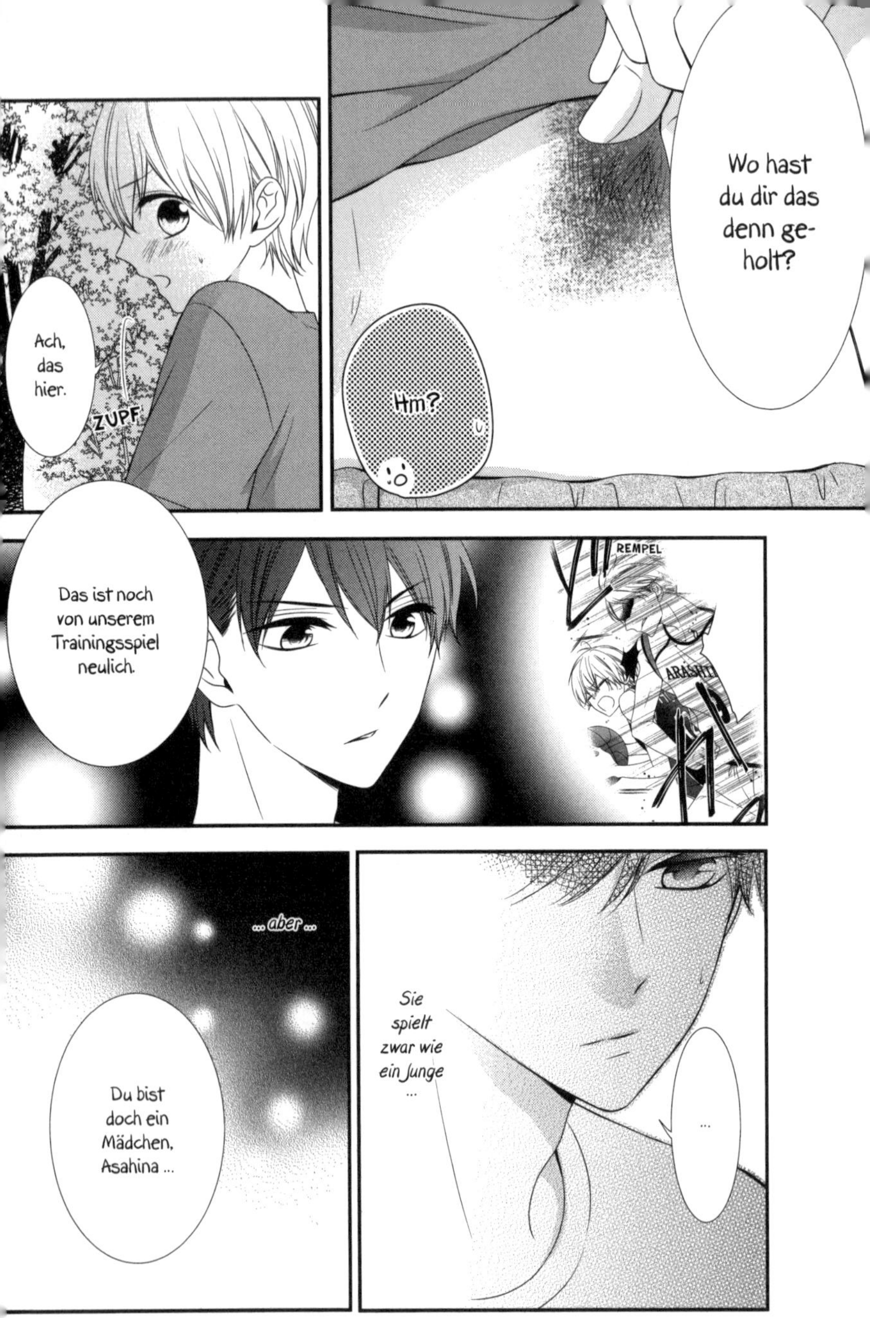

Wo hast du dir das denn geholt?

Hm?

Ach, das hier.

ZUPF

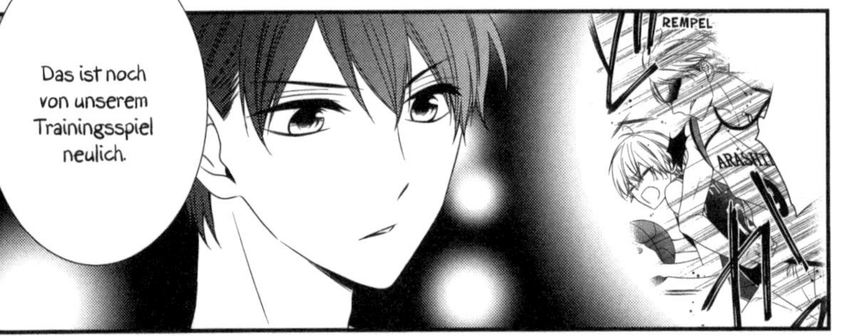

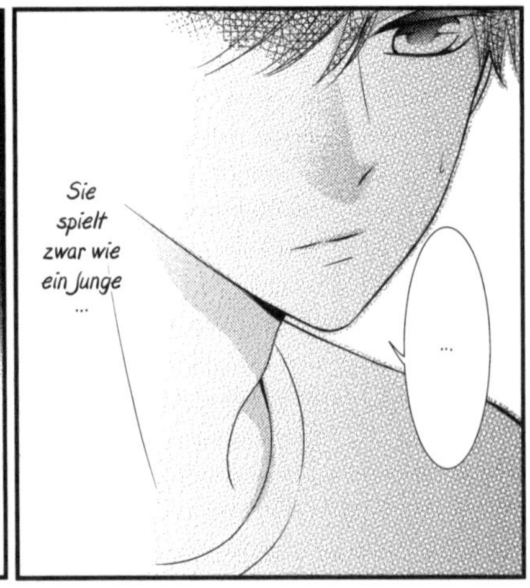

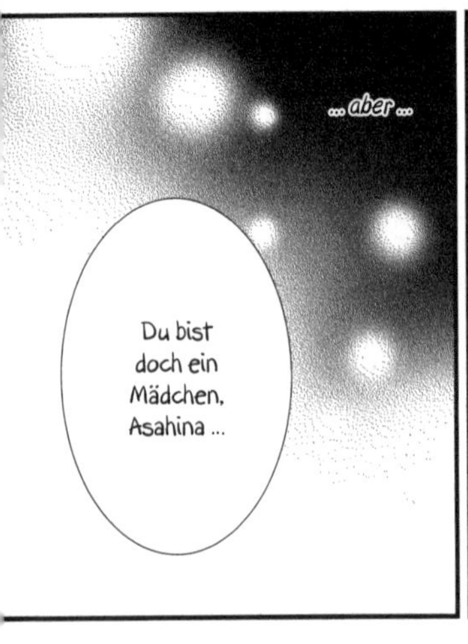

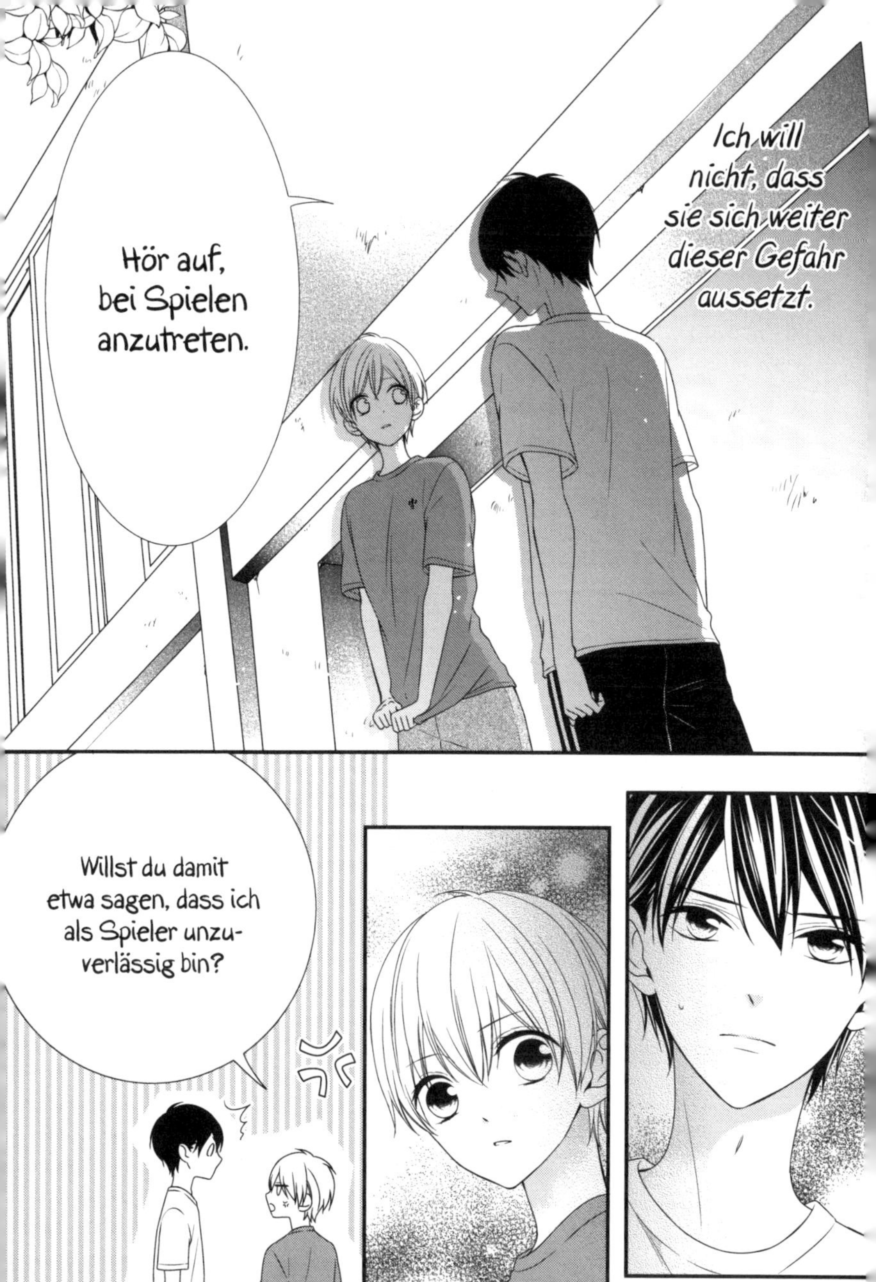
Ich will nicht, dass sie sich weiter dieser Gefahr aussetzt.
Hör auf, bei Spielen anzutreten.
Willst du damit etwa sagen, dass ich als Spieler unzuverlässig bin?

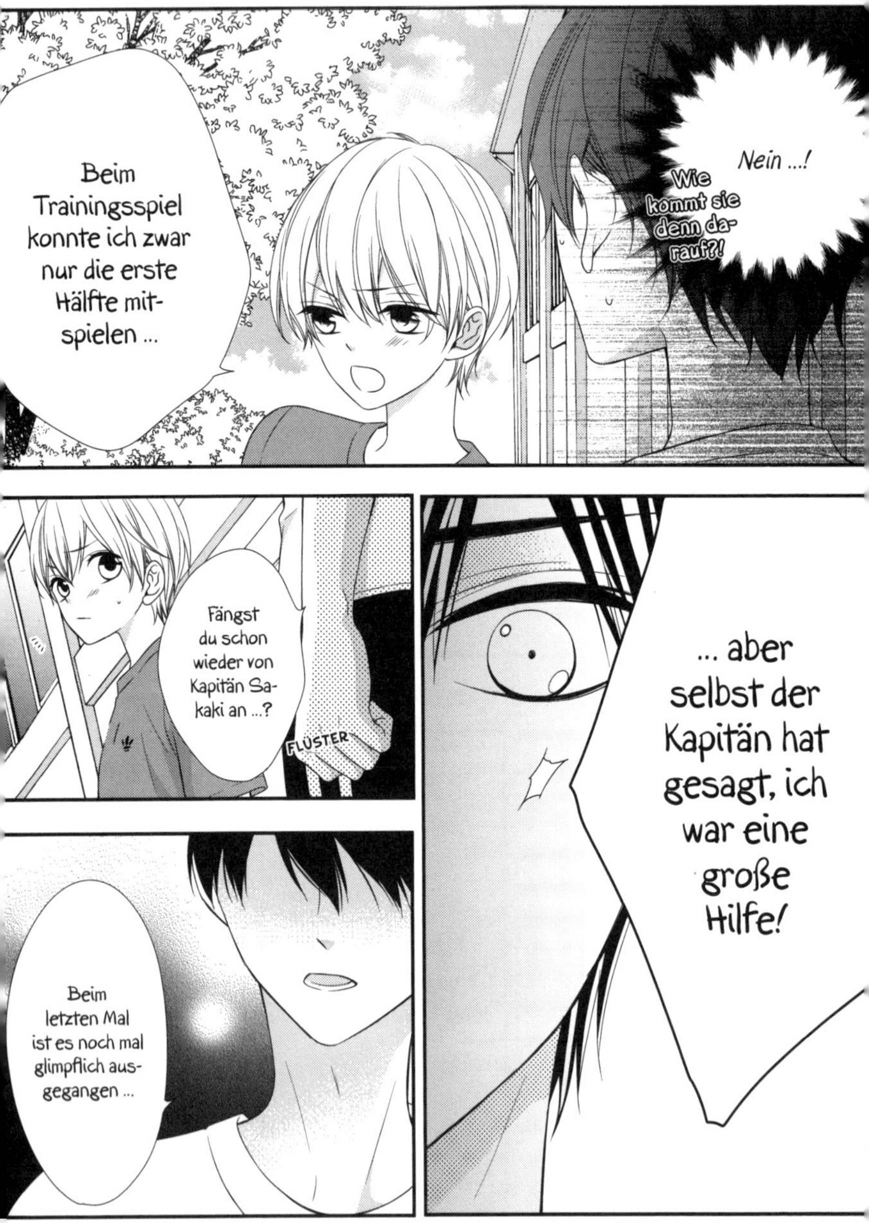

Beim Trainingsspiel konnte ich zwar nur die erste Hälfte mitspielen ...

Nein ...!

Wie kommt sie denn darauf?!

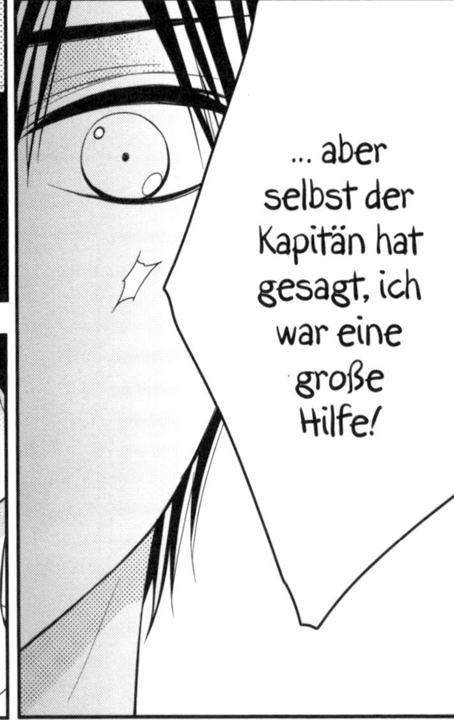

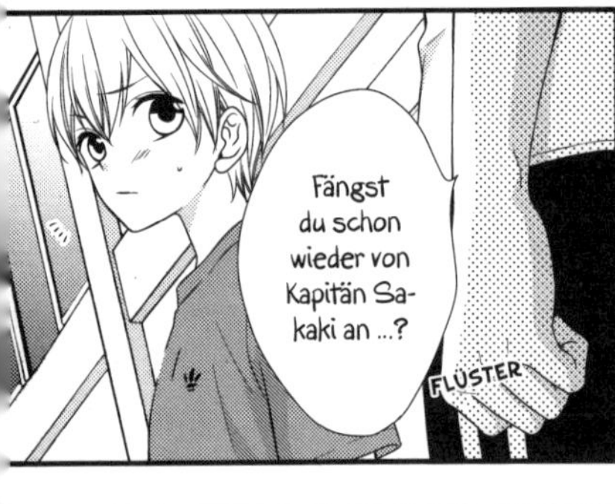

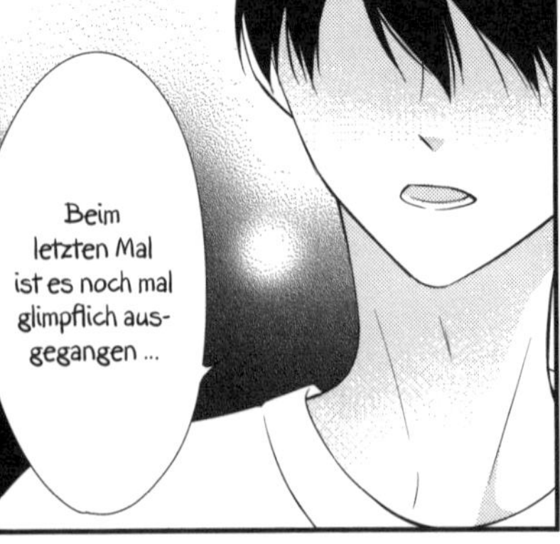

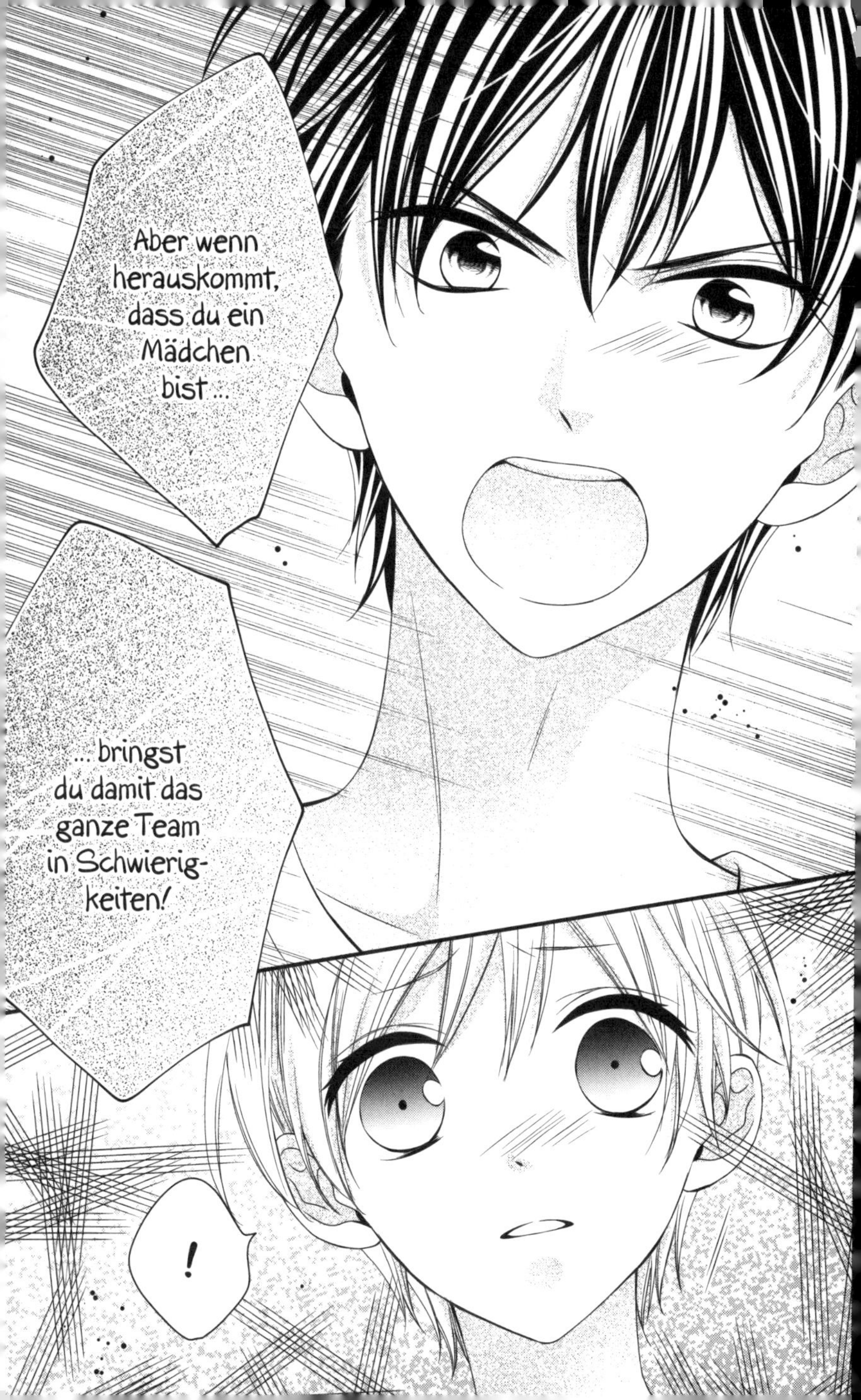
Aber wenn herauskommt, dass du ein Mädchen bist ...
... bringst du damit das ganze Team in Schwierigkeiten!
!

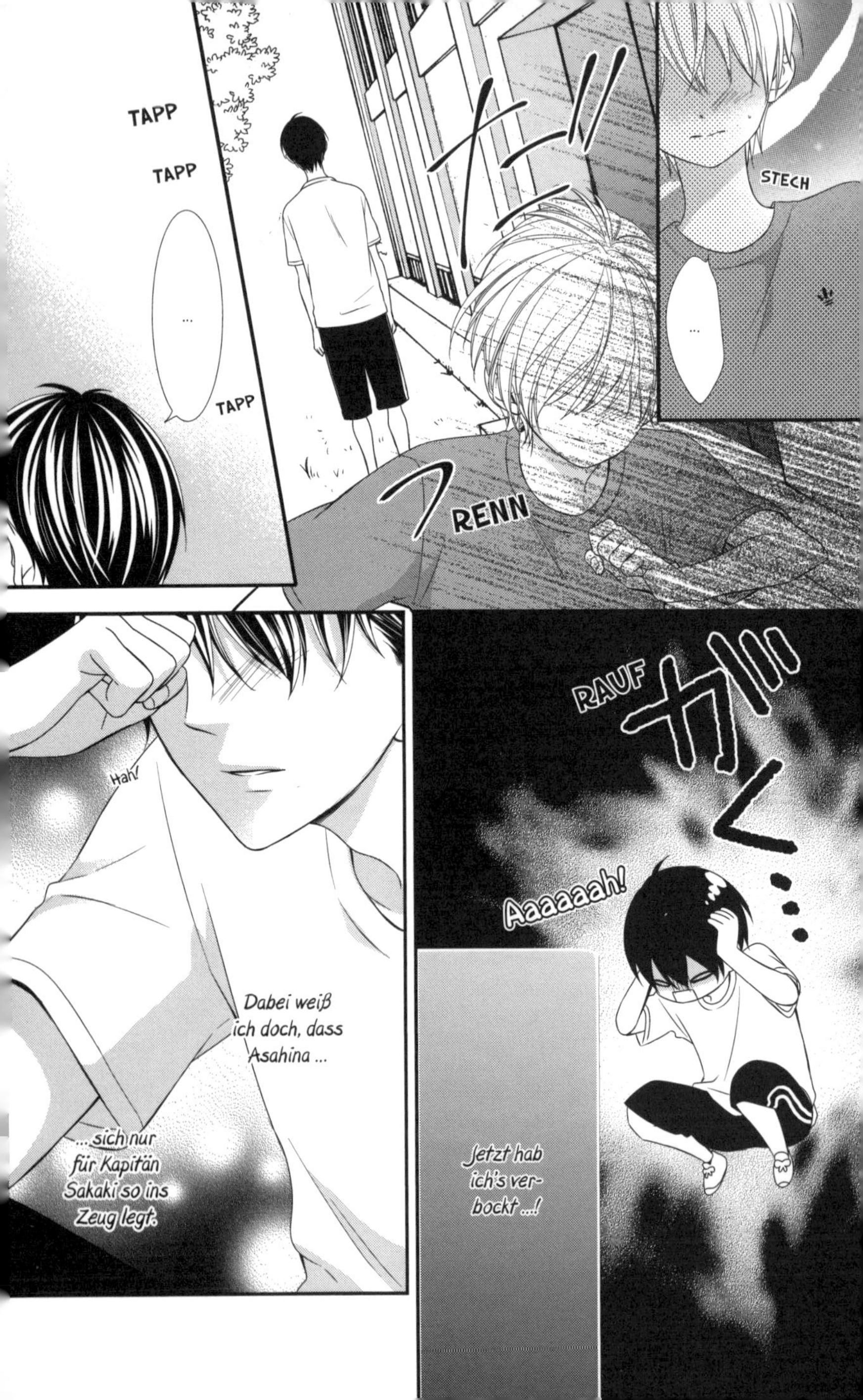
STECH
…
TAPP
TAPP
…
TAPP
RENN
RAUF
Aaaaaah!
Jetzt hab ich's verbockt …!
Hah!
Dabei weiß ich doch, dass Asahina …
… sich nur für Kapitän Sakaki so ins Zeug legt.

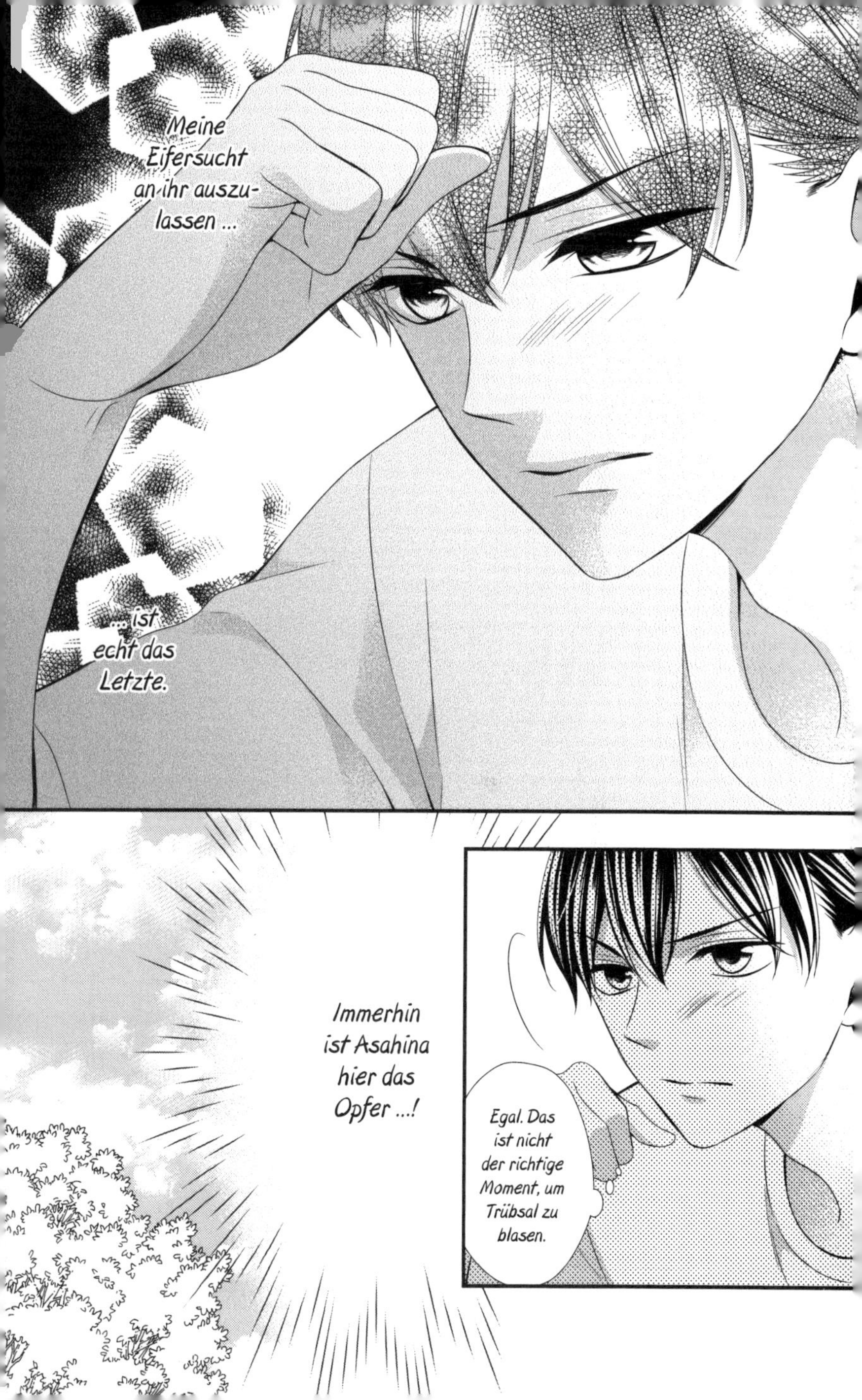
Meine Eifersucht an ihr auszulassen ...
... ist echt das Letzte.
Egal. Das ist nicht der richtige Moment, um Trübsal zu blasen.
Immerhin ist Asahina hier das Opfer ...!

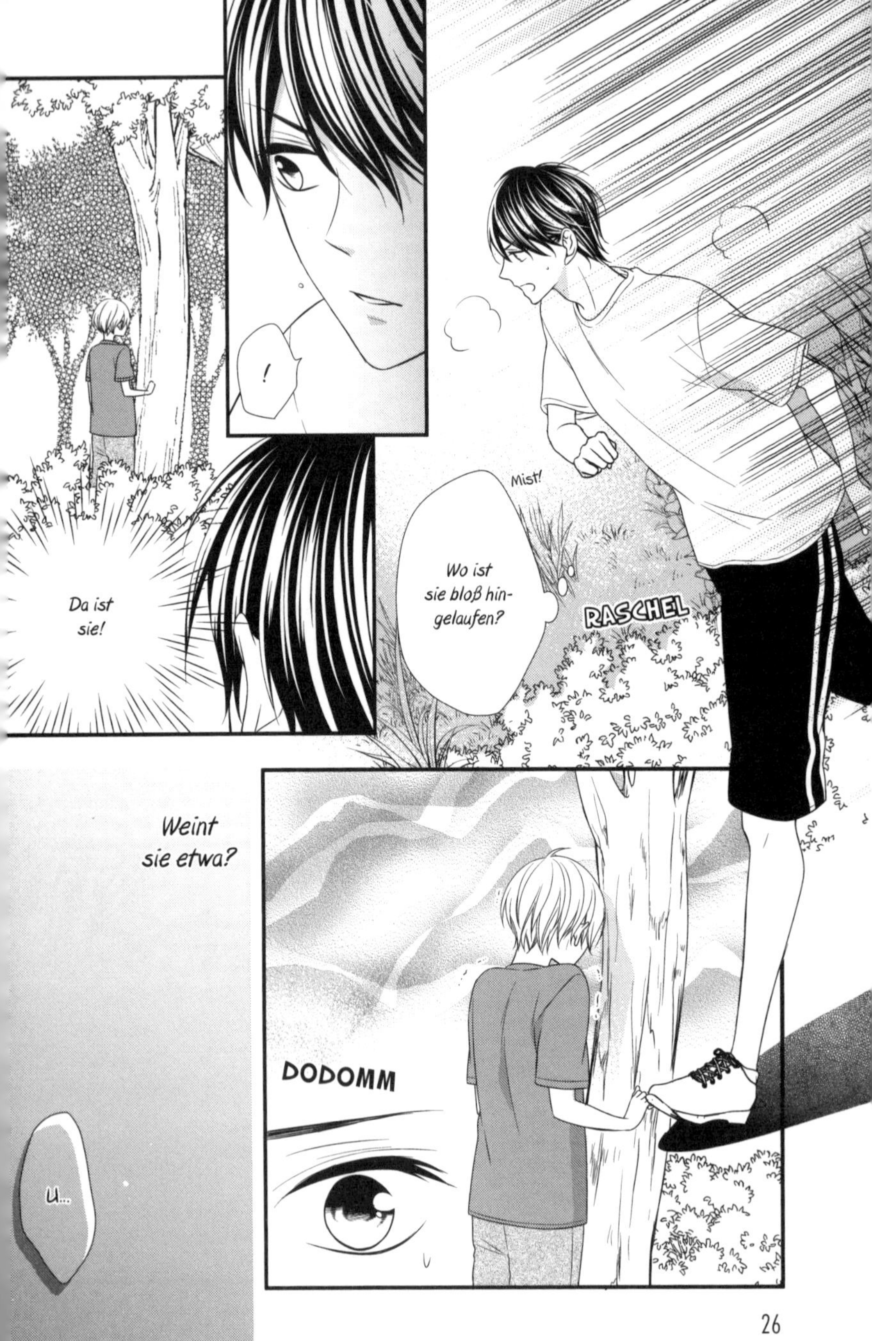
Mist!
Wo ist sie bloß hin-
gelaufen?
RASCHEL
!
Da ist sie!
DODOMM
Weint sie etwa?
U...

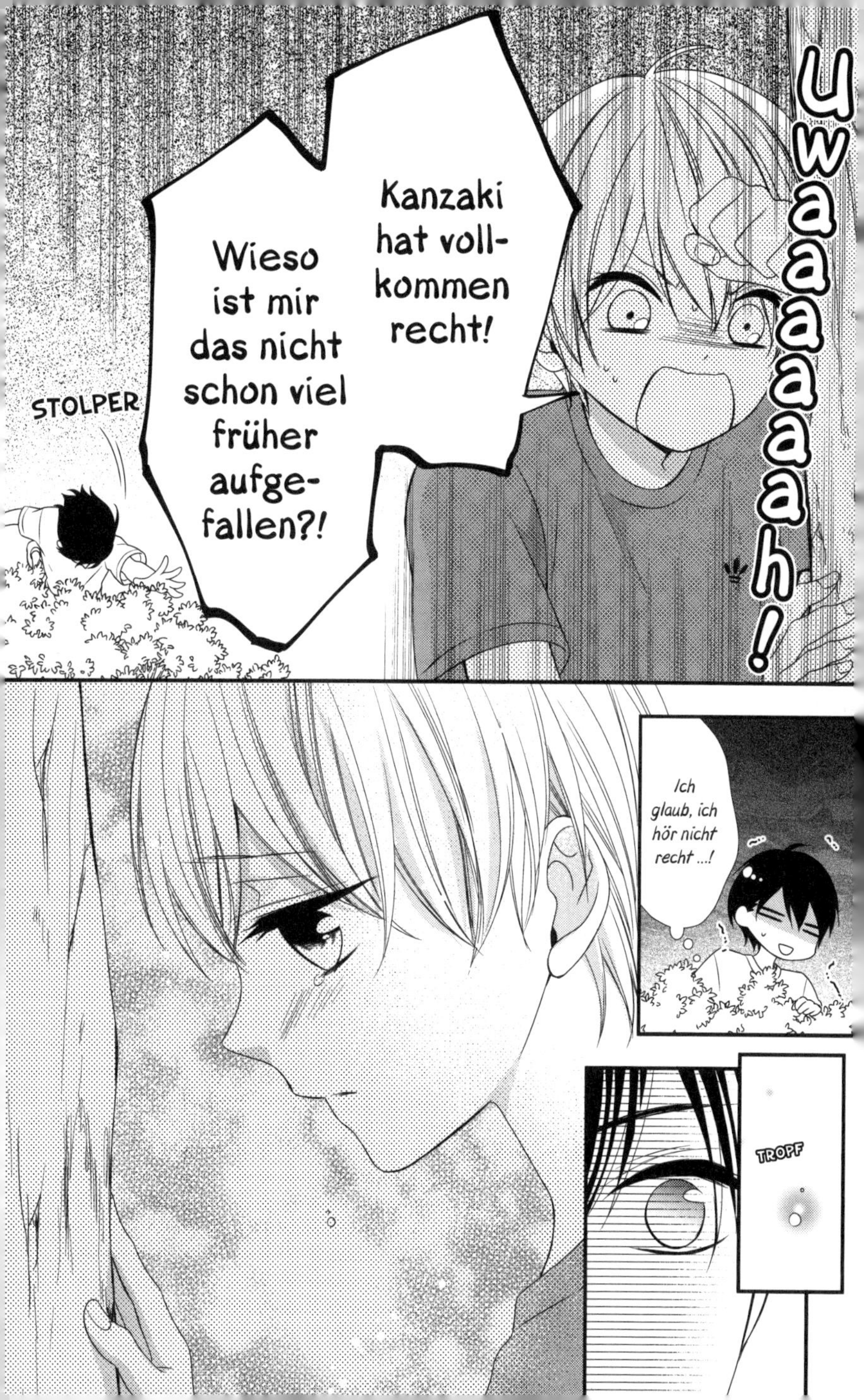
Uwaaaaaaah!
Kanzaki hat vollkommen recht!
Wieso ist mir das nicht schon viel früher aufgefallen?!
STOLPER
Ich glaub, ich hör nicht recht ...!
TROPF

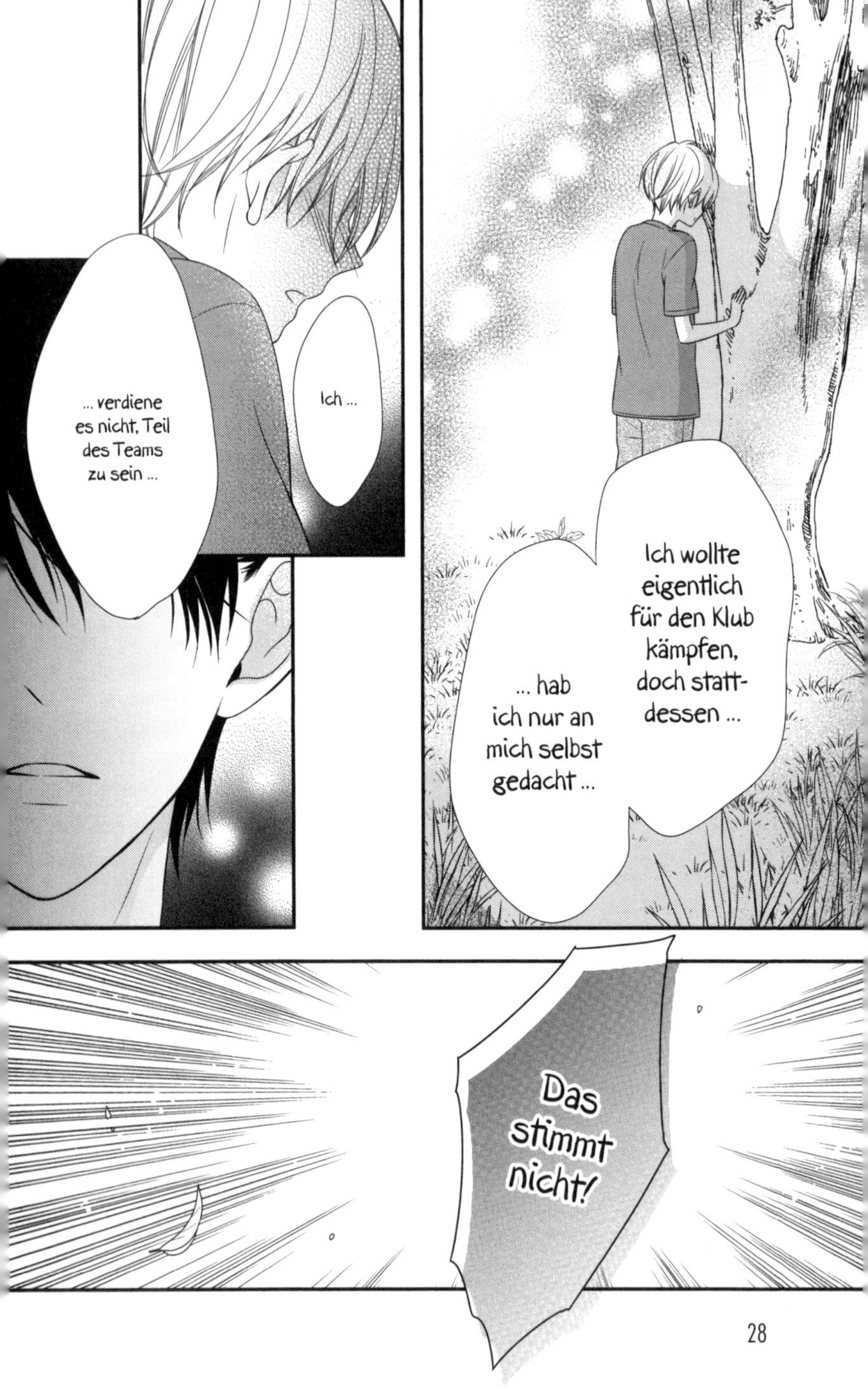
Ich wollte eigentlich für den Klub kämpfen, doch statt-dessen ...
... hab ich nur an mich selbst gedacht ...
Ich ...
... verdiene es nicht, Teil des Teams zu sein ...
Das stimmt nicht!

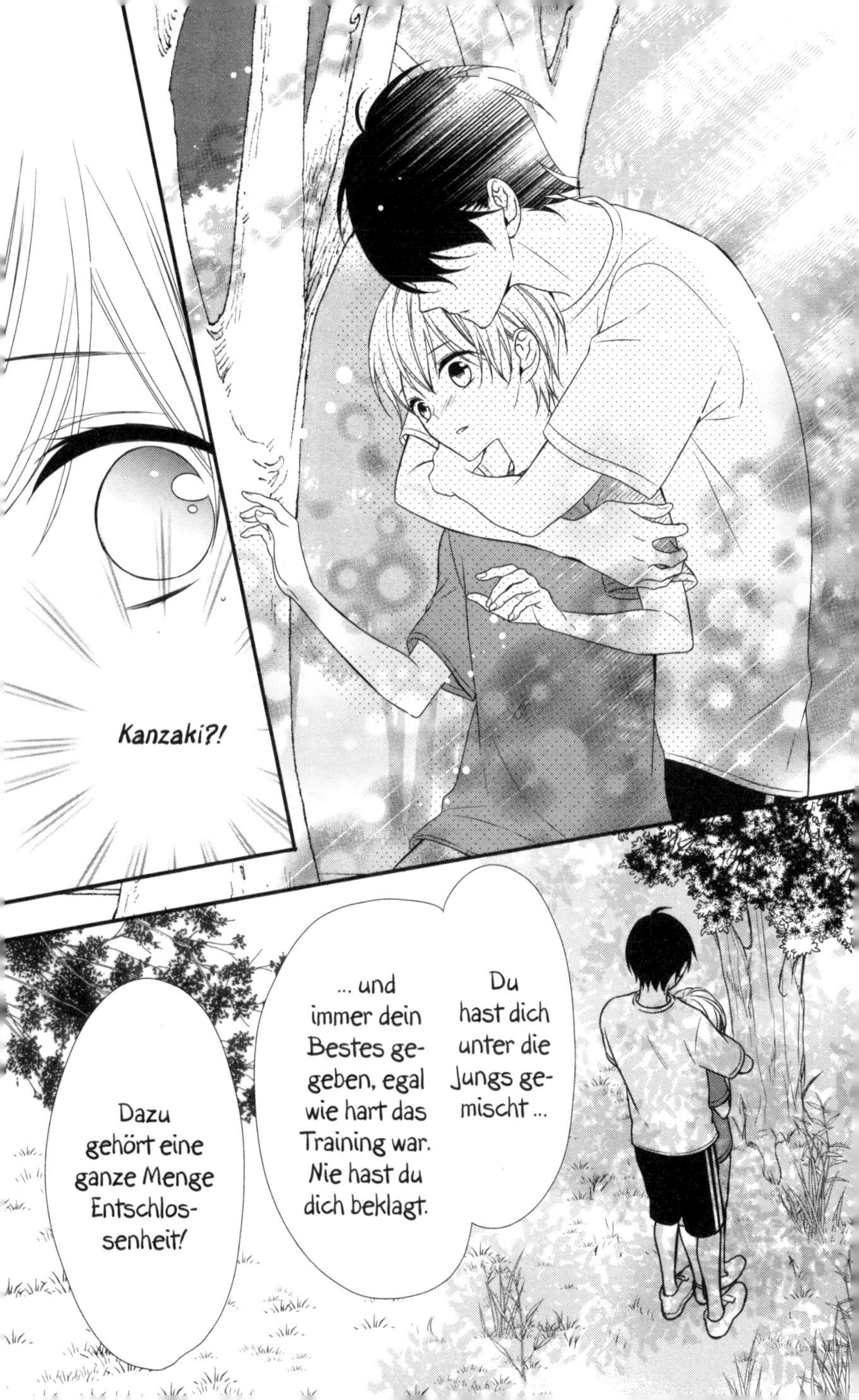
Kanzaki?!
Du hast dich unter die Jungs gemischt ...
... und immer dein Bestes gegeben, egal wie hart das Training war. Nie hast du dich beklagt.
Dazu gehört eine ganze Menge Entschlossenheit!

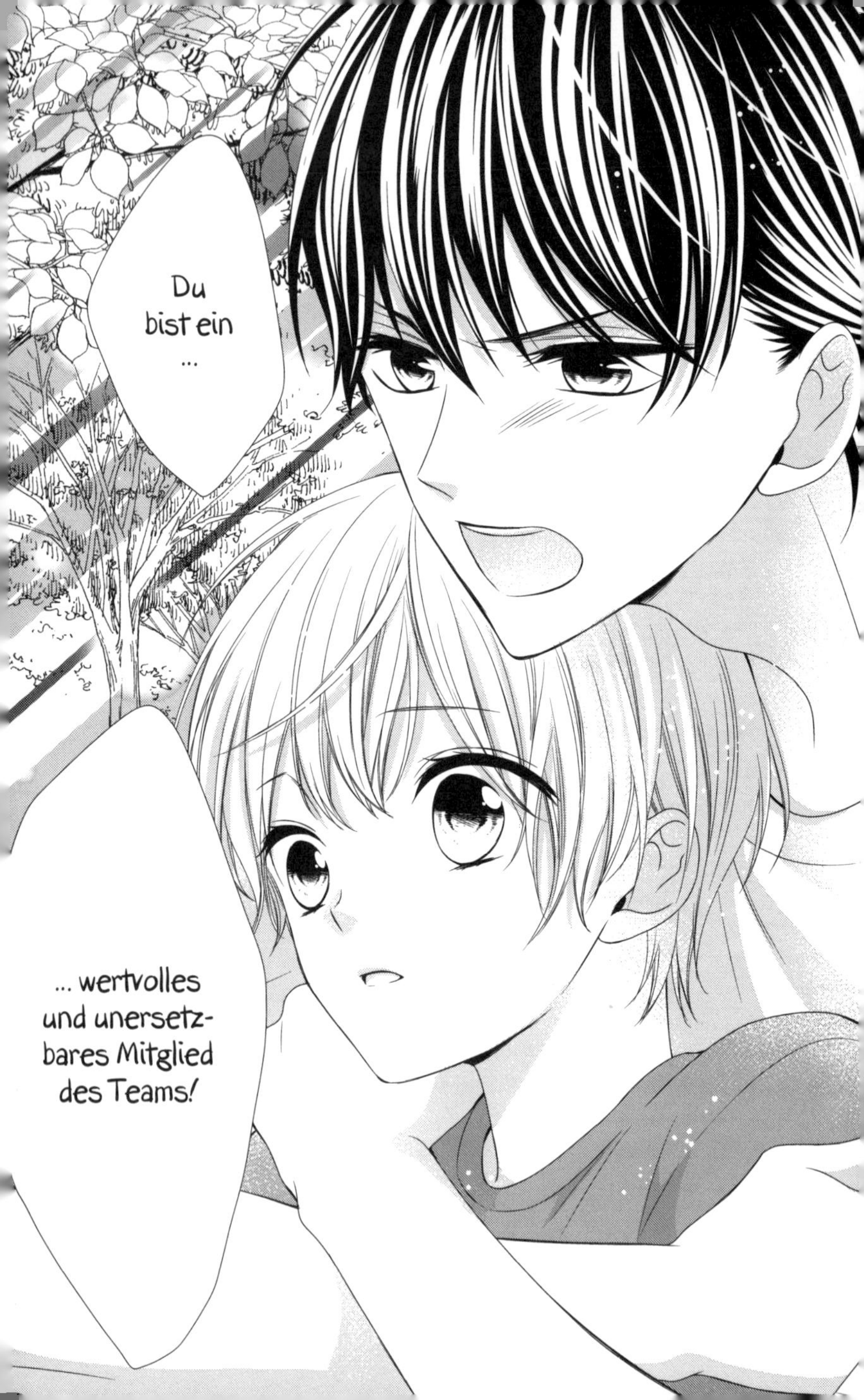
Du bist ein ...
... wertvolles und unersetz-bares Mitglied des Teams!

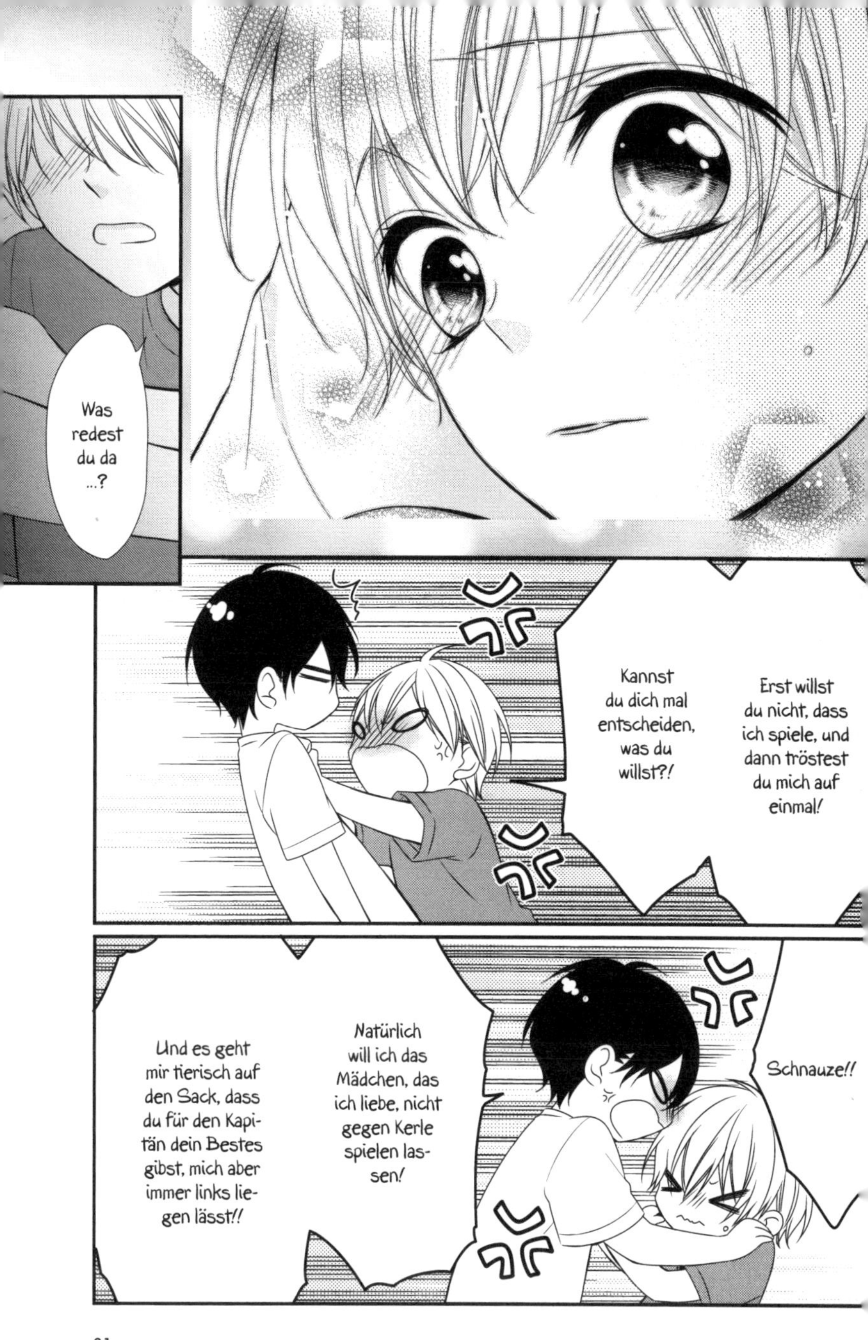
Was redest du da ...?
Erst willst du nicht, dass ich spiele, und dann tröstest du mich auf einmal!
Kannst du dich mal entscheiden, was du willst?!
Natürlich will ich das Mädchen, das ich liebe, nicht gegen Kerle spielen lassen!
Und es geht mir tierisch auf den Sack, dass du für den Kapitän dein Bestes gibst, mich aber immer links liegen lässt!!
Schnauze!!

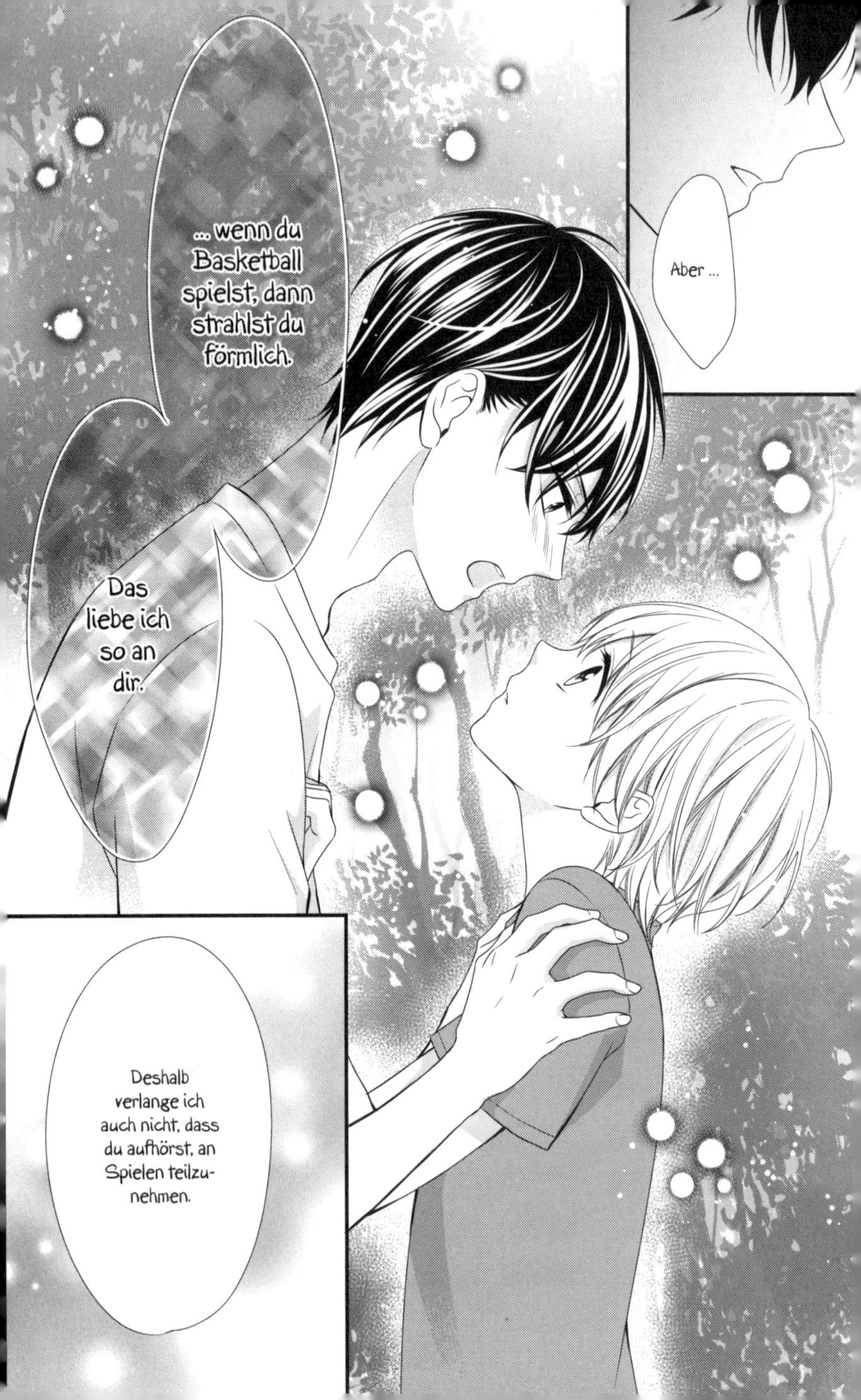
Aber ...
... wenn du Basketball spielst, dann strahlst du förmlich.
Das liebe ich so an dir.
Deshalb verlange ich auch nicht, dass du aufhörst, an Spielen teilzunehmen.

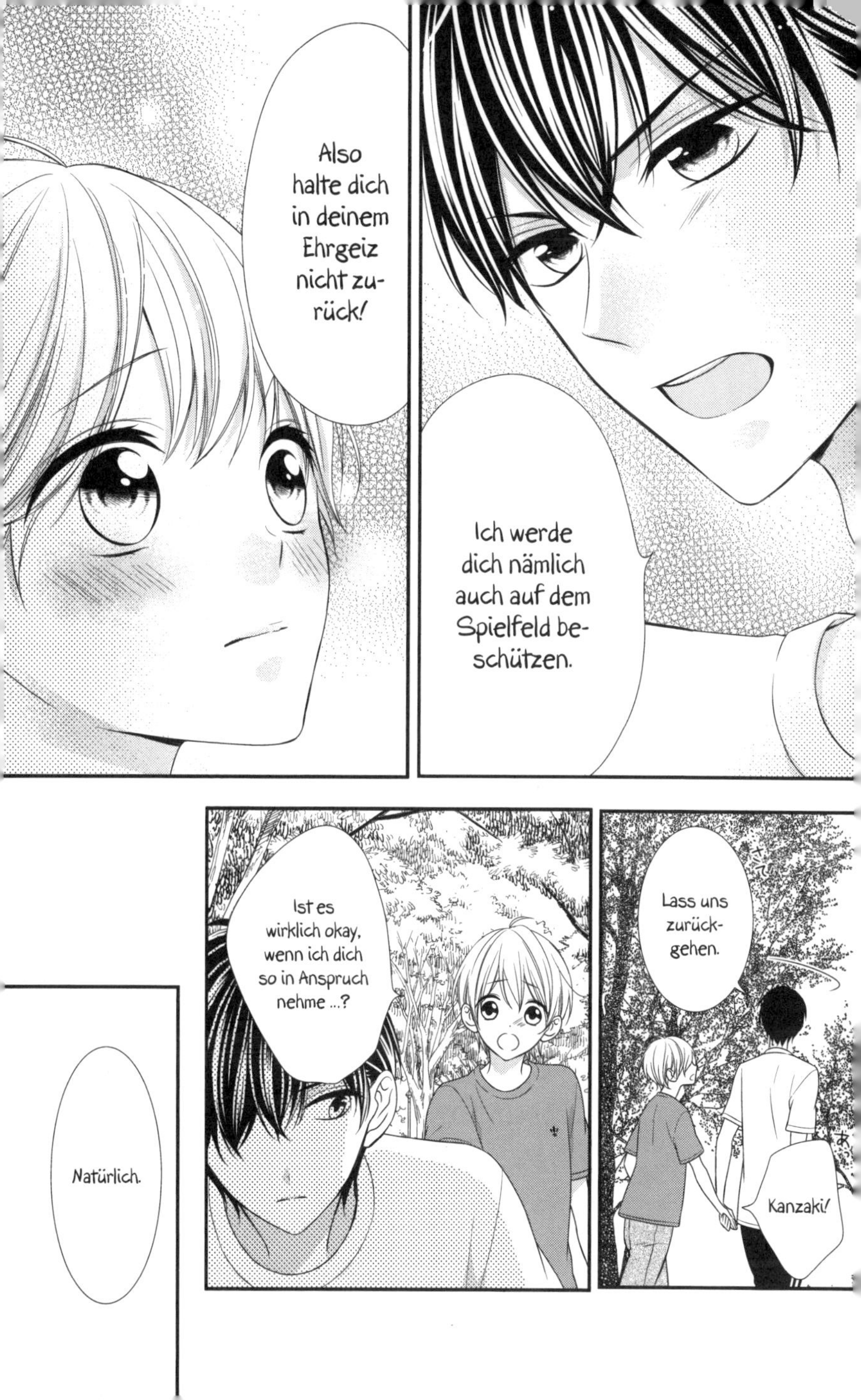

Ich werde dich nämlich auch auf dem Spielfeld beschützen.

Also halte dich in deinem Ehrgeiz nicht zurück!

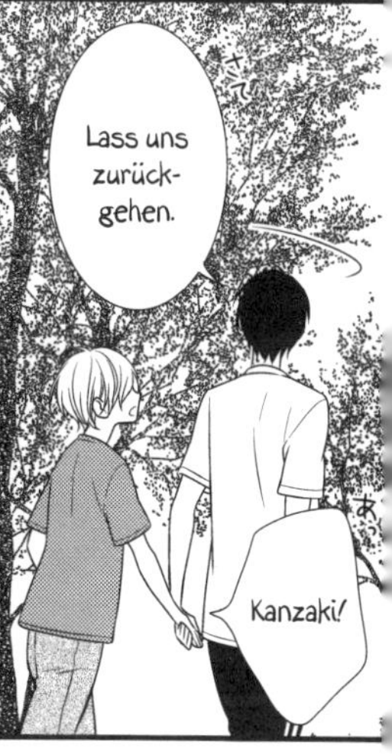

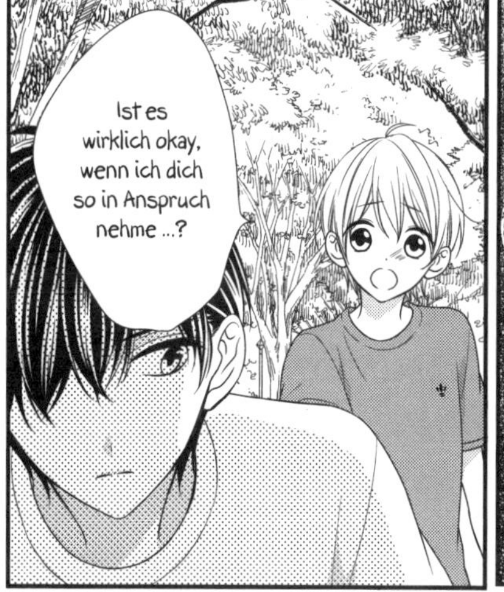

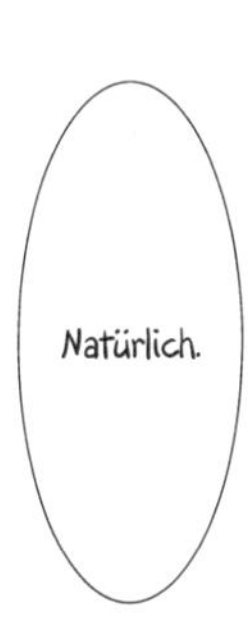

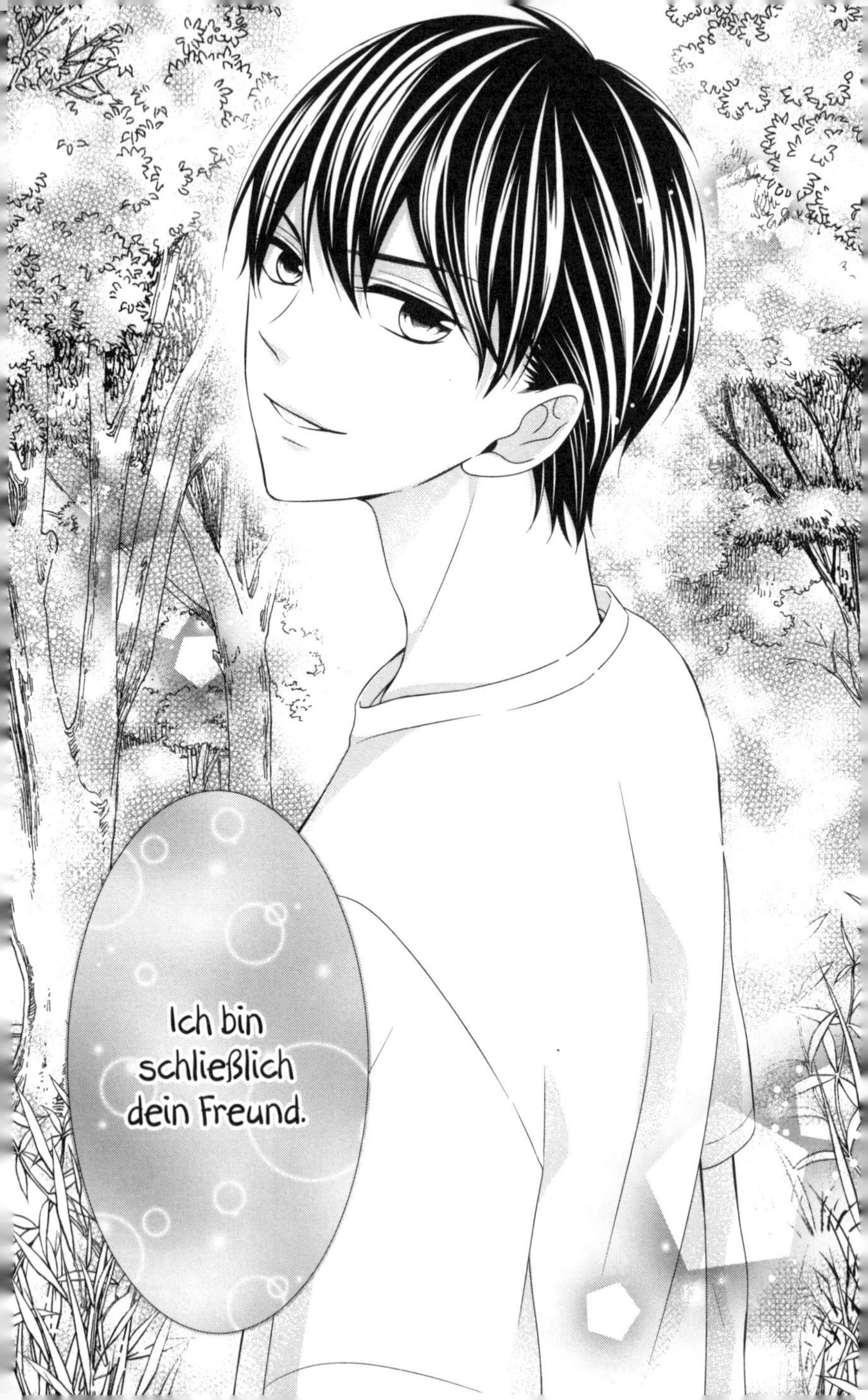
Ich bin
schließlich
dein Freund.

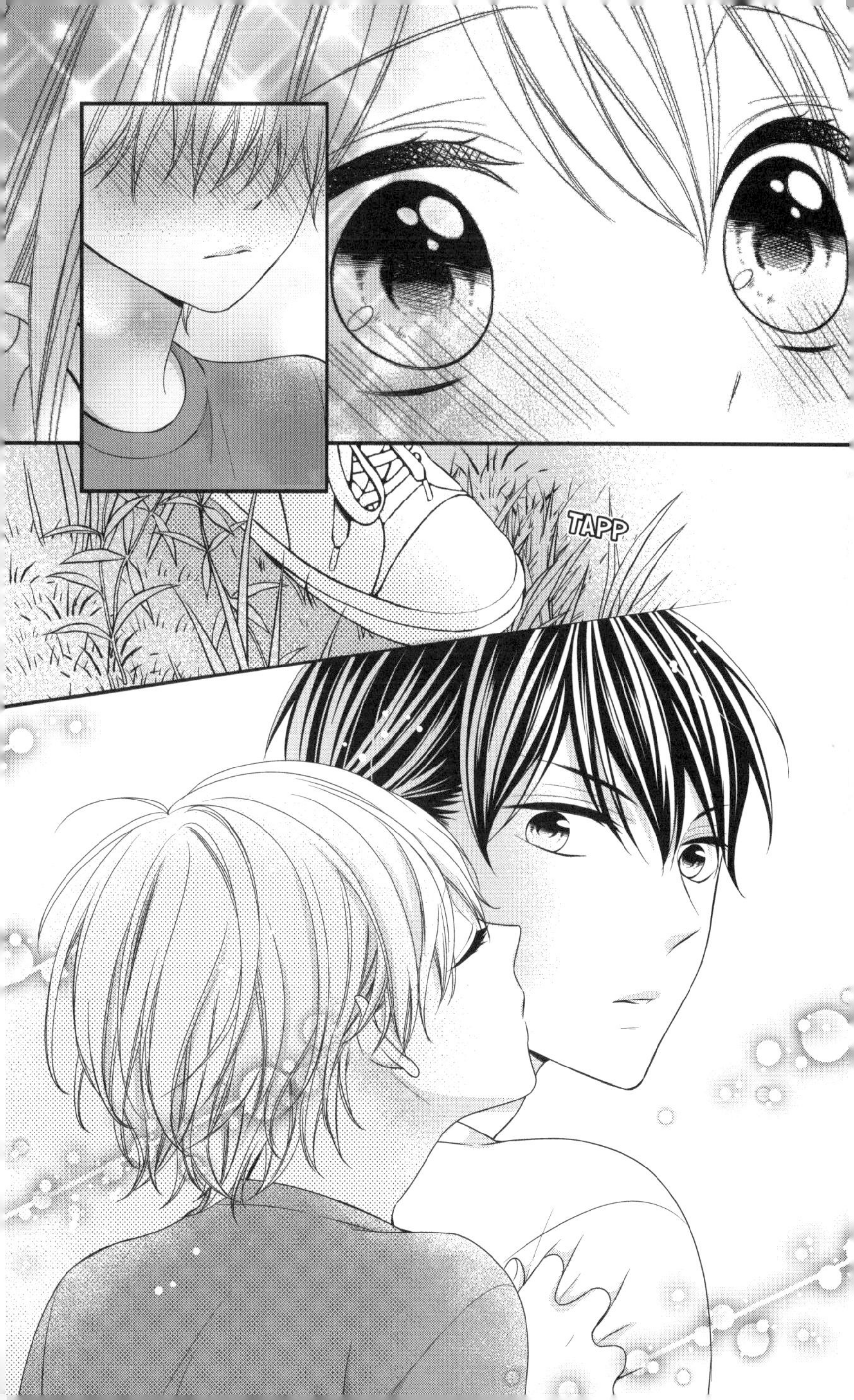
TAPP

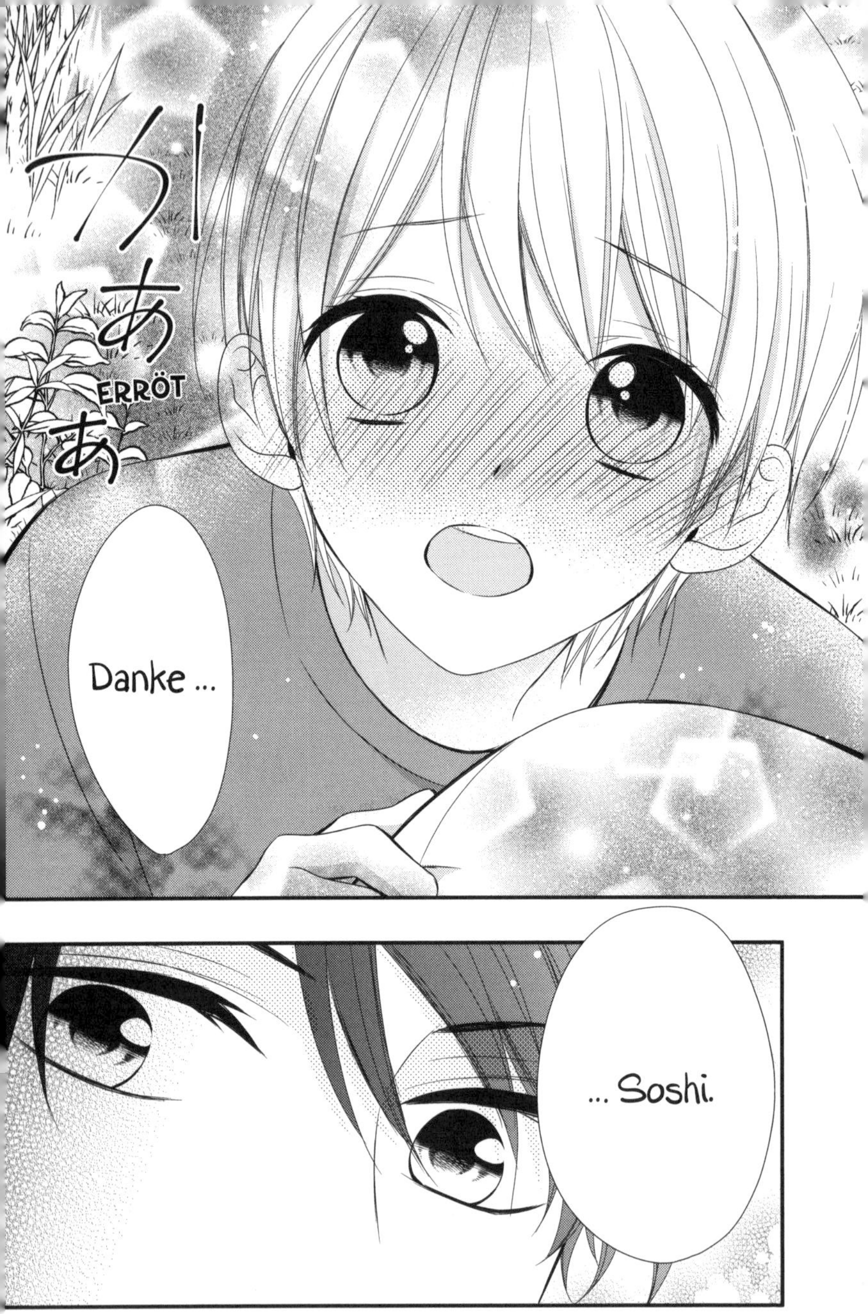

かああ
ERRÖT

Danke …

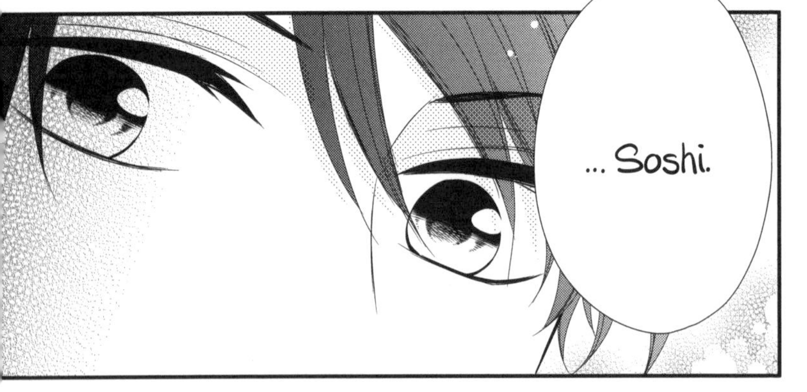

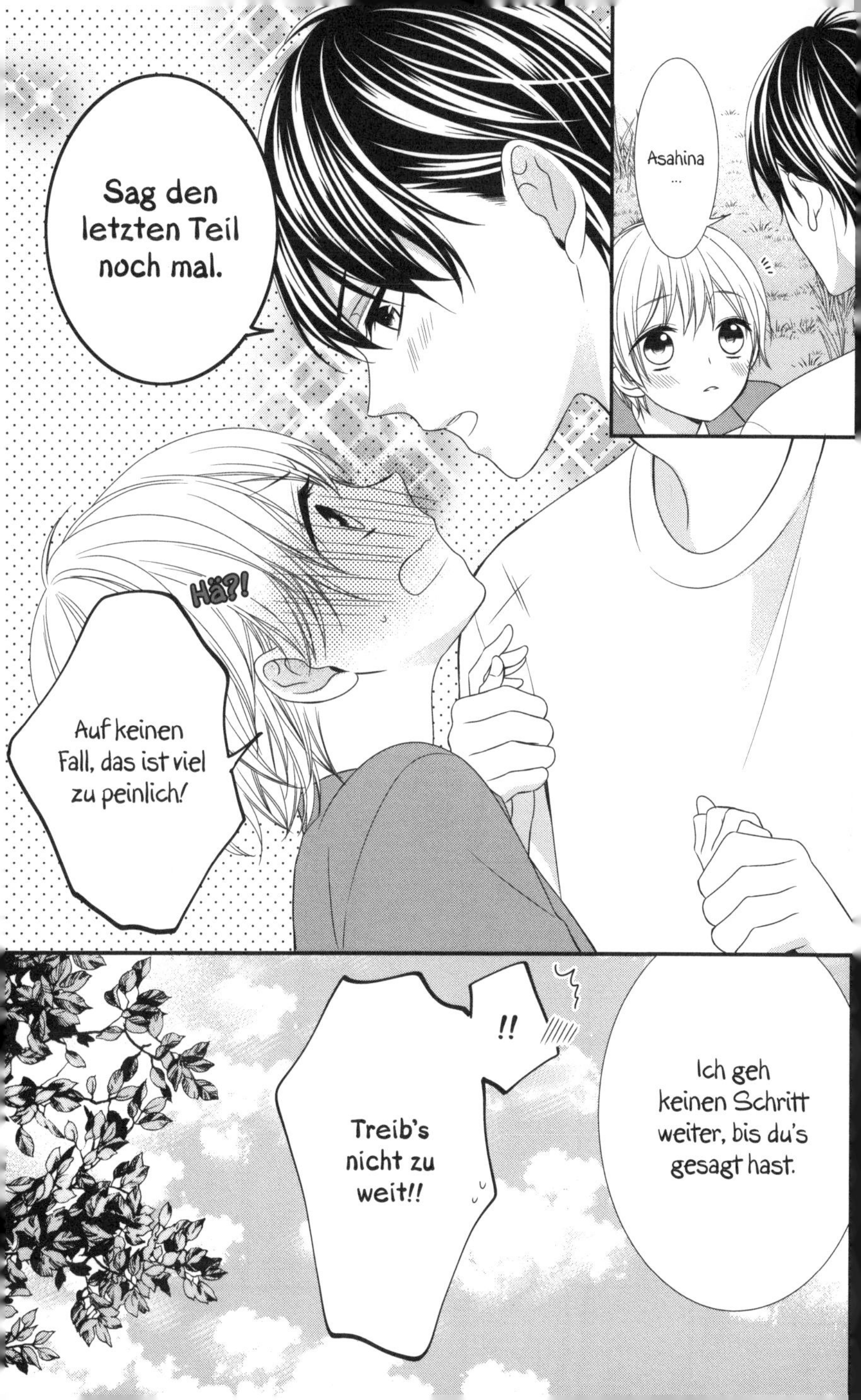
Asahina ...
Sag den letzten Teil noch mal.
Hä?!
Auf keinen Fall, das ist viel zu peinlich!
Ich geh keinen Schritt weiter, bis du's gesagt hast.
!!
Treib's nicht zu weit!!

Neulich

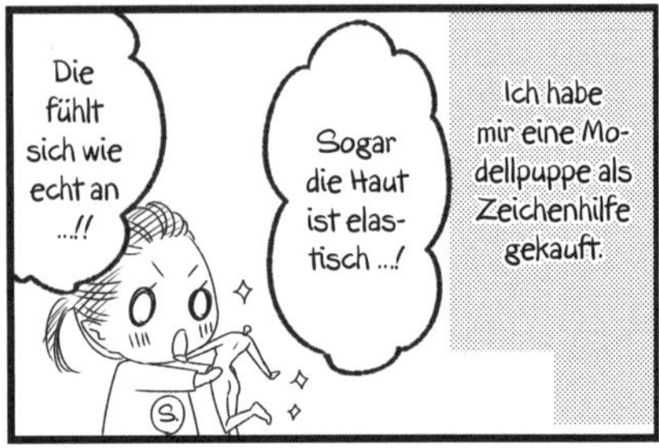
Ich habe mir eine Modellpuppe als Zeichenhilfe gekauft.
Sogar die Haut ist elastisch ...!
Die fühlt sich wie echt an ...!!

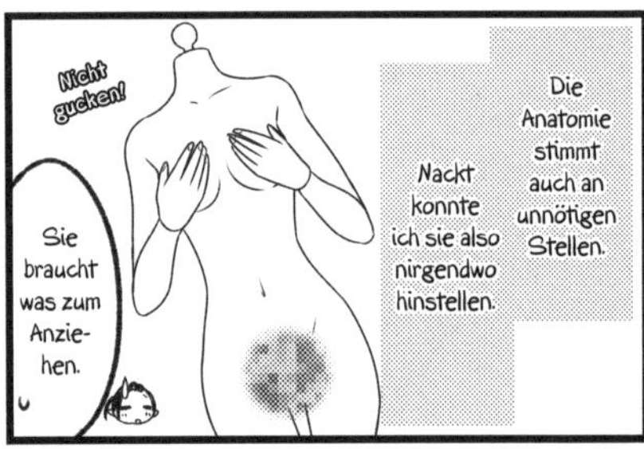
Die Anatomie stimmt auch an unnötigen Stellen.
Nackt konnte ich sie also nirgendwo hinstellen.
Nicht gucken!
Sie braucht was zum Anziehen.

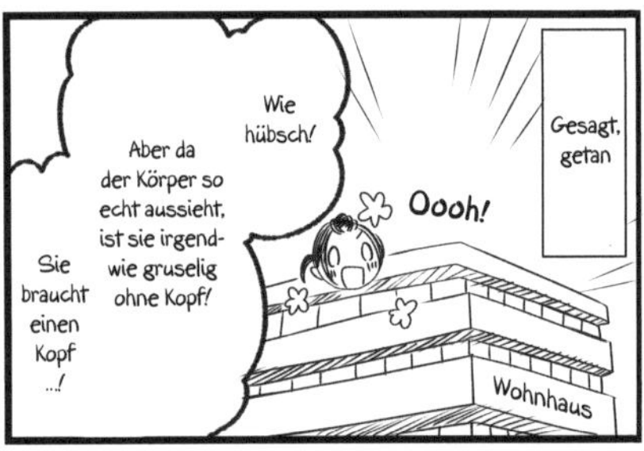
Gesagt, getan
Oooh!
Wohnhaus
Wie hübsch!
Aber da der Körper so echt aussieht, ist sie irgendwie gruselig ohne Kopf!
Sie braucht einen Kopf ...!

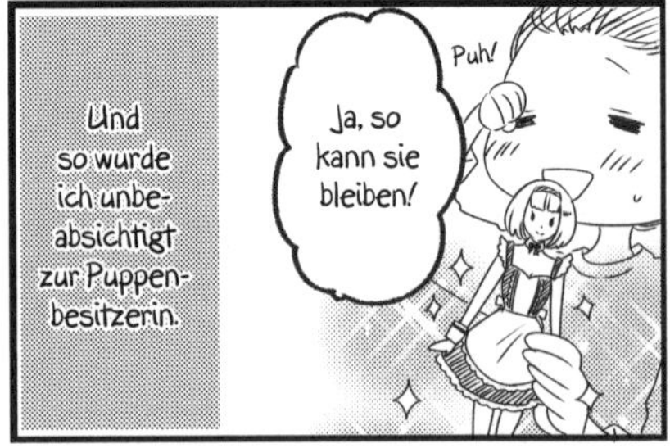
Puh!
Ja, so kann sie bleiben!
Und so wurde ich unbeabsichtigt zur Puppenbesitzerin.

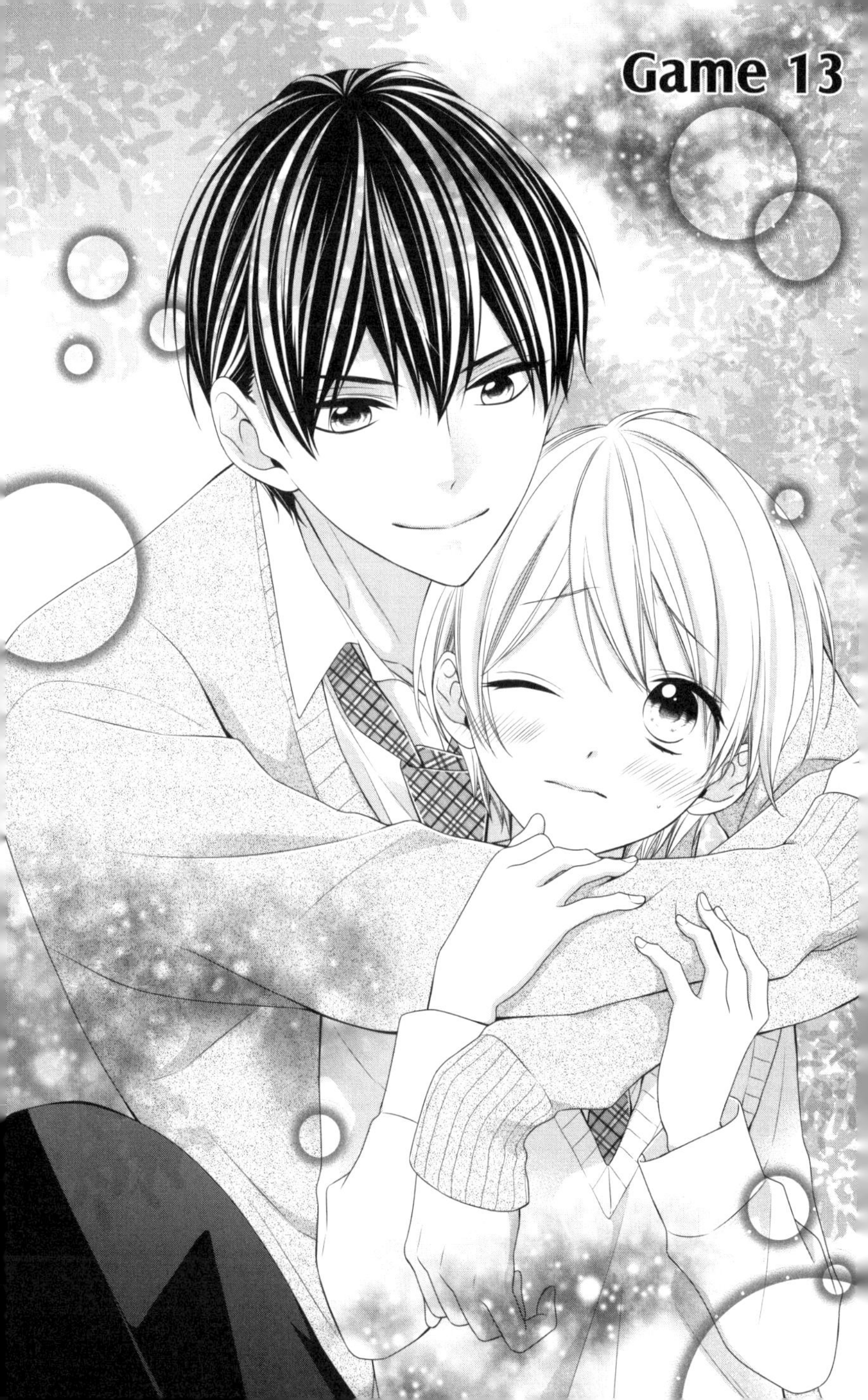
Game 13

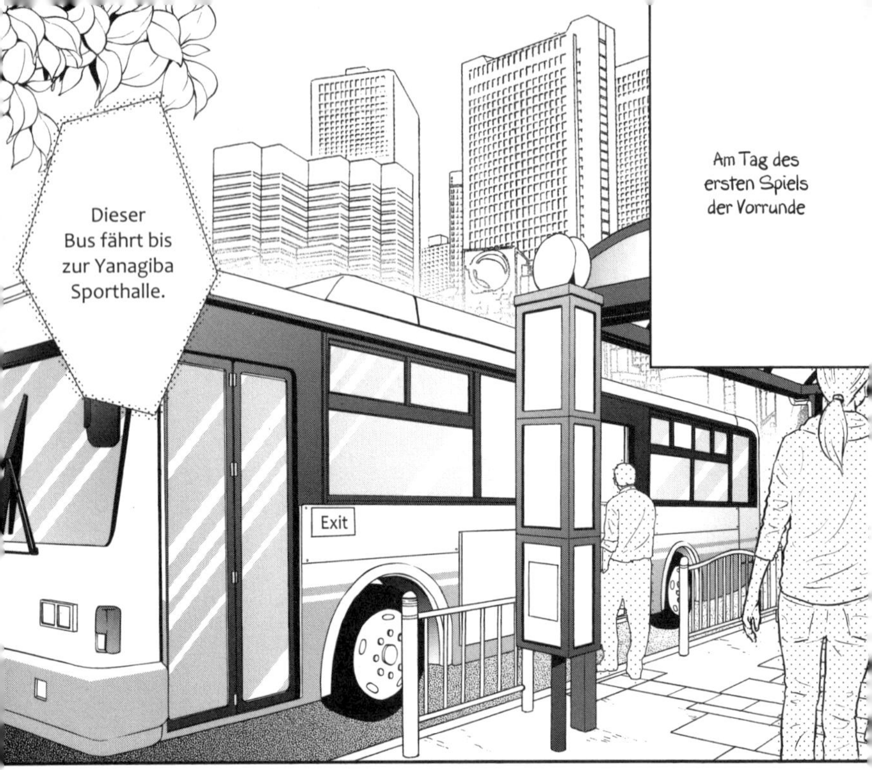

Am Tag des ersten Spiels der Vorrunde

Dieser Bus fährt bis zur Yanagiba Sporthalle.

Exit

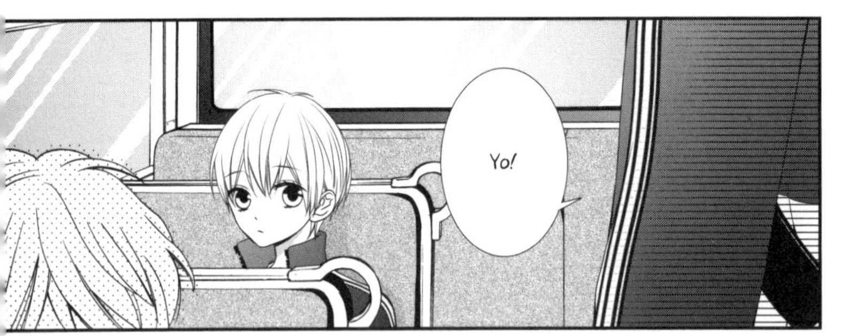

Und wenn ich dich lieben würde?

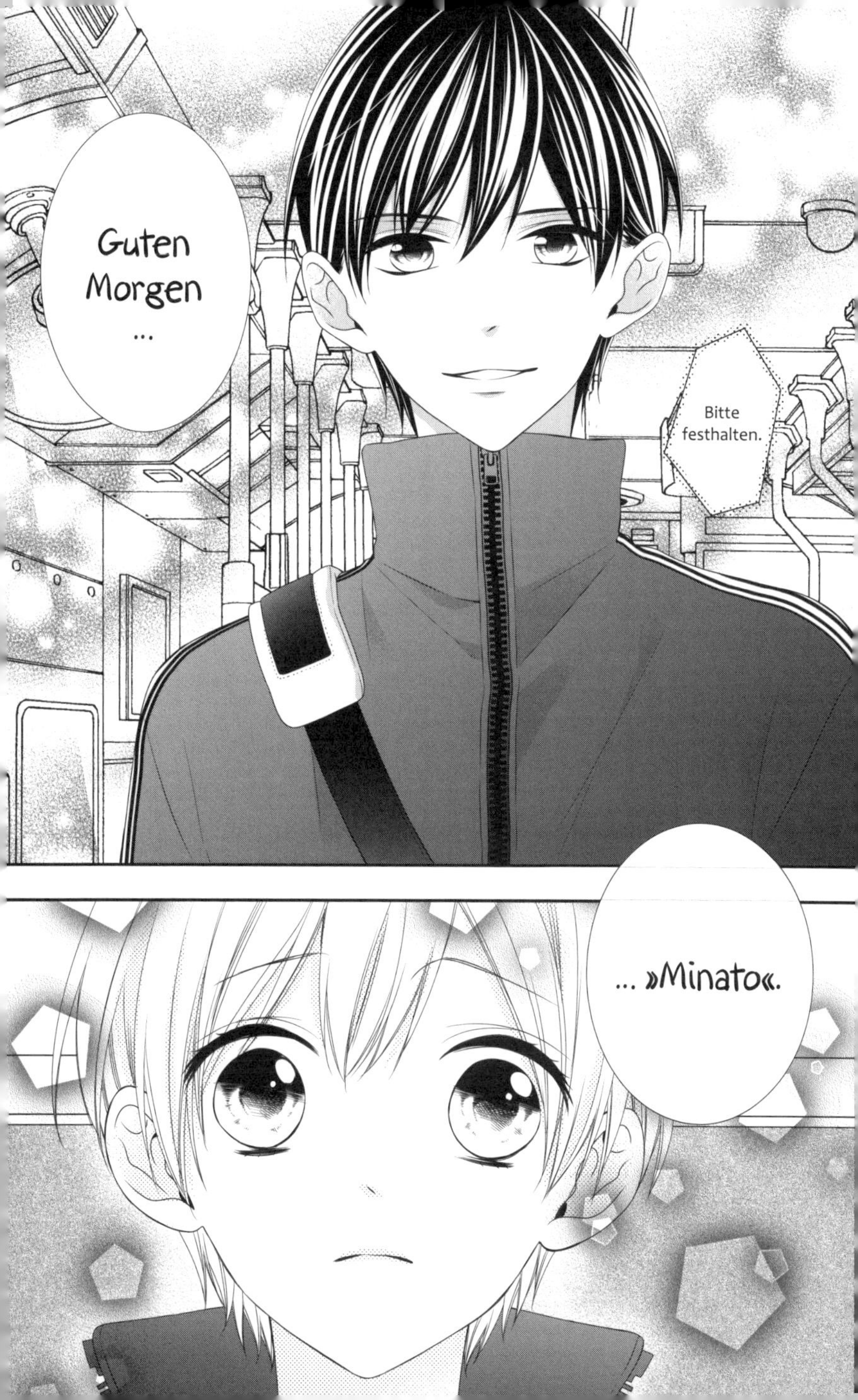

Bitte festhalten.
Guten Morgen ...
... »Minato«.

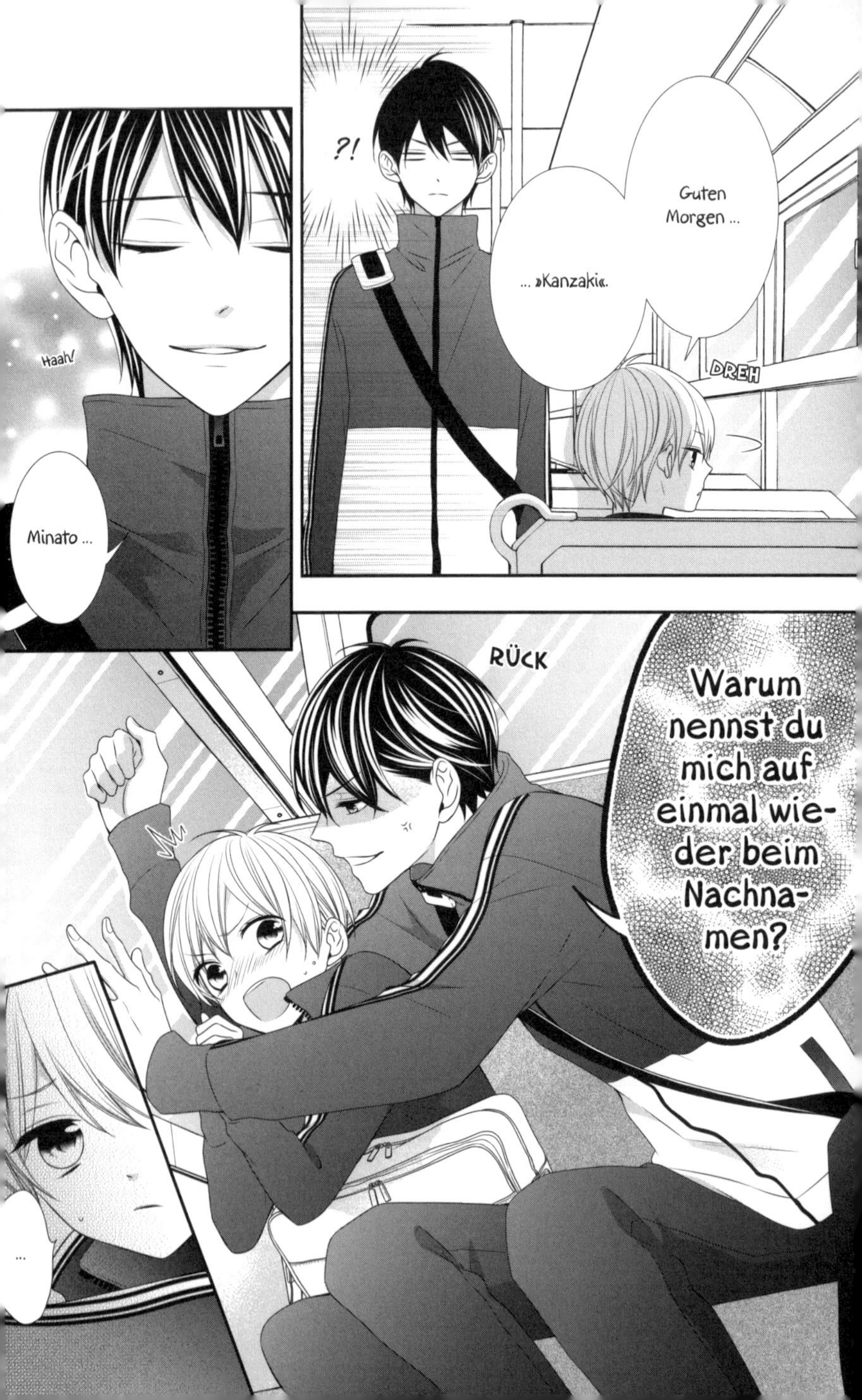
?!
Guten Morgen ...
... »Kanzaki«.
DREH
Haah!
Minato ...
RÜCK
Warum nennst du mich auf einmal wieder beim Nachnamen?
...

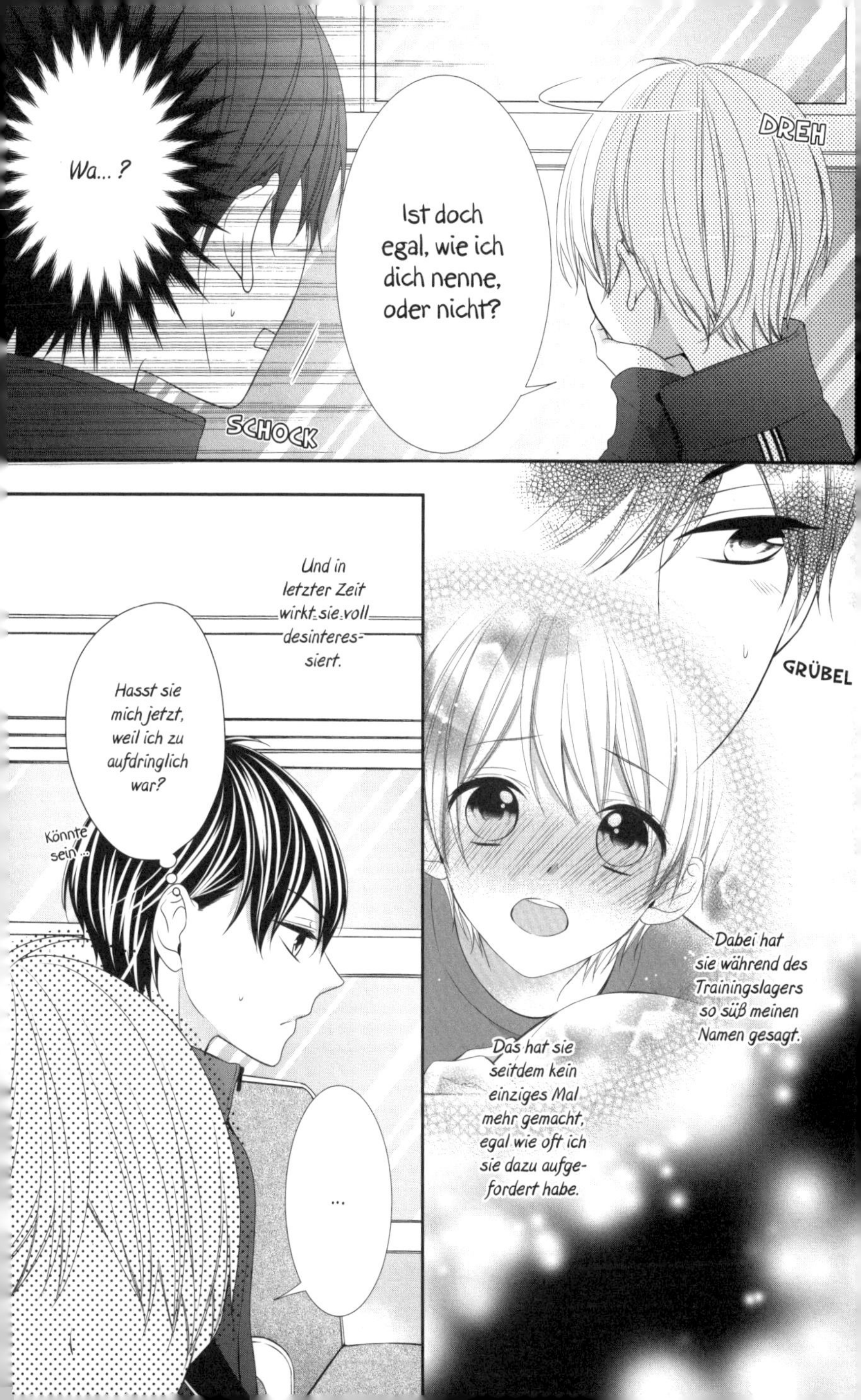
DREH
Ist doch egal, wie ich dich nenne, oder nicht?
Wa...?
SCHOCK
GRÜBEL
Dabei hat sie während des Trainingslagers so süß meinen Namen gesagt.
Das hat sie seitdem kein einziges Mal mehr gemacht, egal wie oft ich sie dazu aufgefordert habe.
Und in letzter Zeit wirkt sie voll desinteressiert.
Hasst sie mich jetzt, weil ich zu aufdringlich war?
Könnte sein ...
...

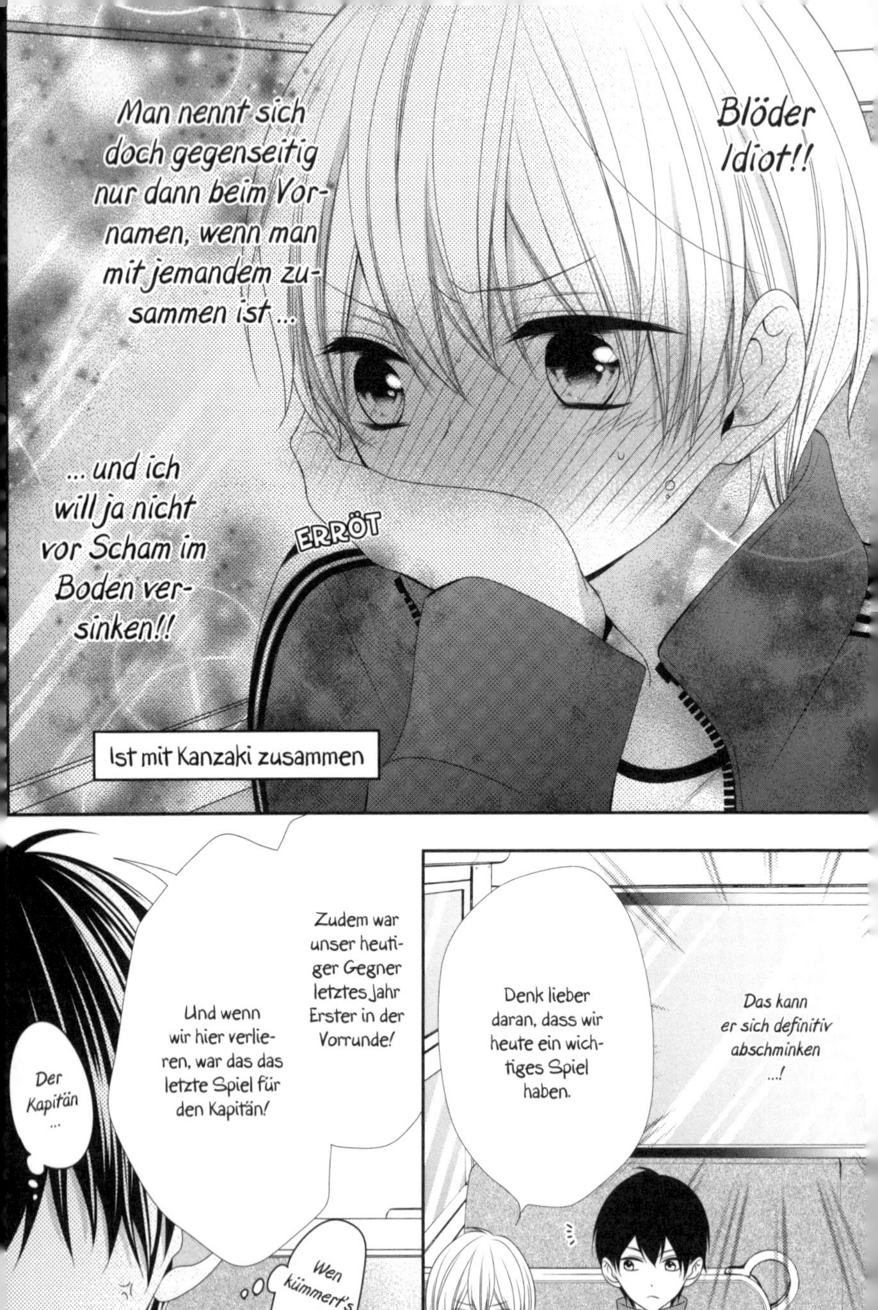
Blöder Idiot!!
Man nennt sich doch gegenseitig nur dann beim Vornamen, wenn man mit jemandem zusammen ist ...
... und ich will ja nicht vor Scham im Boden versinken!!
ERRÖT
Ist mit Kanzaki zusammen
Das kann er sich definitiv abschminken ...!
Denk lieber daran, dass wir heute ein wichtiges Spiel haben.
...
Zudem war unser heutiger Gegner letztes Jahr Erster in der Vorrunde!
Und wenn wir hier verlieren, war das das letzte Spiel für den Kapitän!
Der Kapitän ...
Wen kümmert's ...?

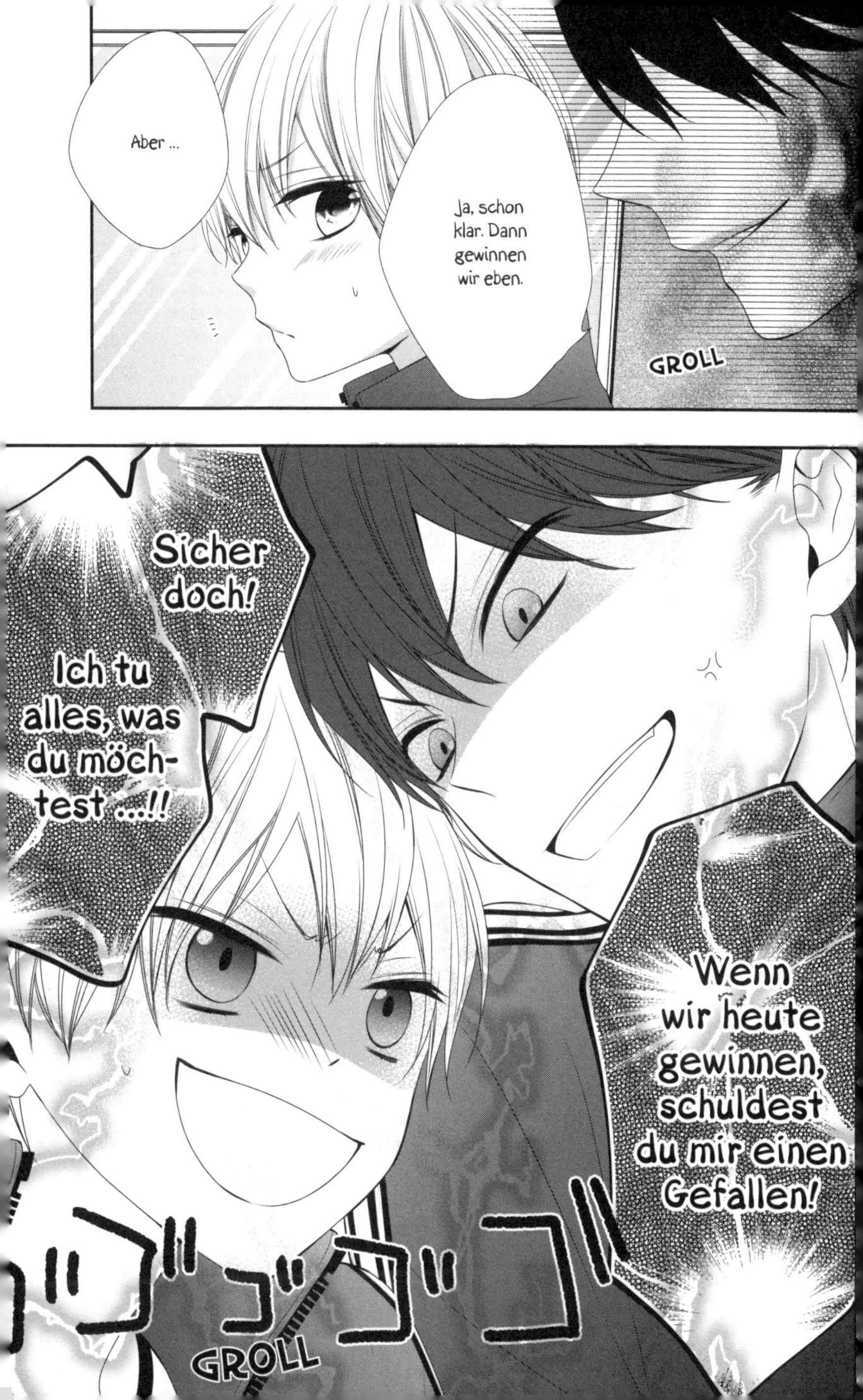

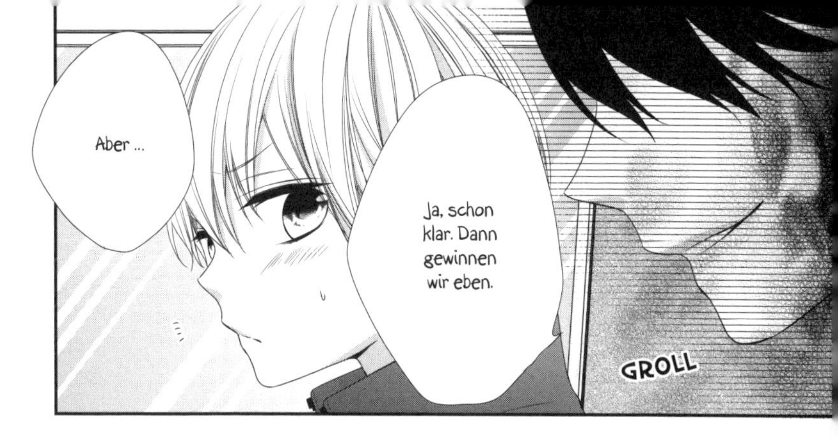

Wenn wir heute gewinnen, schuldest du mir einen Gefallen!

Sicher doch! Ich tu alles, was du möchtest ...!!

GROLL

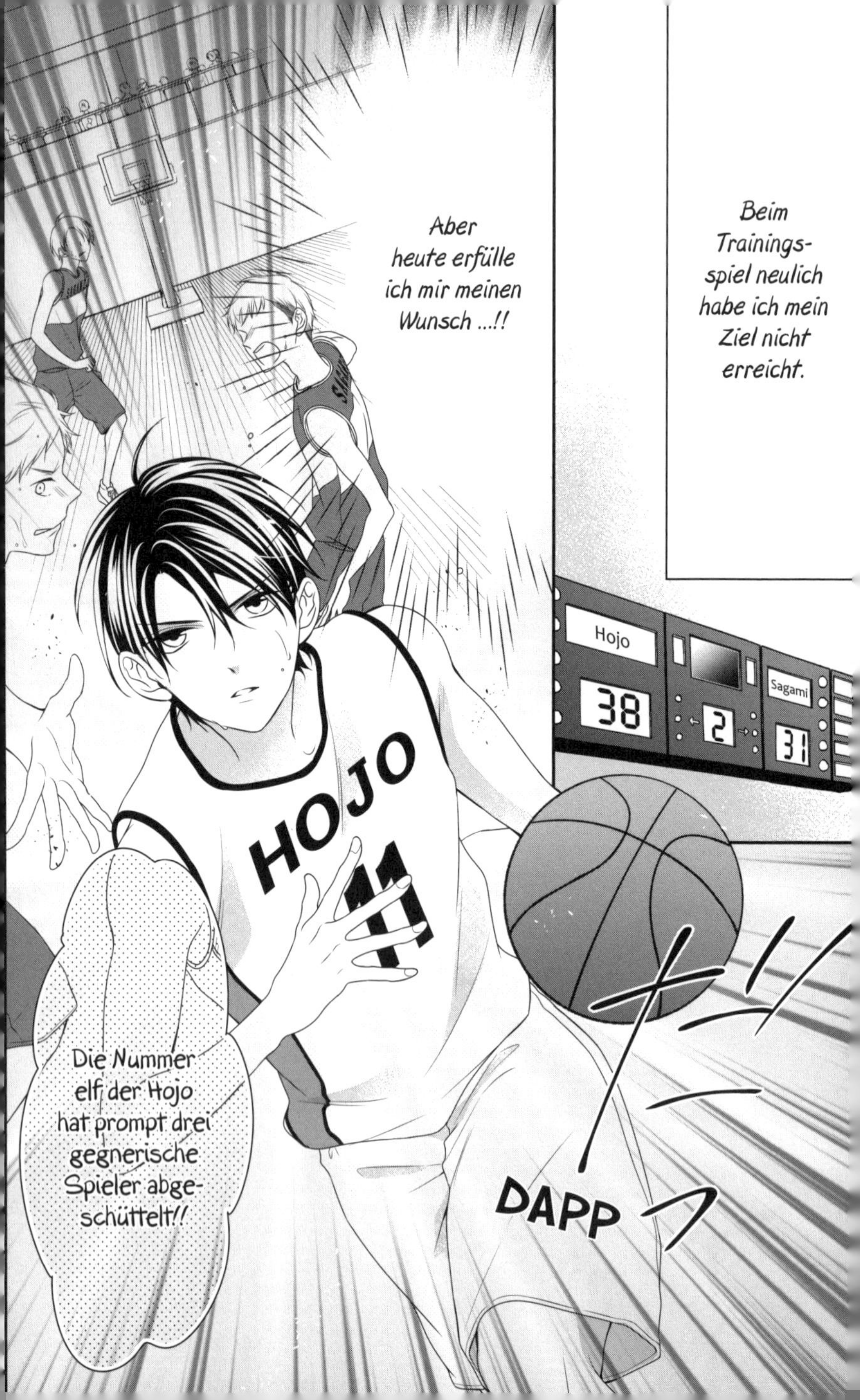

Beim Trainingsspiel neulich habe ich mein Ziel nicht erreicht.
Aber heute erfülle ich mir meinen Wunsch ...!!
Hojo
38
2
Sagami
31
HOJO
11
DAPP
Die Nummer elf der Hojo hat prompt drei gegnerische Spieler abgeschüttelt!!

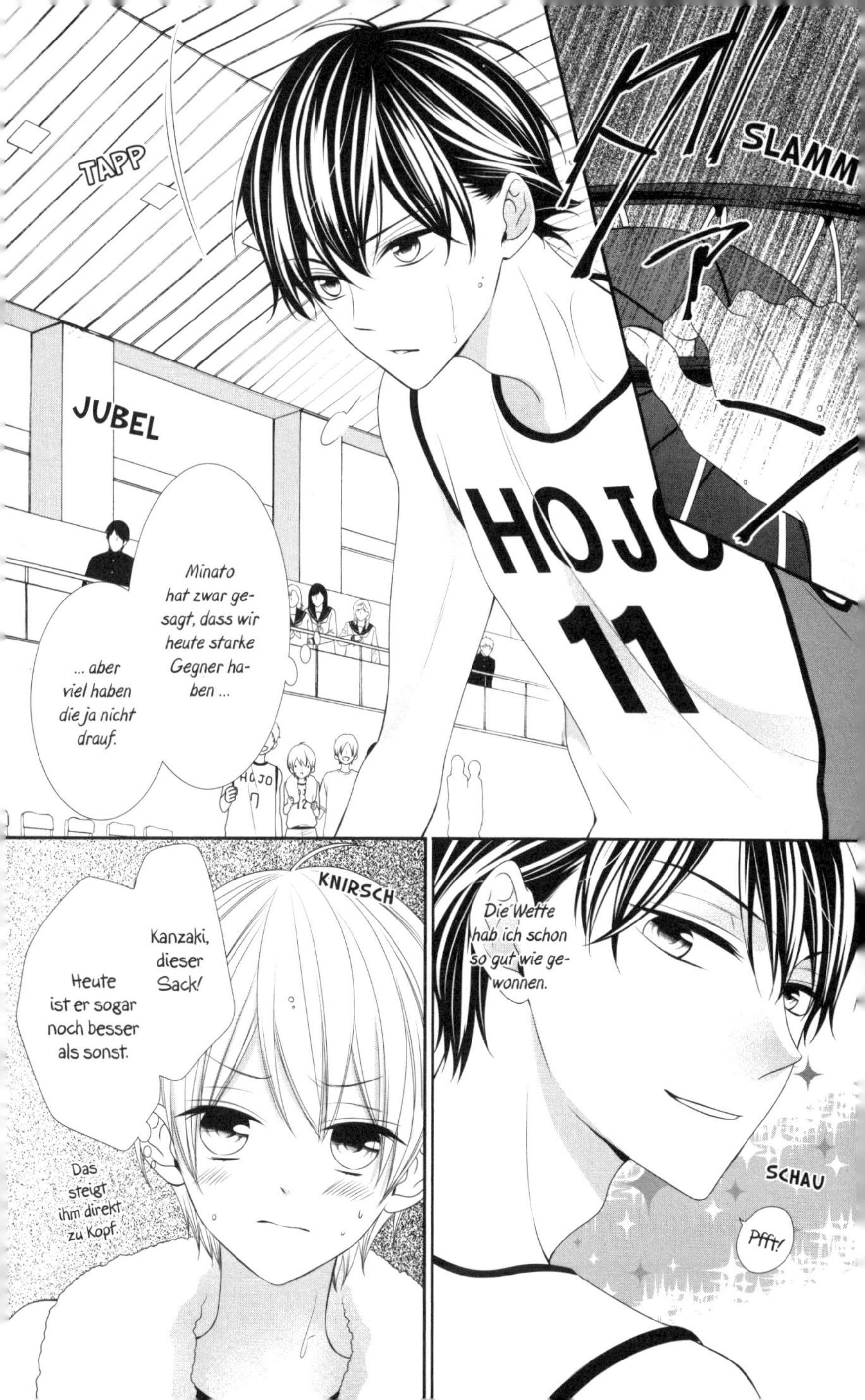
SLAMM
TAPP
JUBEL
Minato hat zwar gesagt, dass wir heute starke Gegner haben ...
... aber viel haben die ja nicht drauf.
HOJO
11
KNIRSCH
Die Wette hab ich schon so gut wie gewonnen.
SCHAU
Pfft!
Kanzaki, dieser Sack!
Heute ist er sogar noch besser als sonst.
Das steigt ihm direkt zu Kopf.

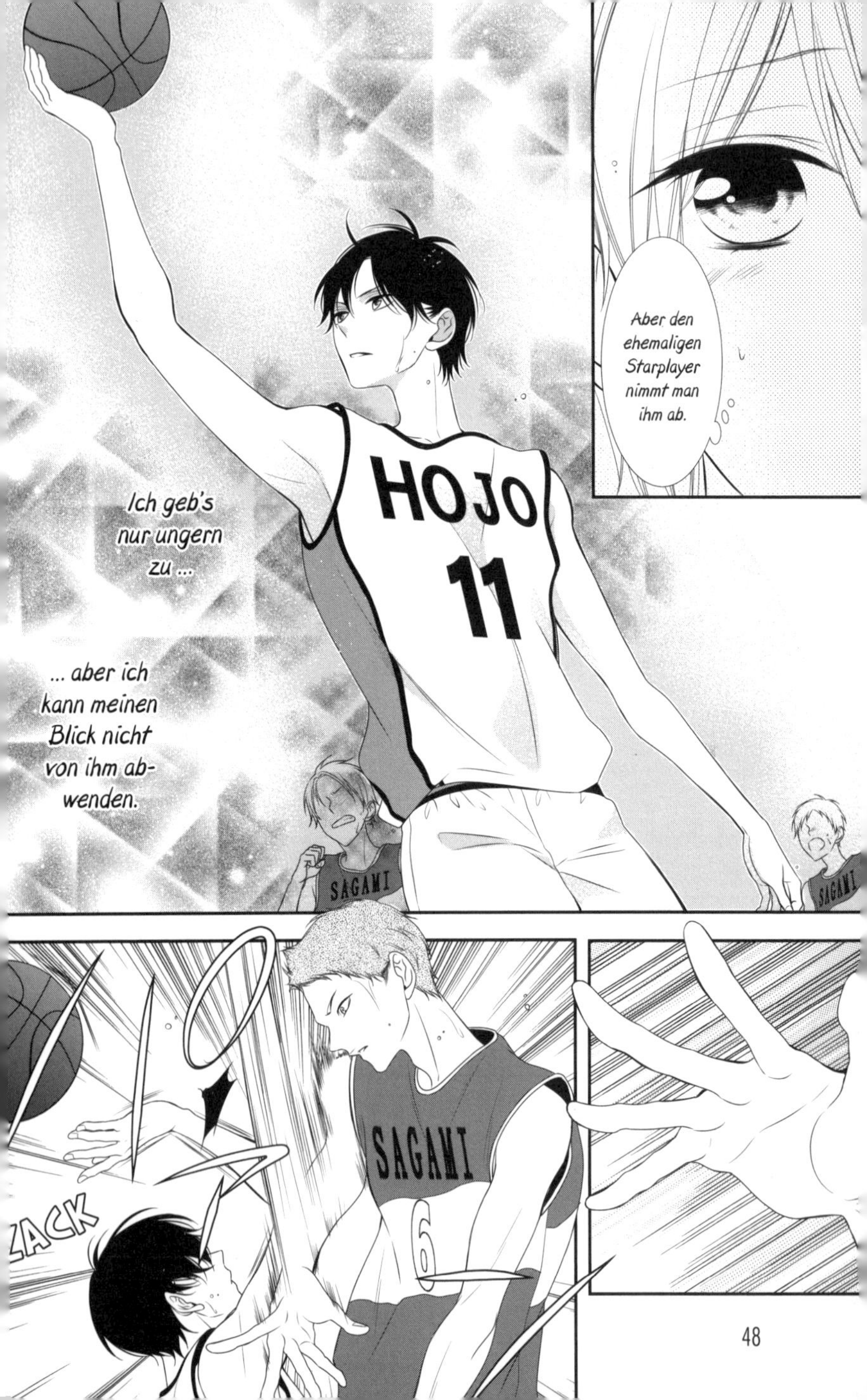
Aber den ehemaligen Starplayer nimmt man ihm ab.
HOJO
11
Ich geb's nur ungern zu ...
... aber ich kann meinen Blick nicht von ihm abwenden.
SAGAMI
SAGAMI
SAGAMI
6
ZACK

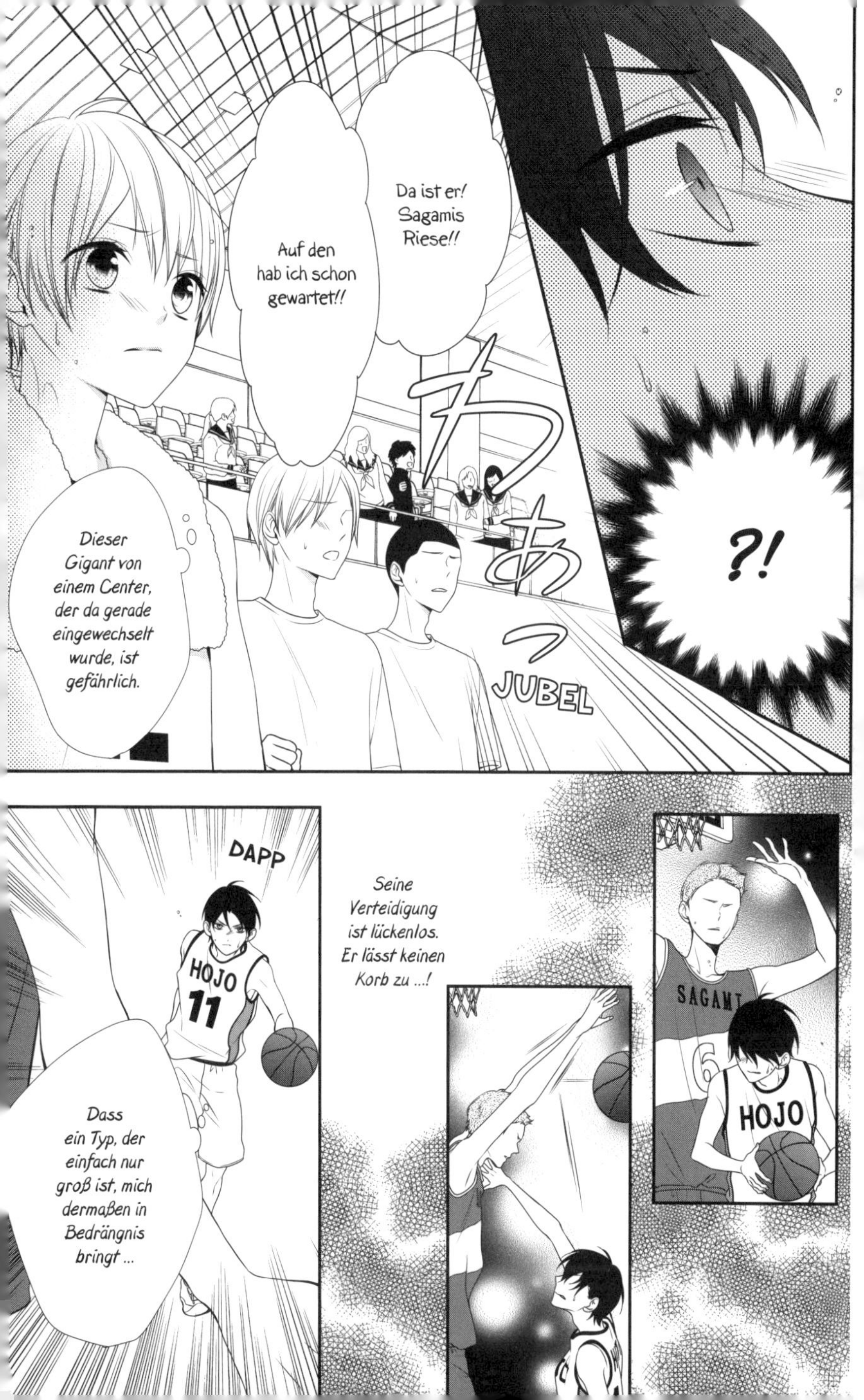

Da ist er! Sagamis Riese!!

Auf den hab ich schon gewartet!!

わあっ

JUBEL

?!

Dieser Gigant von einem Center, der da gerade eingewechselt wurde, ist gefährlich.

Seine Verteidigung ist lückenlos. Er lässt keinen Korb zu ...!

DAPP

Dass ein Typ, der einfach nur groß ist, mich dermaßen in Bedrängnis bringt ...

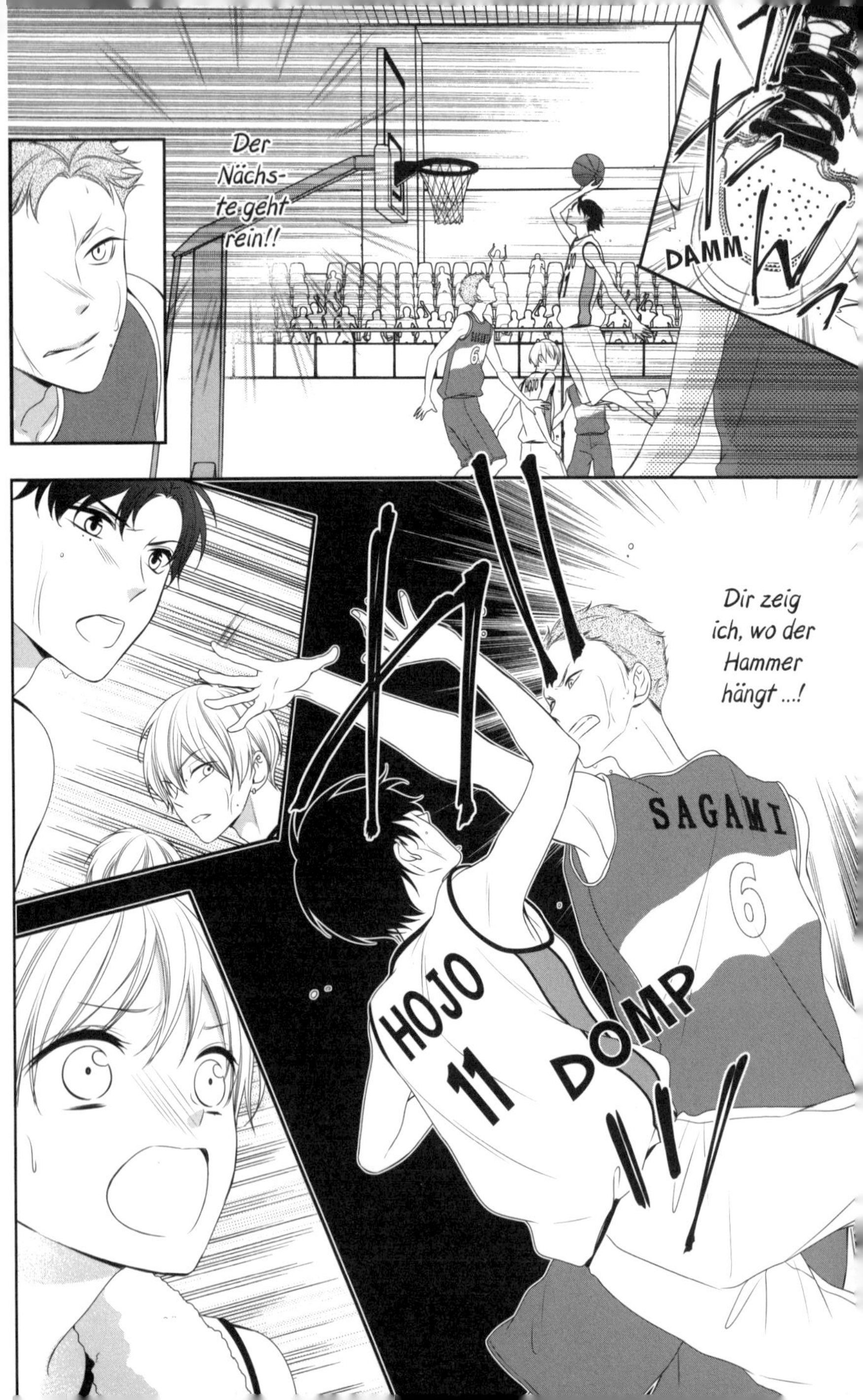
DAMM
Der Nächste geht rein!!
Dir zeig ich, wo der Hammer hängt ...!
SAGAMI
6
HOJO
11
DOMP

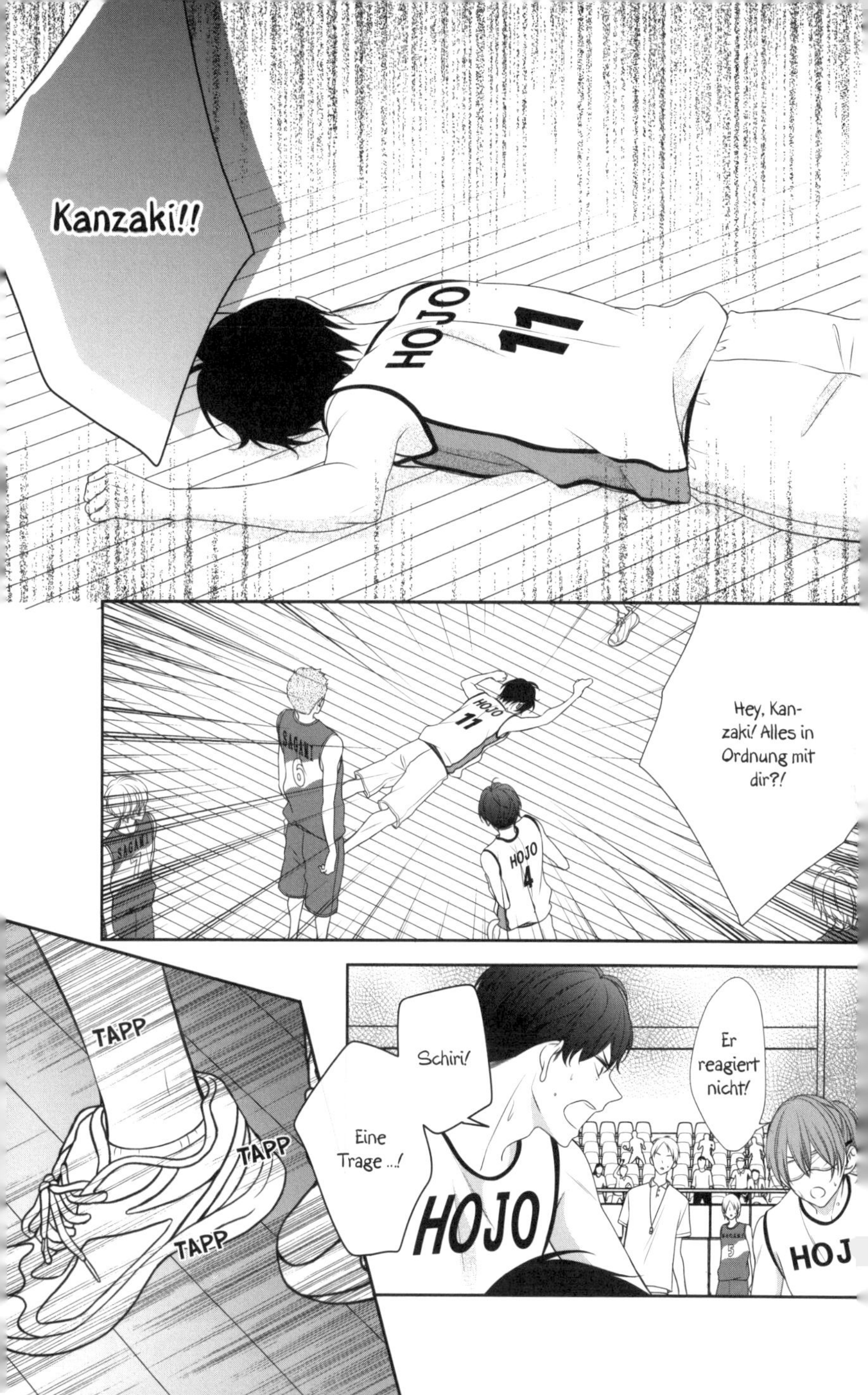
Kanzaki!!
HOJO
11
Hey, Kanzaki! Alles in Ordnung mit dir?!
Er reagiert nicht!
Schiri!
Eine Trage ...!
HOJO
TAPP
TAPP
TAPP

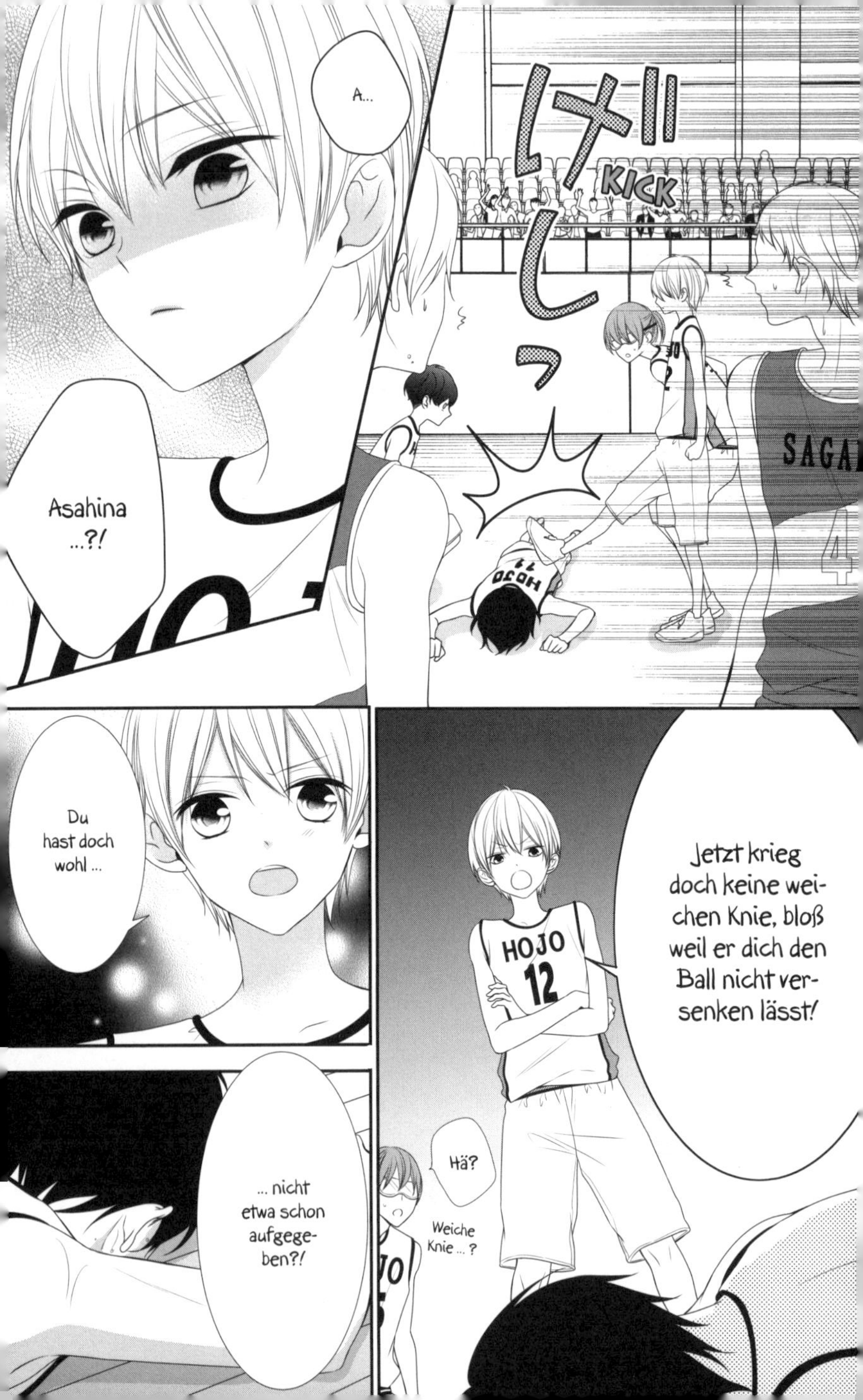
A...
KICK
Asahina ...?!
Du hast doch wohl ...
Jetzt krieg doch keine weichen Knie, bloß weil er dich den Ball nicht versenken lässt!
Hä?
Weiche Knie ... ?
... nicht etwa schon aufgegeben?!

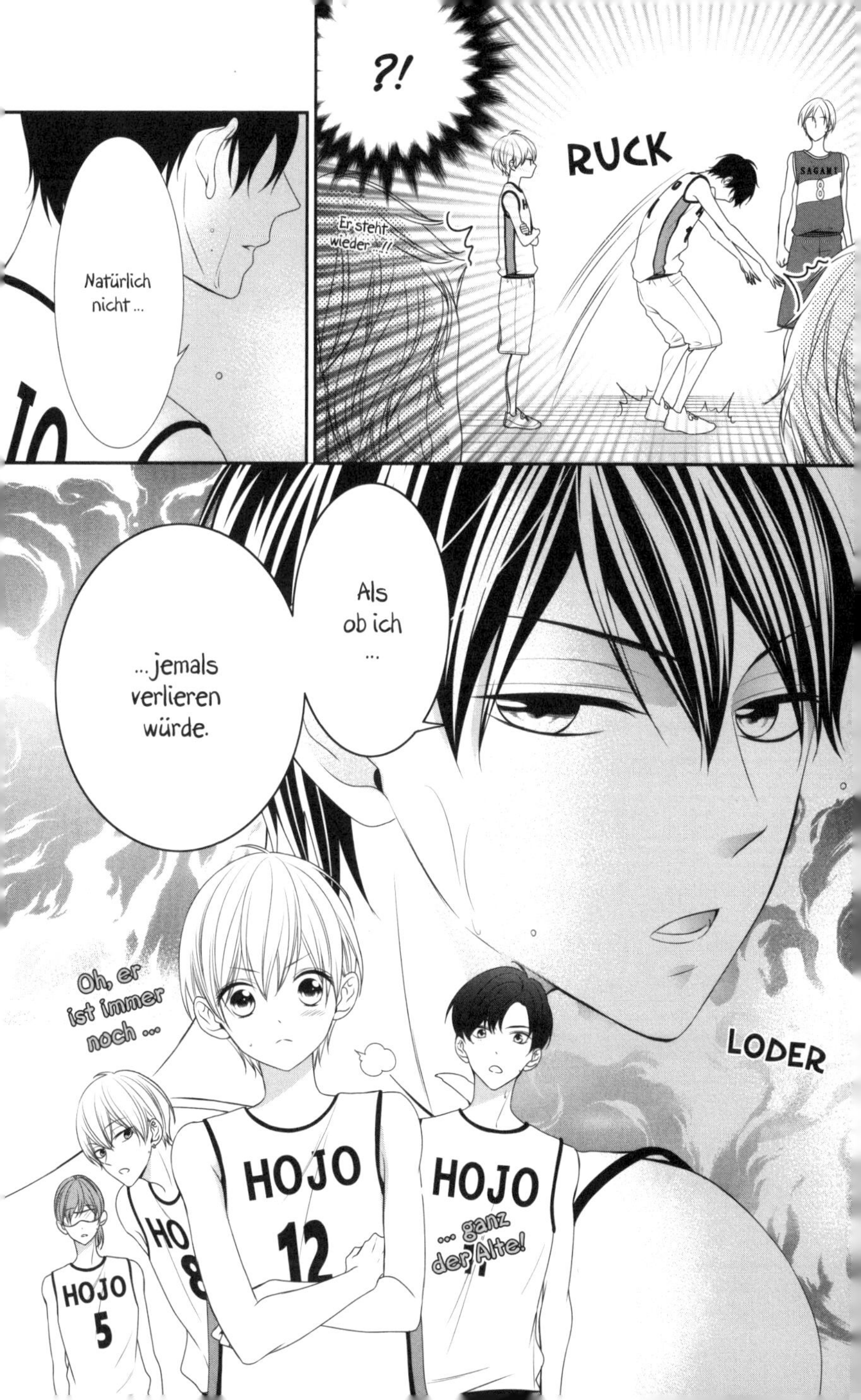
?!
RUCK
Er steht wieder ...!!
Natürlich nicht ...
Als ob ich ...
...jemals verlieren würde.
LODER
Oh, er ist immer noch ...
... ganz der Alte!

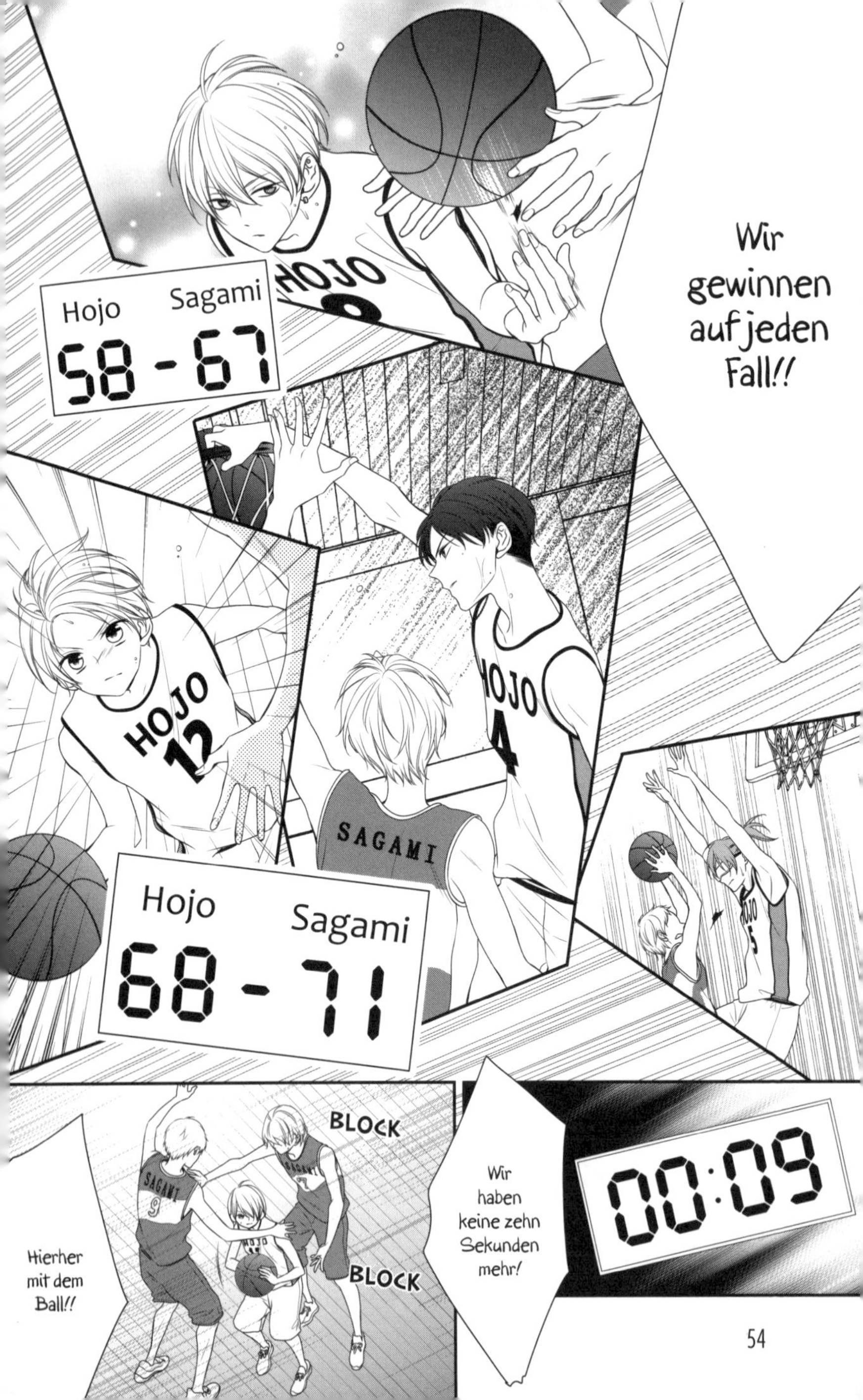
Wir gewinnen auf jeden Fall!!
Hojo Sagami
58 - 67
Hojo Sagami
68 - 71
00:09
Wir haben keine zehn Sekunden mehr!
BLOCK
BLOCK
Hierher mit dem Ball!!

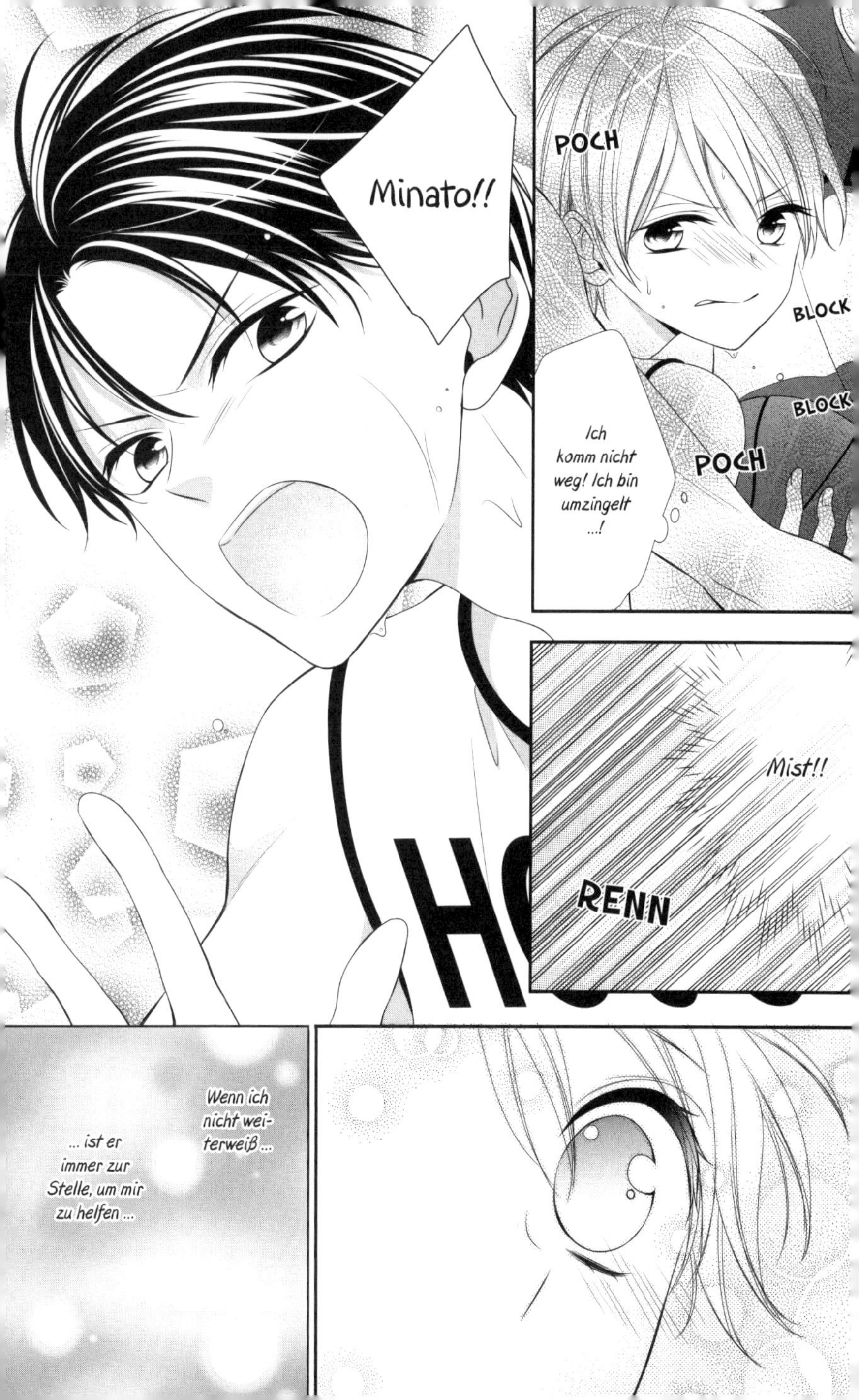
POCH
BLOCK
BLOCK
POCH
Ich komm nicht weg! Ich bin umzingelt ...!
Minato!!
Mist!!
RENN
Wenn ich nicht weiterweiß ...
... ist er immer zur Stelle, um mir zu helfen ...

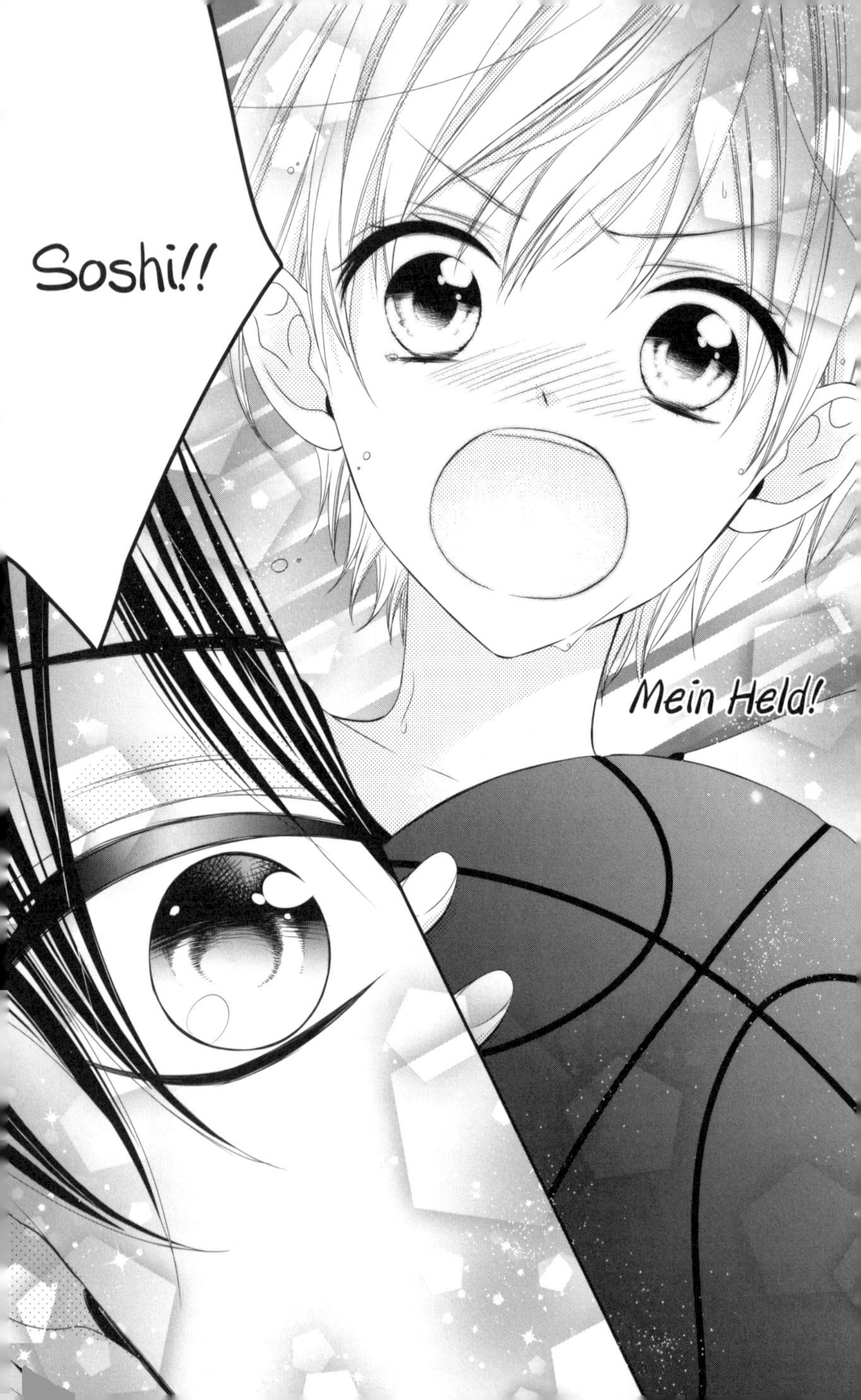
Soshi!!
Mein Held!

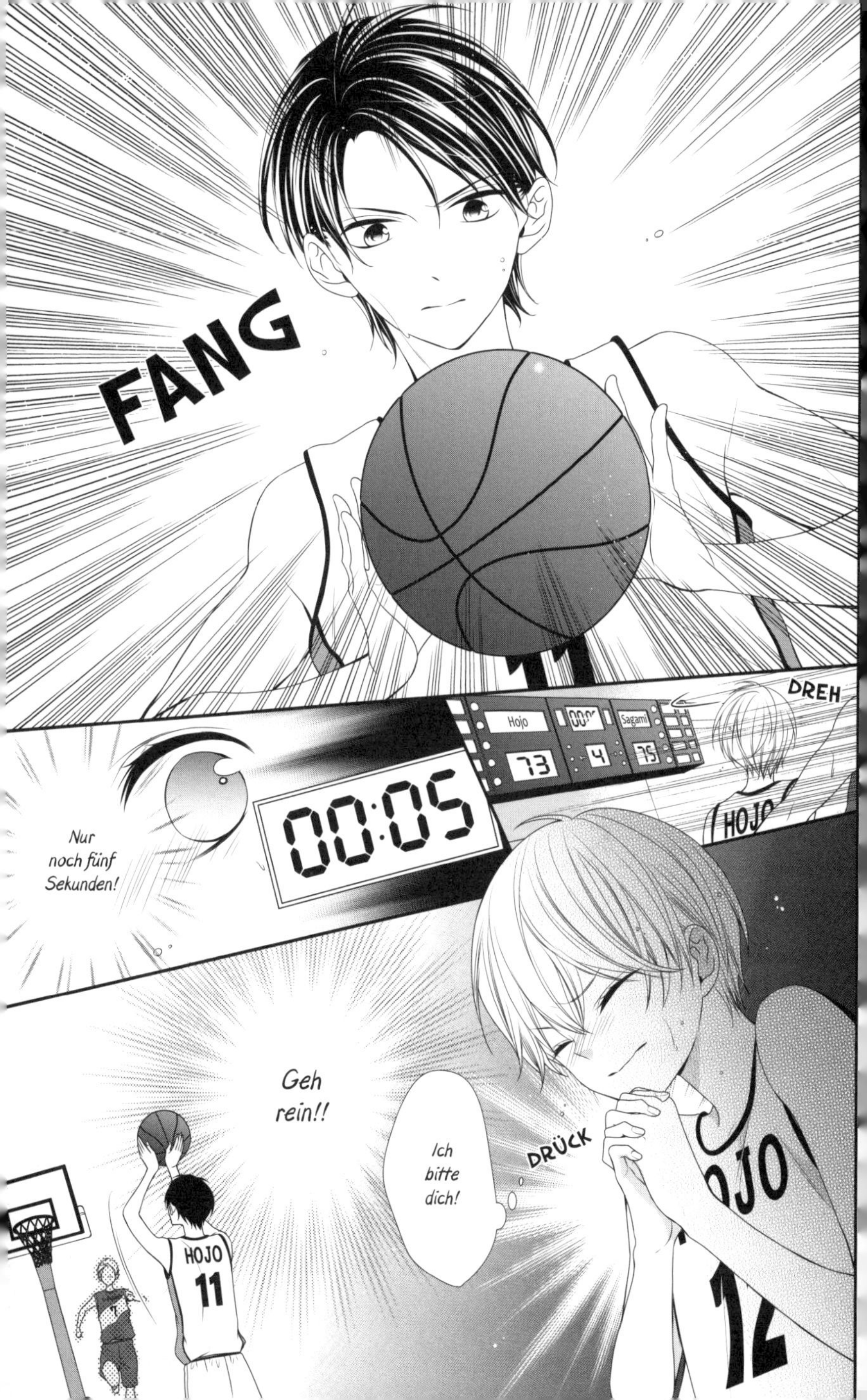

FANG
DREH
Hojo
Sagami
73
4
75
00:05
HOJO
Nur noch fünf Sekunden!
DRÜCK
Ich bitte dich!
Geh rein!!
HOJO
11

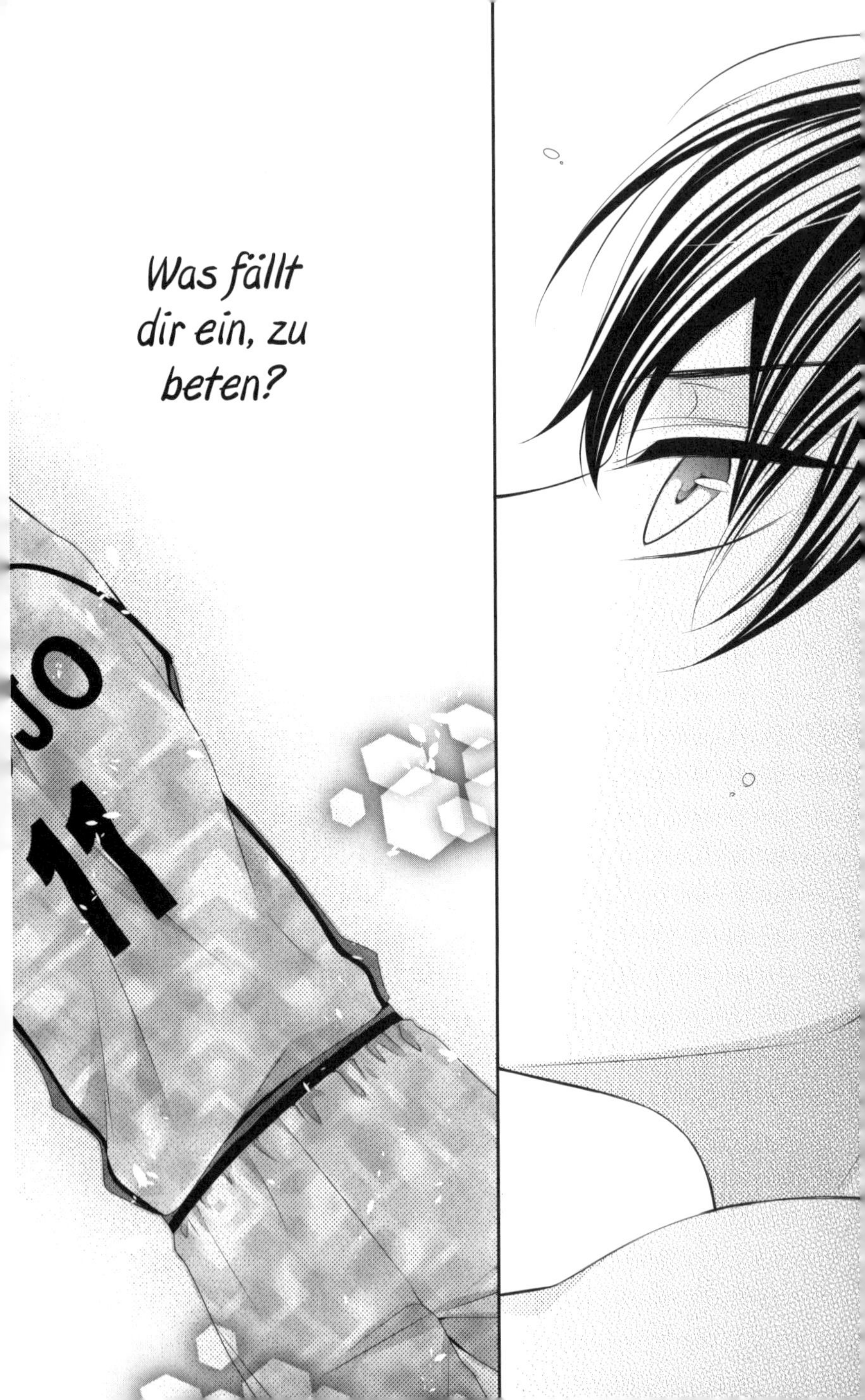
Was fällt dir ein, zu beten?

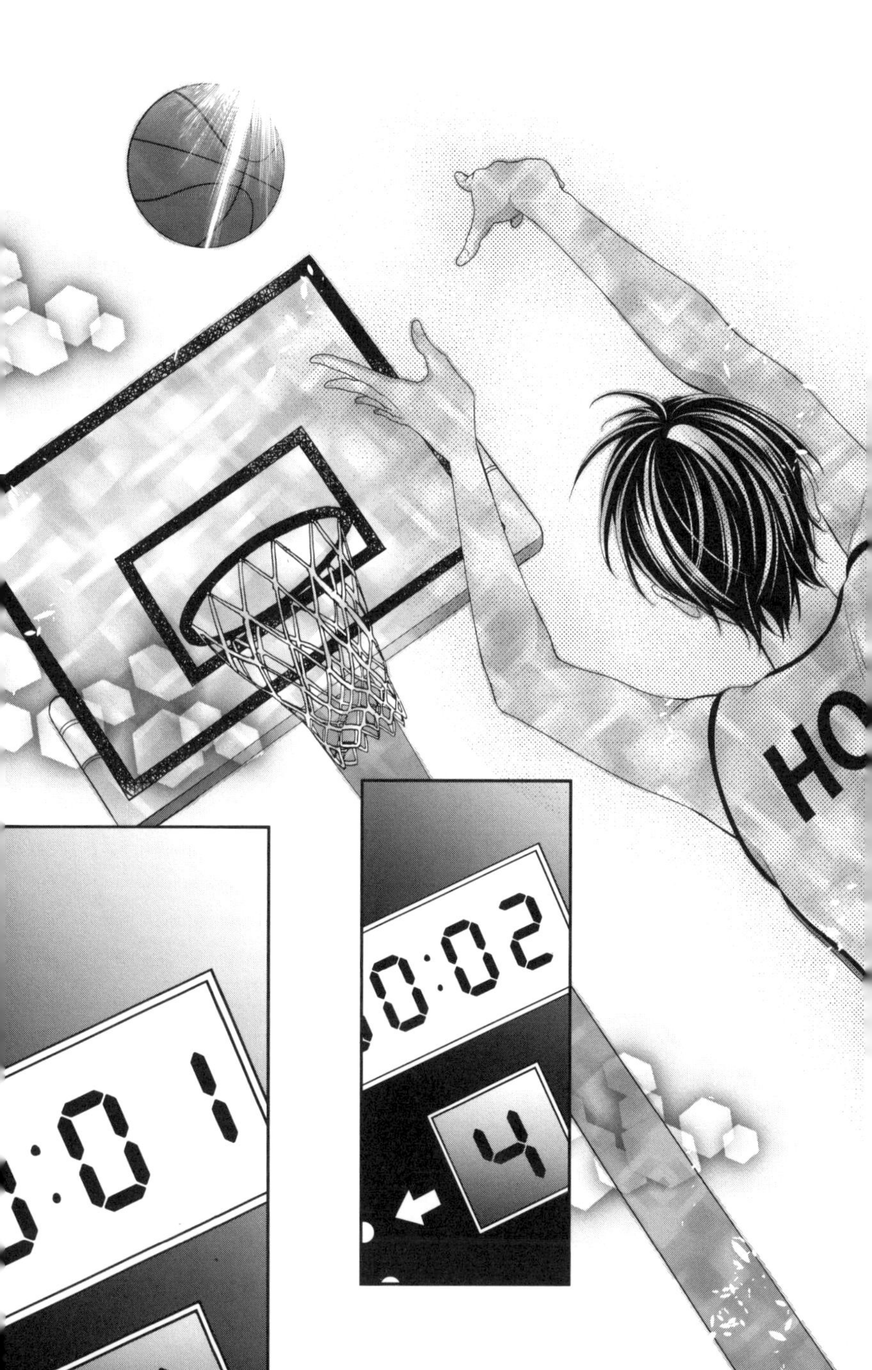

HO
0:02
4
0:01

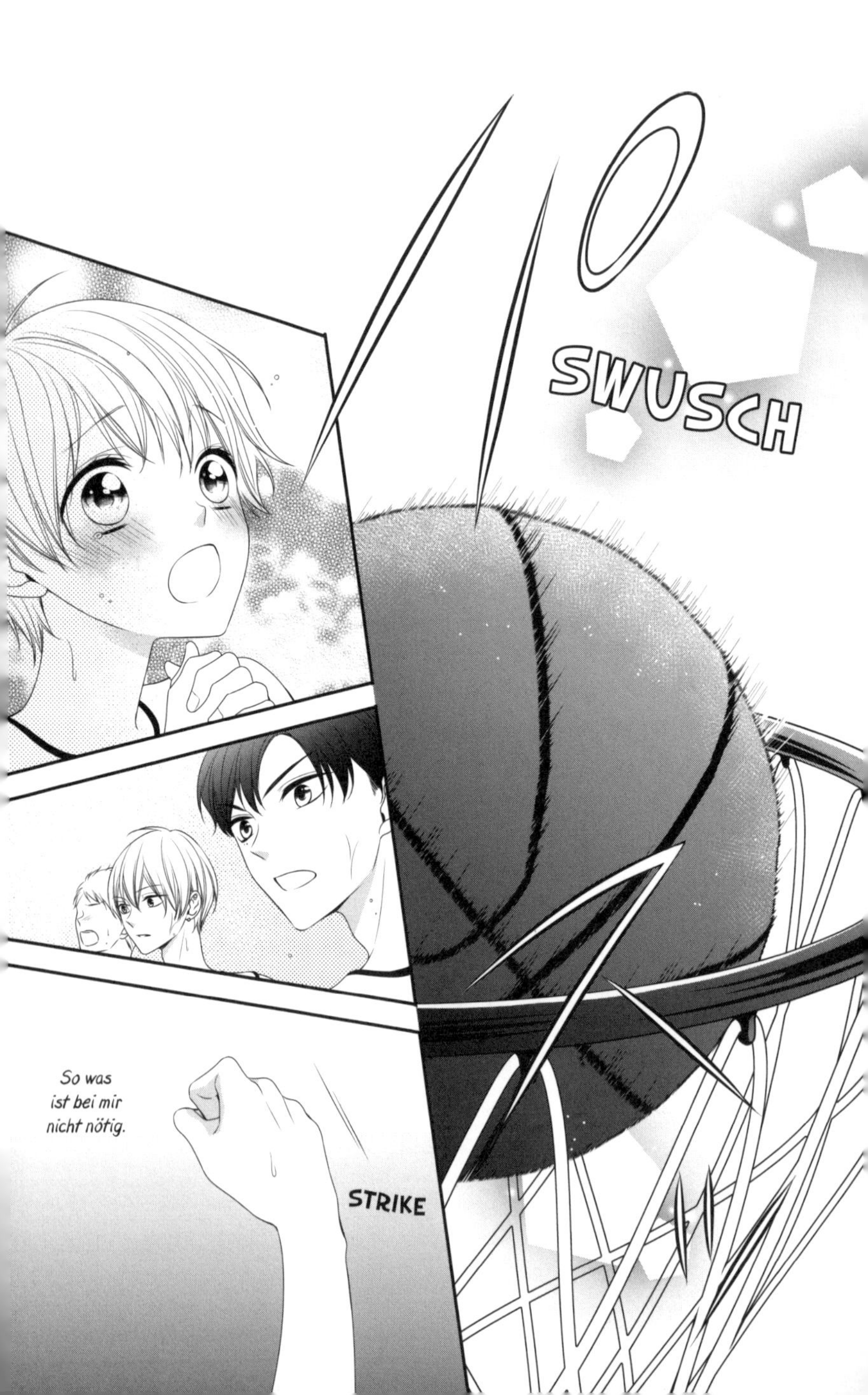
SWUSCH
So was
ist bei mir
nicht nötig.
STRIKE

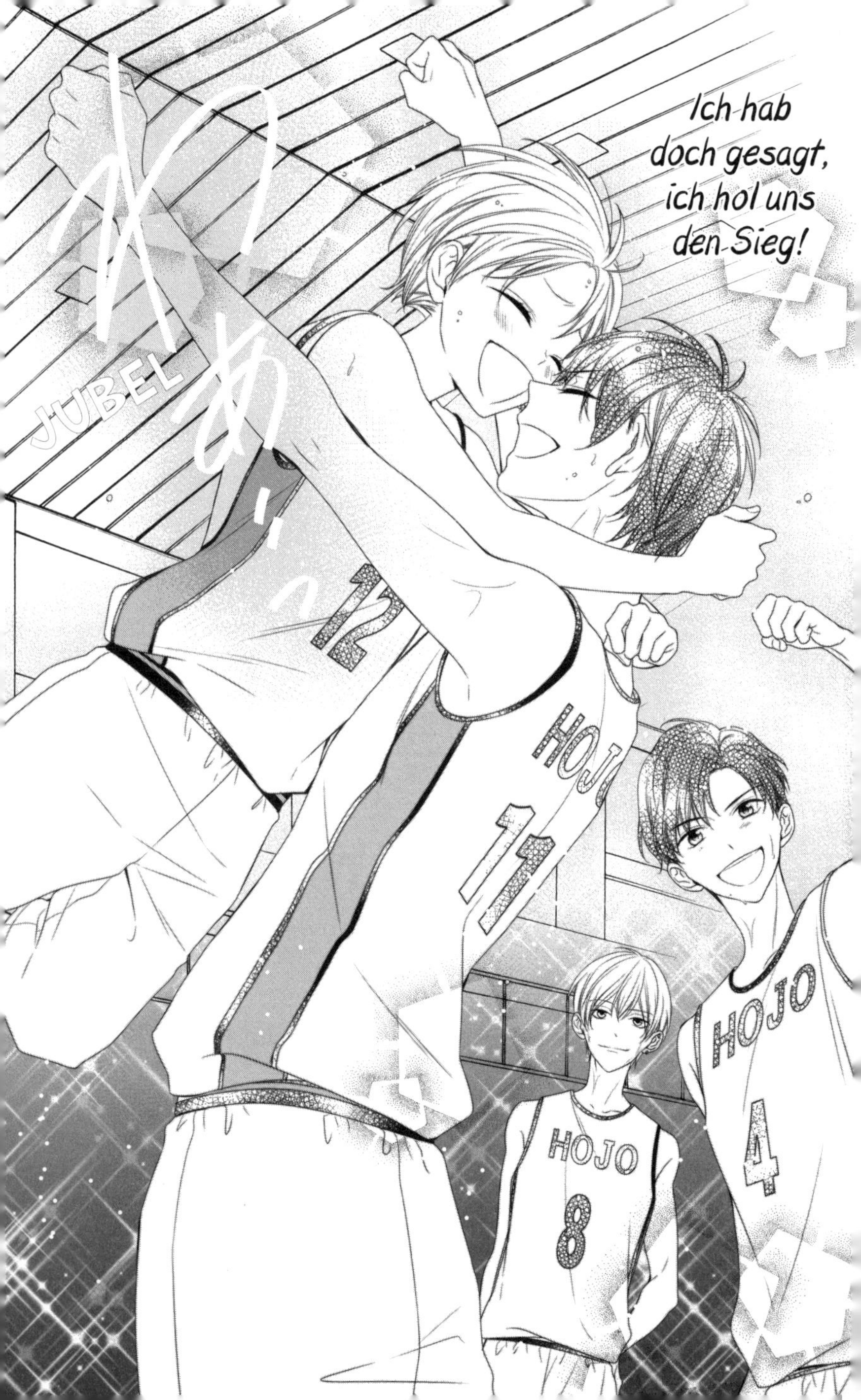
Ich hab doch gesagt, ich hol uns den Sieg!
JUBEL
わあ
12
HOJO
11
HOJO
4
HOJO
8

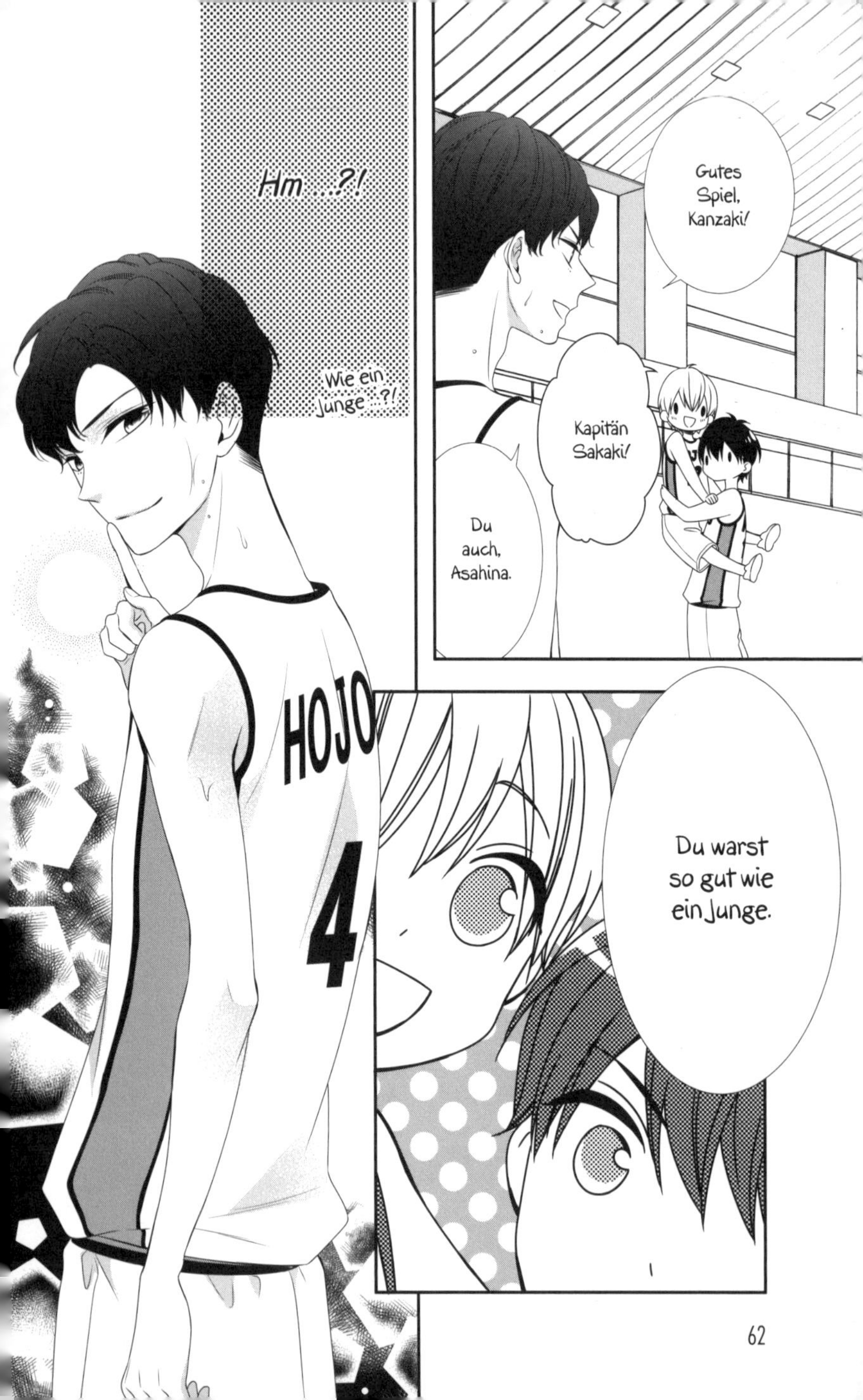
Gutes Spiel, Kanzaki!
Kapitän Sakaki!
Du auch, Asahina.
Du warst so gut wie ein Junge.
Hm ...?!
Wie ein Junge ...?!
HOJO
4

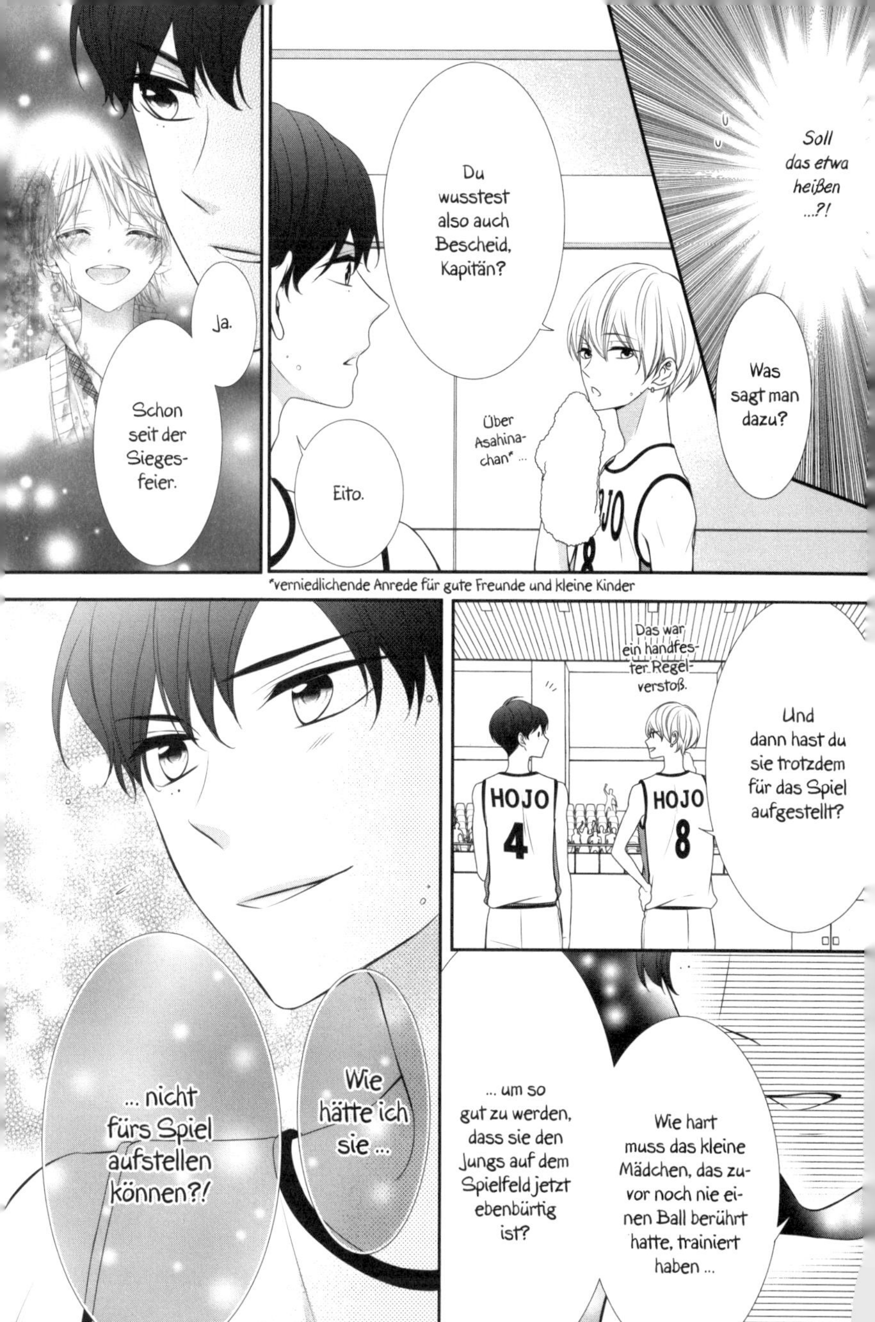

*verniedlichende Anrede für gute Freunde und kleine Kinder

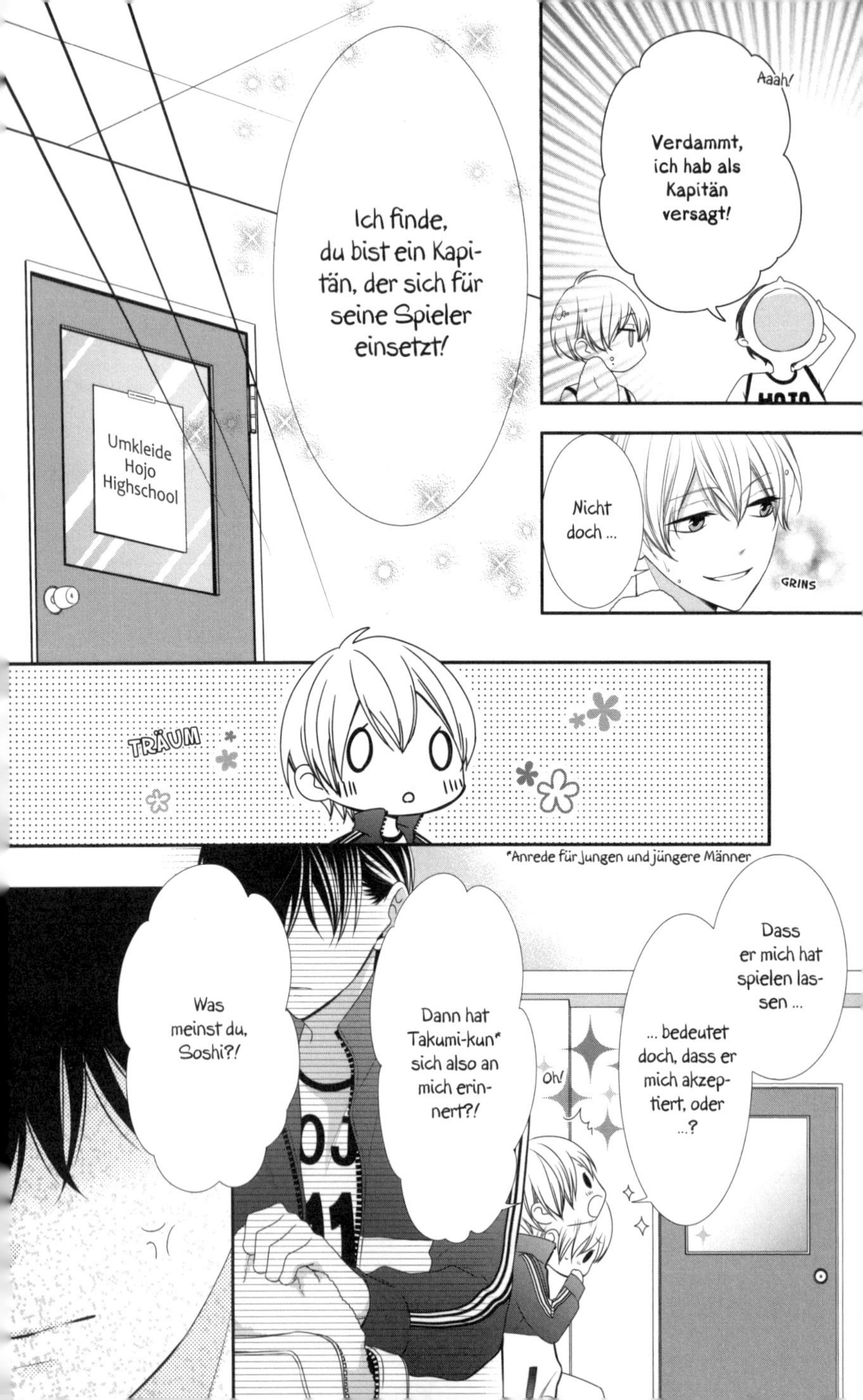
Aaah!
Verdammt, ich hab als Kapitän versagt!
Umkleide Hojo Highschool
Ich finde, du bist ein Kapitän, der sich für seine Spieler einsetzt!
Nicht doch ...
GRINS
TRÄUM
*Anrede für Jungen und jüngere Männer
Dass er mich hat spielen lassen ...
... bedeutet doch, dass er mich akzeptiert, oder ...?
Oh!
Dann hat Takumi-kun* sich also an mich erinnert?!
Was meinst du, Soshi?!

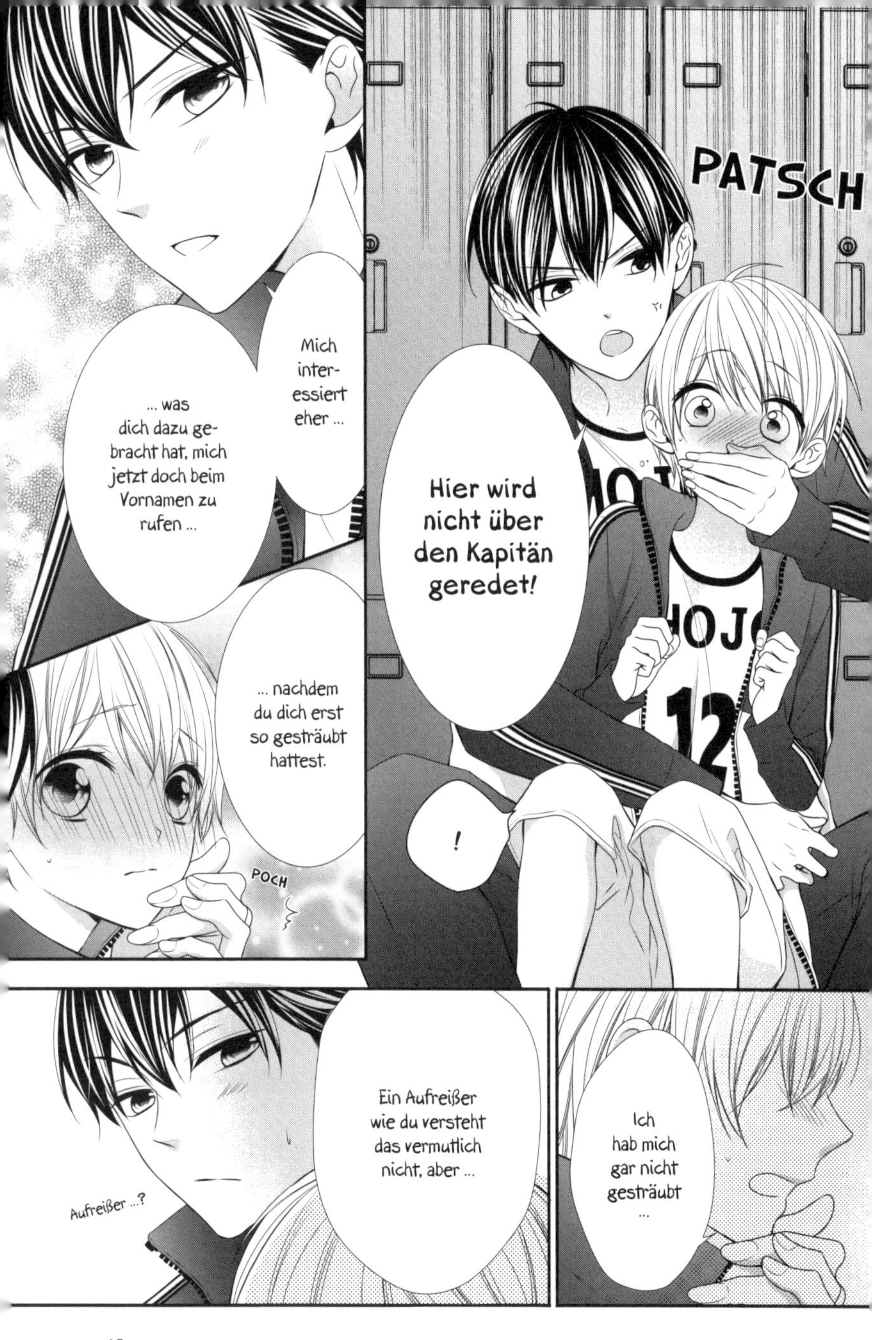
PATSCH
Hier wird nicht über den Kapitän geredet!
!
Mich interessiert eher ...
... was dich dazu gebracht hat, mich jetzt doch beim Vornamen zu rufen ...
... nachdem du dich erst so gesträubt hattest.
POCH
Ich hab mich gar nicht gesträubt ...
Ein Aufreißer wie du versteht das vermutlich nicht, aber ...
Aufreißer ...?

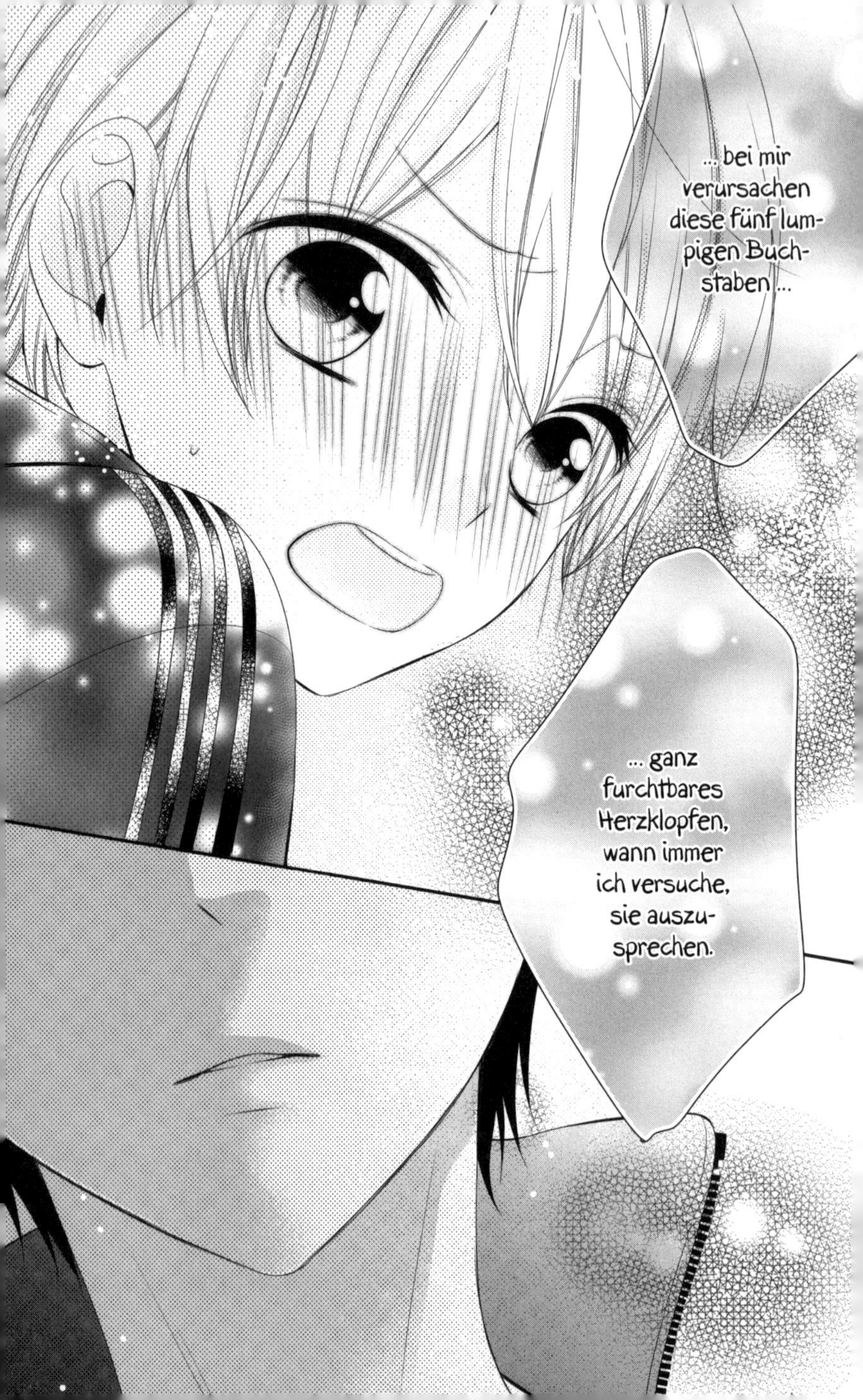
... bei mir verursachen diese fünf lumpigen Buchstaben ...
... ganz furchtbares Herzklopfen, wann immer ich versuche, sie auszusprechen.

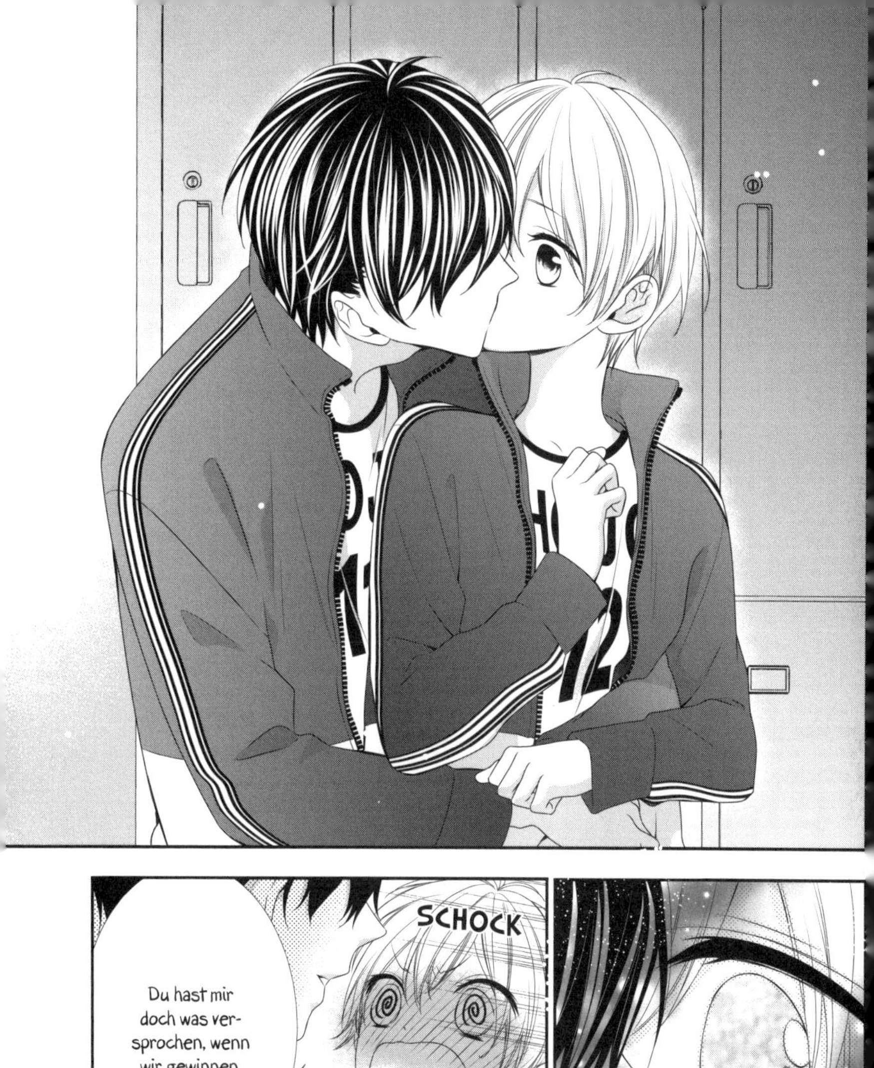

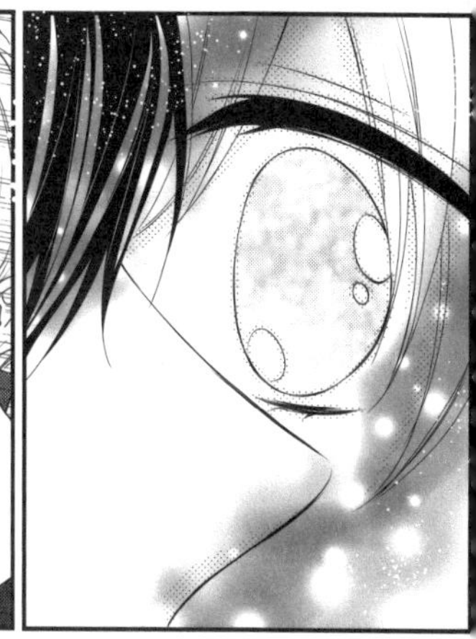

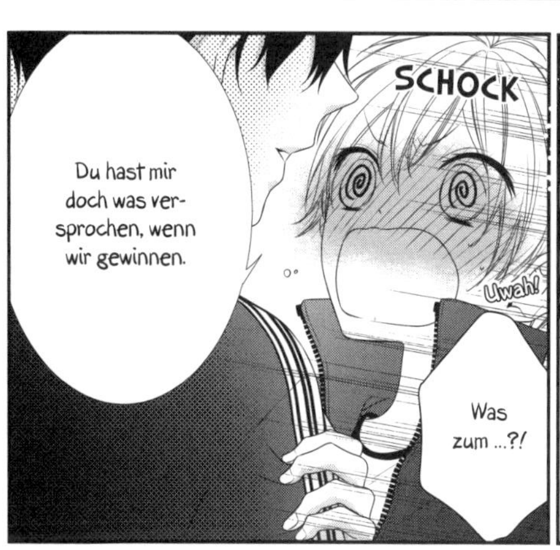
SCHOCK
Du hast mir doch was versprochen, wenn wir gewinnen.
Uwah!
Was zum ...?!

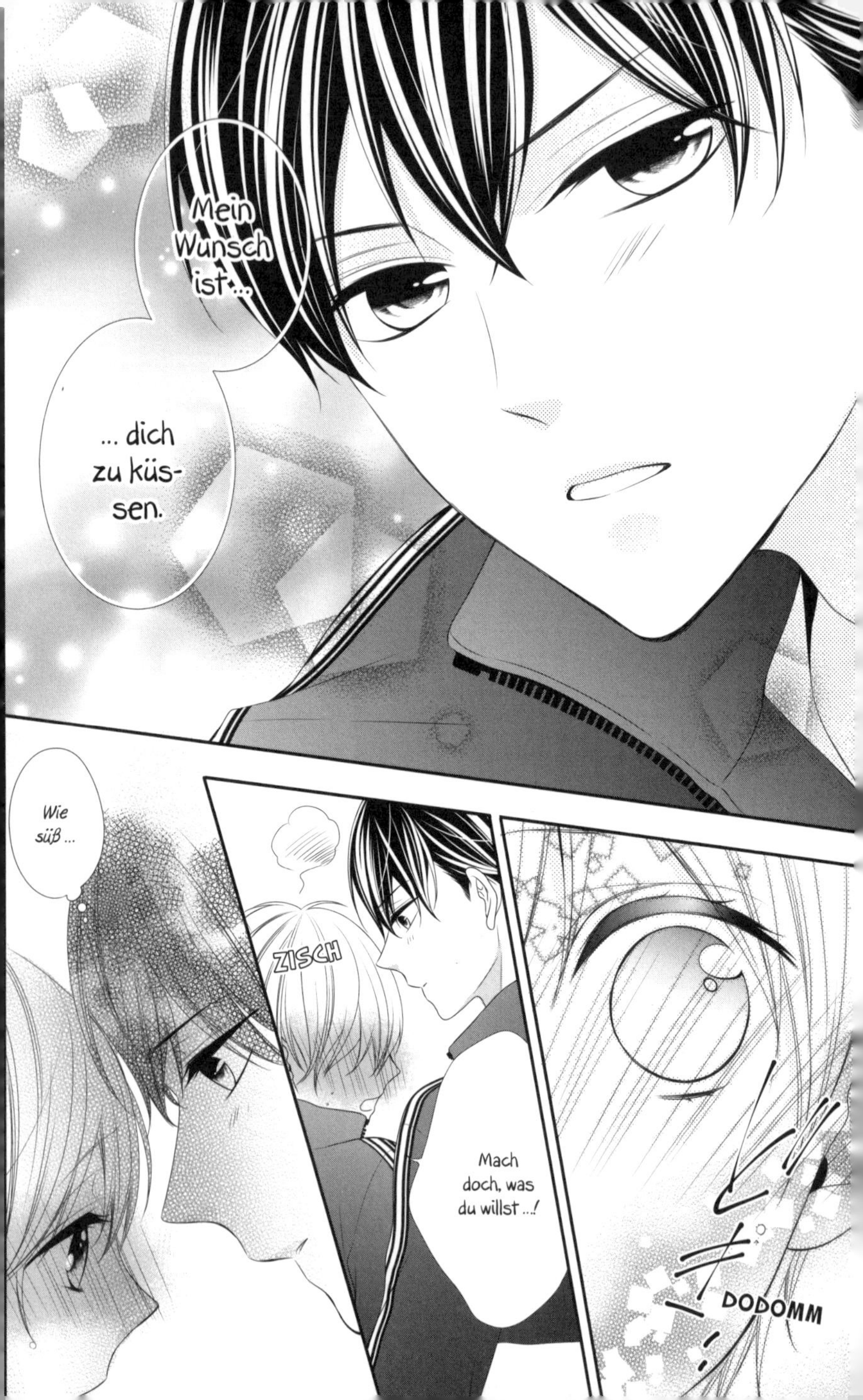
Mein Wunsch ist ...
... dich zu küs-sen.
Wie süß ...
ZISCH
Mach doch, was du willst ...!
DODOMM

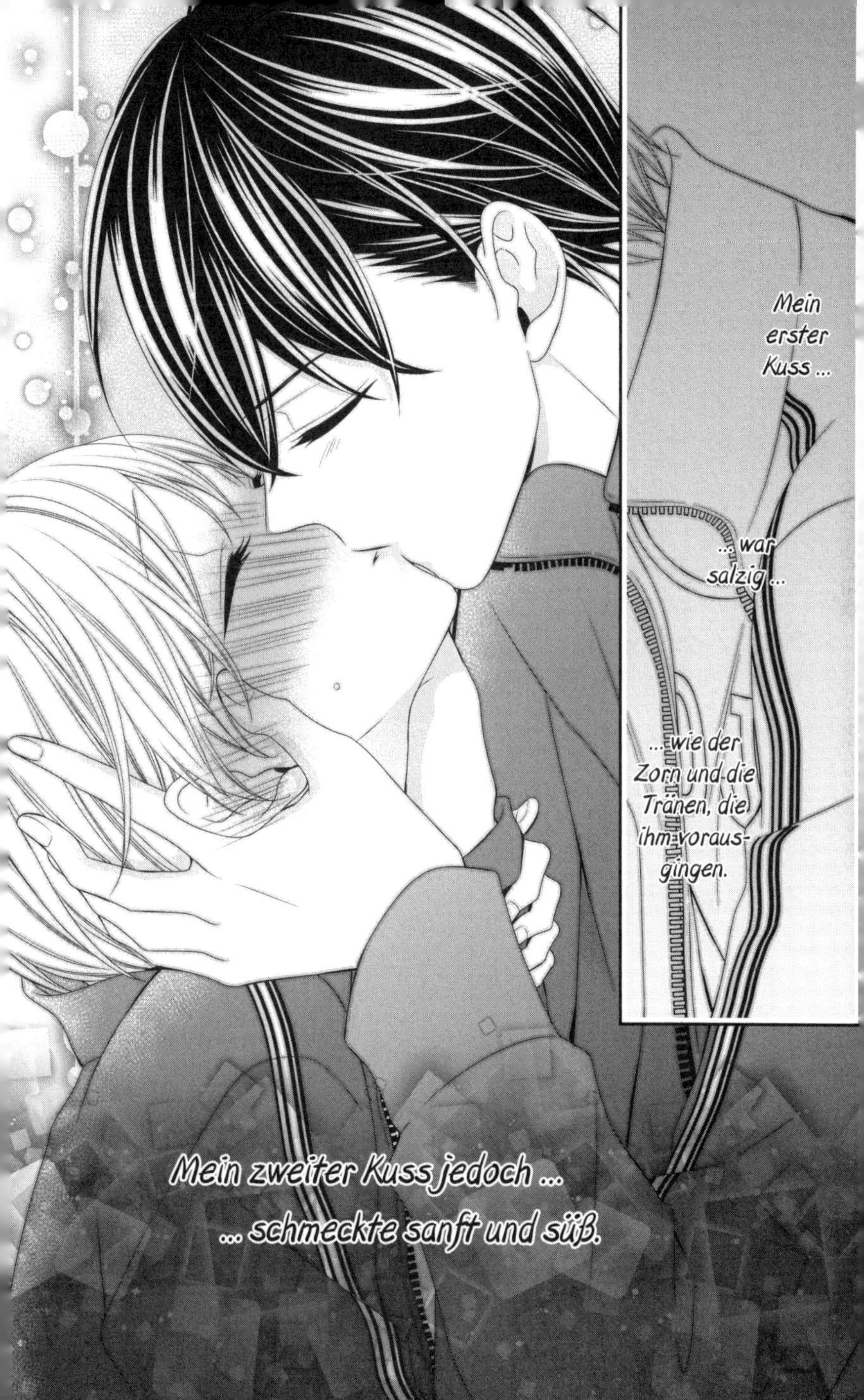
Mein erster Kuss ...
... war salzig ...
... wie der Zorn und die Tränen, die ihm vorausgingen.
Mein zweiter Kuss jedoch ...
... schmeckte sanft und süß.

Da ich einige freie Seiten zur Verfügung hatte, folgen hier ein paar Zeichnungen, die auf Wünschen meiner Leser basieren. (^^)

Ein vornehmes Fräulein und ihr Butler

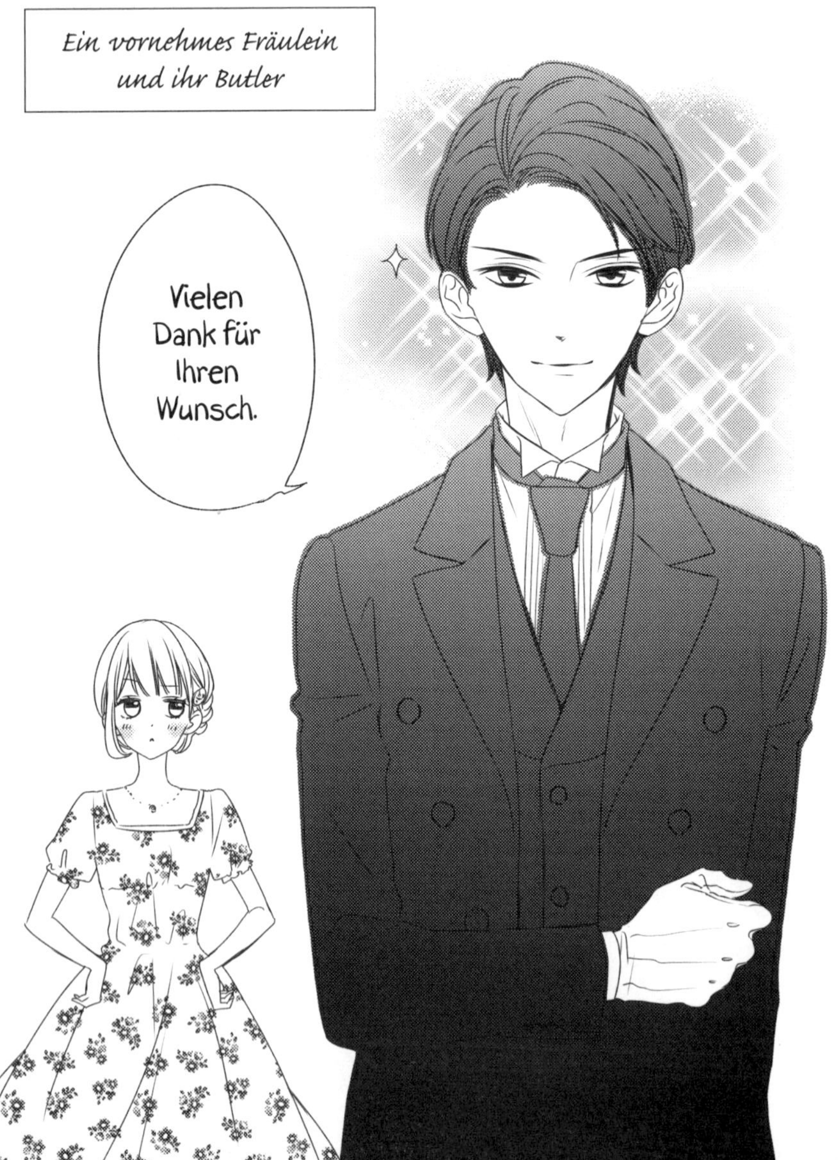

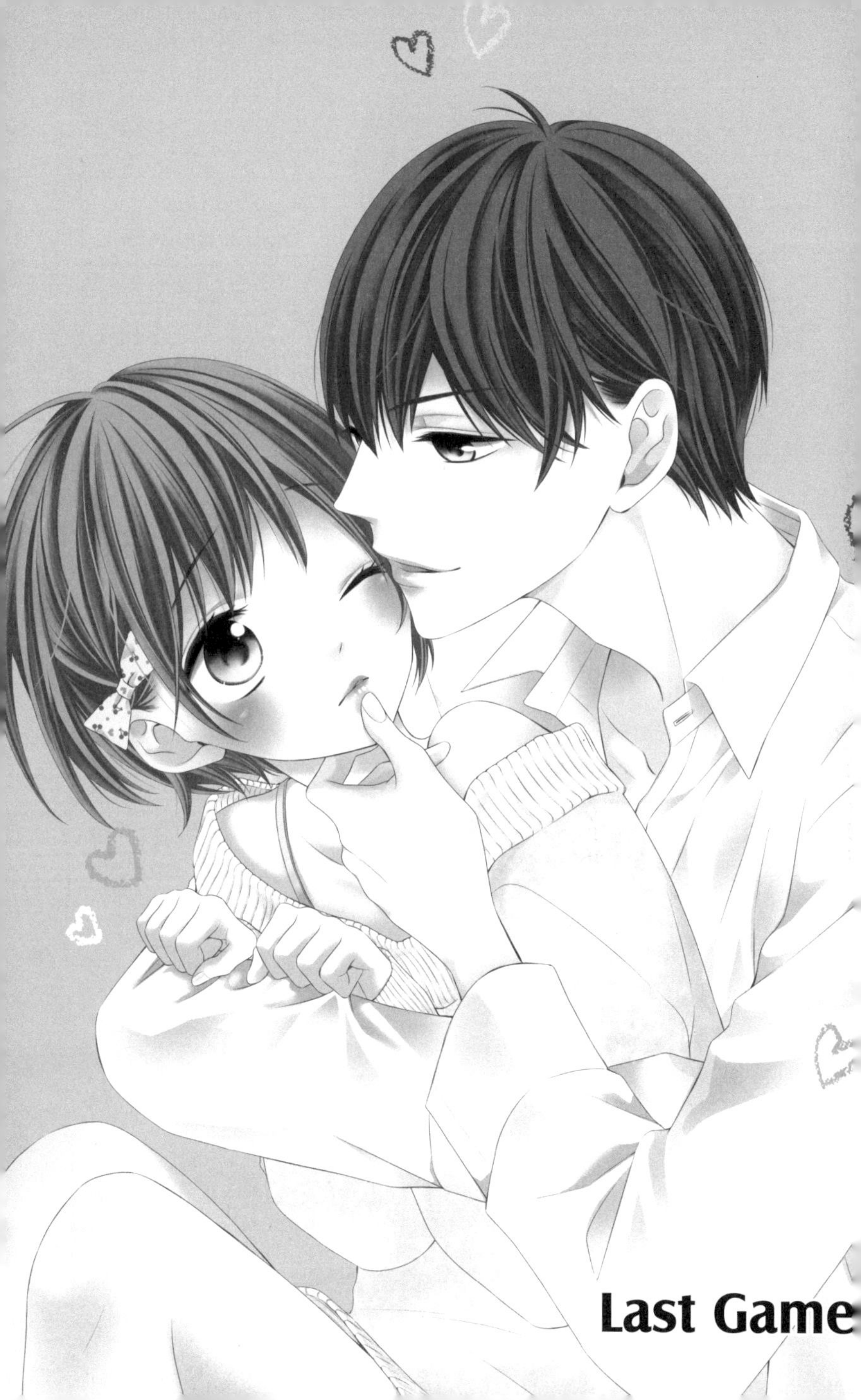
Last Game

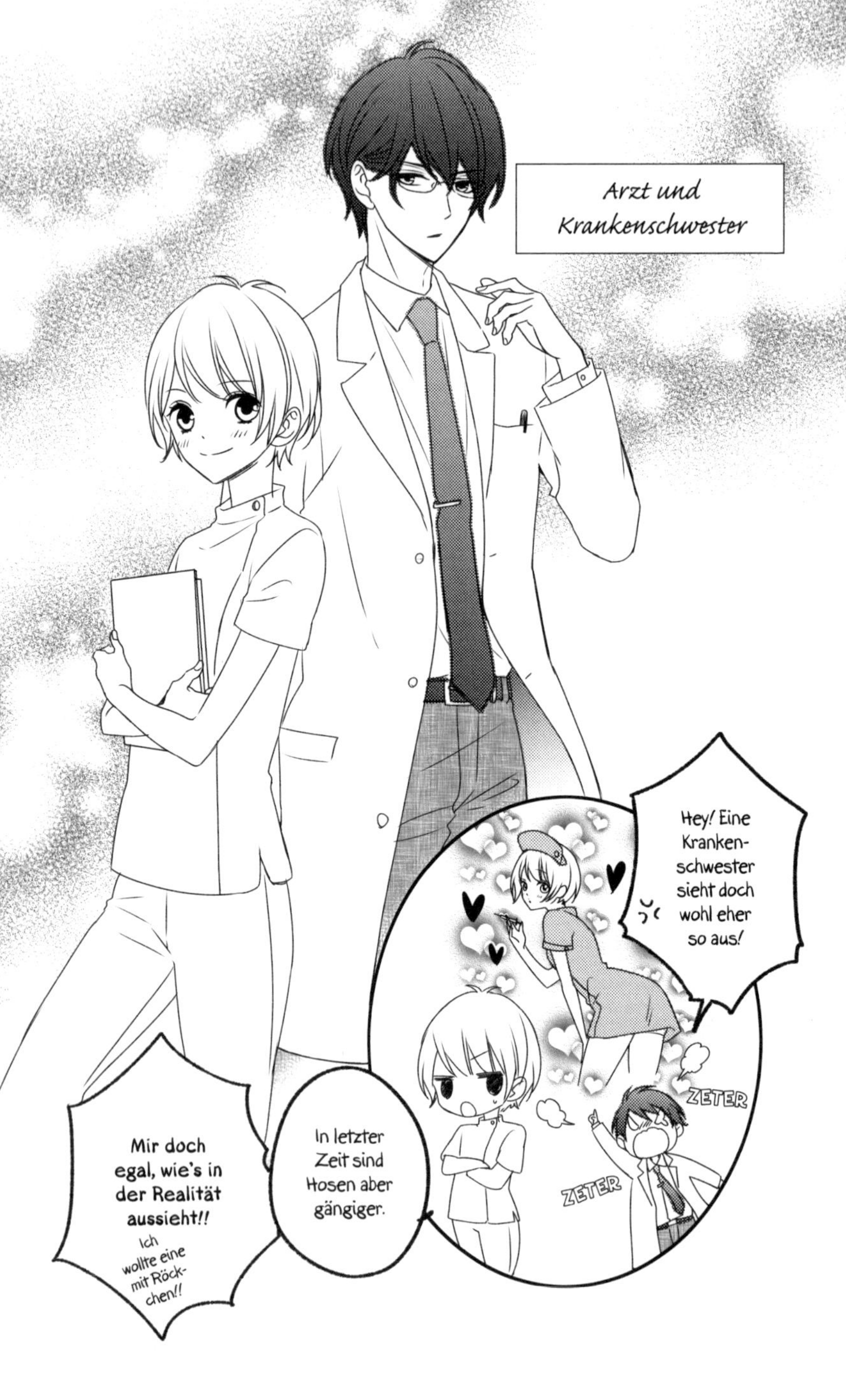
Arzt und Krankenschwester
Hey! Eine Kranken-schwester sieht doch wohl eher so aus!
ZETER
ZETER
In letzter Zeit sind Hosen aber gängiger.
Mir doch egal, wie's in der Realität aussieht!!
Ich wollte eine mit Röck-chen!!

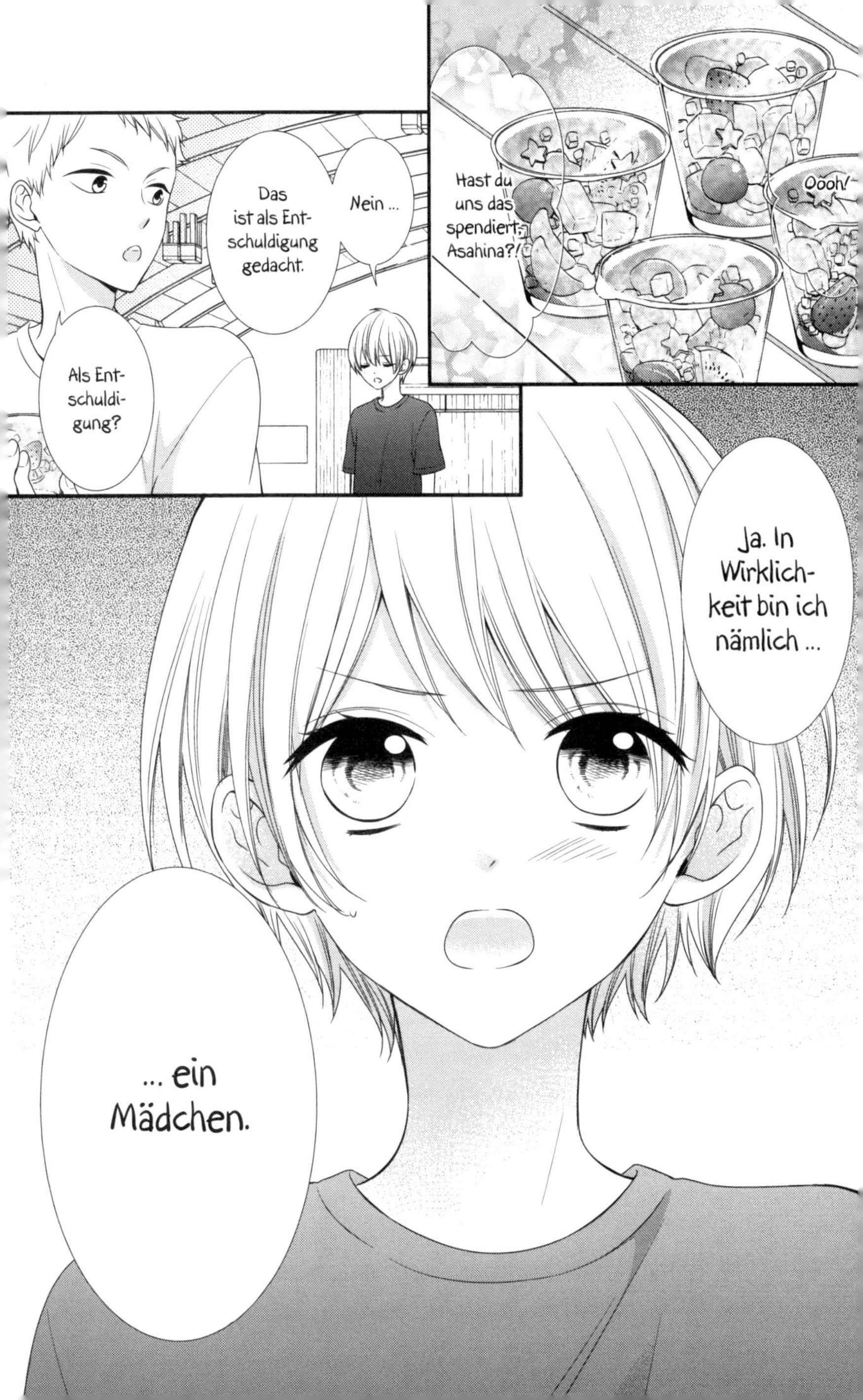
Oooh!
Hast du uns das spendiert, Asahina?!
Nein …
Das ist als Entschuldigung gedacht.
Als Entschuldigung?
Ja. In Wirklichkeit bin ich nämlich …
… ein Mädchen.

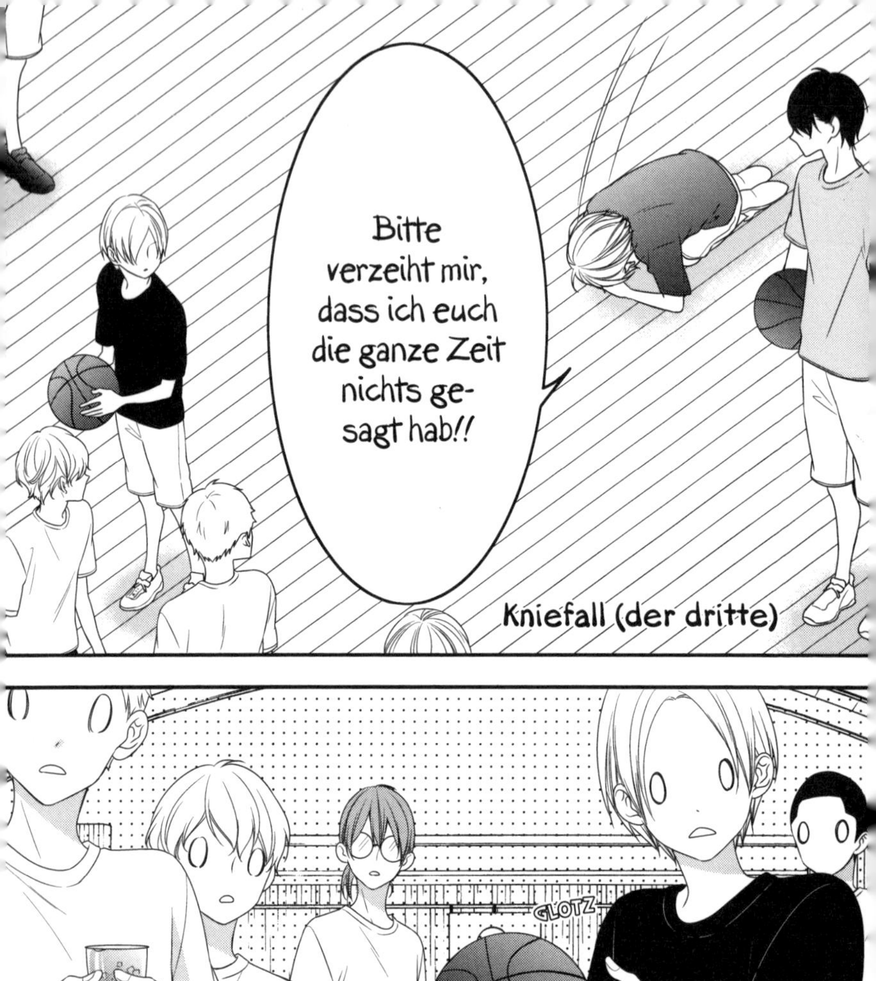

Und wenn ich dich lieben würde?

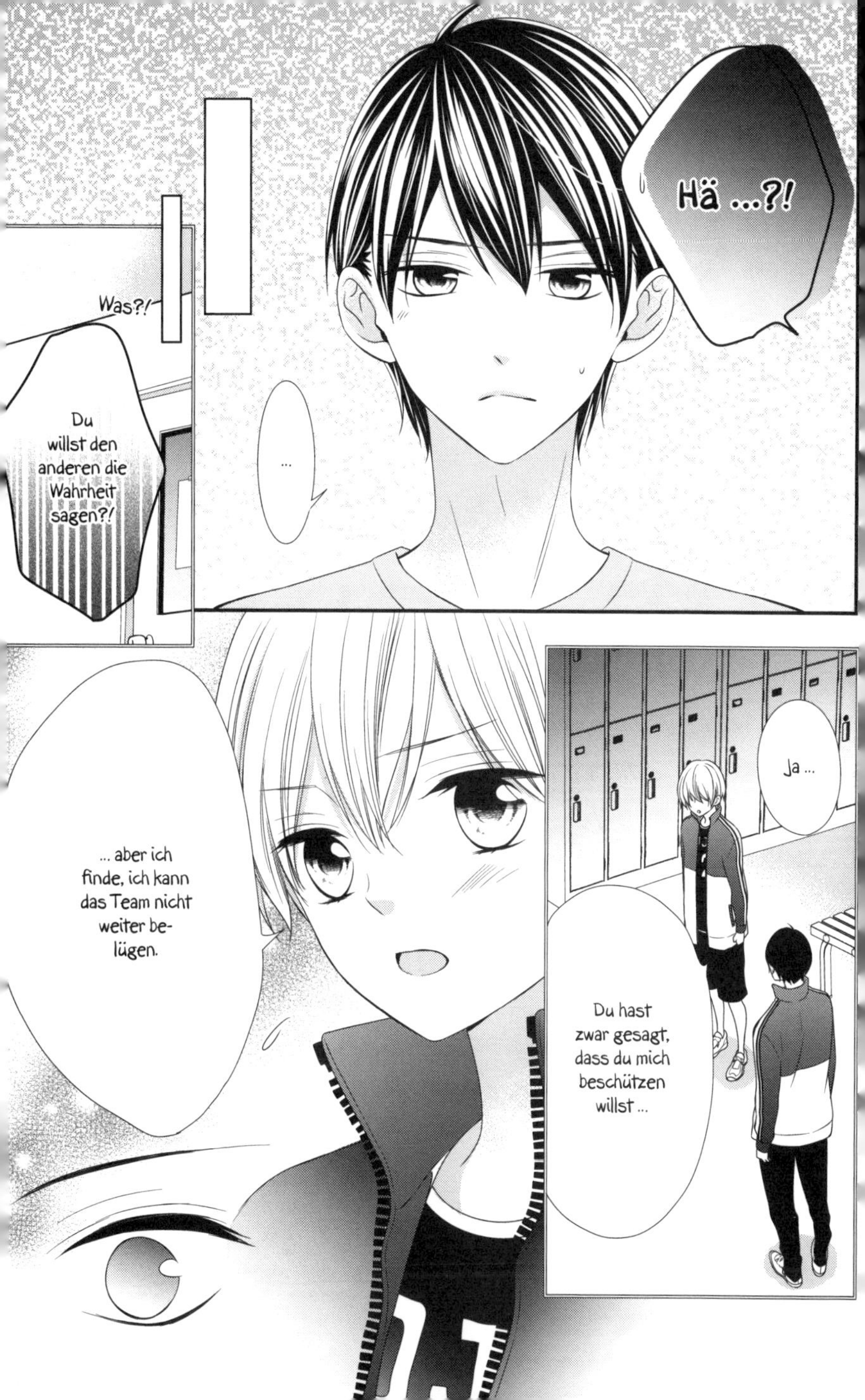
Hä ...?!
...
Was?!
Du willst den anderen die Wahrheit sagen?!
Ja ...
Du hast zwar gesagt, dass du mich beschützen willst ...
... aber ich finde, ich kann das Team nicht weiter belügen.

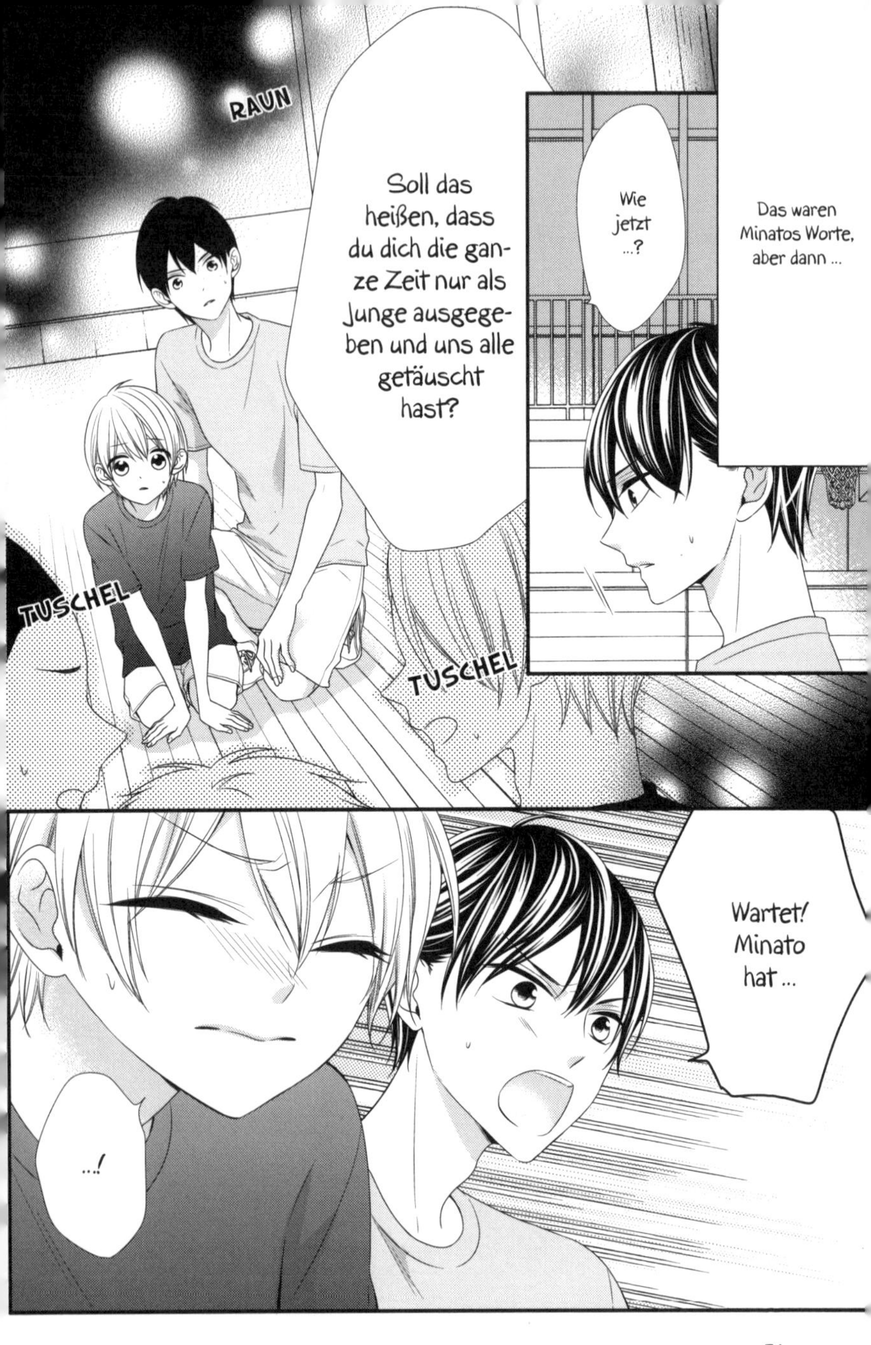
Das waren Minatos Worte, aber dann …
Wie jetzt …?
Soll das heißen, dass du dich die ganze Zeit nur als Junge ausgegeben und uns alle getäuscht hast?
RAUN
TUSCHEL
TUSCHEL
Wartet! Minato hat …
…!

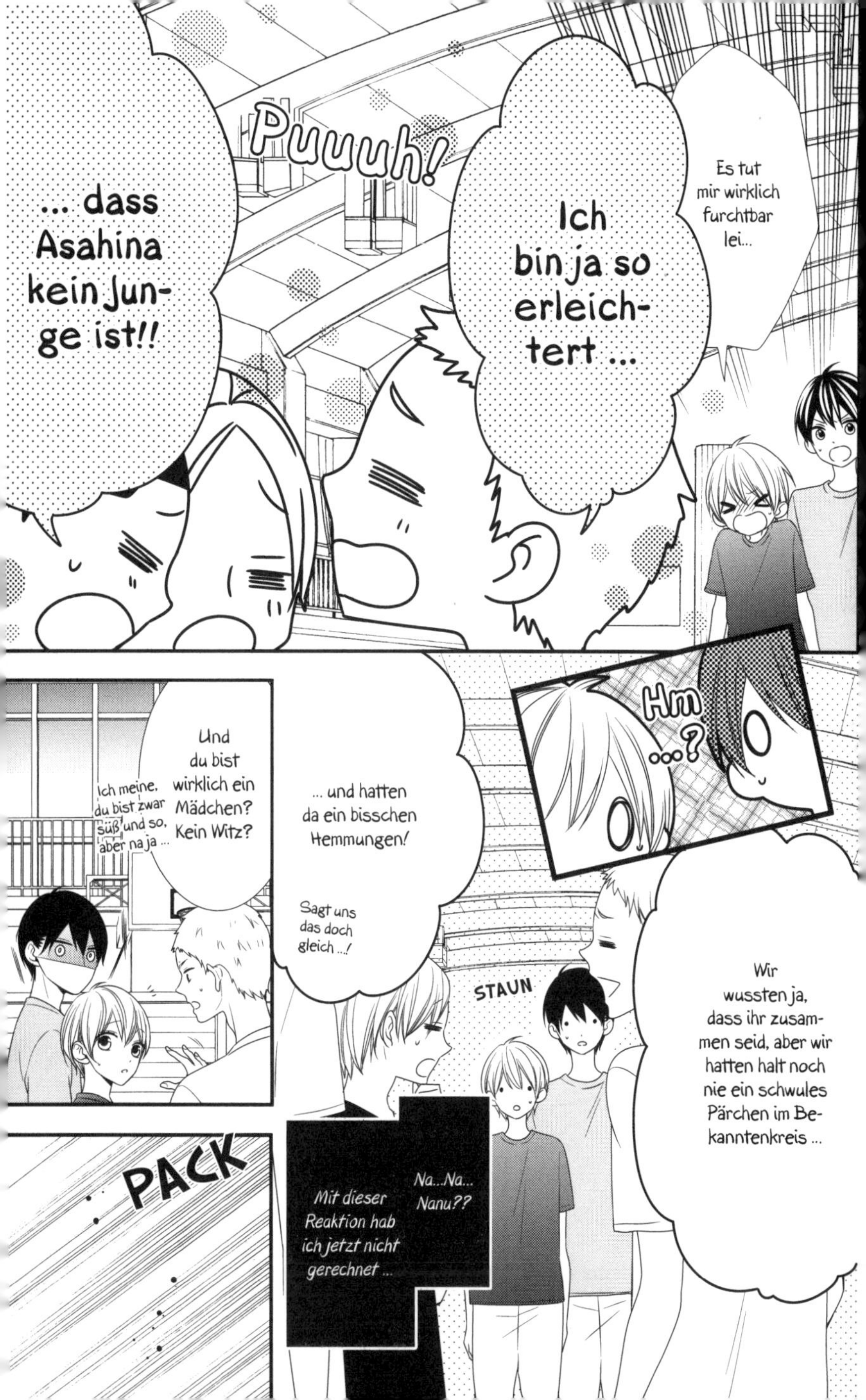
Es tut mir wirklich furchtbar lei...
Ich bin ja so erleichtert ...
Puuuh!
... dass Asahina kein Junge ist!!
Hm ...?
Wir wussten ja, dass ihr zusammen seid, aber wir hatten halt noch nie ein schwules Pärchen im Bekanntenkreis ...
... und hatten da ein bisschen Hemmungen!
Sagt uns das doch gleich ...!
STAUN
Und du bist wirklich ein Mädchen? Kein Witz?
Ich meine, du bist zwar süß und so, aber na ja ...
Na...Na... Nanu??
Mit dieser Reaktion hab ich jetzt nicht gerechnet ...
PACK

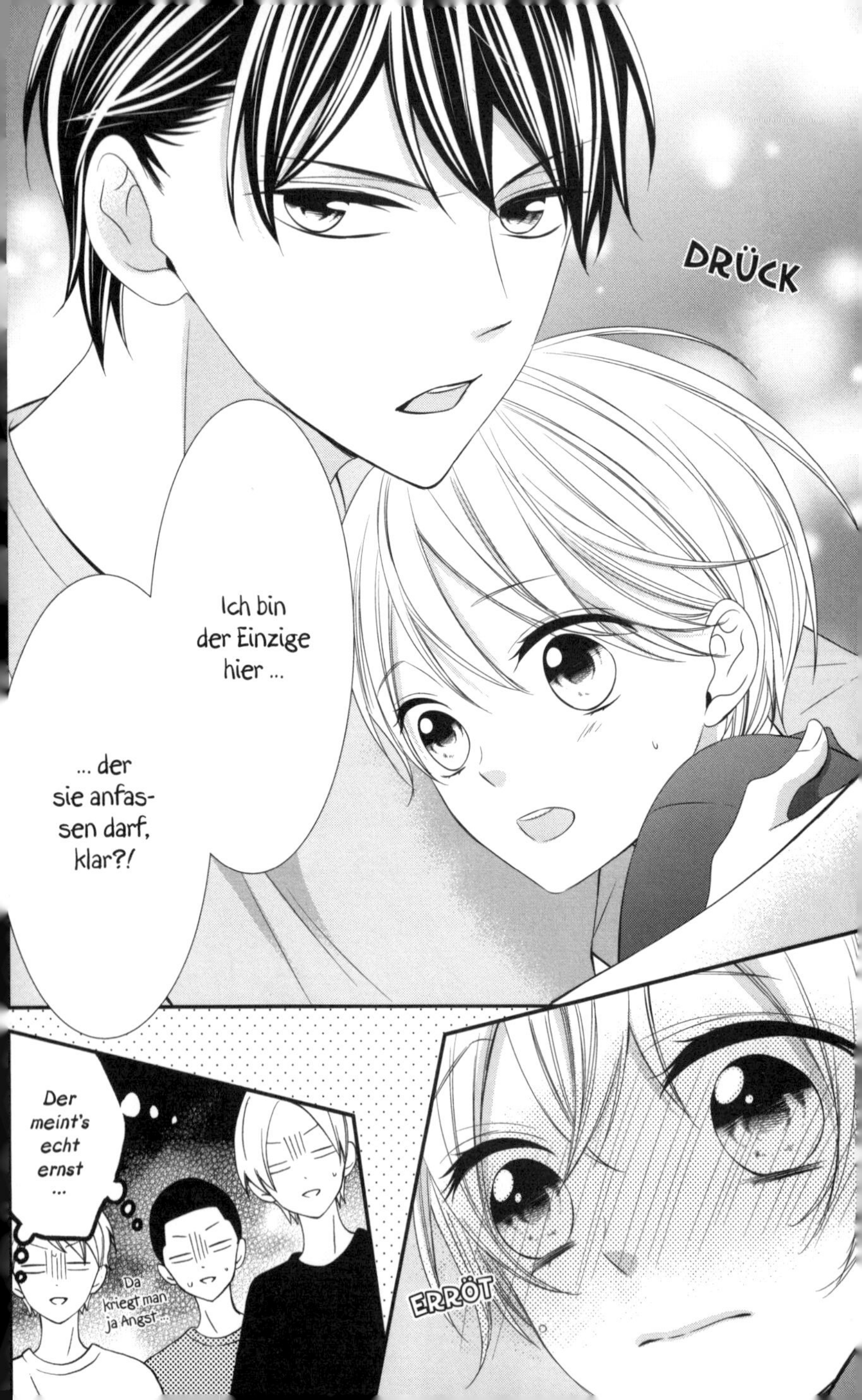
DRÜCK
Ich bin der Einzige hier ...
... der sie anfassen darf, klar?!
ERRÖT
Der meint's echt ernst ...
Da kriegt man ja Angst ...

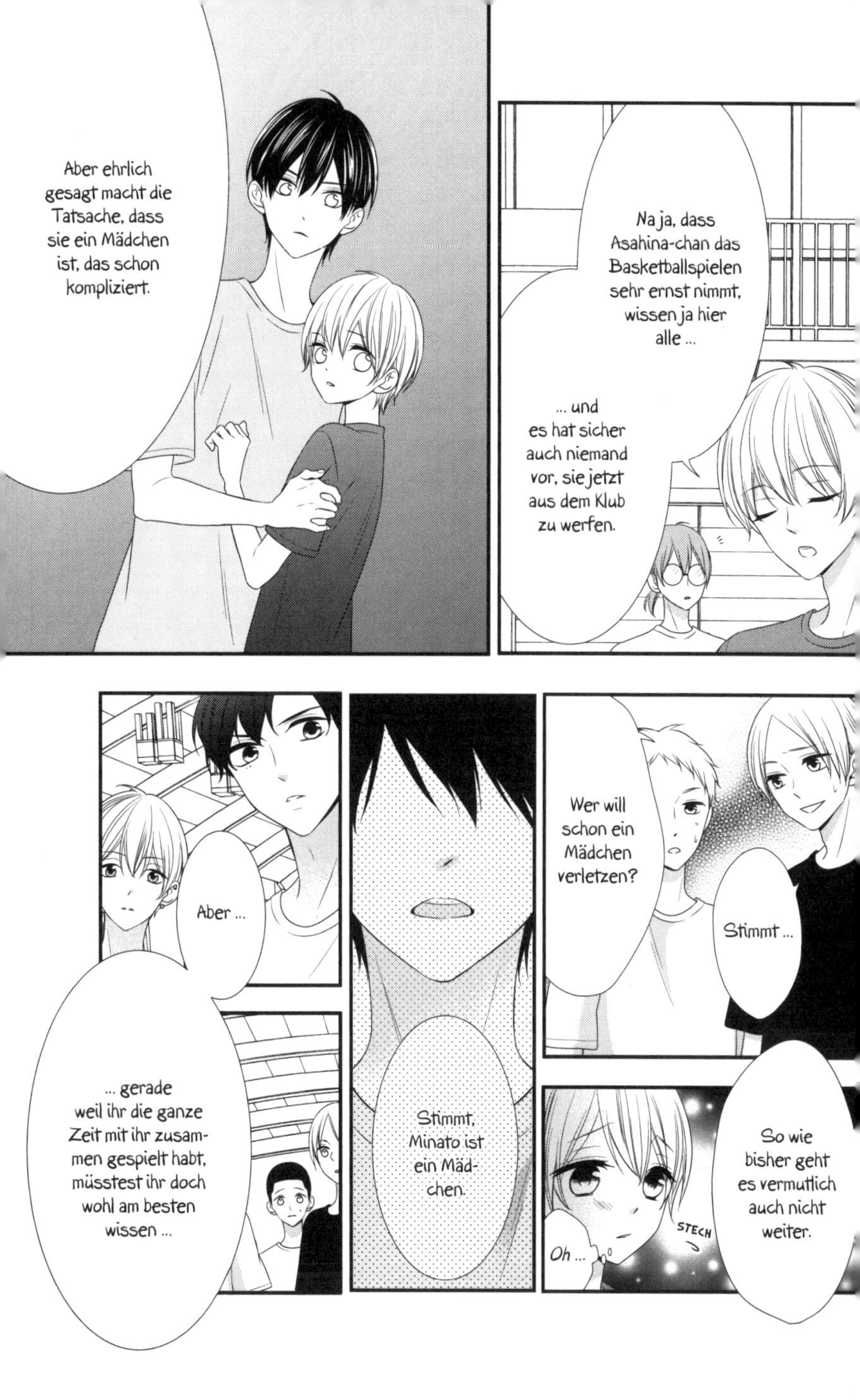

Na ja, dass Asahina-chan das Basketballspielen sehr ernst nimmt, wissen ja hier alle ...

... und es hat sicher auch niemand vor, sie jetzt aus dem Klub zu werfen.

Aber ehrlich gesagt macht die Tatsache, dass sie ein Mädchen ist, das schon kompliziert.

Wer will schon ein Mädchen verletzen?

Stimmt ...

So wie bisher geht es vermutlich auch nicht weiter.

STECH

Oh ...

Stimmt, Minato ist ein Mädchen.

Aber ...

... gerade weil ihr die ganze Zeit mit ihr zusammen gespielt habt, müsstest ihr doch wohl am besten wissen ...

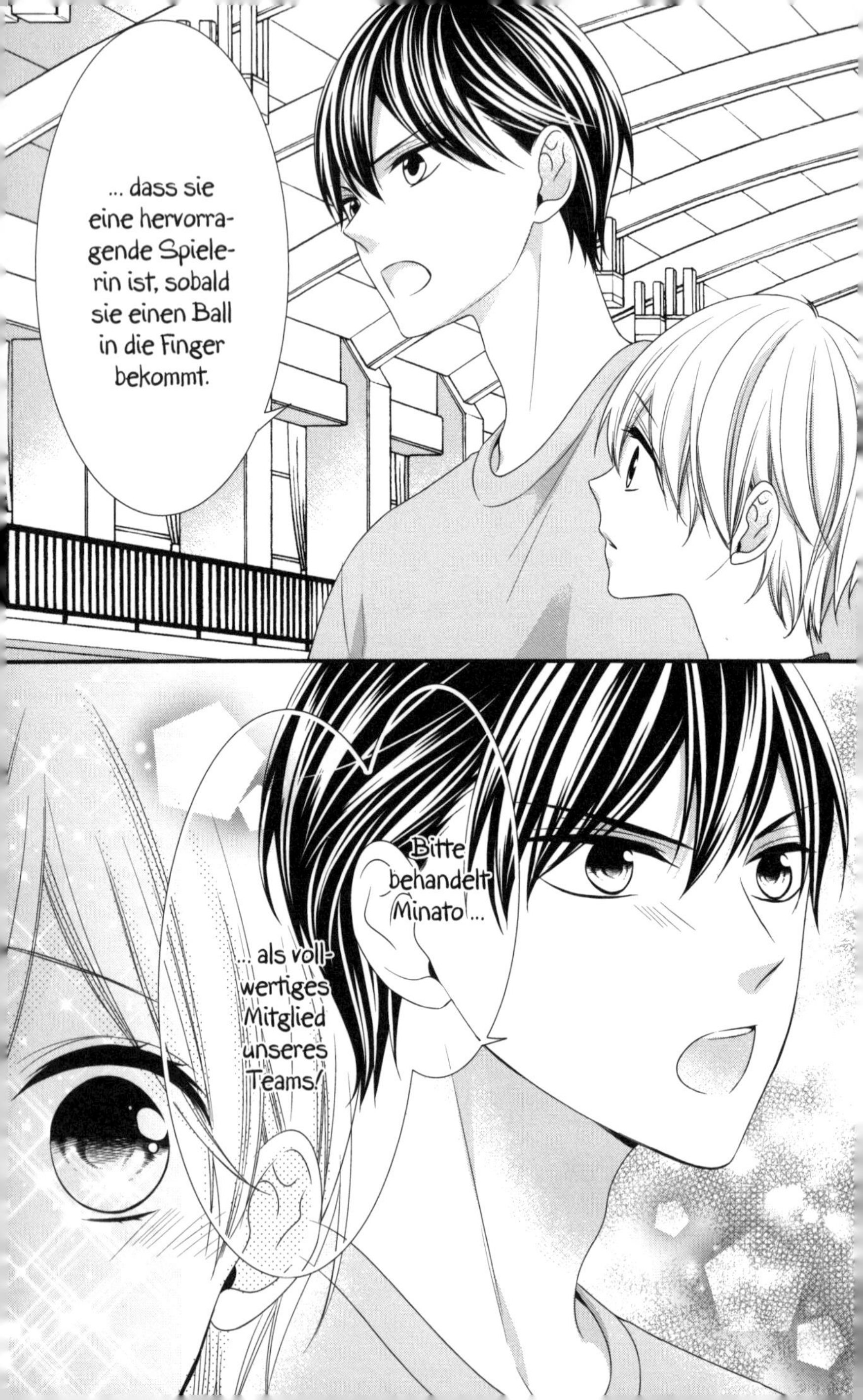
... dass sie eine hervorragende Spielerin ist, sobald sie einen Ball in die Finger bekommt.
Bitte behandelt Minato ...
... als vollwertiges Mitglied unseres Teams!

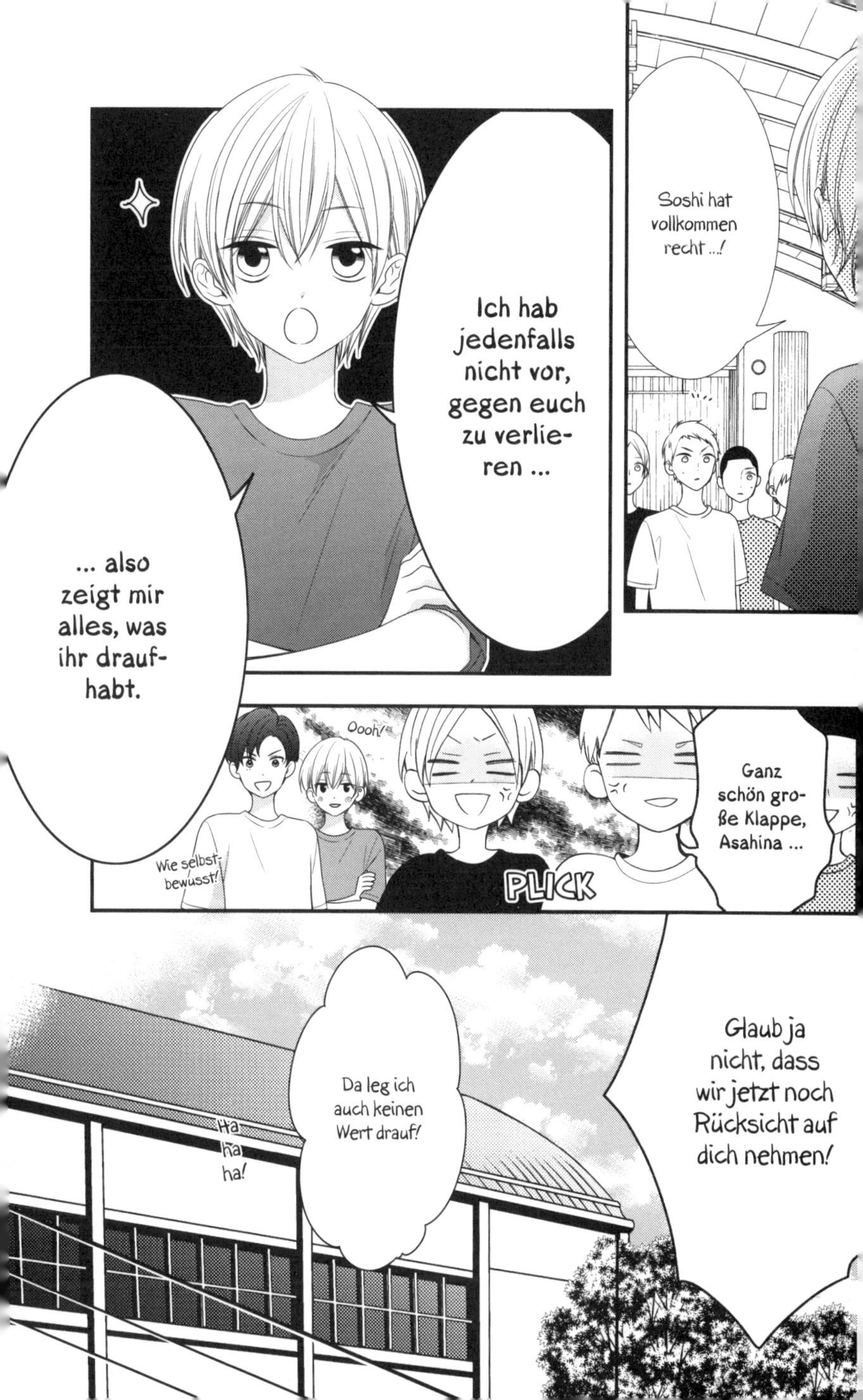

Soshi hat vollkommen recht ...!
Ich hab jedenfalls nicht vor, gegen euch zu verlieren ...
... also zeigt mir alles, was ihr drauf-habt.
Ganz schön gro-ße Klappe, Asahina ...
PLICK
Oooh!
Wie selbst-bewusst!
Glaub ja nicht, dass wir jetzt noch Rücksicht auf dich nehmen!
Da leg ich auch keinen Wert drauf!
Ha ha ha!

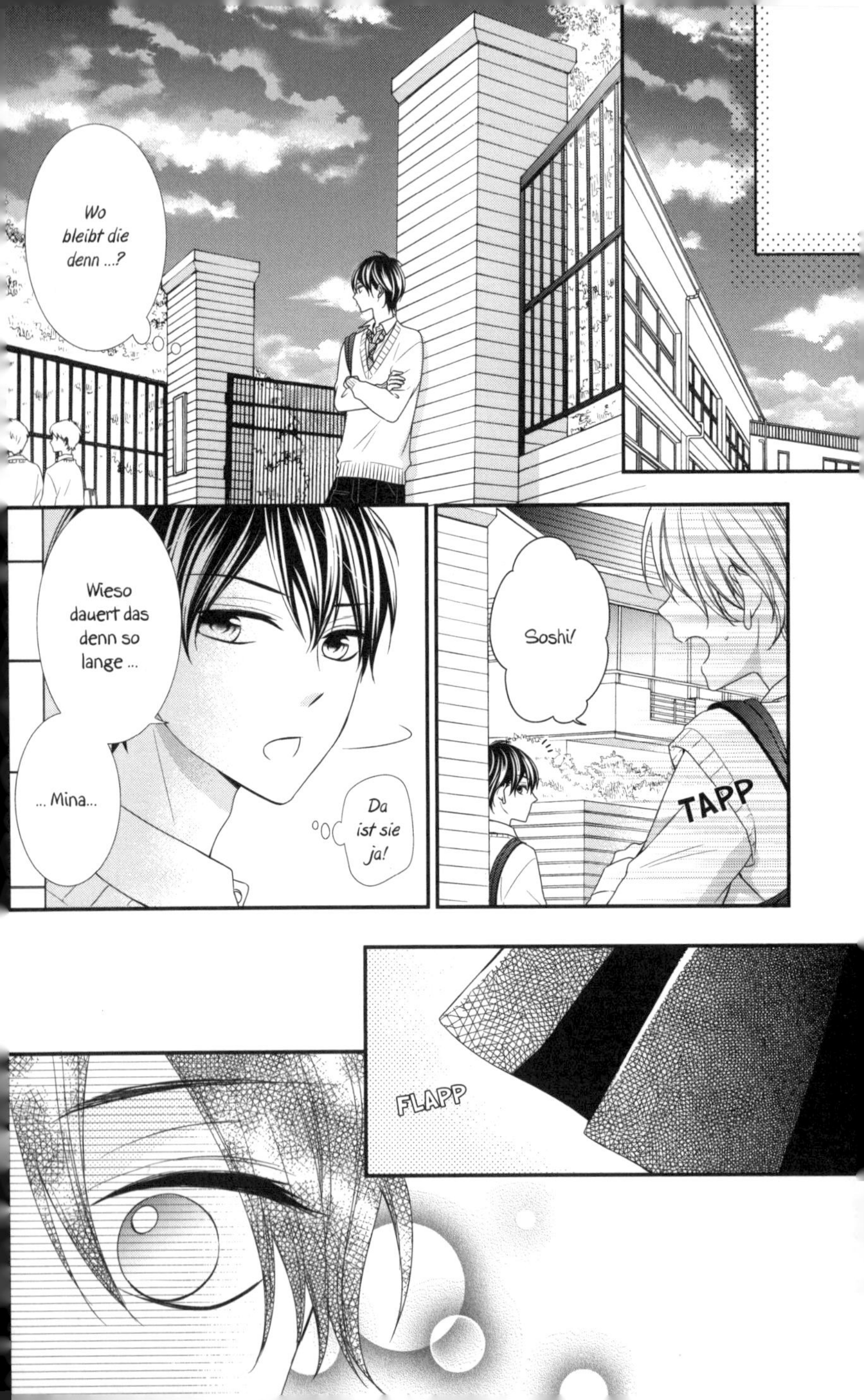
Wo bleibt die denn ...?
Soshi!
TAPP
Wieso dauert das denn so lange ...
... Mina...
Da ist sie ja!
FLAPP

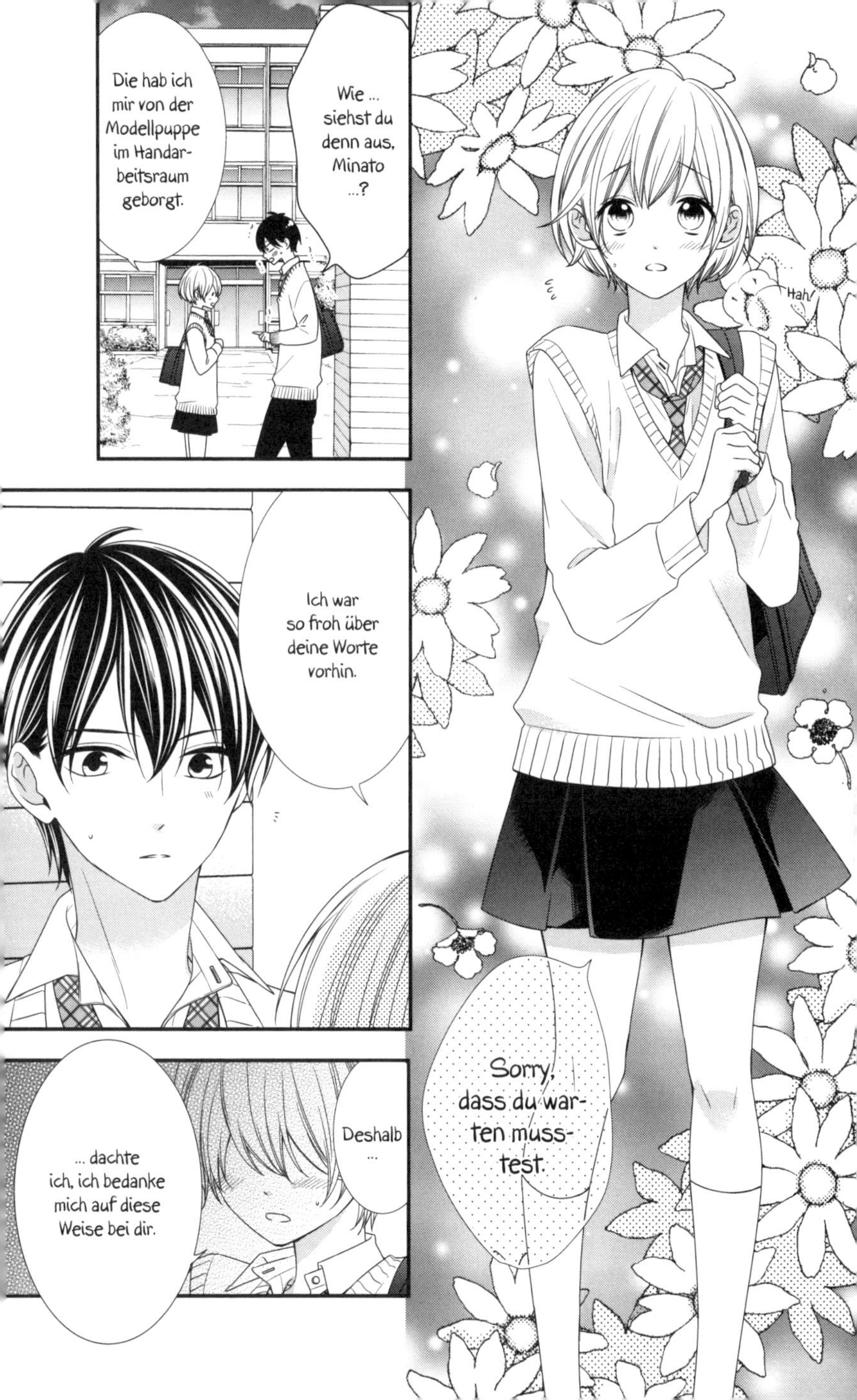
Hah!
Sorry, dass du warten musstest.
Wie … siehst du denn aus, Minato …?
Die hab ich mir von der Modellpuppe im Handarbeitsraum geborgt.
Ich war so froh über deine Worte vorhin.
Deshalb …
… dachte ich, ich bedanke mich auf diese Weise bei dir.

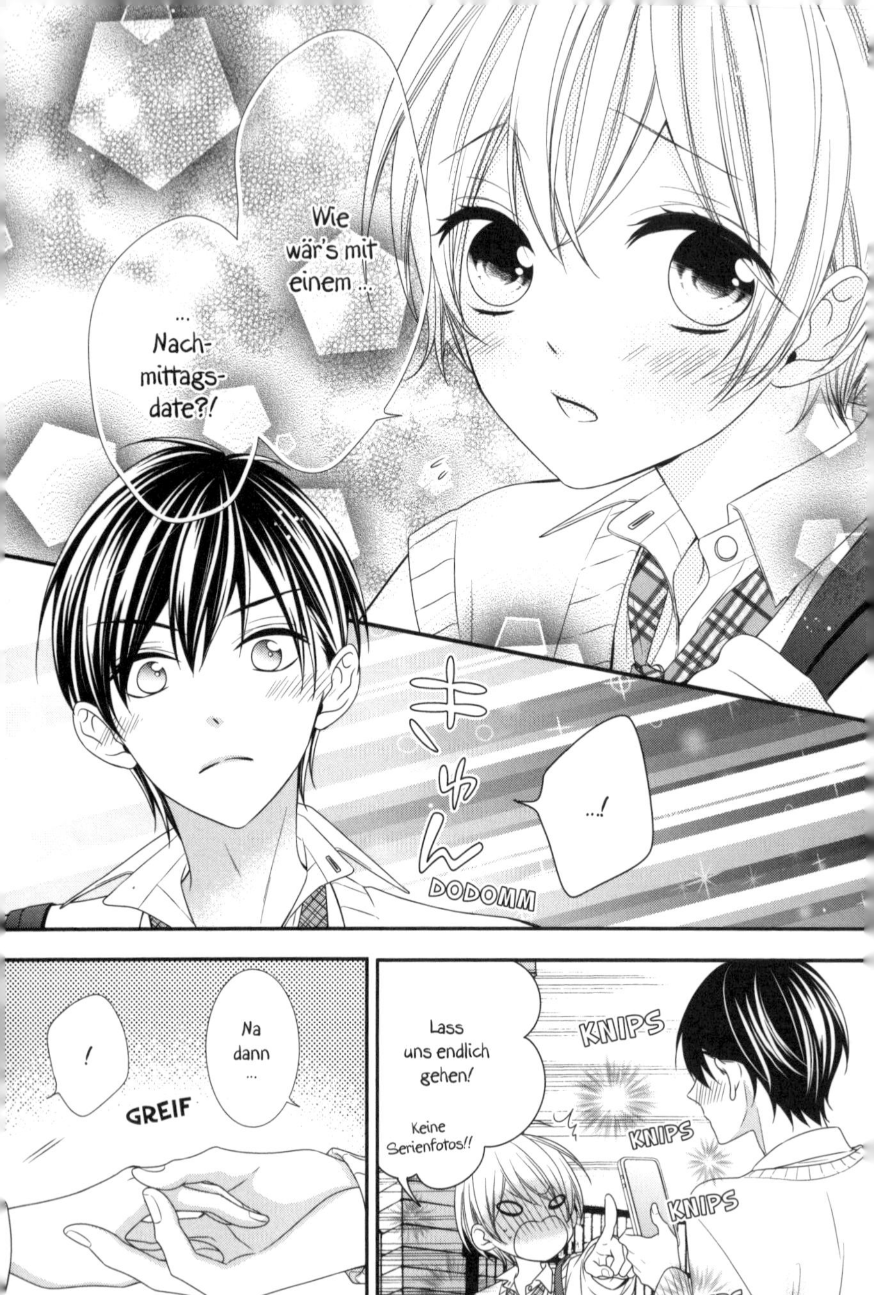
Wie wär's mit einem ...
... Nachmittags-date?!
きゅん
...!
DODOMM
Na dann ...
!
GREIF
Lass uns endlich gehen!
Keine Serienfotos!!
KNIPS
KNIPS
KNIPS
KNIPS
KNIPS

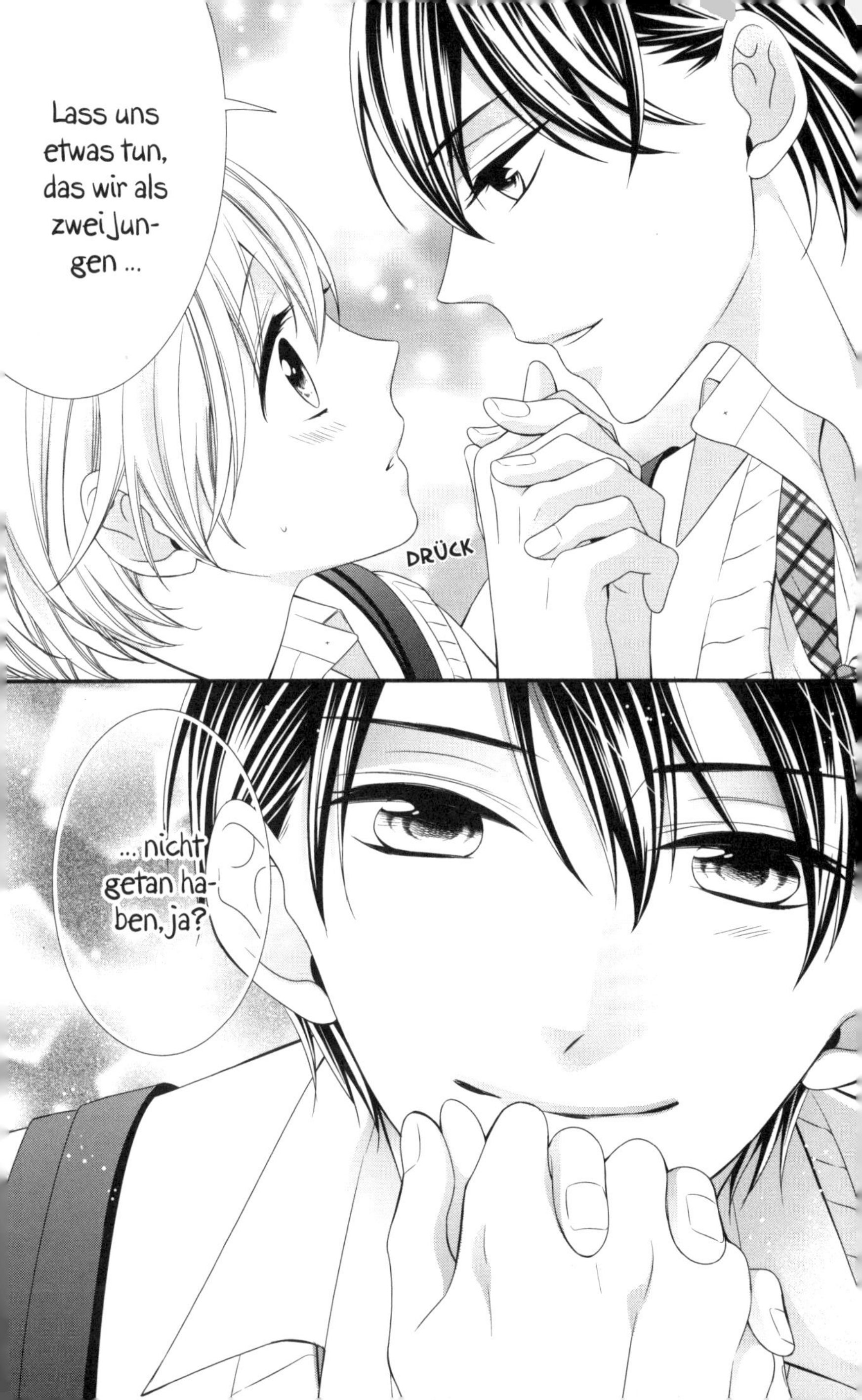
Lass uns etwas tun, das wir als zwei Jun-gen ...
DRÜCK
... nicht getan ha-ben, ja?

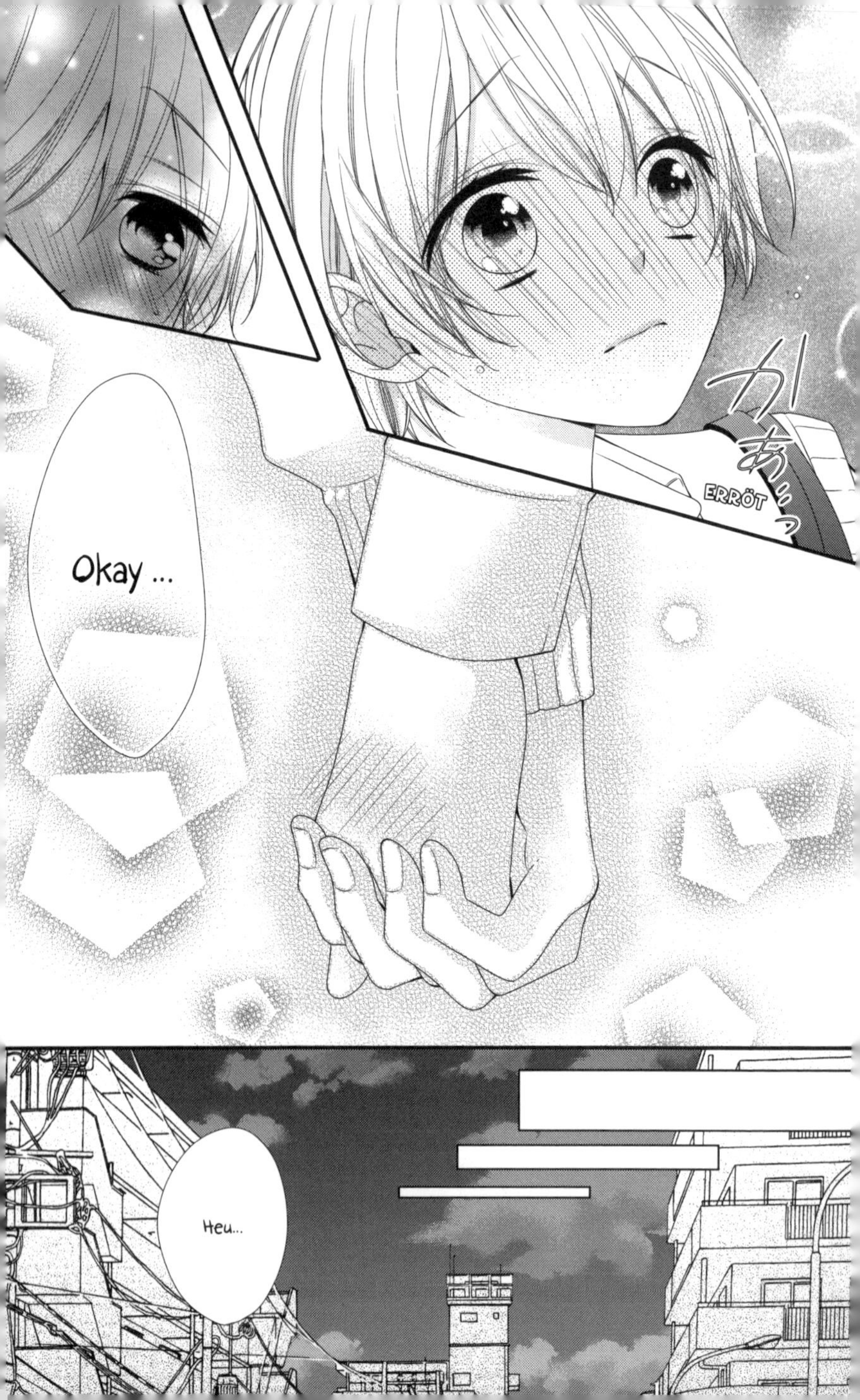
かぁ…っ
ERRÖT
Okay ...
Heu...

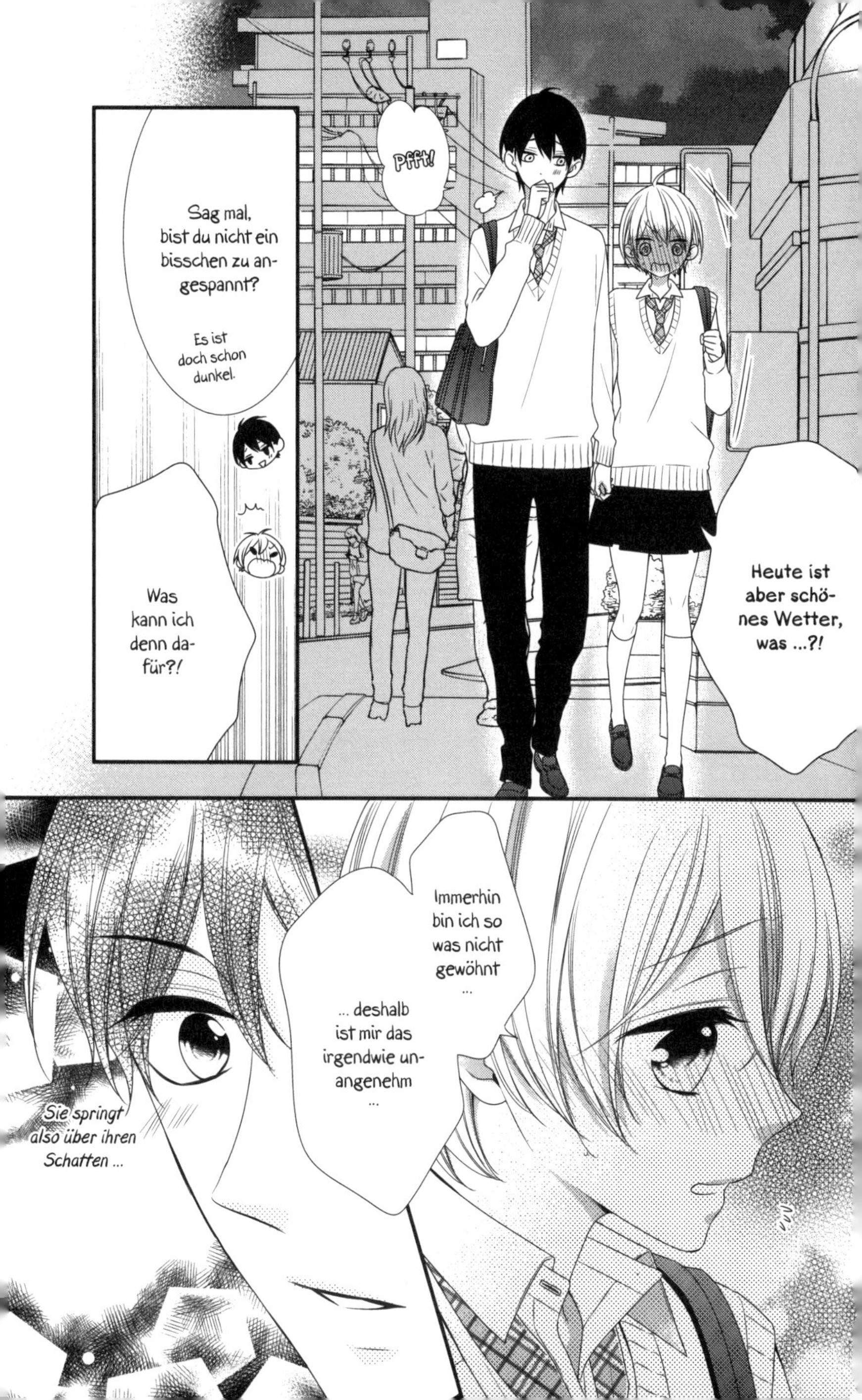
Heute ist aber schönes Wetter, was ...?!
Pfft!
Sag mal, bist du nicht ein bisschen zu angespannt?
Es ist doch schon dunkel.
Was kann ich denn dafür?!
Immerhin bin ich so was nicht gewöhnt ...
... deshalb ist mir das irgendwie unangenehm ...
Sie springt also über ihren Schatten ...

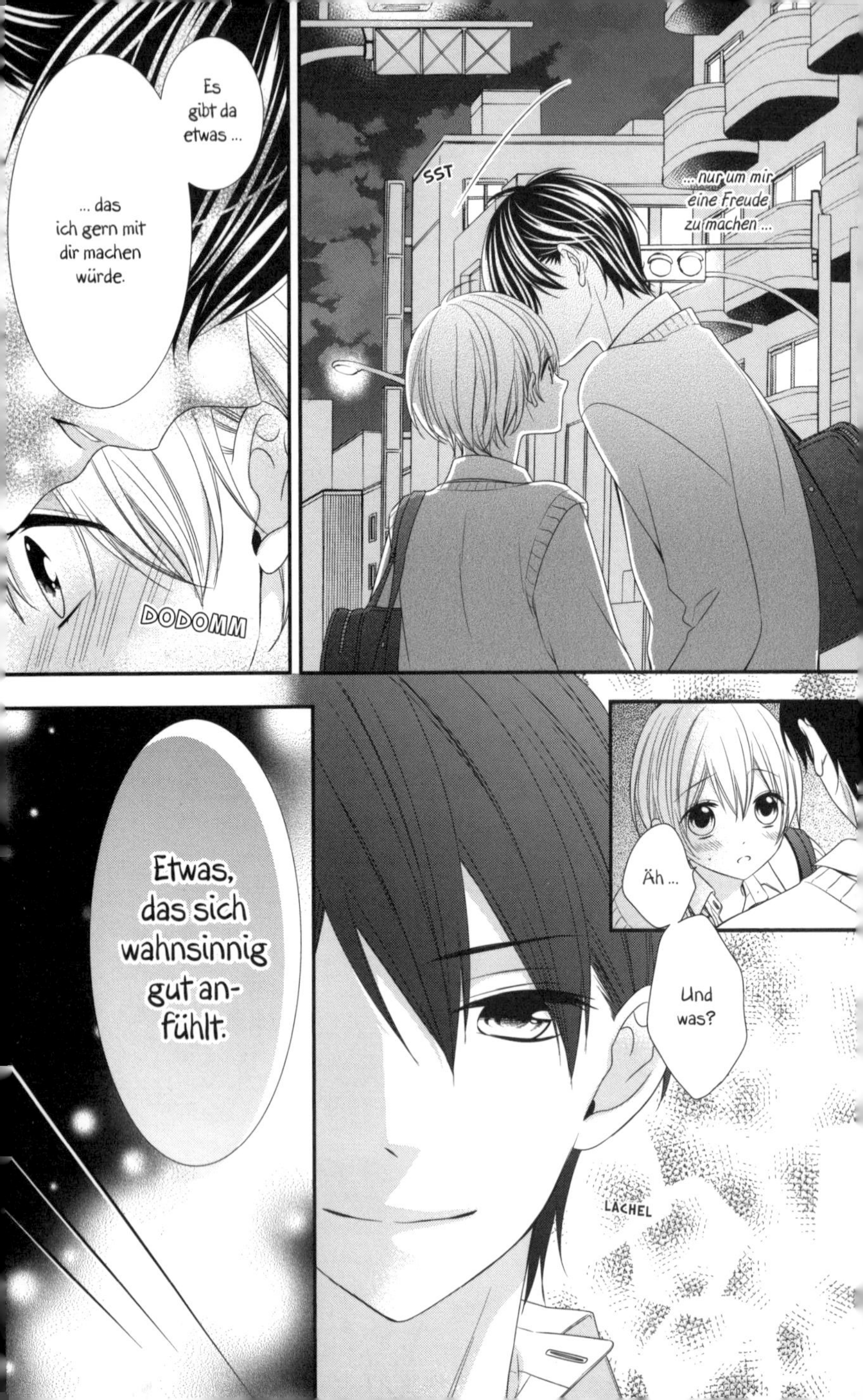
... nur um mir eine Freude zu machen ...
SST
Es gibt da etwas ...
... das ich gern mit dir machen würde.
DODOMM
Äh ...
Und was?
LACHEL
Etwas, das sich wahnsinnig gut an-fühlt.

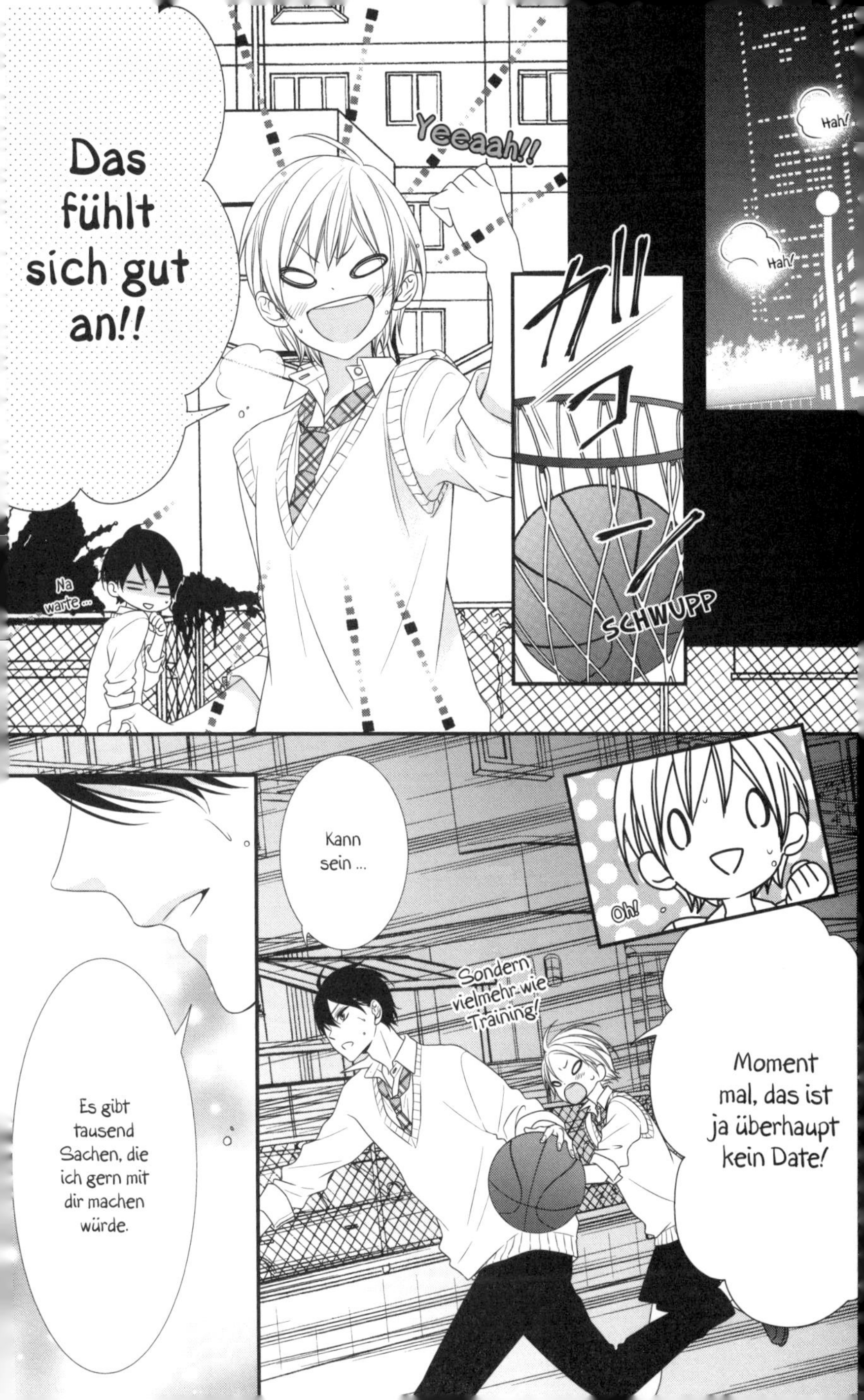
Hah!
Hah!
SCHWUPP
Yeeaah!!
Das fühlt sich gut an!!
Na warte ...
Oh!
Kann sein ...
Moment mal, das ist ja überhaupt kein Date!
Sondern vielmehr wie Training!
Es gibt tausend Sachen, die ich gern mit dir machen würde.

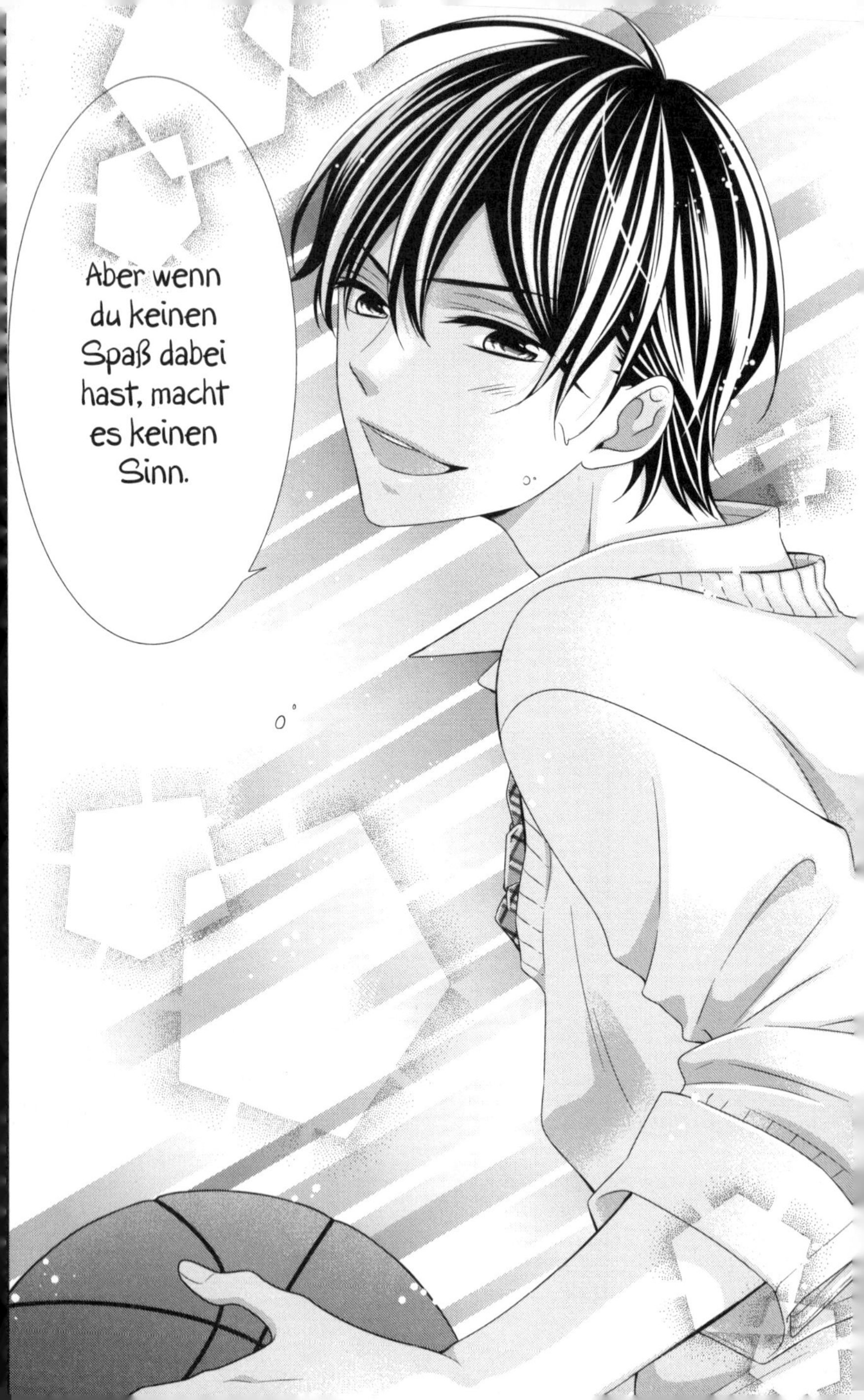
Aber wenn du keinen Spaß dabei hast, macht es keinen Sinn.

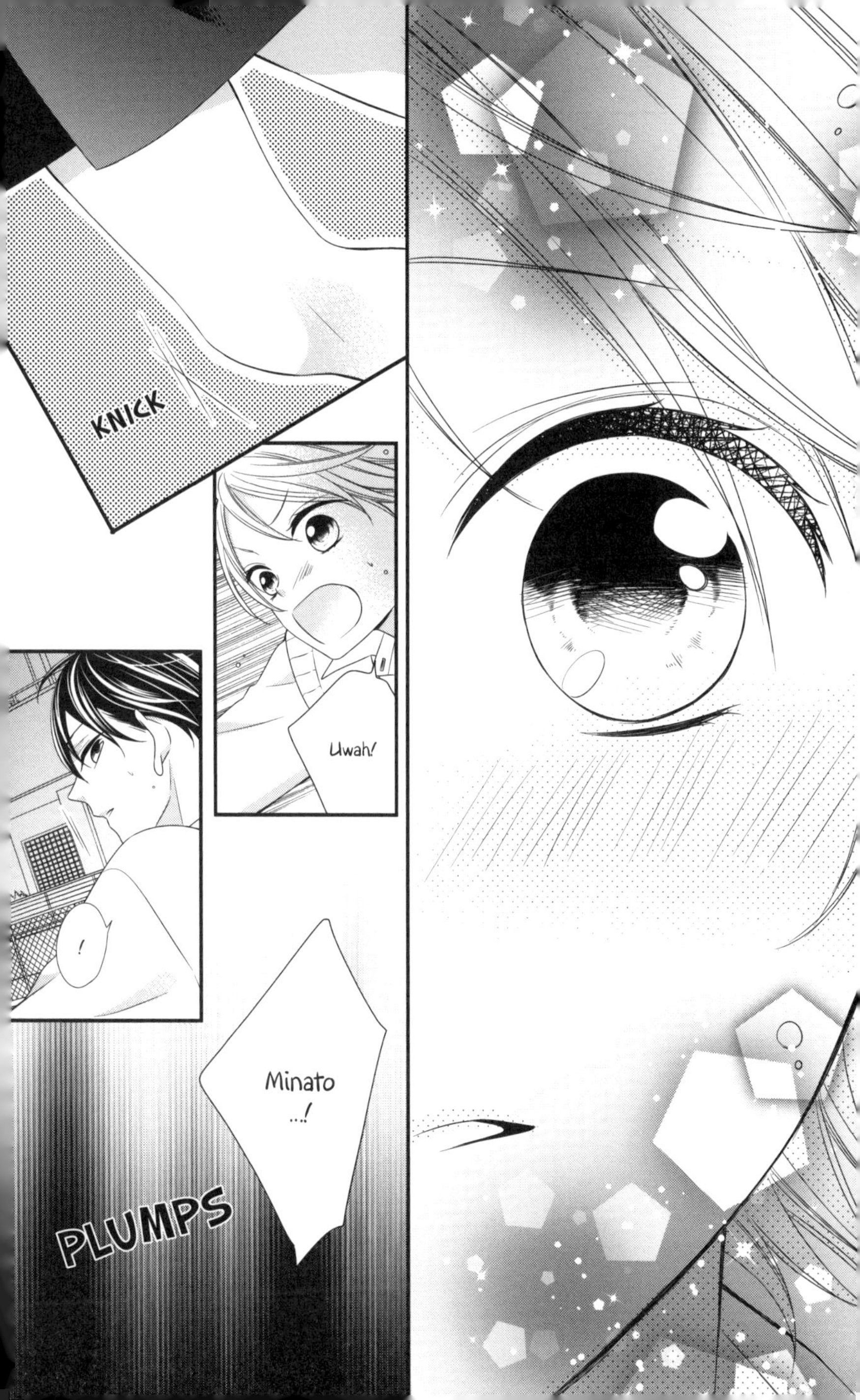
KNICK
Uwah!
!
Minato ...!
PLUMPS

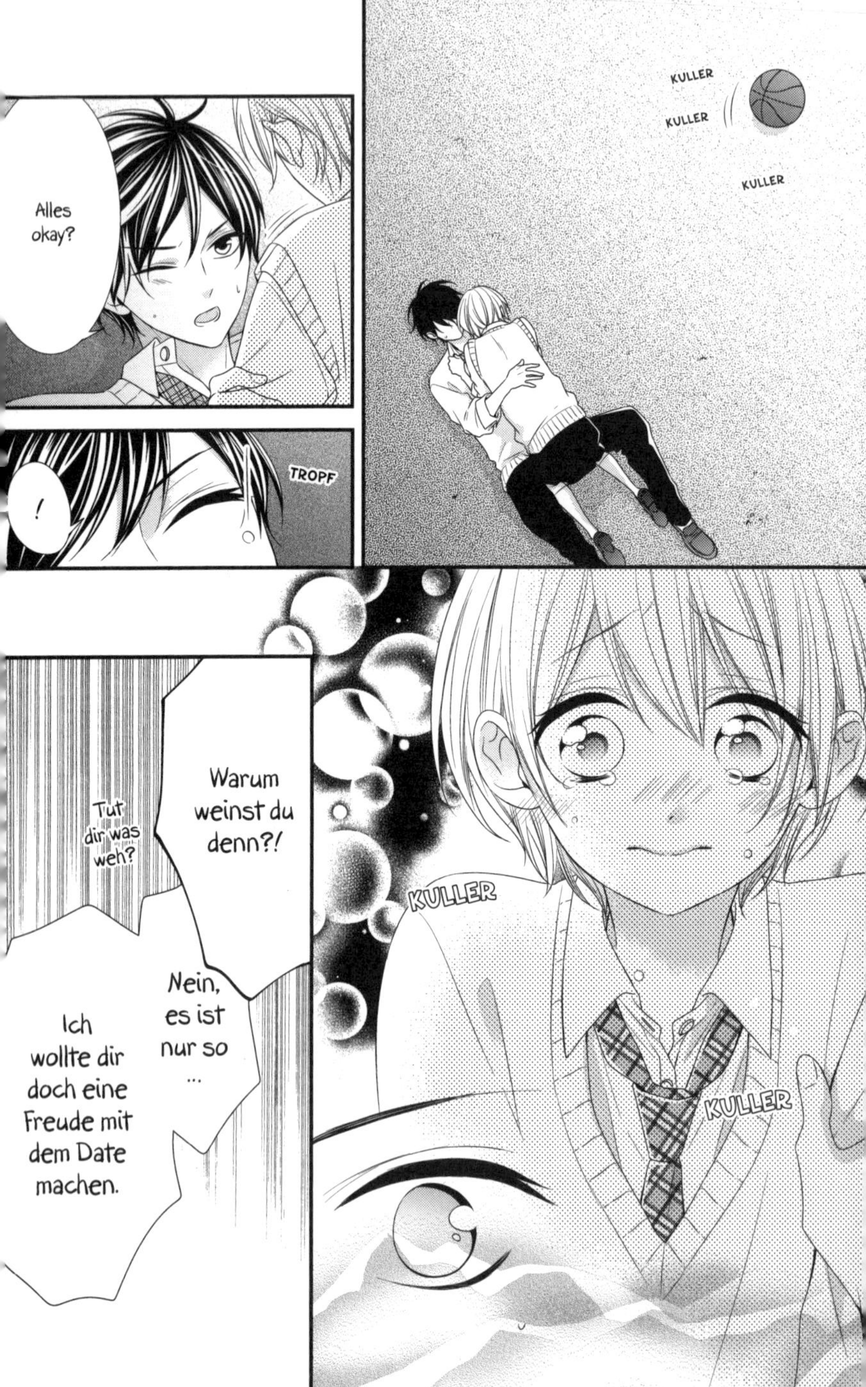
KULLER
KULLER
KULLER
Alles okay?
TROPF
!
KULLER
KULLER
Warum weinst du denn?!
Tut dir was weh?
Nein, es ist nur so ...
Ich wollte dir doch eine Freude mit dem Date machen.

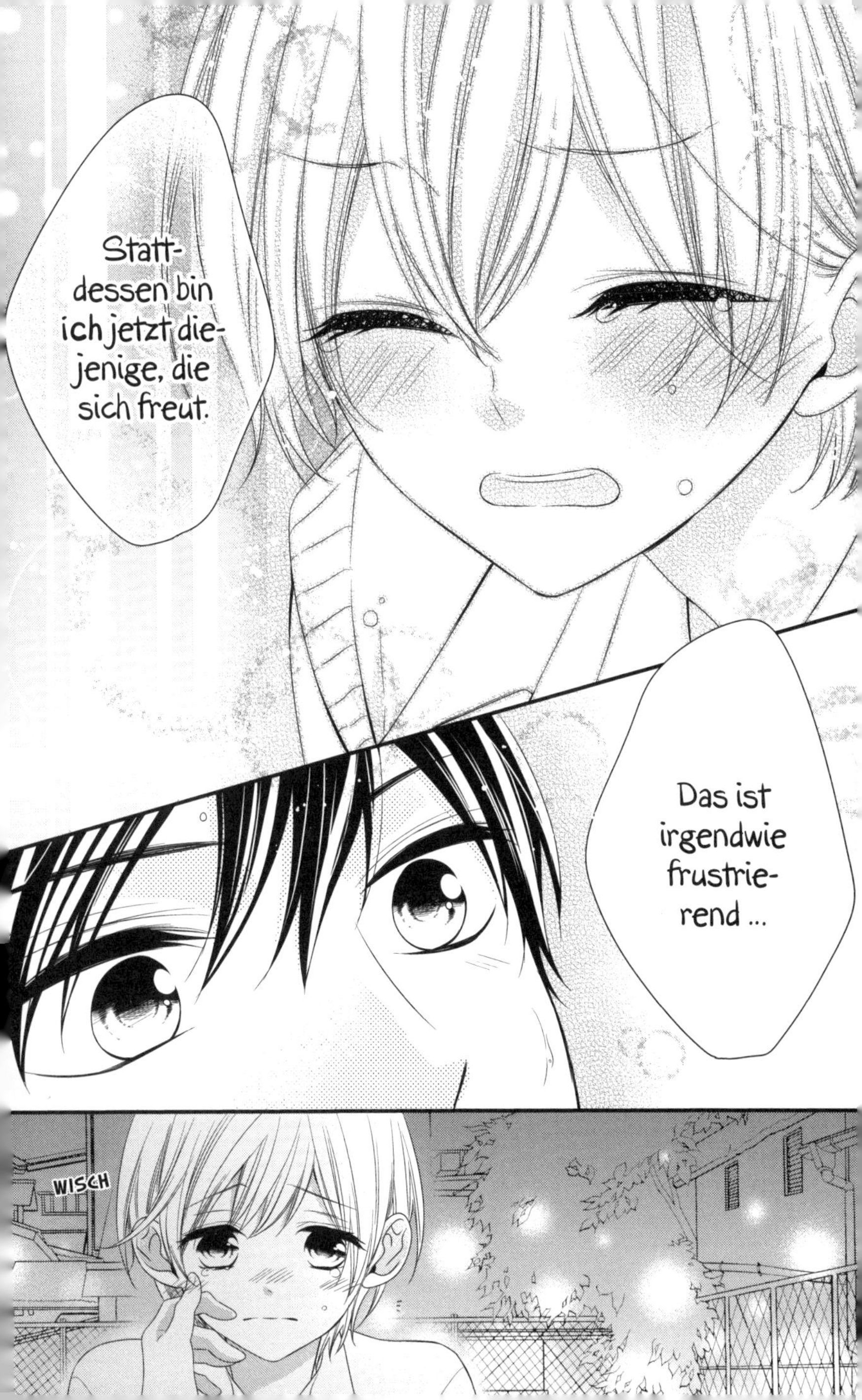
Statt-
dessen bin
ich jetzt die-
jenige, die
sich freut.
Das ist
irgendwie
frustrie-
rend ...
WISCH

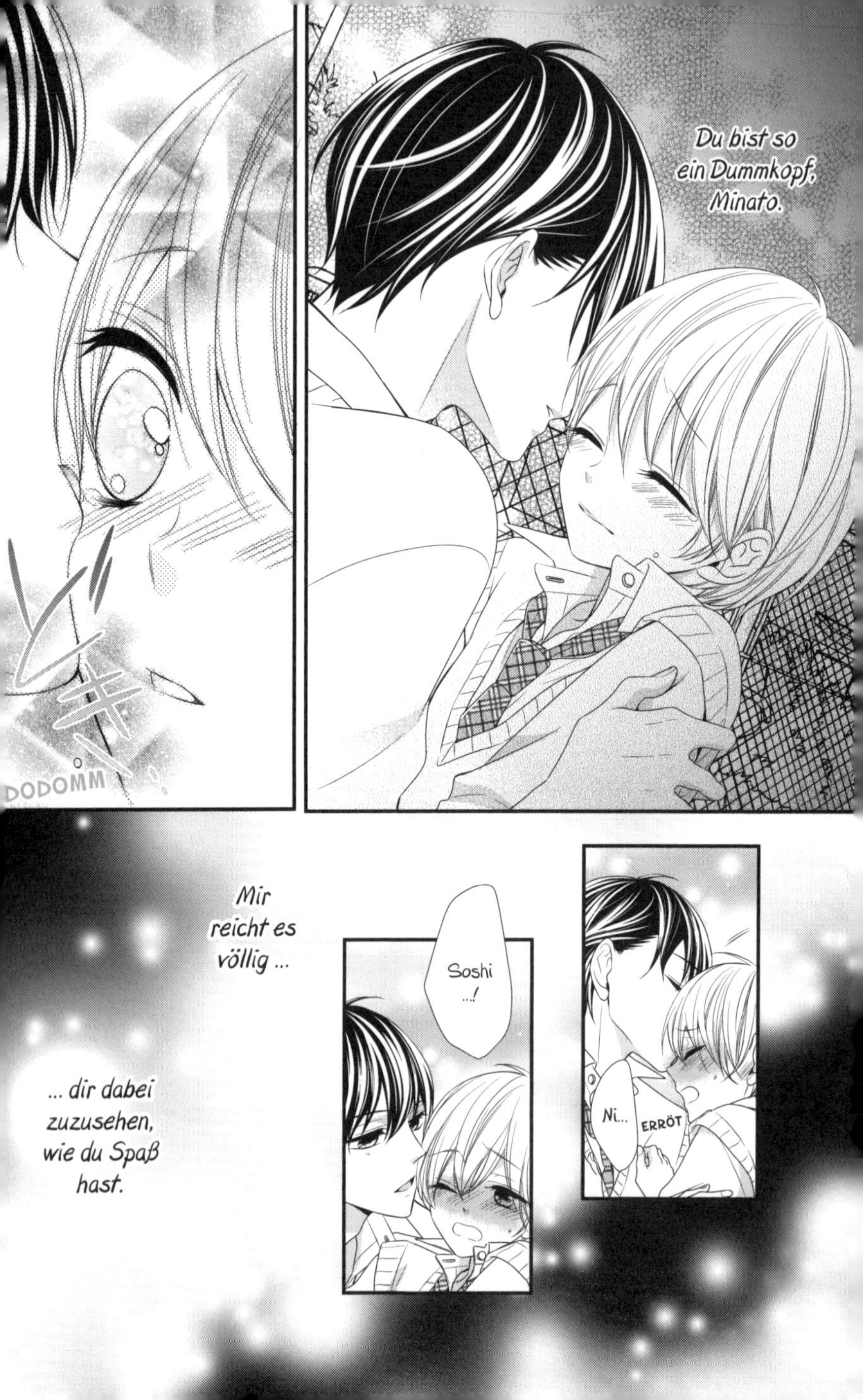

Du bist so ein Dummkopf, Minato.

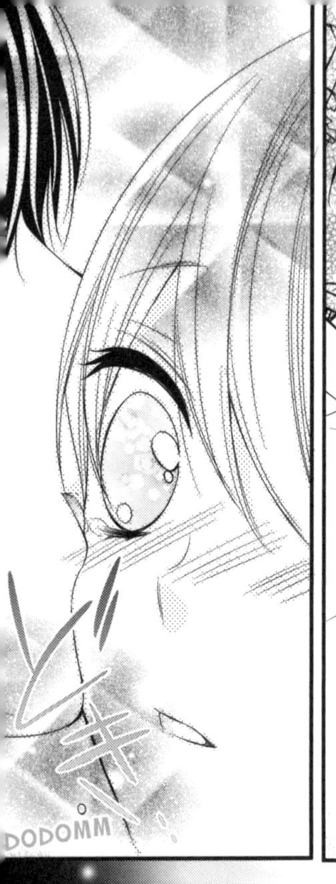

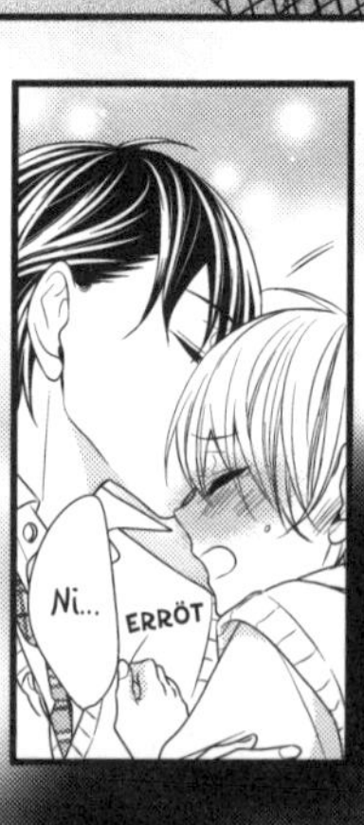

Mir reicht es völlig ...

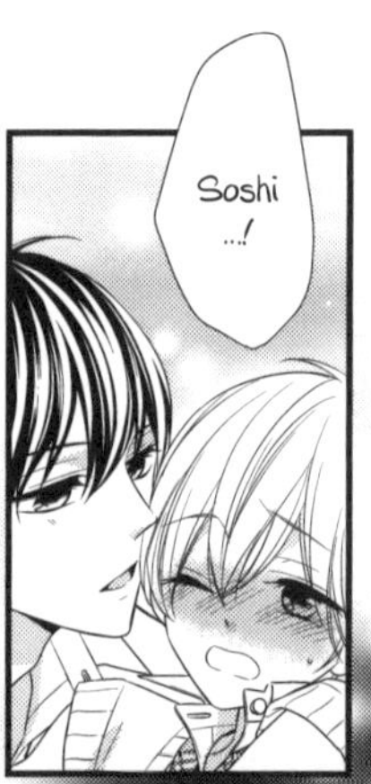

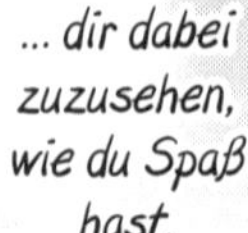

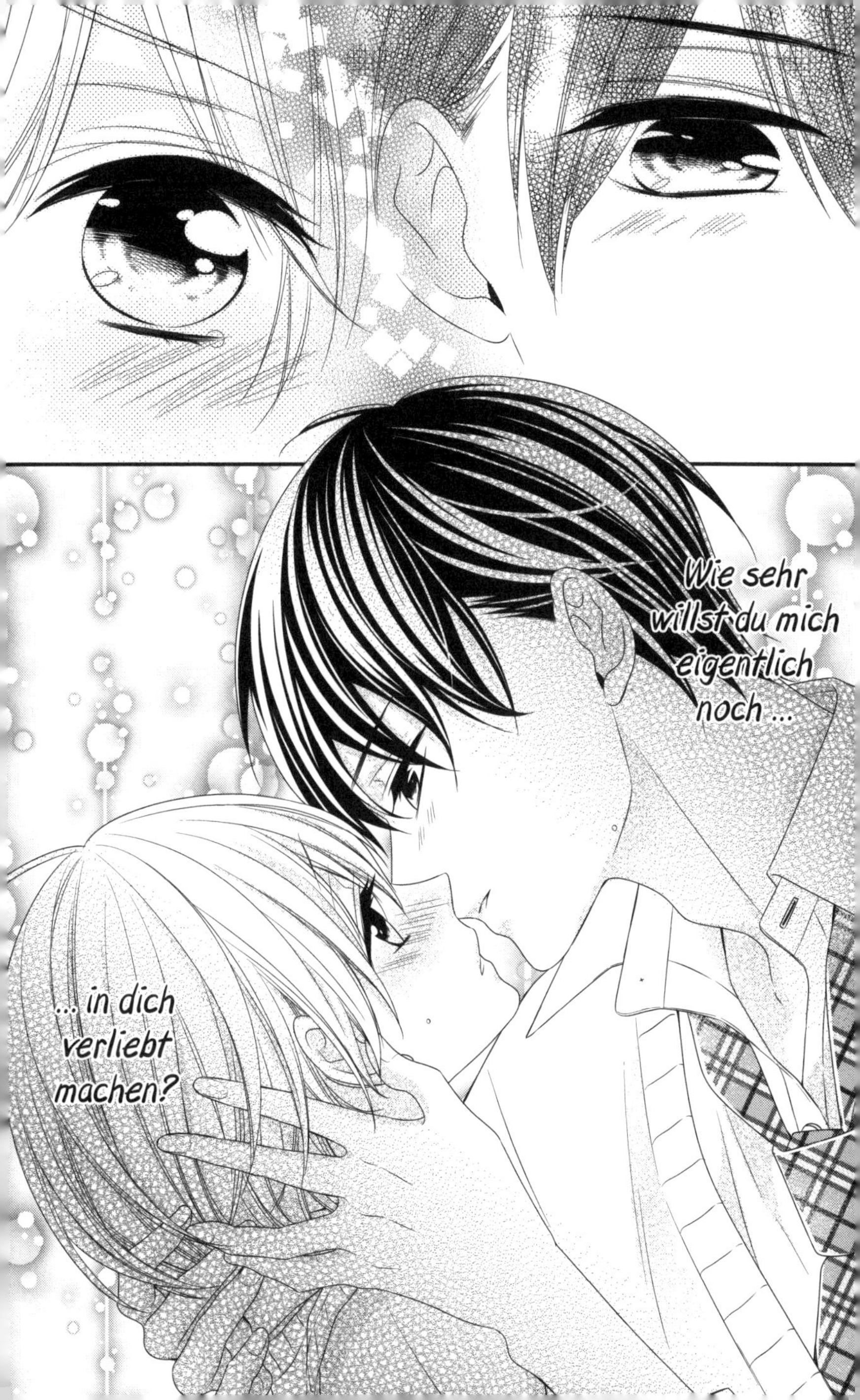
Wie sehr willst du mich eigentlich noch ...
... in dich verliebt machen?

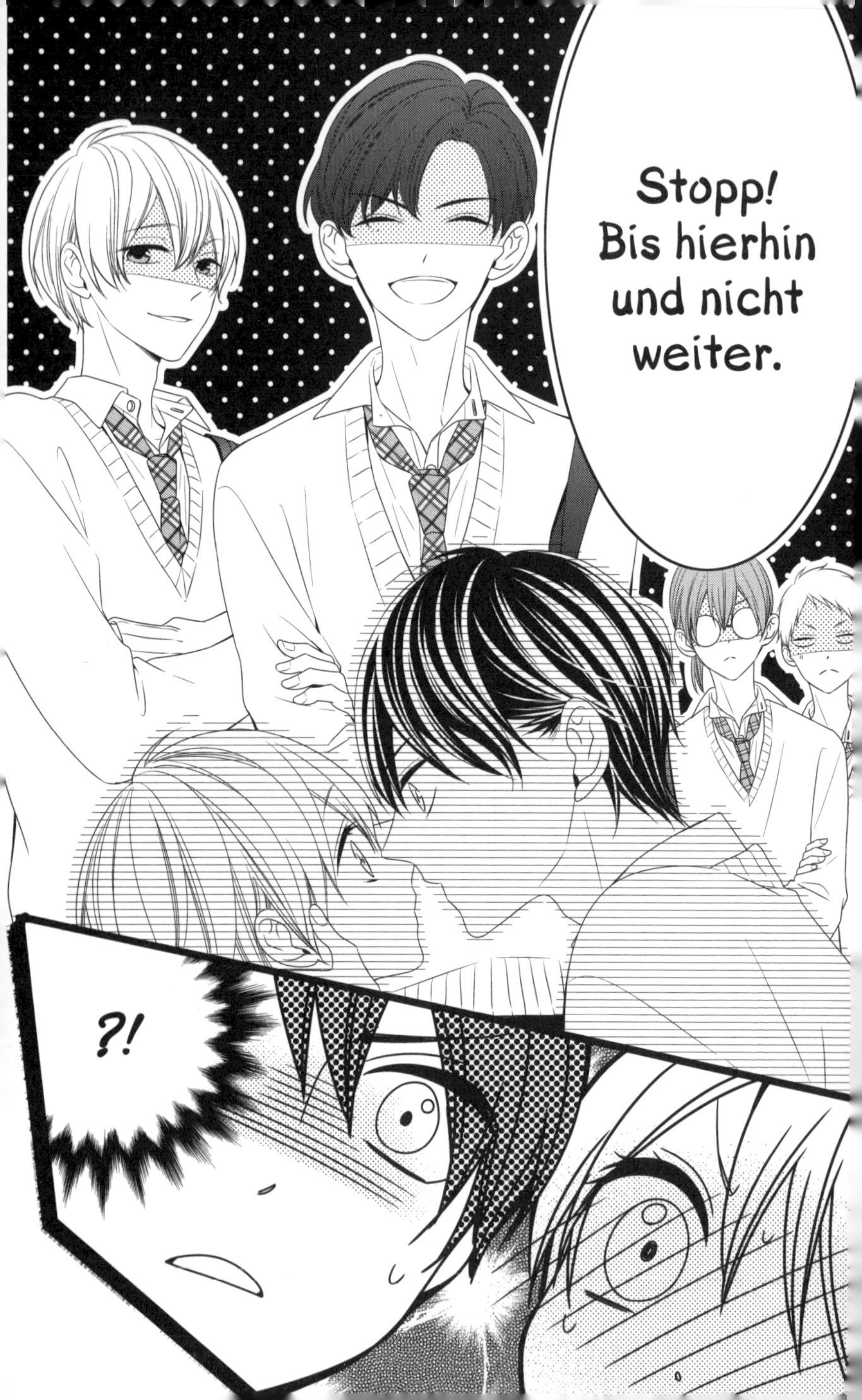
Stopp!
Bis hierhin
und nicht
weiter.
?!

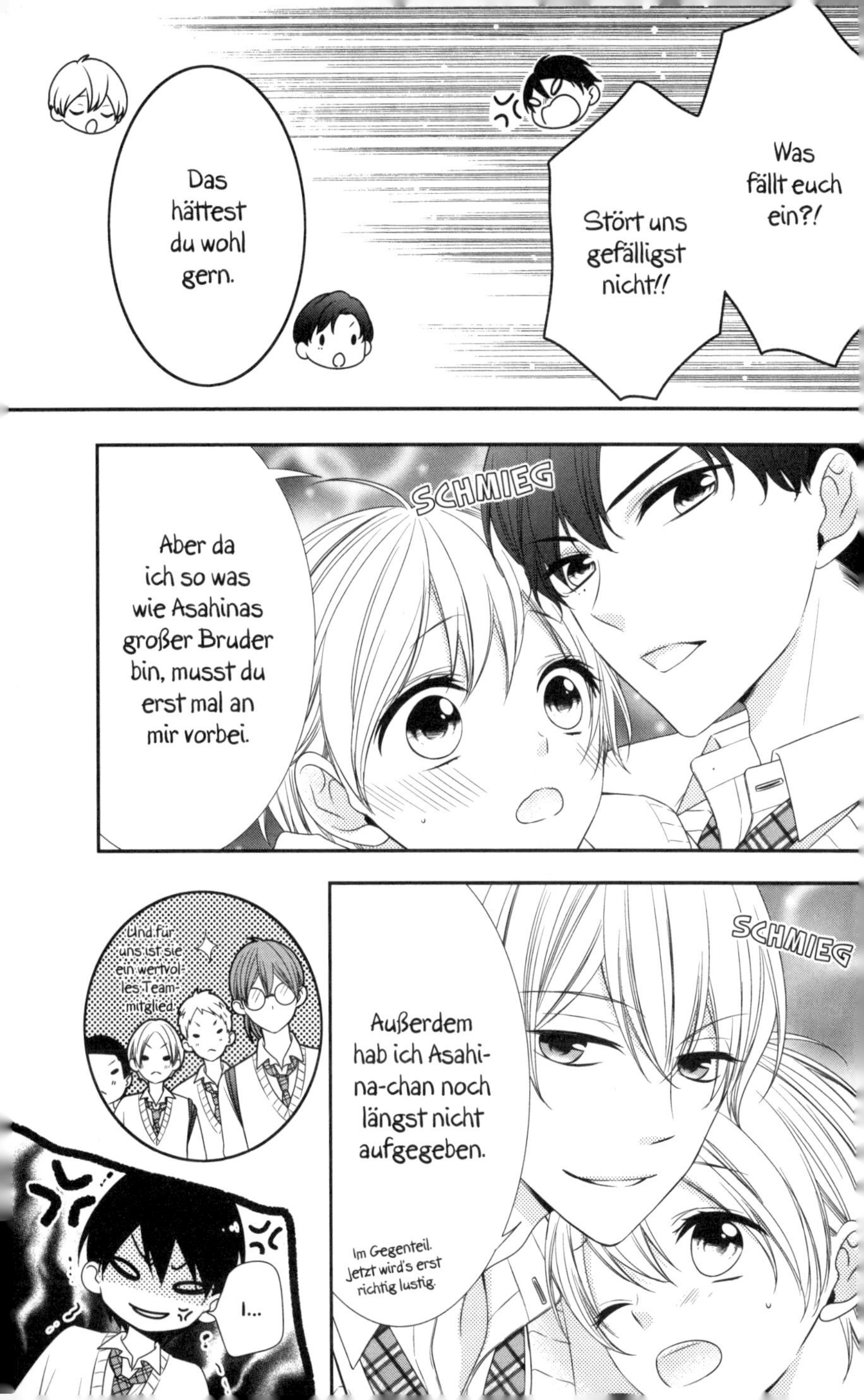

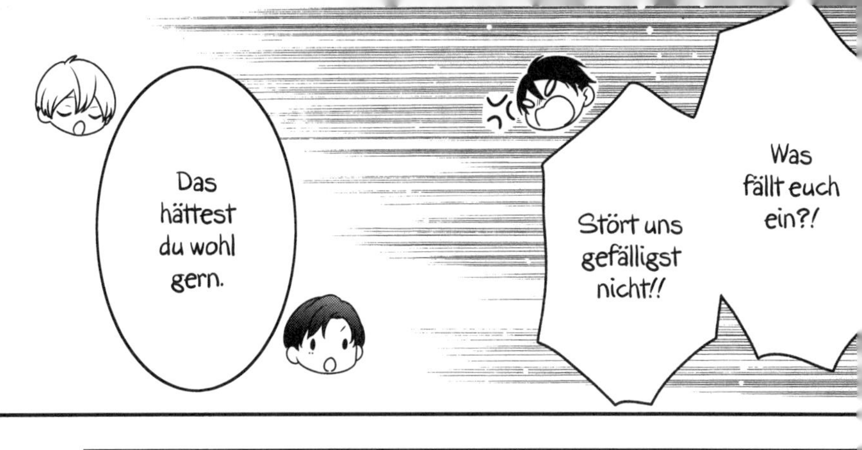

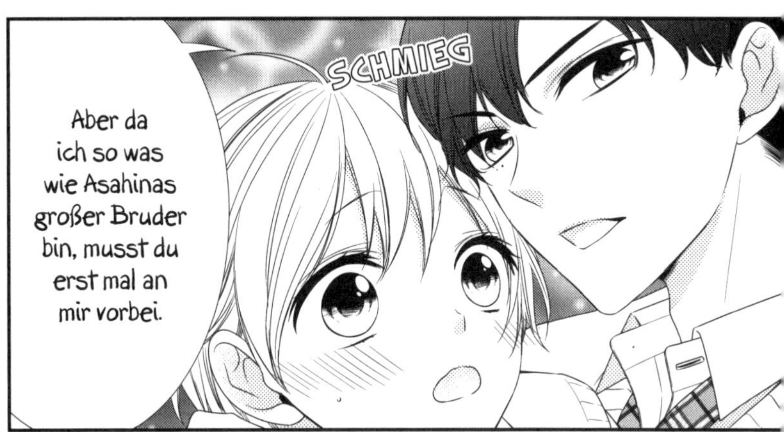

SCHMIEG

Außerdem hab ich Asahina-chan noch längst nicht aufgegeben.

Im Gegenteil. Jetzt wird's erst richtig lustig.

Und für uns ist sie ein wertvolles Team-mitglied.

I...

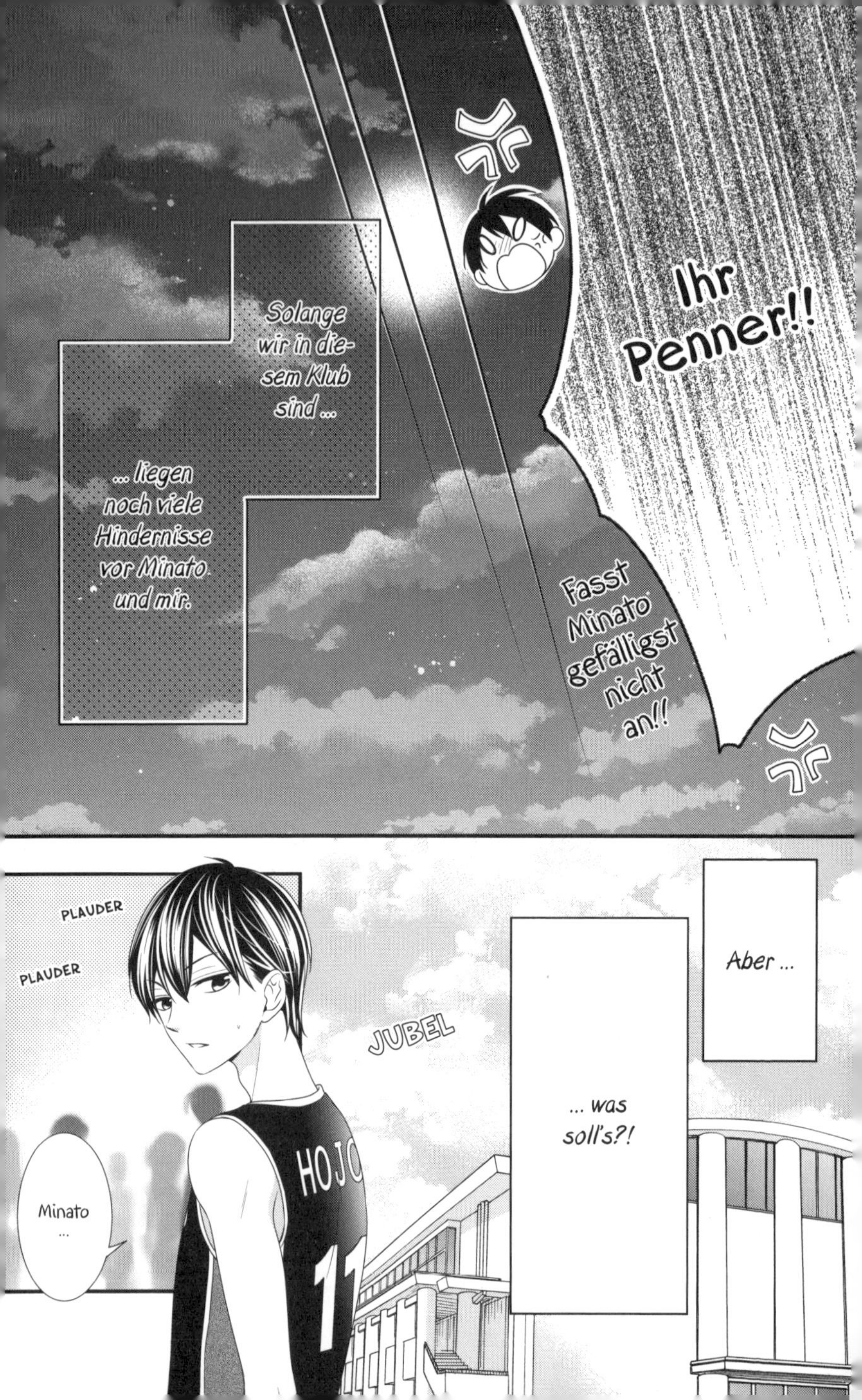

Ihr Penner!!
Fasst Minato gefälligst nicht an!!
Solange wir in diesem Klub sind ...
... liegen noch viele Hindernisse vor Minato und mir.
Aber ...
... was soll's?!
JUBEL
PLAUDER
PLAUDER
HOJO
Minato ...

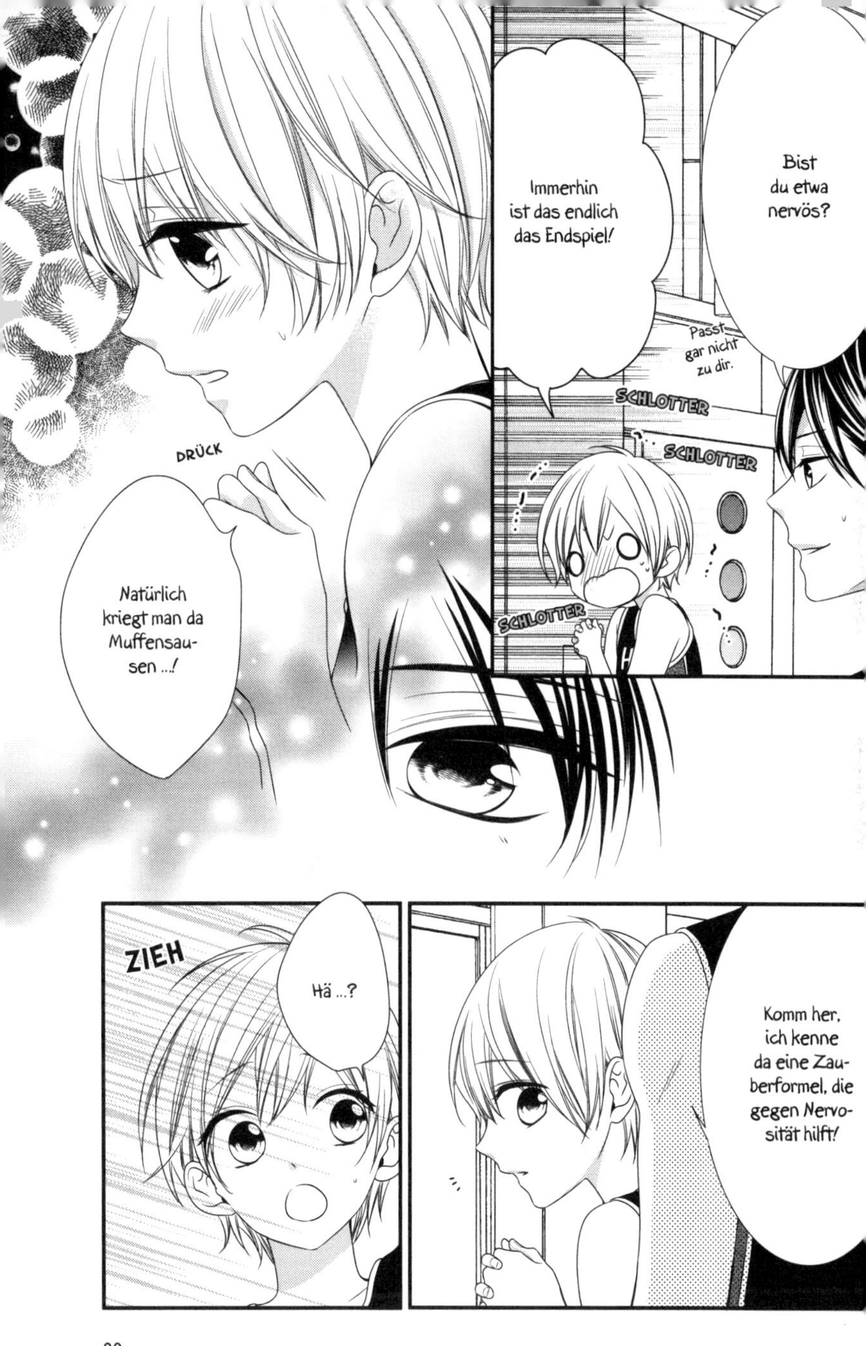
Bist du etwa nervös?
Passt gar nicht zu dir.
Immerhin ist das endlich das Endspiel!
SCHLOTTER
SCHLOTTER
SCHLOTTER
DRÜCK
Natürlich kriegt man da Muffensausen ...!
Komm her, ich kenne da eine Zauberformel, die gegen Nervosität hilft!
ZIEH
Hä ...?

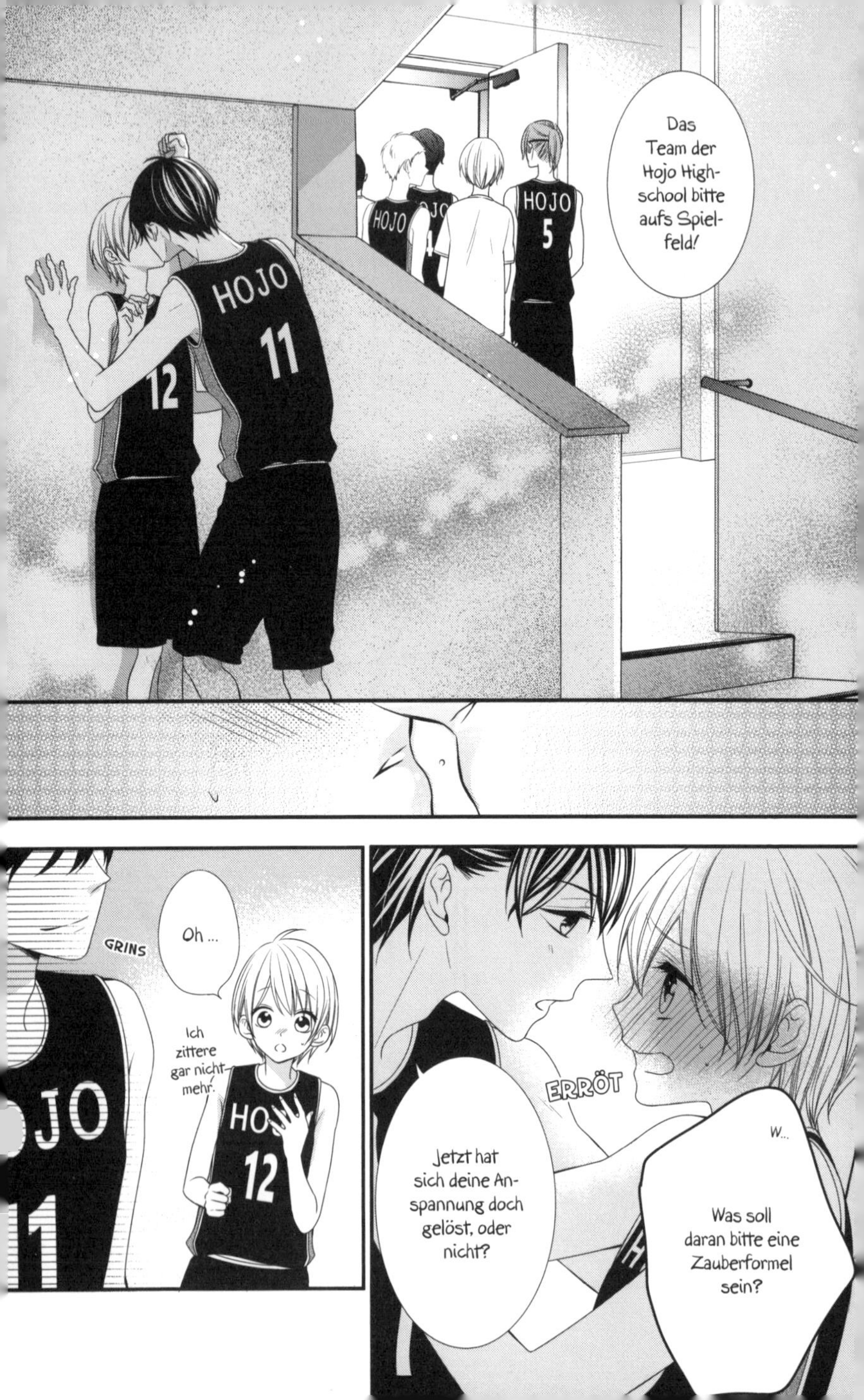

Das Team der Hojo High-school bitte aufs Spielfeld!

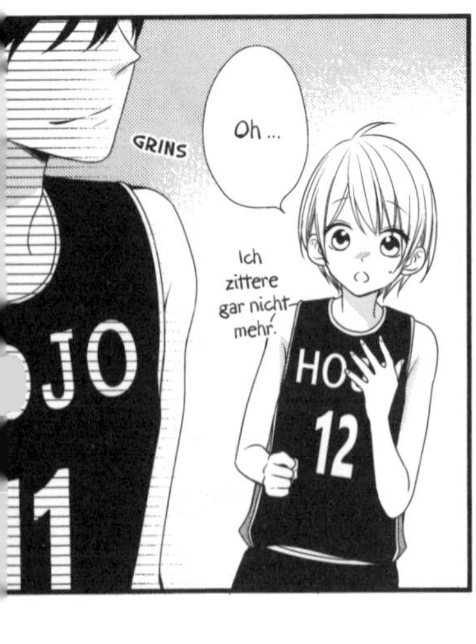

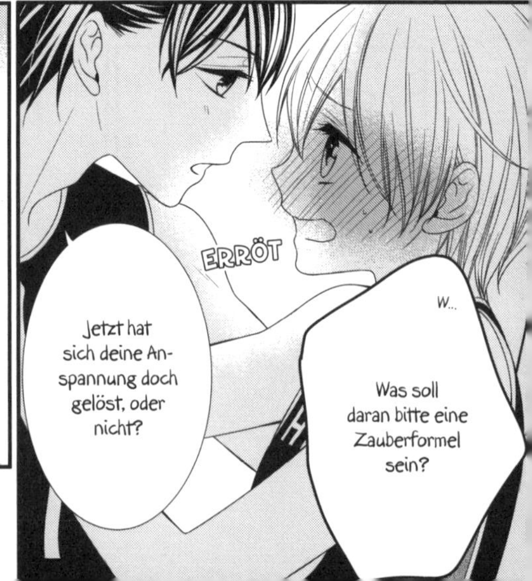

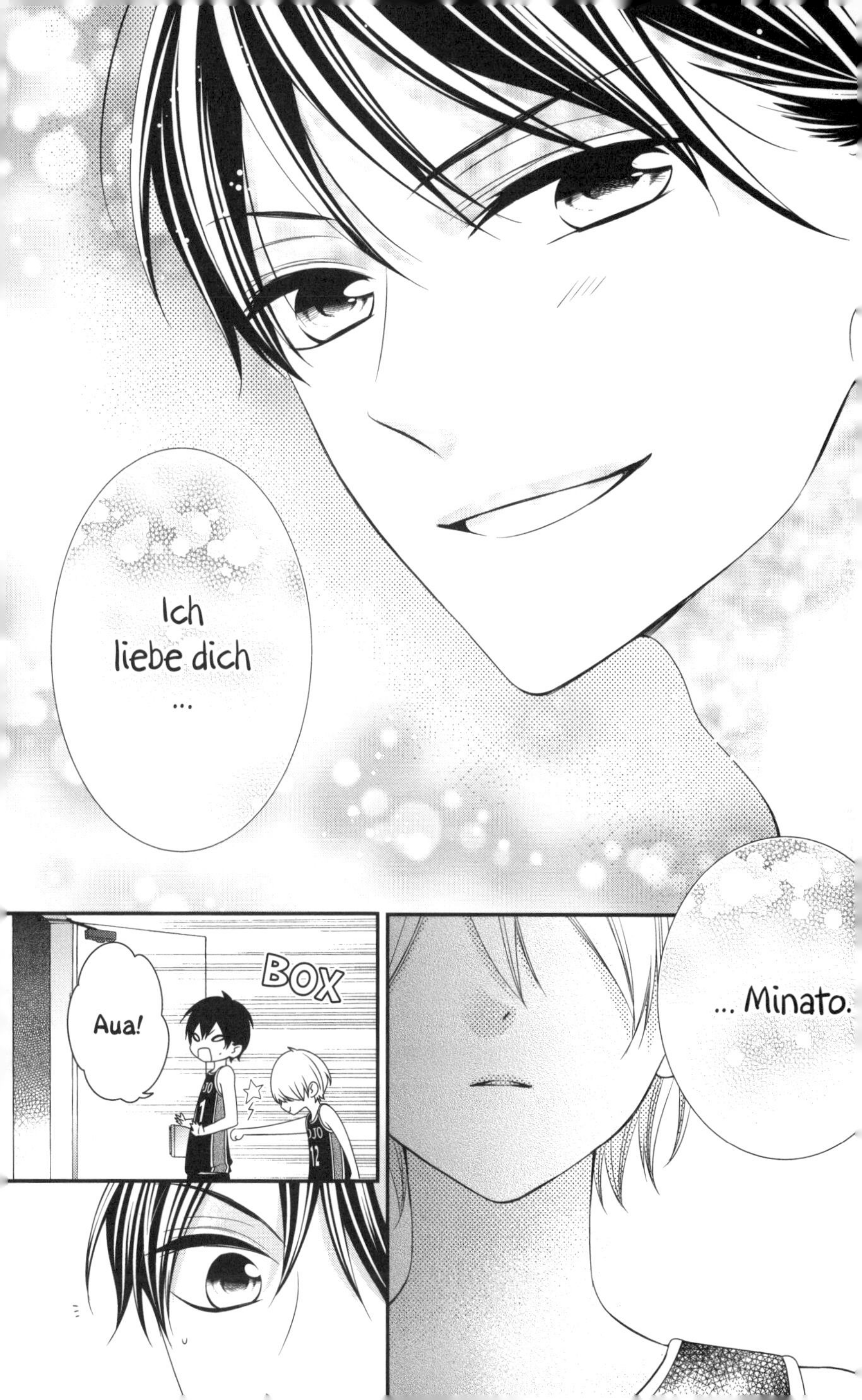
Ich liebe dich ...
... Minato.
BOX
Aua!

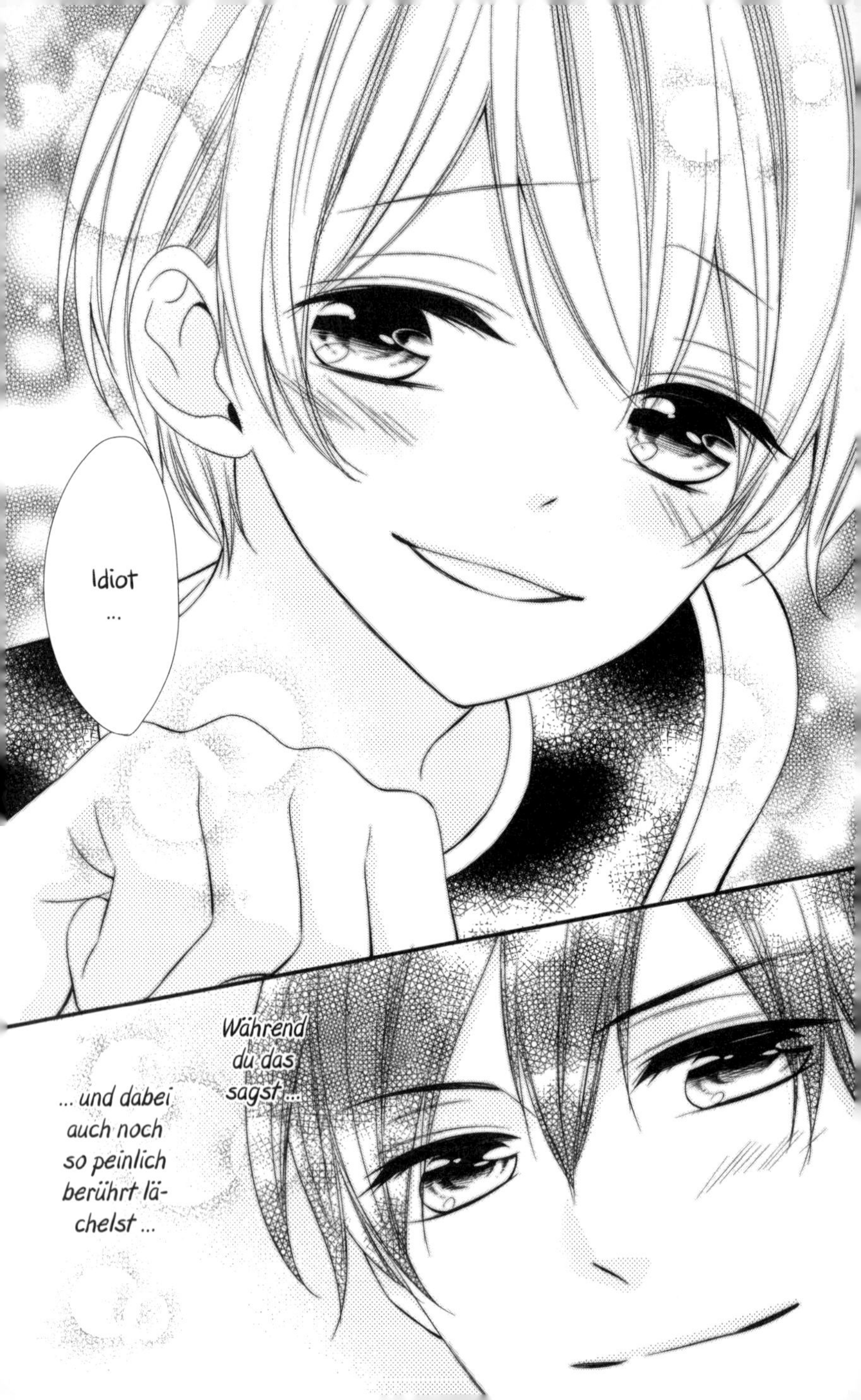
Idiot
...
Während du das sagst ...
... und dabei auch noch so peinlich berührt lä-chelst ...

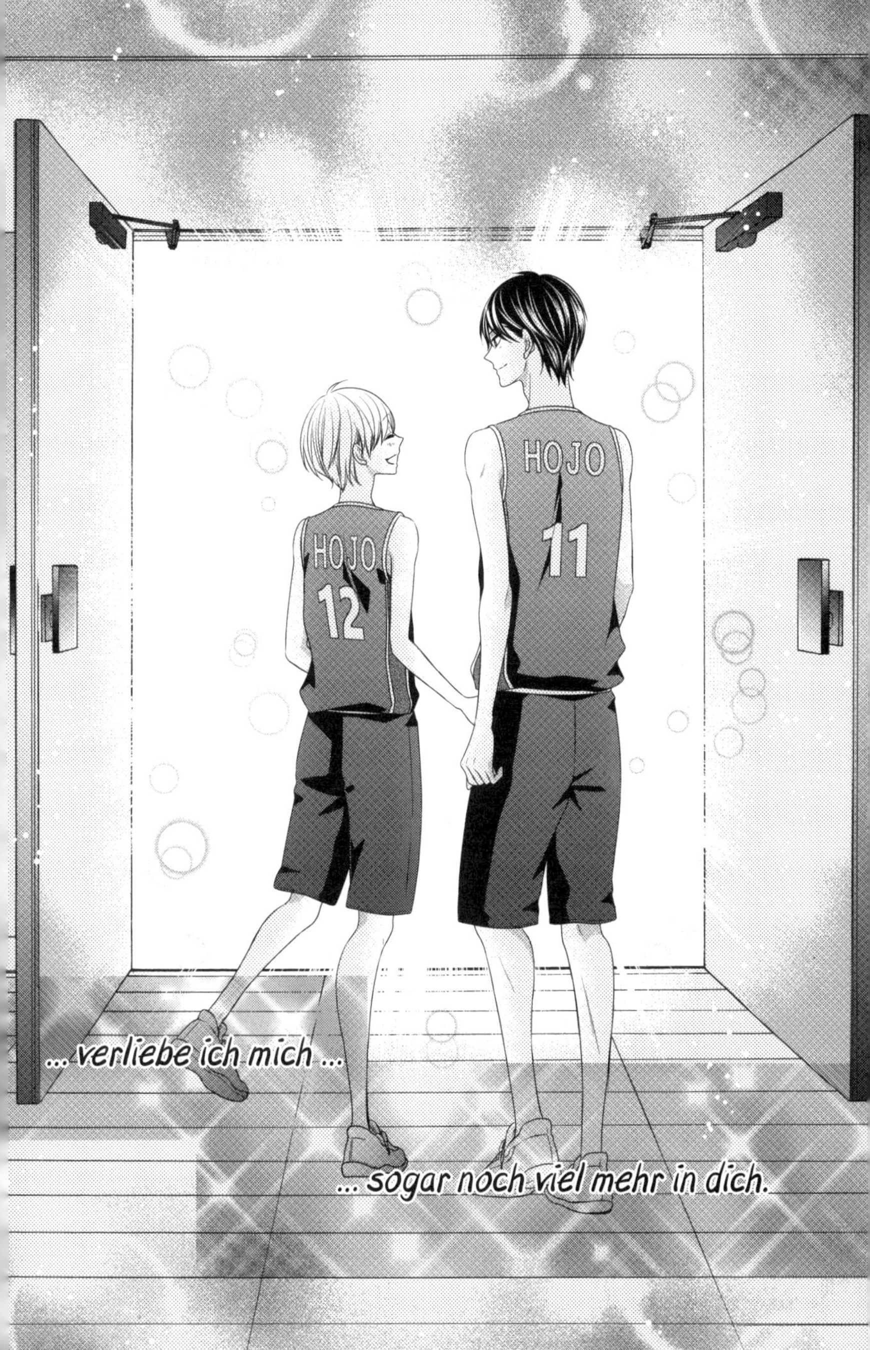
HOJO
11
HOJO
12
... verliebe ich mich ...
... sogar noch viel mehr in dich.

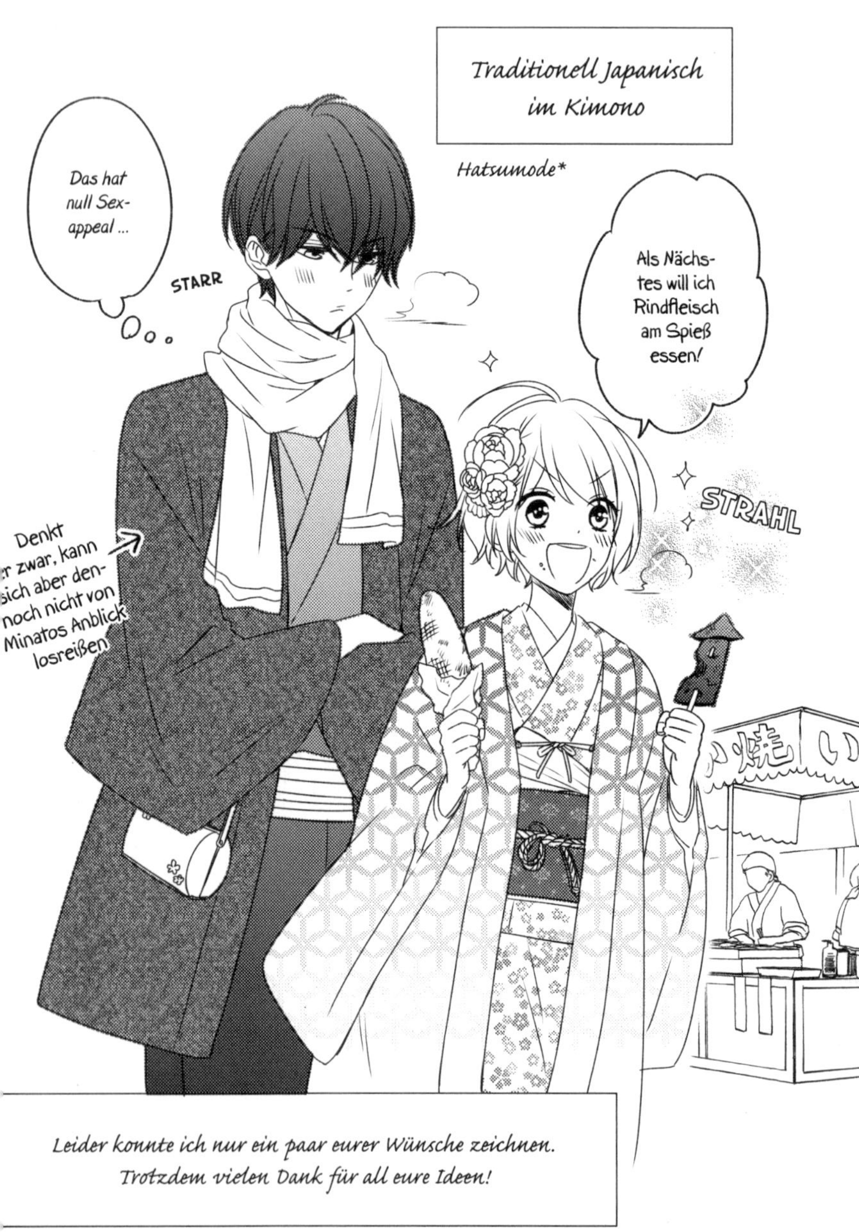

rster Schreinbesuch im neuen Jahr

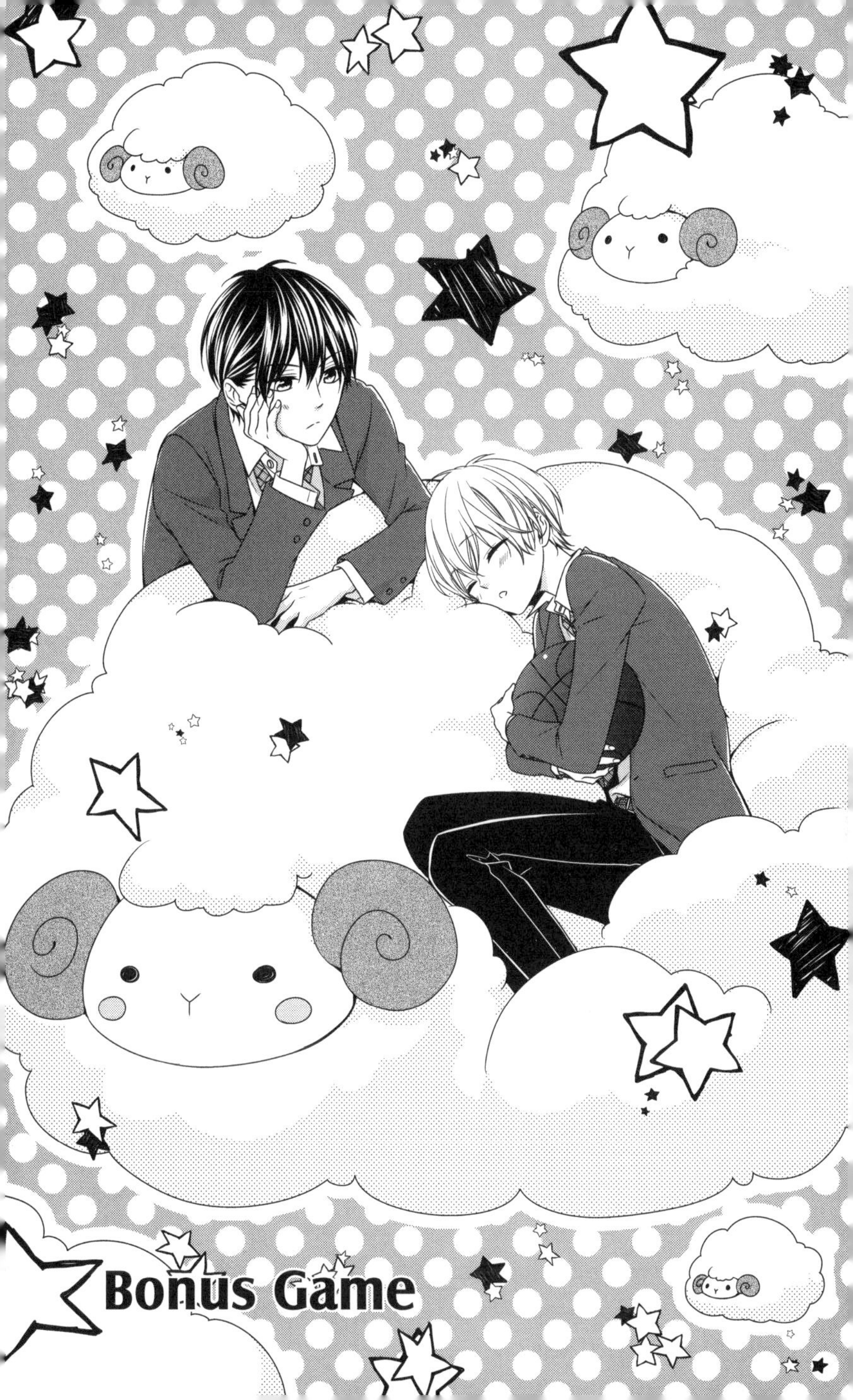
Bonus Game

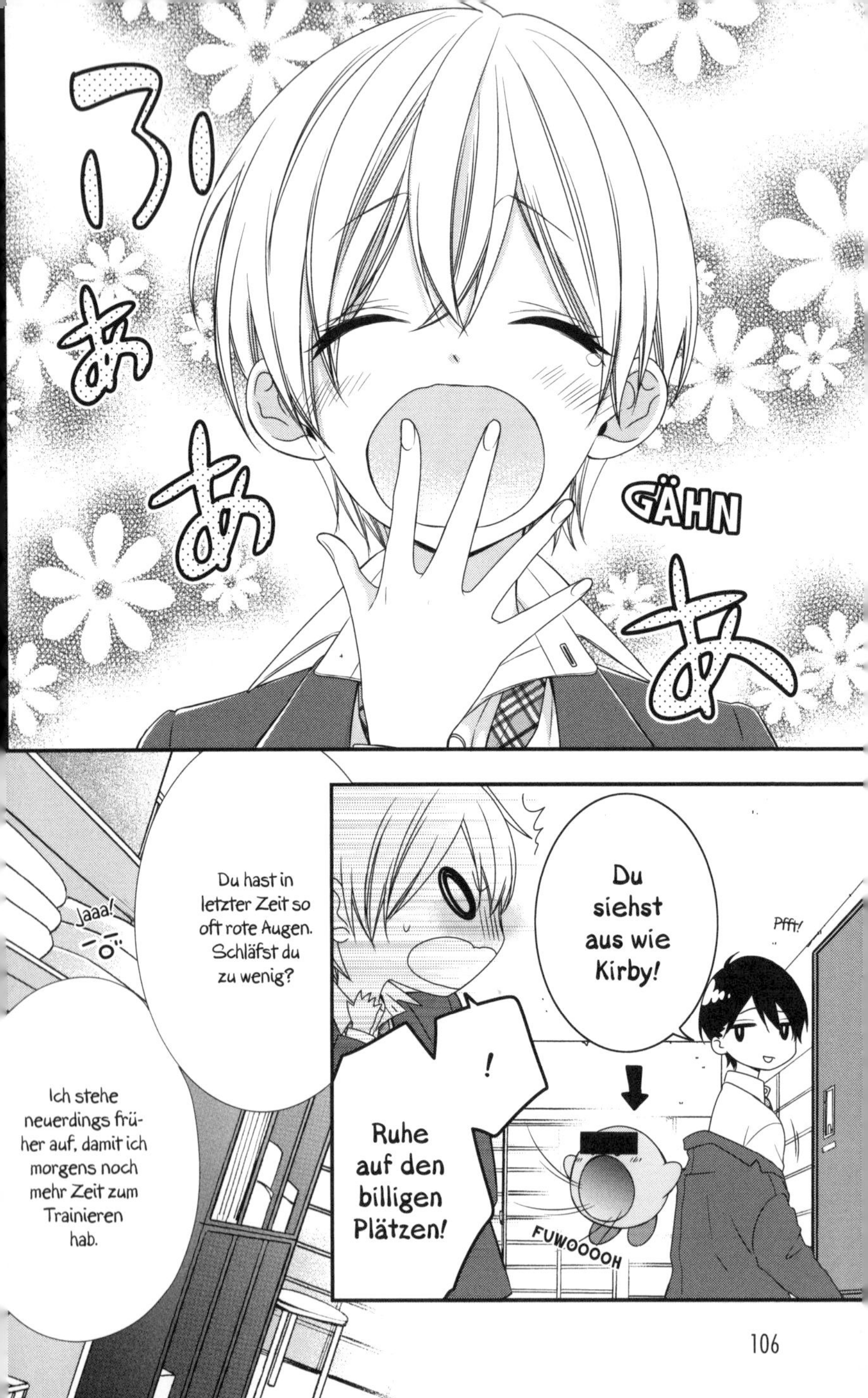
ふあああ
GÄHN
Du siehst aus wie Kirby!
Pfft!
!
Ruhe auf den billigen Plätzen!
FUWOOOOH
Du hast in letzter Zeit so oft rote Augen. Schläfst du zu wenig?
Jaaa!
Ich stehe neuerdings früher auf, damit ich morgens noch mehr Zeit zum Trainieren hab.

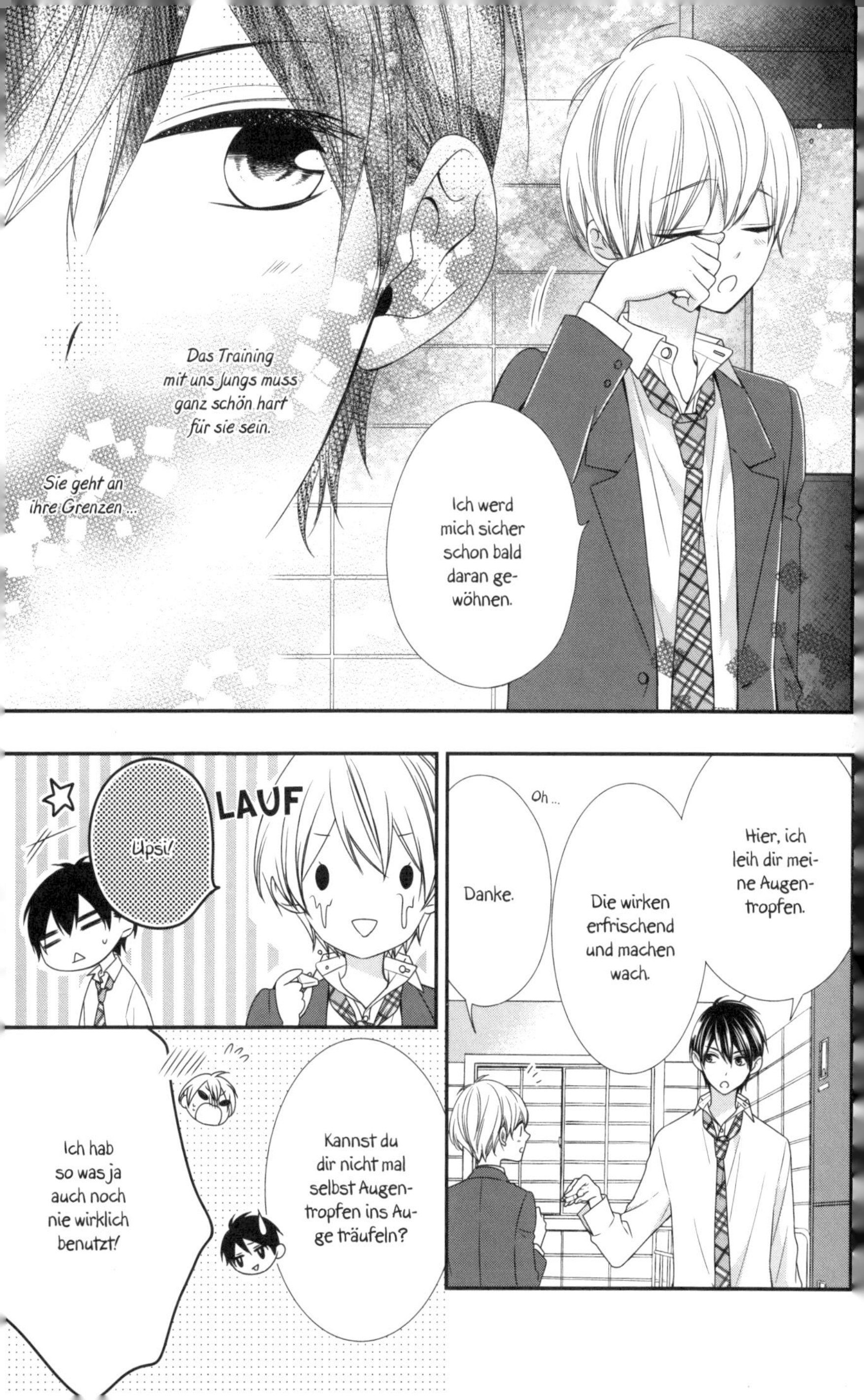

Ich werd mich sicher schon bald daran gewöhnen.
Das Training mit uns Jungs muss ganz schön hart für sie sein.
Sie geht an ihre Grenzen ...
Hier, ich leih dir meine Augentropfen.
Die wirken erfrischend und machen wach.
Oh ...
Danke.
LAUF
Üpsi!
Kannst du dir nicht mal selbst Augentropfen ins Auge träufeln?
Ich hab so was ja auch noch nie wirklich benutzt!

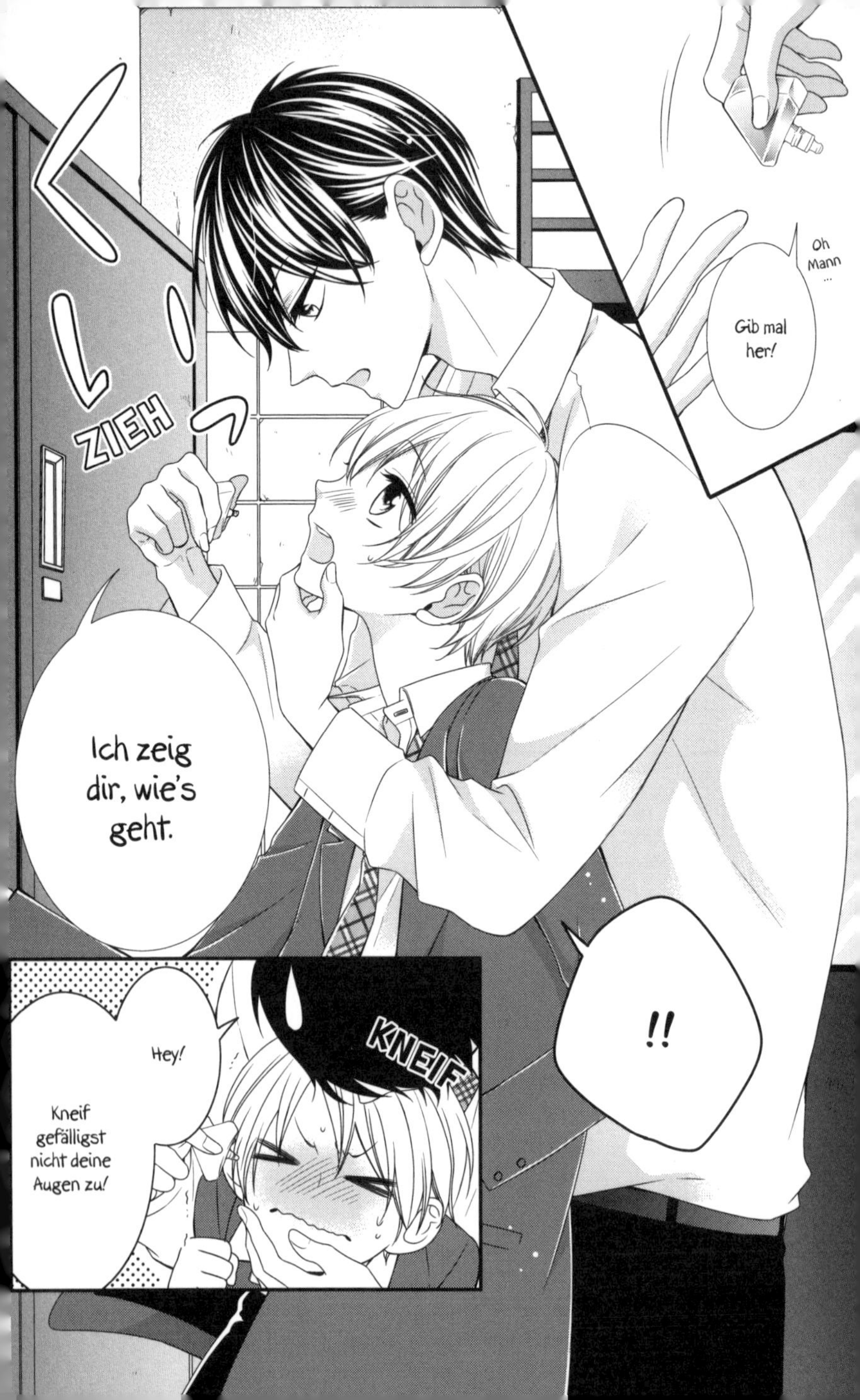
Oh Mann ...
Gib mal her!
ZIEH
Ich zeig dir, wie's geht.
!!
KNEIF
Hey!
Kneif gefälligst nicht deine Augen zu!

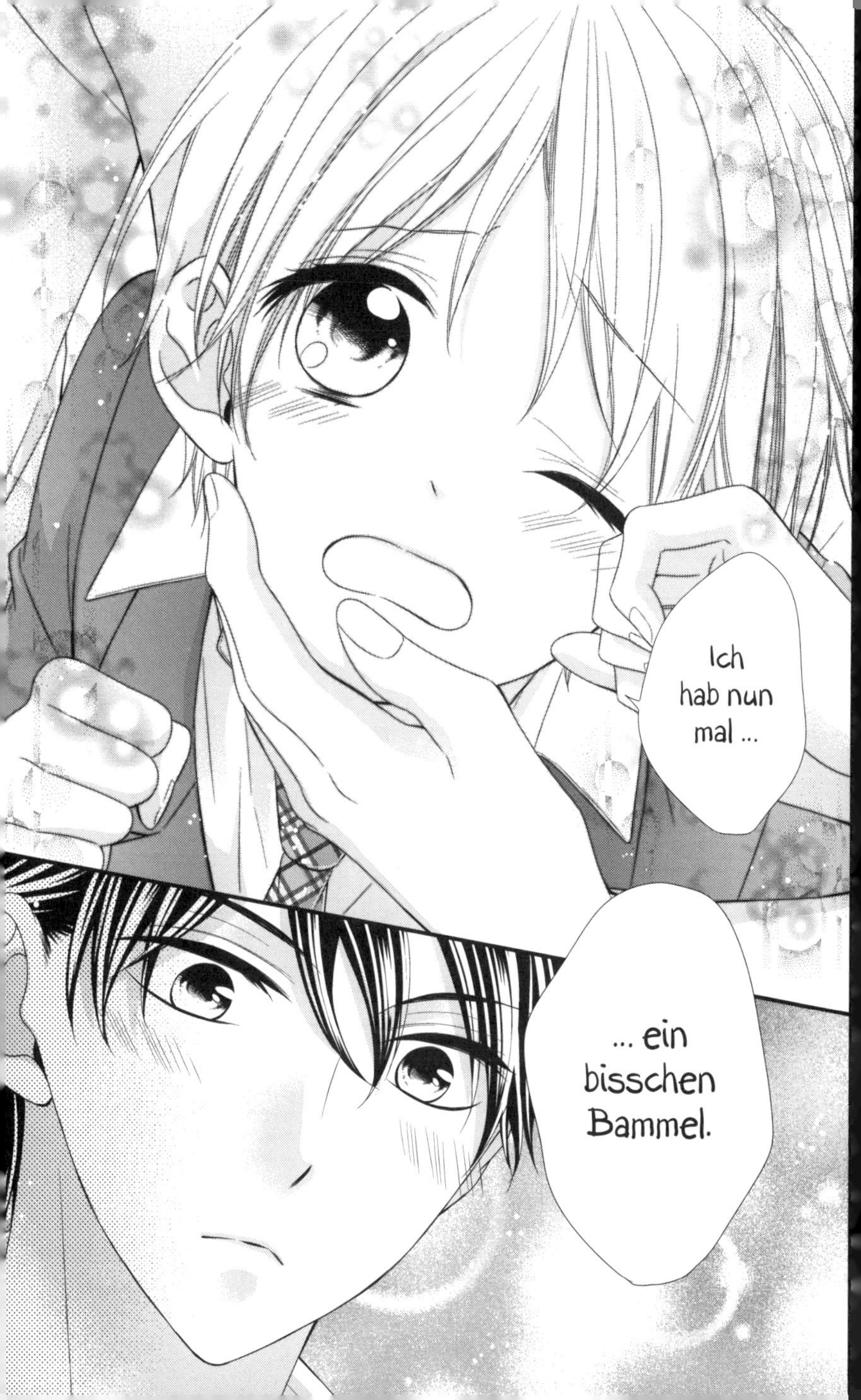
Ich hab nun mal ...
... ein bisschen Bammel.

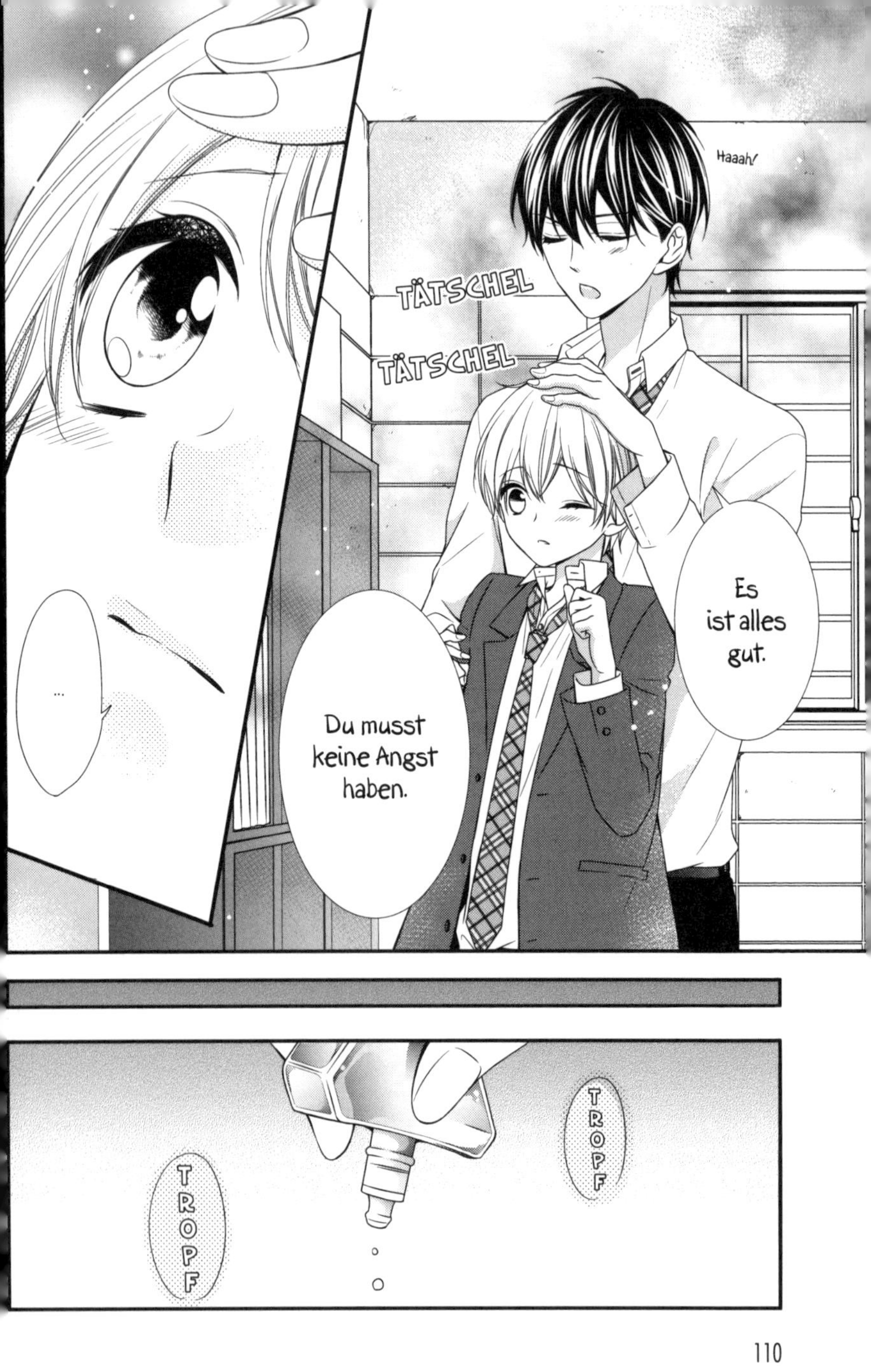

Haaah!
TÄTSCHEL
TÄTSCHEL
Es ist alles gut.
Du musst keine Angst haben.
...

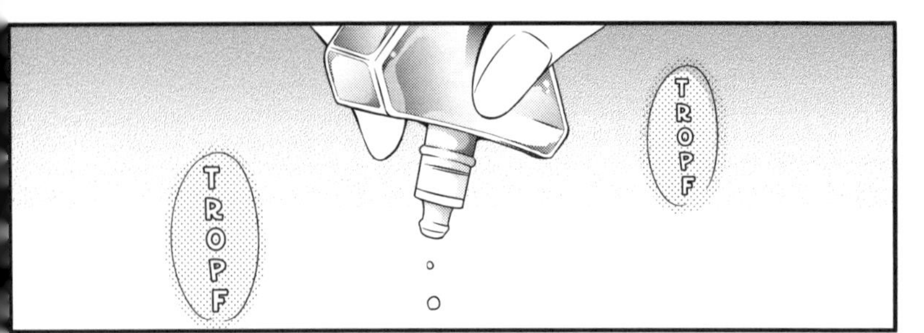

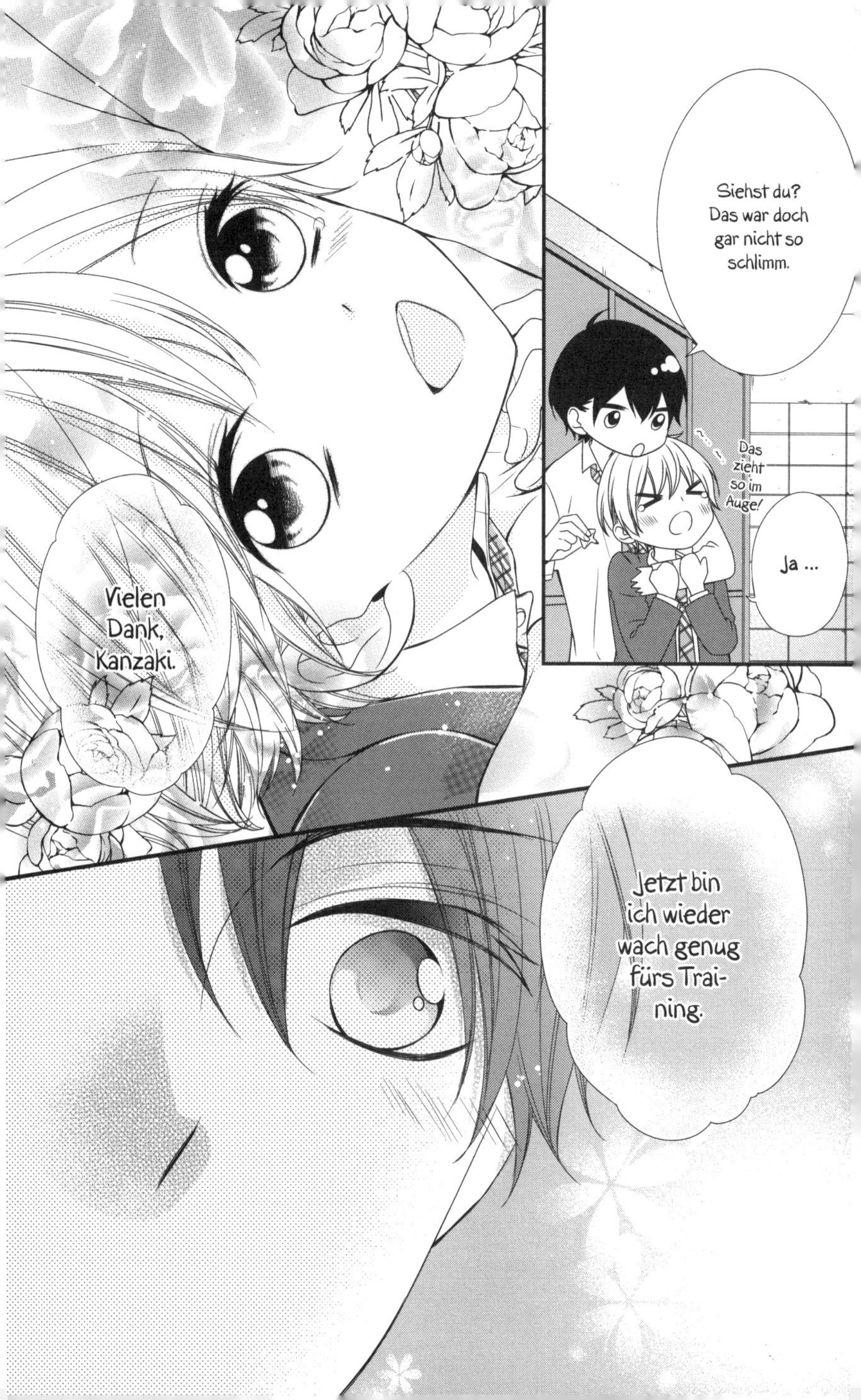
Siehst du? Das war doch gar nicht so schlimm.
Das zieht so im Auge!
Ja ...
Vielen Dank, Kanzaki.
Jetzt bin ich wieder wach genug fürs Trai-ning.

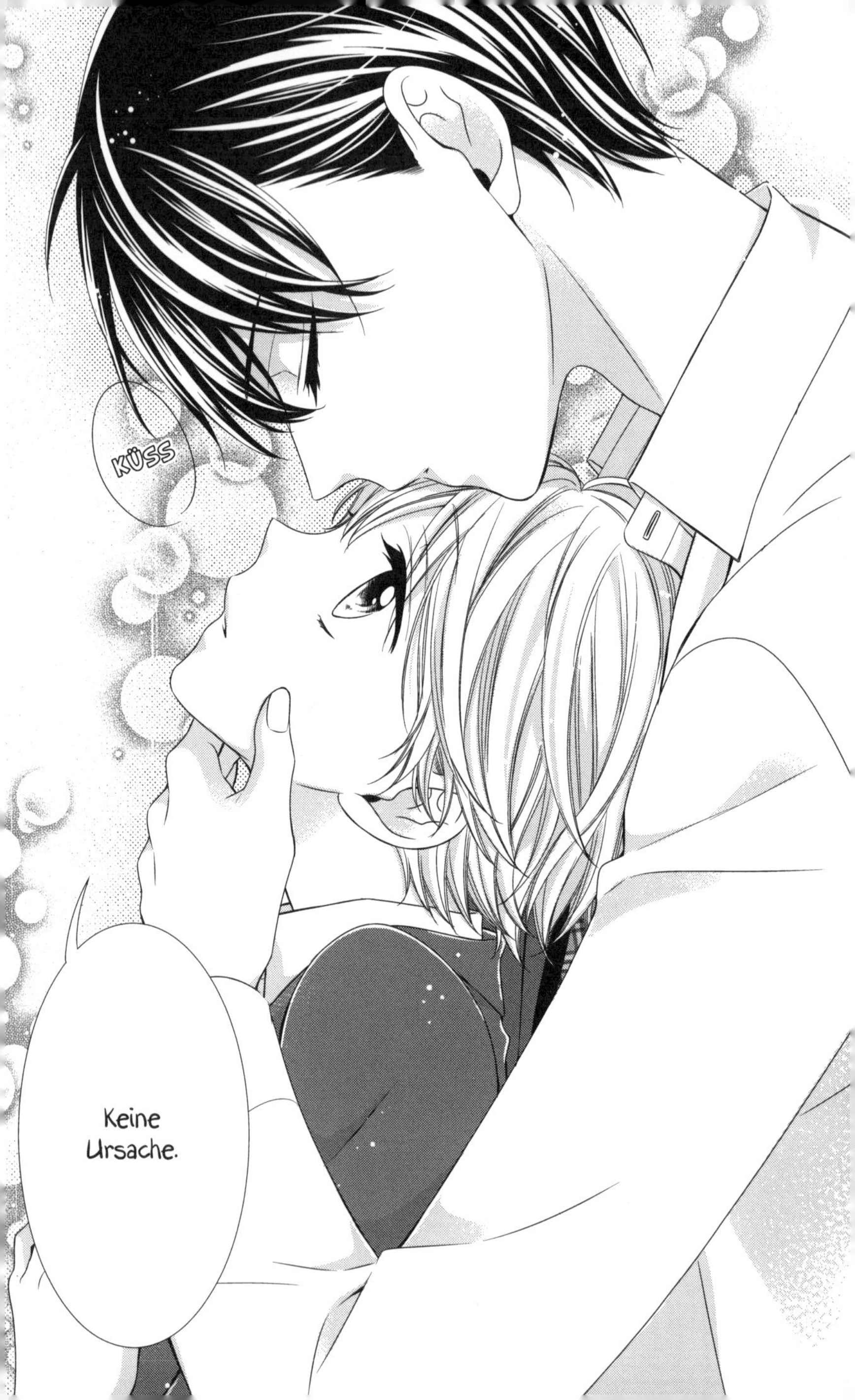
KÜSS
Keine Ursache.

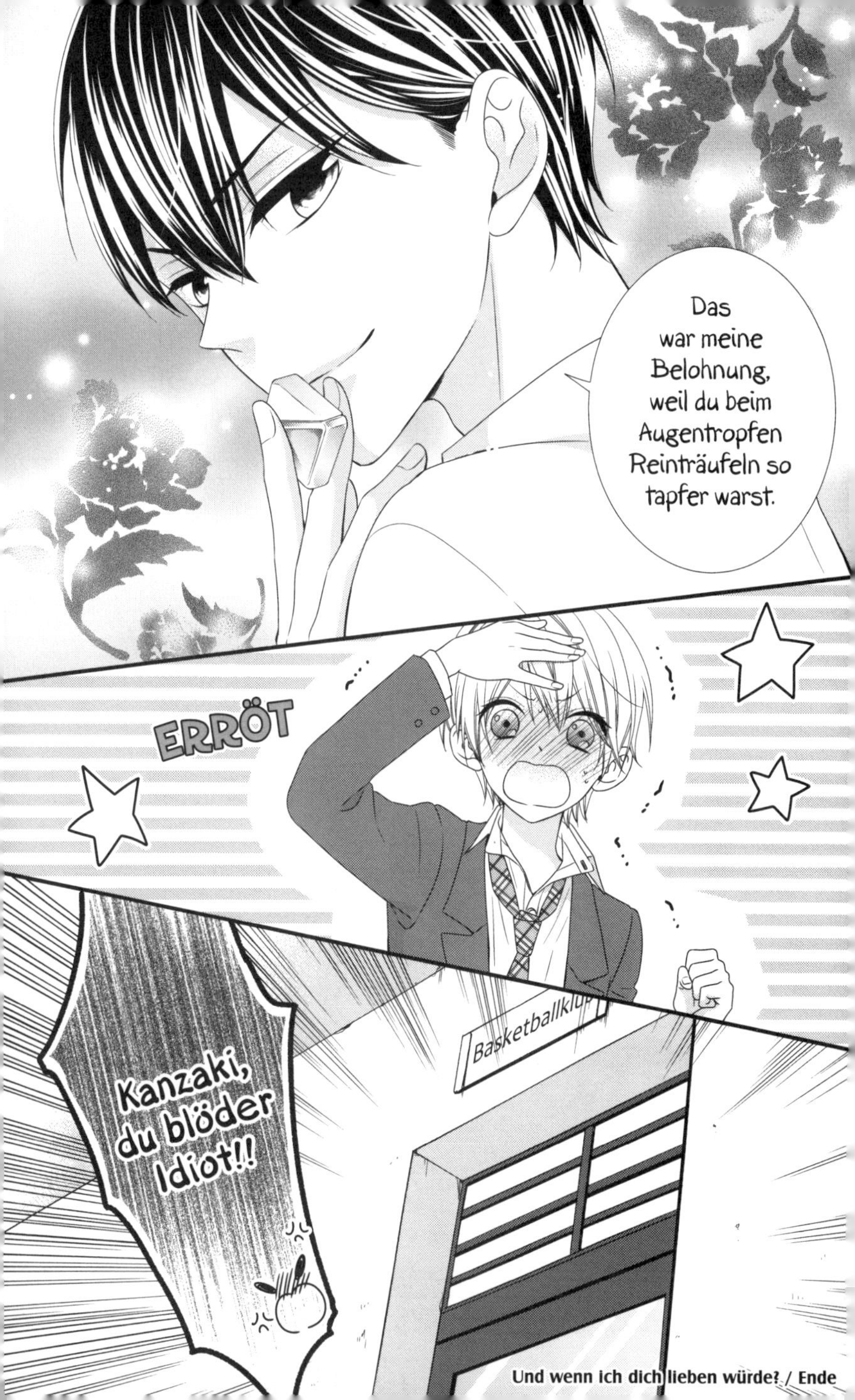

Und wenn ich dich lieben würde? / Ende

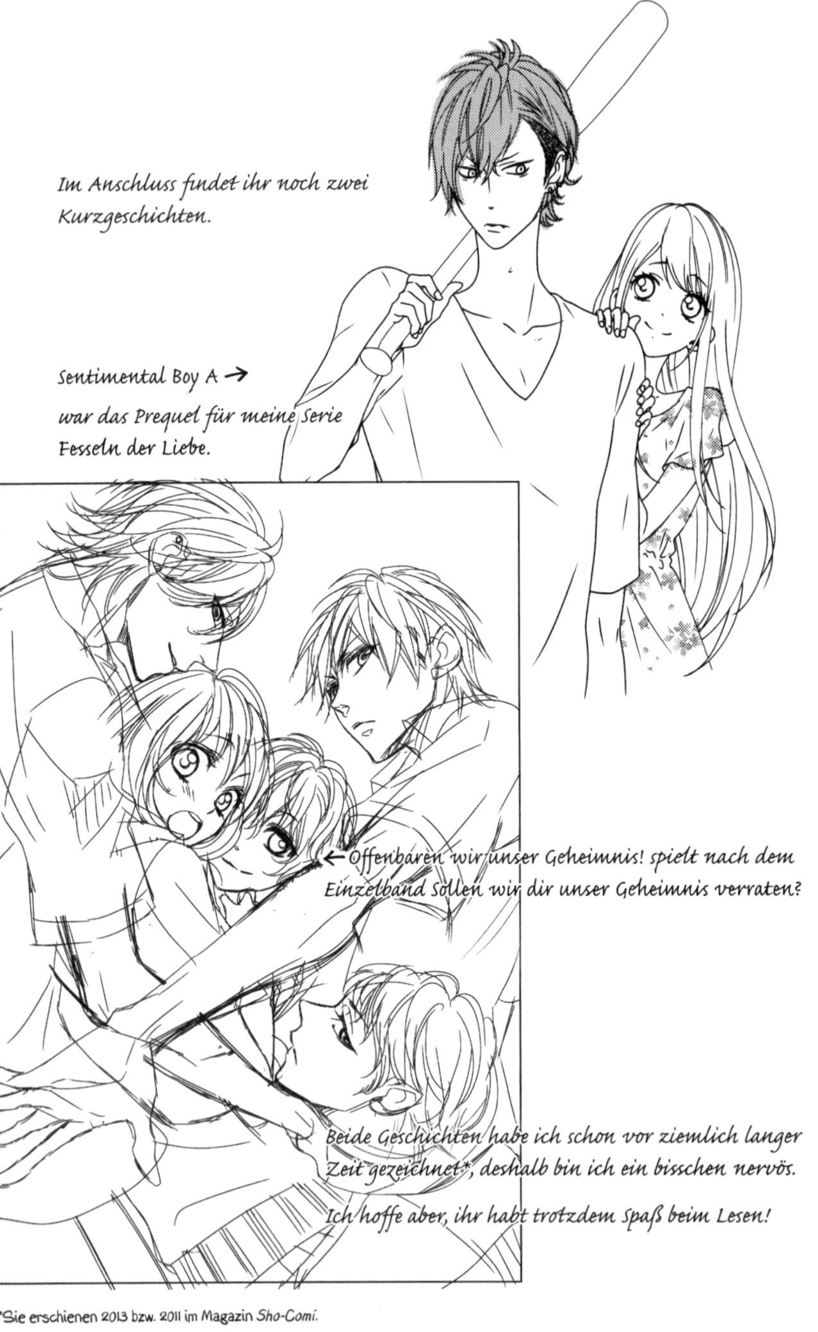

Im Anschluss findet ihr noch zwei Kurzgeschichten.

Sentimental Boy A →

war das Prequel für meine Serie Fesseln der Liebe.

← Offenbaren wir unser Geheimnis! spielt nach dem Einzelband Sollen wir dir unser Geheimnis verraten?

Beide Geschichten habe ich schon vor ziemlich langer Zeit gezeichnet, deshalb bin ich ein bisschen nervös.*

Ich hoffe aber, ihr habt trotzdem Spaß beim Lesen!

*Sie erschienen 2013 bzw. 2011 im Magazin *Sho-Comi*.

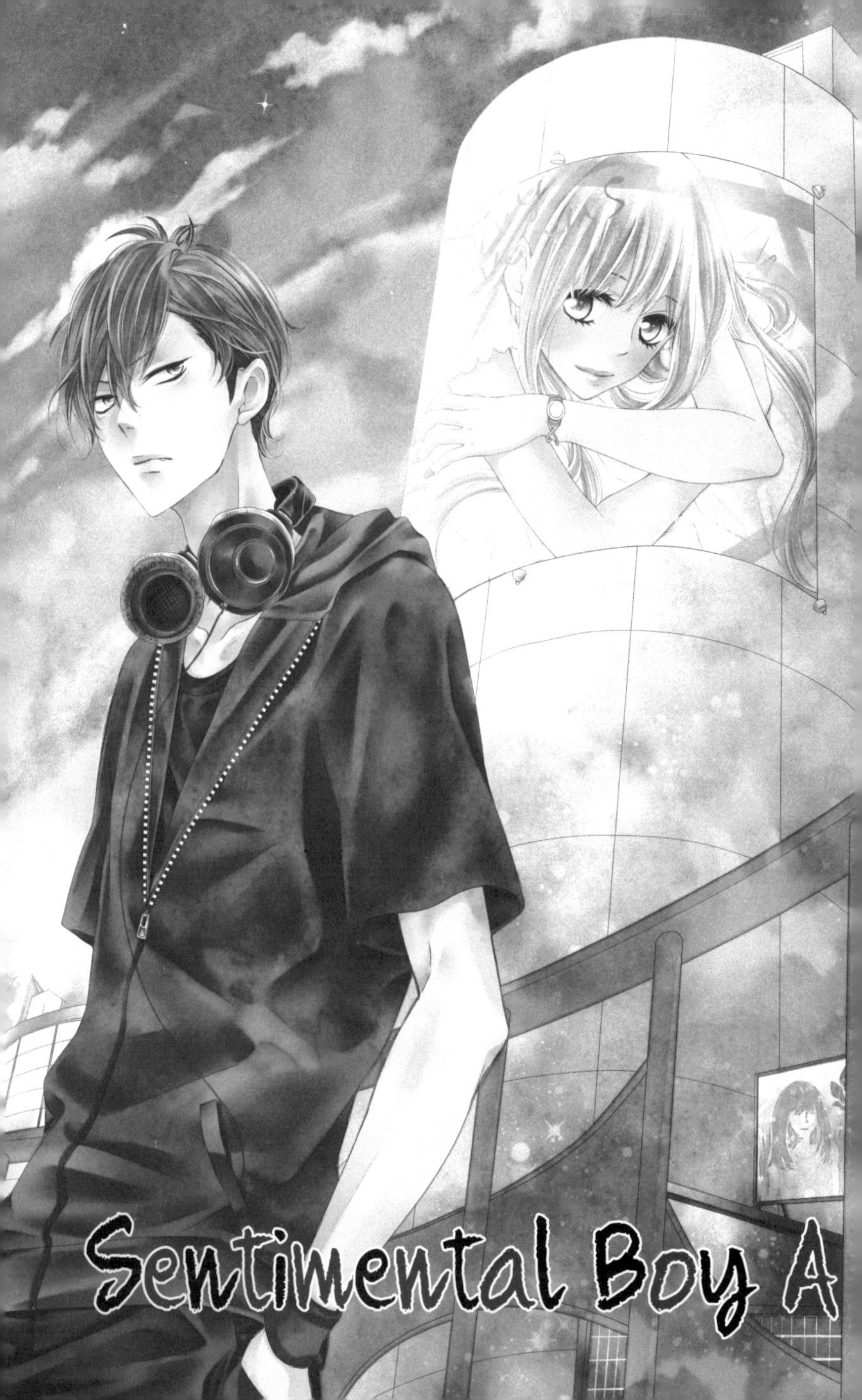
Sentimental Boy A

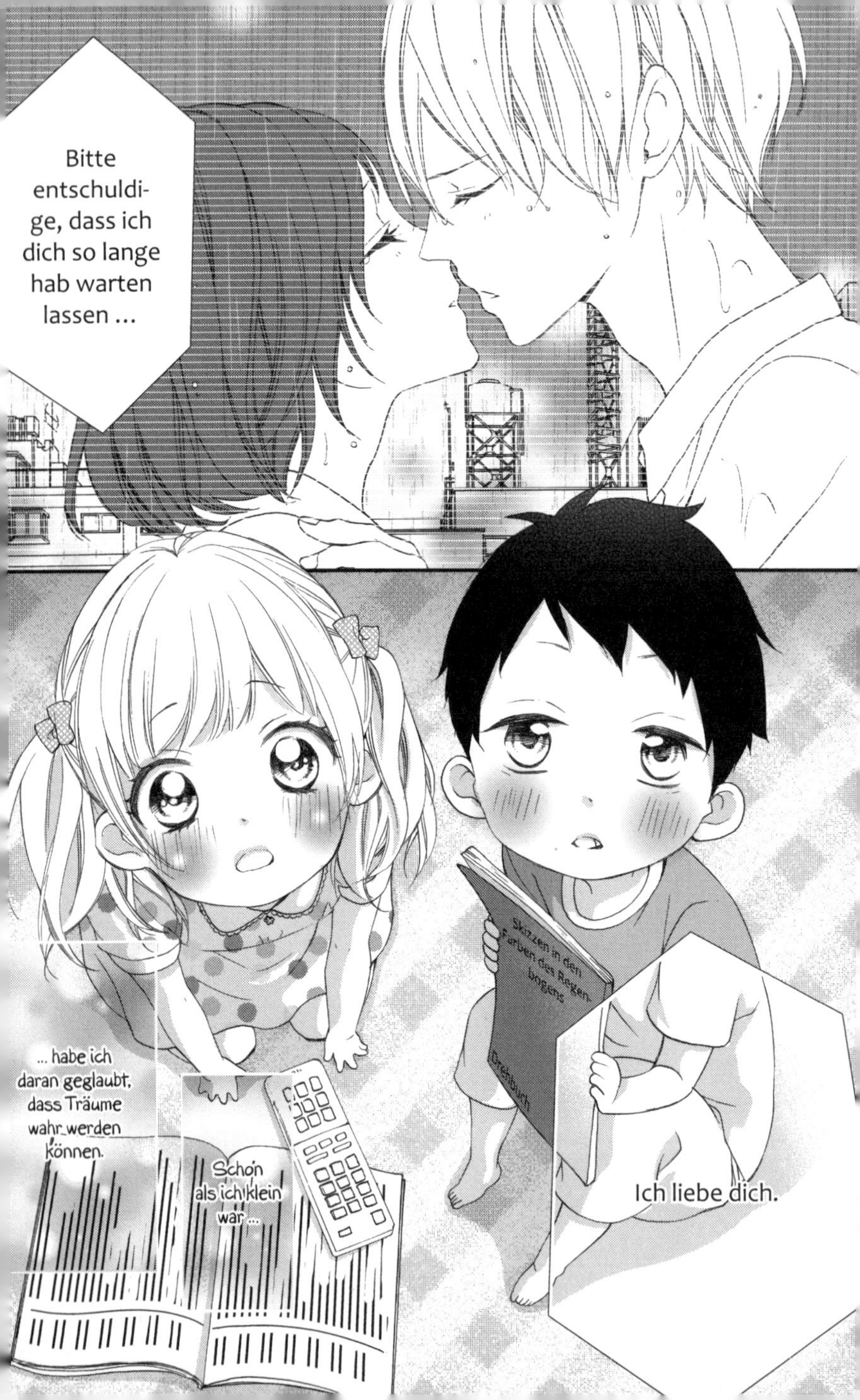
Bitte entschuldige, dass ich dich so lange hab warten lassen …
Ich liebe dich.
Skizzen in den Farben des Regenbogens
Drehbuch
Schon als ich klein war …
… habe ich daran geglaubt, dass Träume wahr werden können.

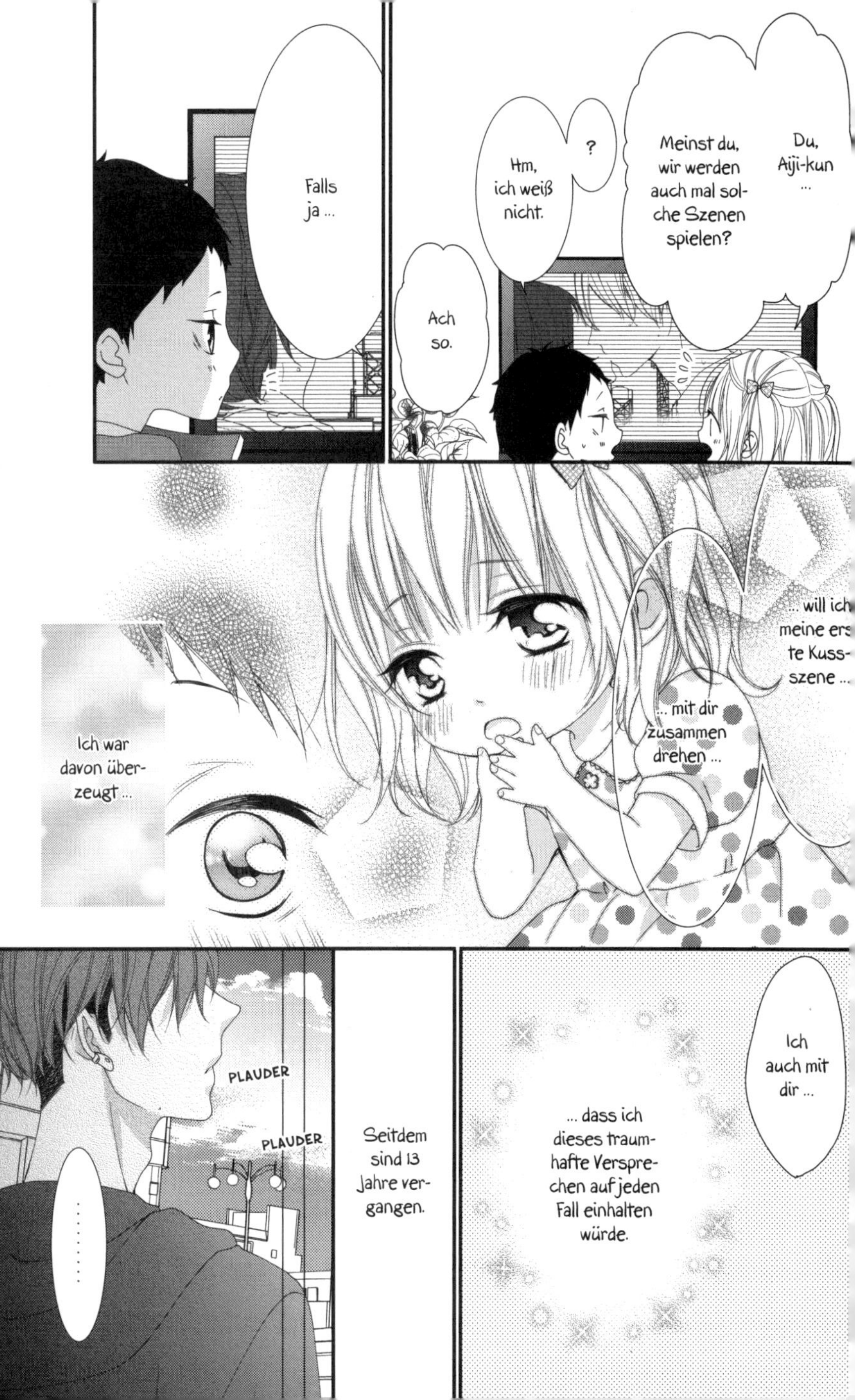
Du, Aiji-kun ...
Meinst du, wir werden auch mal solche Szenen spielen?
?
Hm, ich weiß nicht.
Ach so.
Falls ja ...
... will ich meine erste Kussszene ...
... mit dir zusammen drehen ...
Ich war davon überzeugt ...
Ich auch mit dir ...
... dass ich dieses traumhafte Versprechen auf jeden Fall einhalten würde.
Seitdem sind 13 Jahre vergangen.
PLAUDER
PLAUDER
....

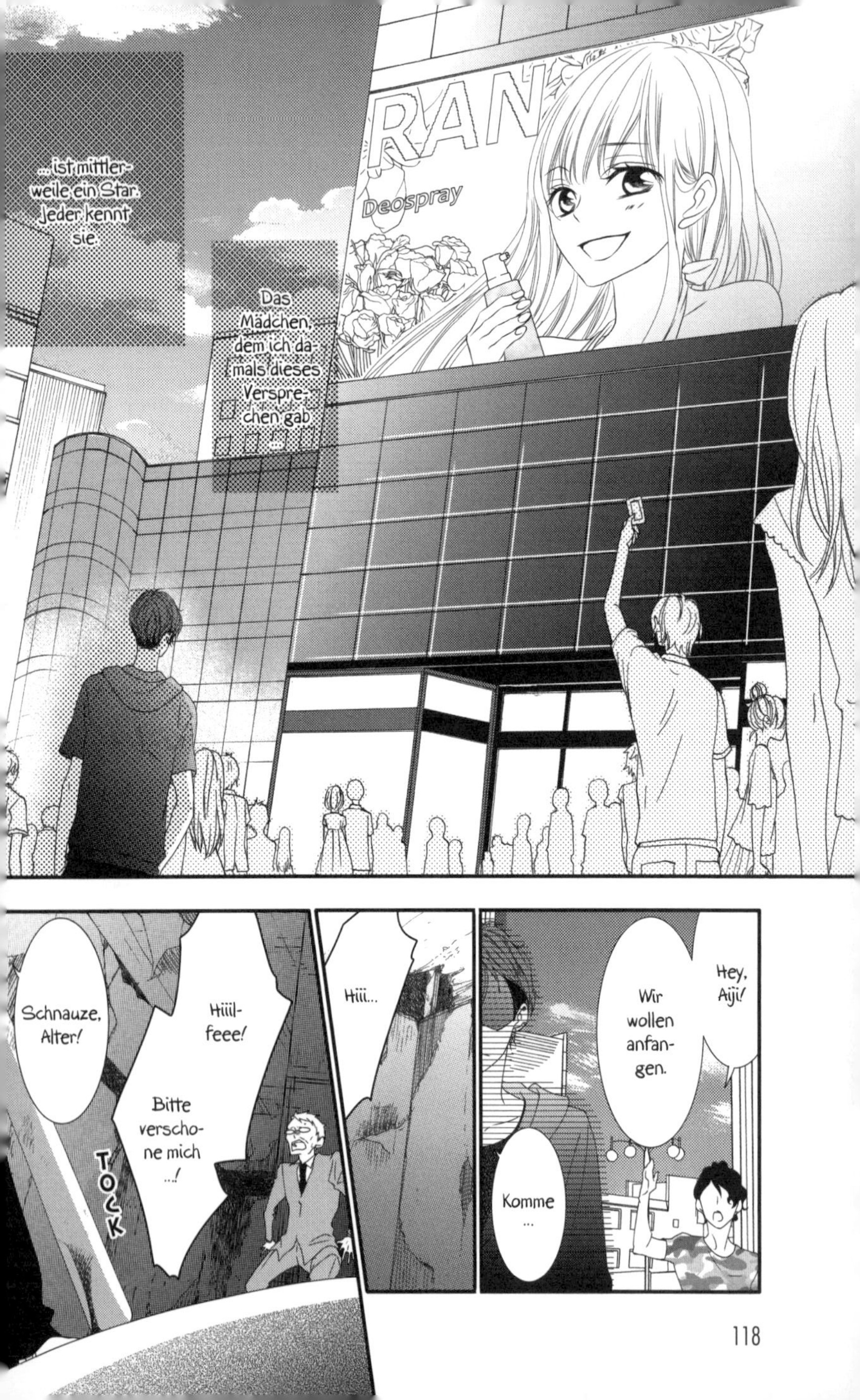

RAN

Deospray

Das Mädchen, dem ich damals dieses Versprechen gab ...

... ist mittlerweile ein Star. Jeder kennt sie.

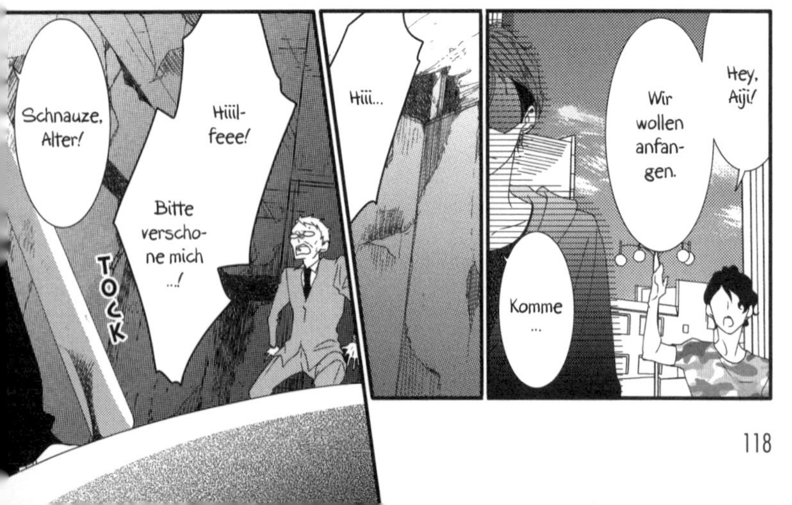

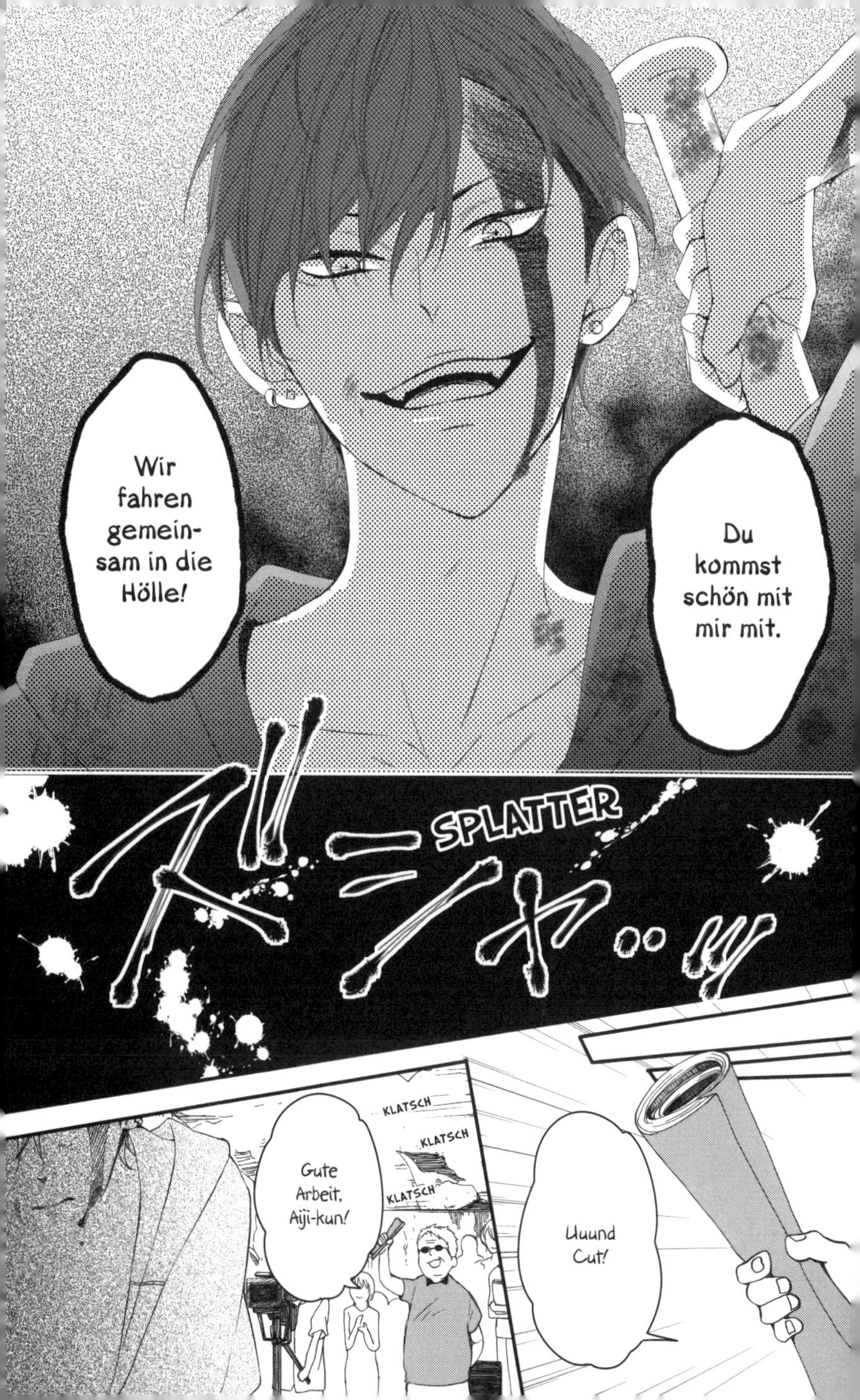
Du kommst schön mit mir mit.
Wir fahren gemein- sam in die Hölle!
SPLATTER
Uuund Cut!
Gute Arbeit, Aiji-kun!
KLATSCH
KLATSCH
KLATSCH

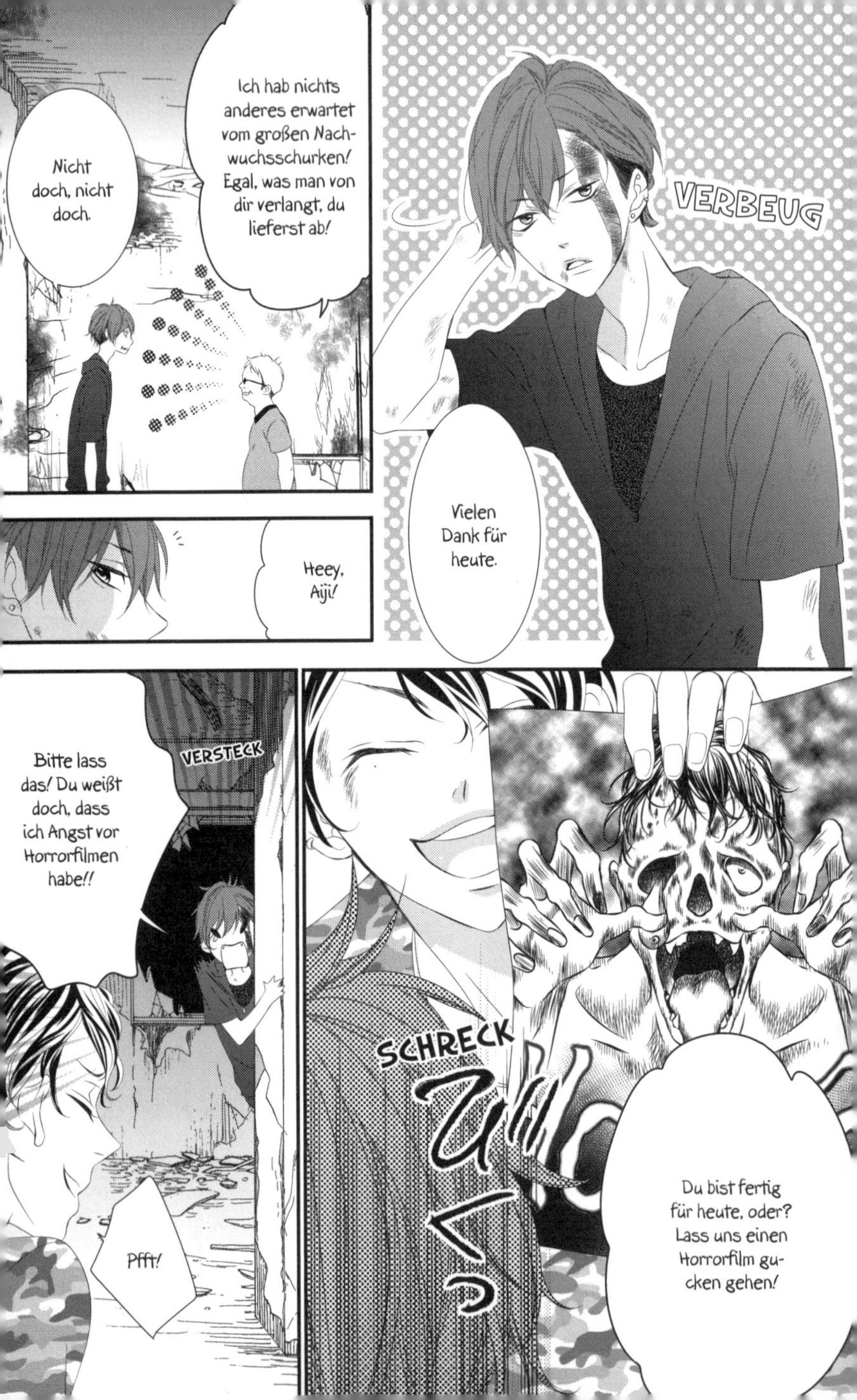

VERBEUG

Vielen Dank für heute.

Ich hab nichts anderes erwartet vom großen Nachwuchsschurken! Egal, was man von dir verlangt, du lieferst ab!

Nicht doch, nicht doch.

Heey, Aiji!

Du bist fertig für heute, oder? Lass uns einen Horrorfilm gucken gehen!

SCHRECK

VERSTECK

Bitte lass das! Du weißt doch, dass ich Angst vor Horrorfilmen habe!!

Pfft!

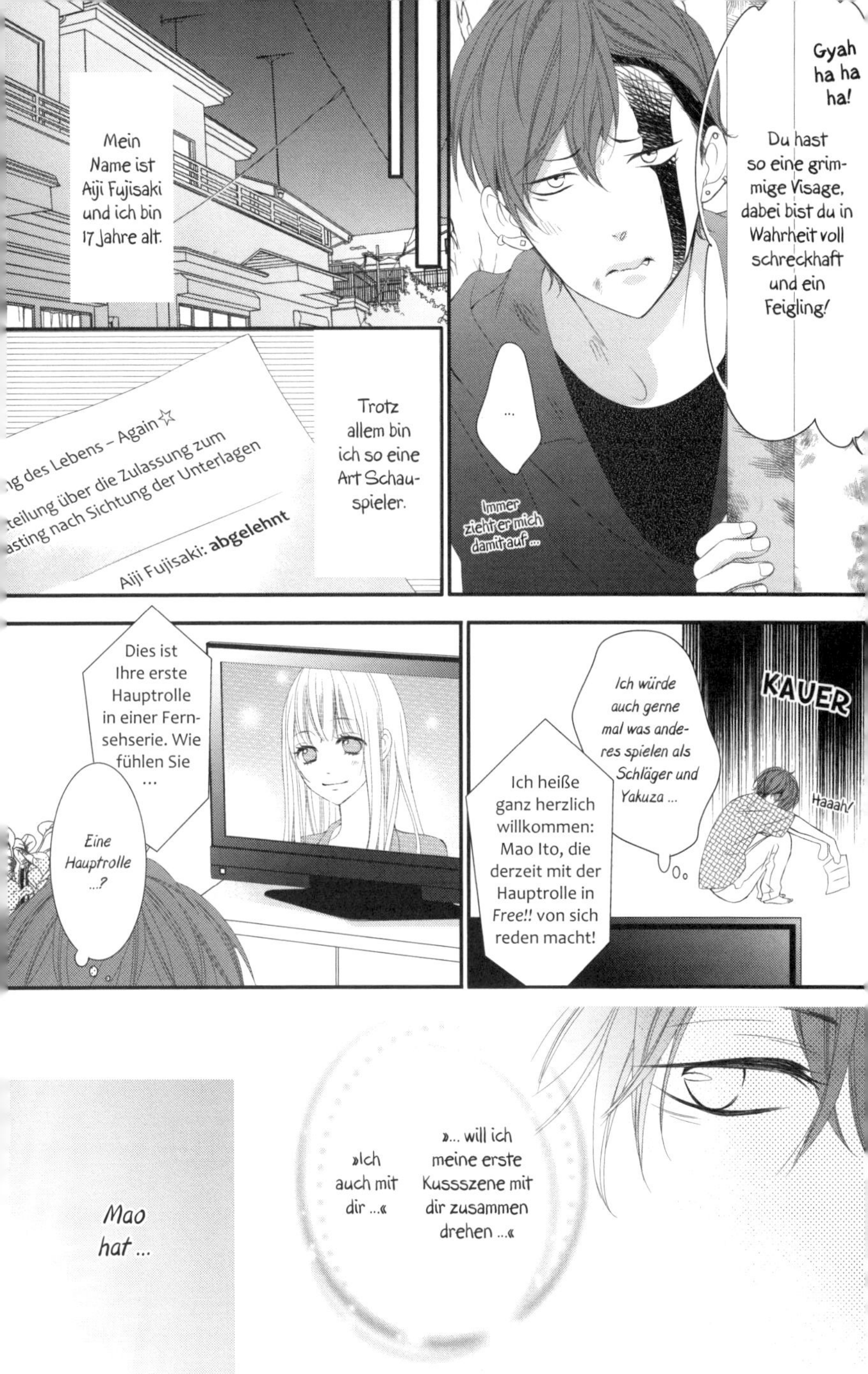
Mein Name ist Aiji Fujisaki und ich bin 17 Jahre alt.
Gyah ha ha ha!
Du hast so eine grimmige Visage, dabei bist du in Wahrheit voll schreckhaft und ein Feigling!
…
Immer zieht er mich damit auf …
Trotz allem bin ich so eine Art Schauspieler.
g des Lebens – Again☆
teilung über die Zulassung zum
asting nach Sichtung der Unterlagen
Aiji Fujisaki: abgelehnt
KAUER
Haaah!
Ich würde auch gerne mal was anderes spielen als Schläger und Yakuza …
Ich heiße ganz herzlich willkommen: Mao Ito, die derzeit mit der Hauptrolle in Free!! von sich reden macht!
Dies ist Ihre erste Hauptrolle in einer Fernsehserie. Wie fühlen Sie …
Eine Hauptrolle …?
»… will ich meine erste Kussszene mit dir zusammen drehen …«
»Ich auch mit dir …«
Mao hat …

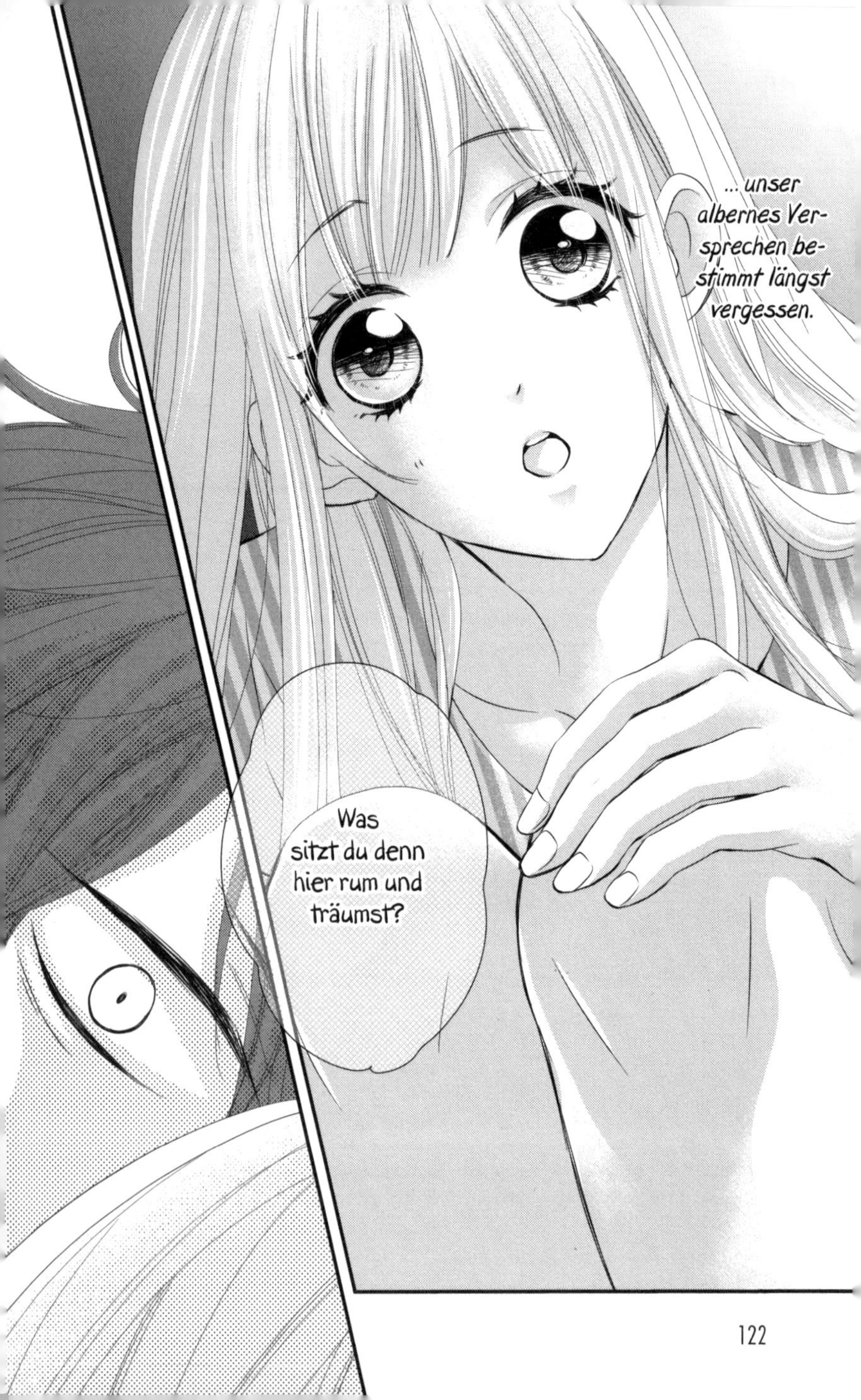
... unser albernes Versprechen bestimmt längst vergessen.
Was sitzt du denn hier rum und träumst?

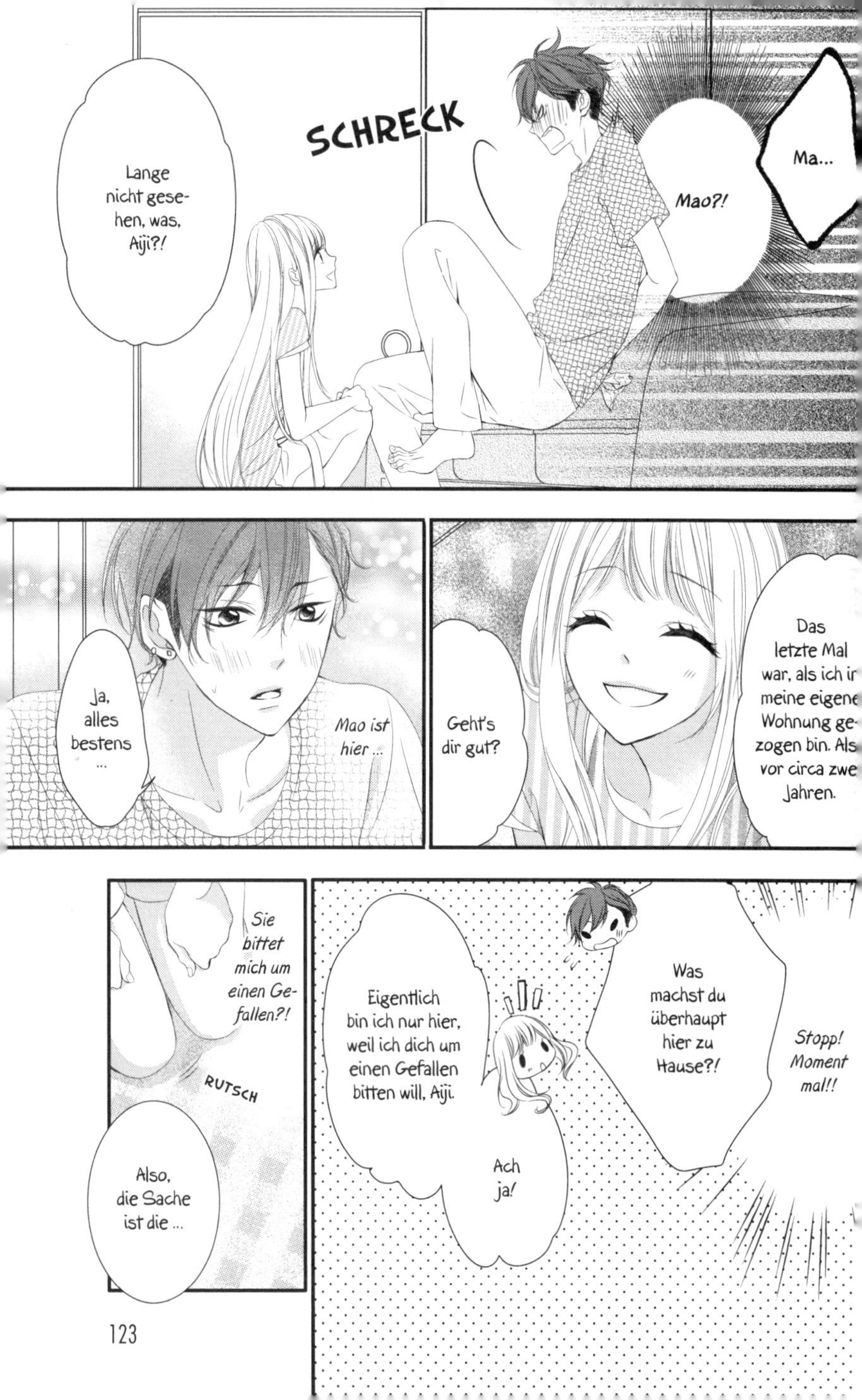

Ma...

Mao?!

SCHRECK

Lange nicht gesehen, was, Aiji?!

Das letzte Mal war, als ich ir meine eigene Wohnung gezogen bin. Als vor circa zwe Jahren.

Geht's dir gut?

Mao ist hier ...

Ja, alles bestens ...

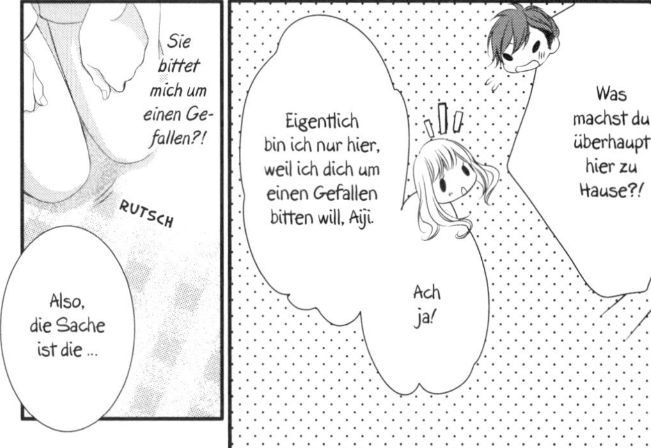

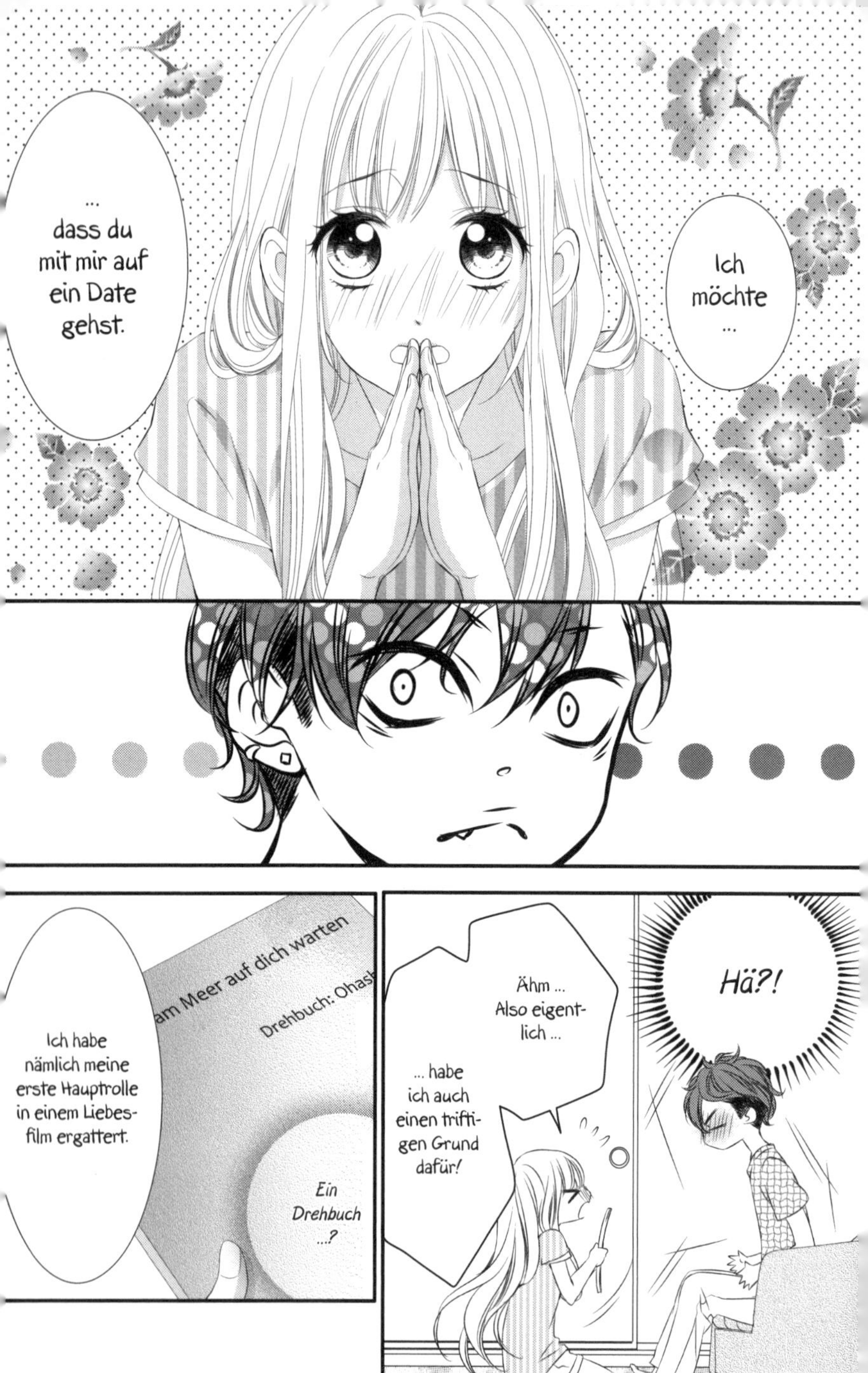
Ich möchte ...
... dass du mit mir auf ein Date gehst.
Hä?!
Ähm ... Also eigent-lich ...
... habe ich auch einen trifti-gen Grund dafür!
am Meer auf dich warten
Drehbuch: Ohas
Ein Drehbuch ...?
Ich habe nämlich meine erste Hauptrolle in einem Liebes-film ergattert.

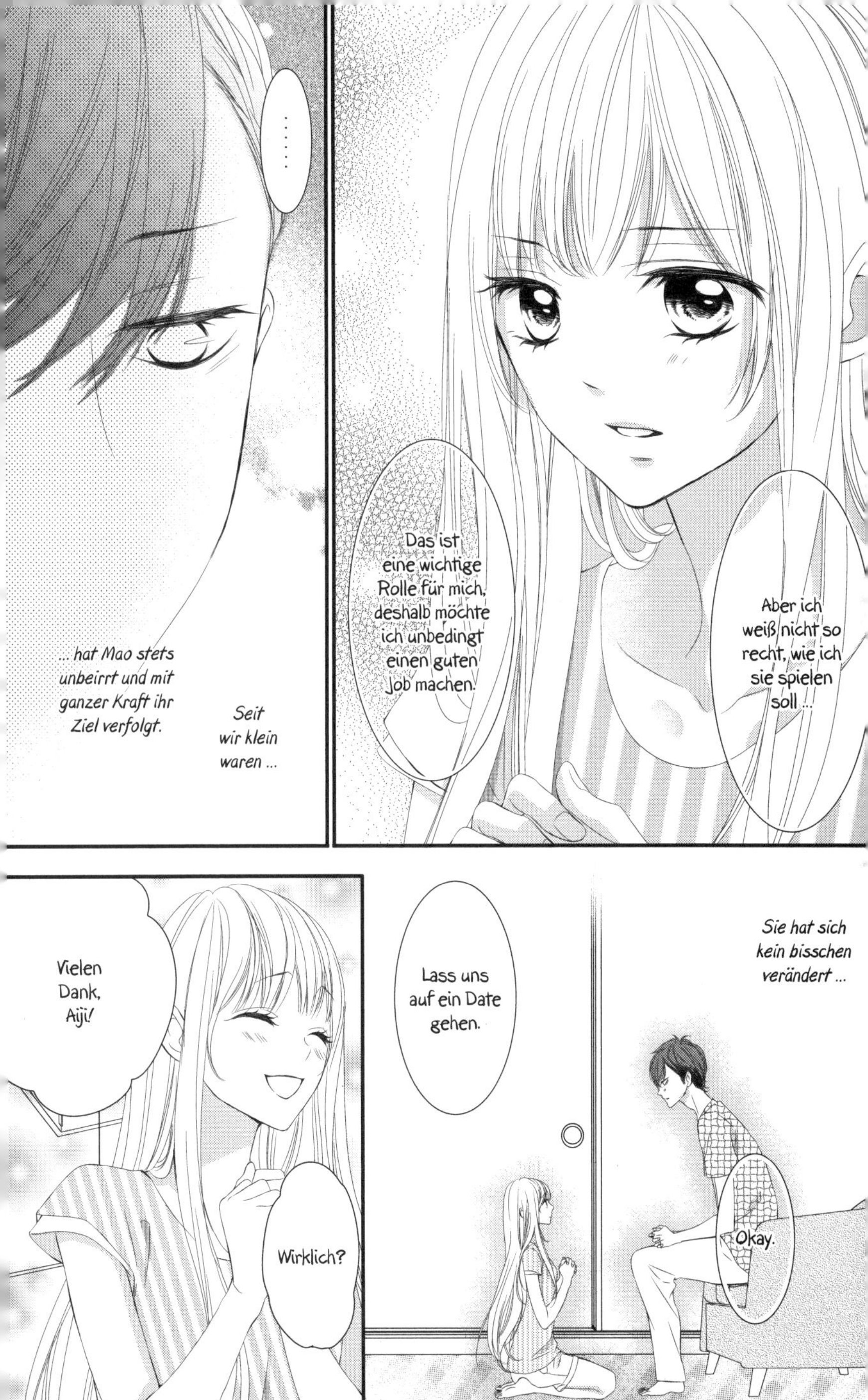
Das ist eine wichtige Rolle für mich, deshalb möchte ich unbedingt einen guten Job machen.
Aber ich weiß nicht so recht, wie ich sie spielen soll ...
......
Seit wir klein waren ...
... hat Mao stets unbeirrt und mit ganzer Kraft ihr Ziel verfolgt.
Sie hat sich kein bisschen verändert ...
Okay.
Lass uns auf ein Date gehen.
Wirklich?
Vielen Dank, Aiji!

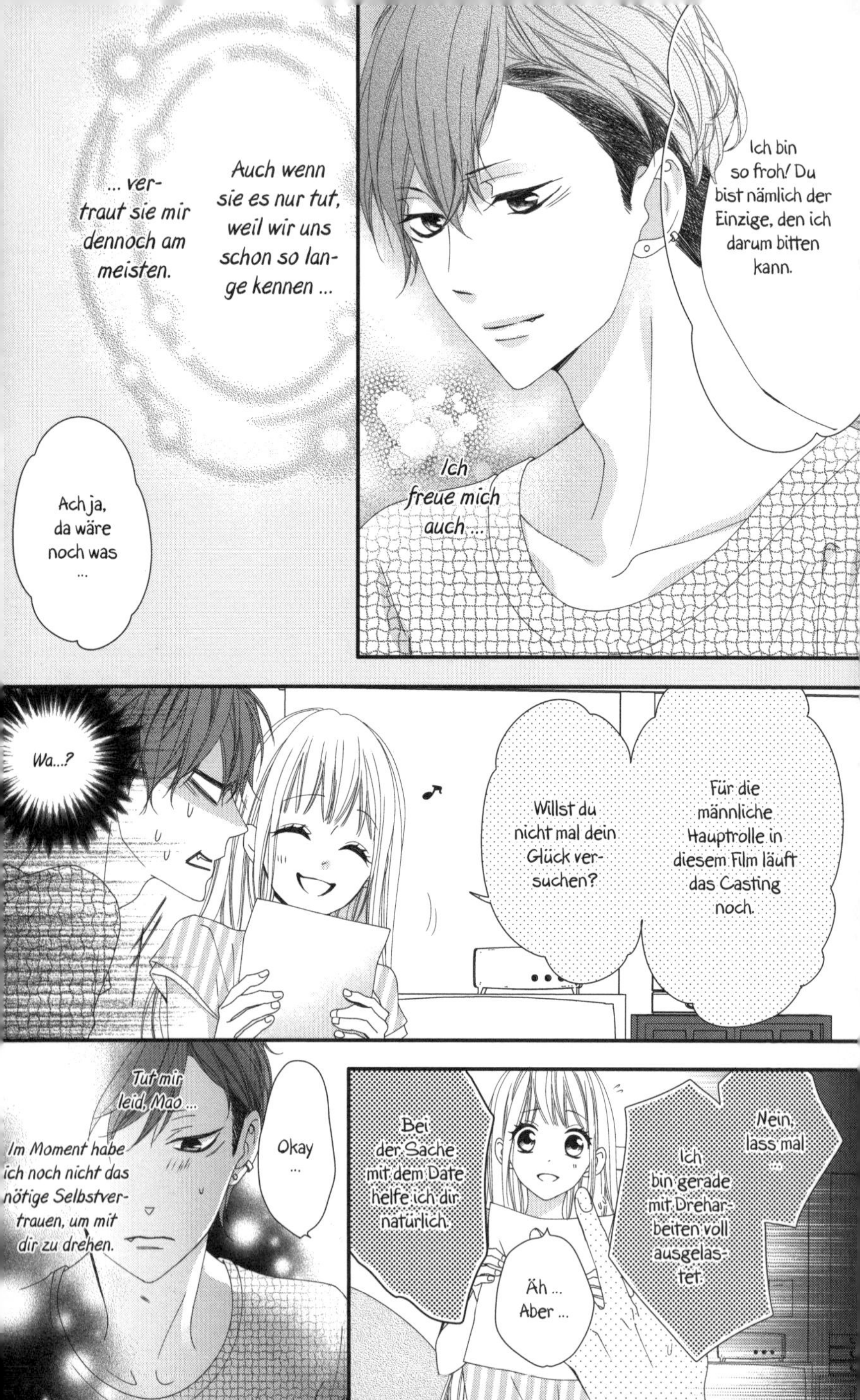

Ich bin so froh! Du bist nämlich der Einzige, den ich darum bitten kann.
Ich freue mich auch ...
Auch wenn sie es nur tut, weil wir uns schon so lange kennen ...
... vertraut sie mir dennoch am meisten.
Ach ja, da wäre noch was ...
Für die männliche Hauptrolle in diesem Film läuft das Casting noch.
Willst du nicht mal dein Glück versuchen?
Wa...?
Nein, lass mal ...
Ich bin gerade mit Dreharbeiten voll ausgelastet.
Bei der Sache mit dem Date helfe ich dir natürlich.
Äh ... Aber ...
Okay ...
Tut mir leid, Mao ...
Im Moment habe ich noch nicht das nötige Selbstvertrauen, um mit dir zu drehen.

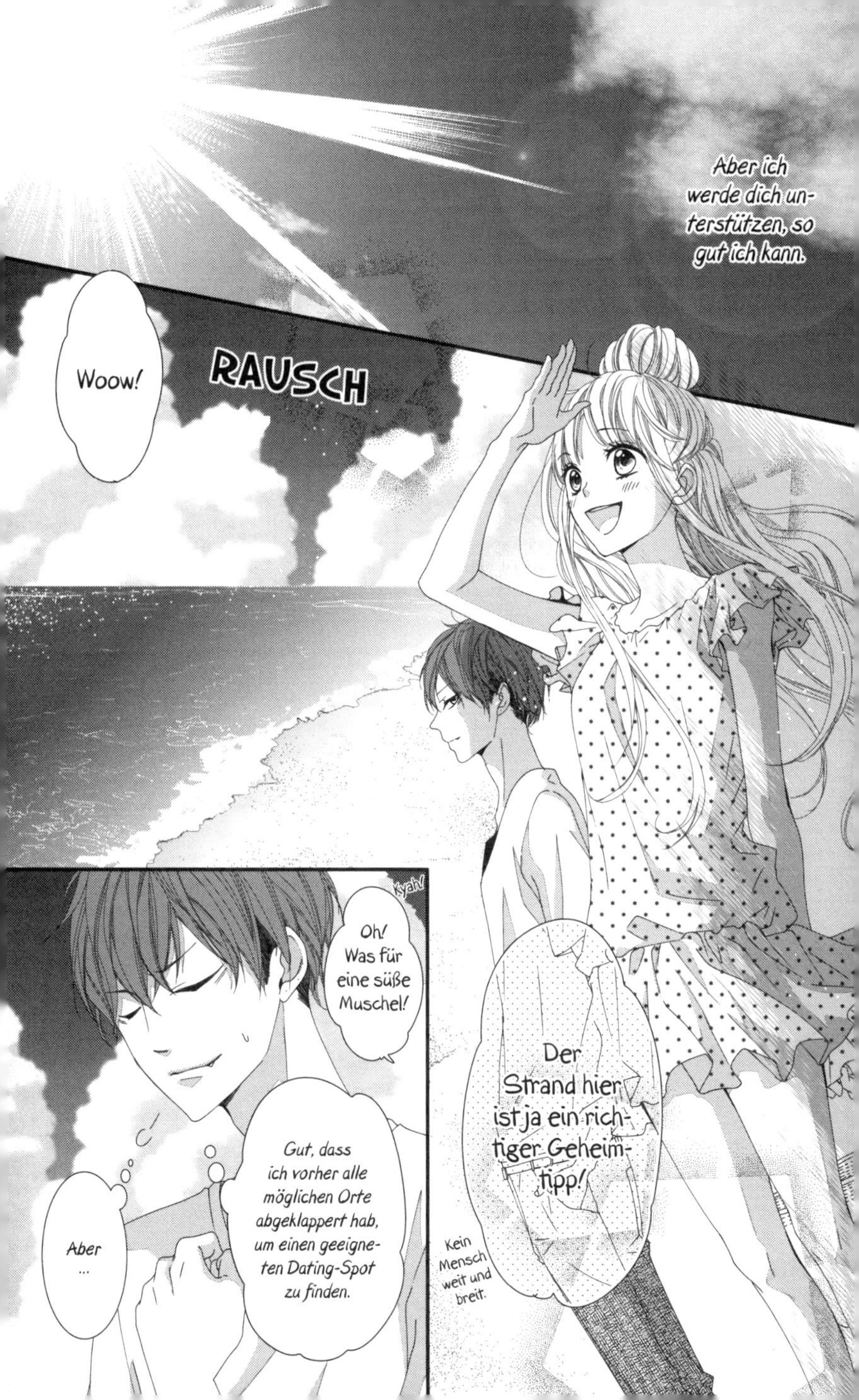

Aber ich werde dich unterstützen, so gut ich kann.
RAUSCH
Woow!
Der Strand hier ist ja ein richtiger Geheimtipp!
Kein Mensch weit und breit.
Kyah!
Oh! Was für eine süße Muschel!
Gut, dass ich vorher alle möglichen Orte abgeklappert hab, um einen geeigneten Dating-Spot zu finden.
Aber ...

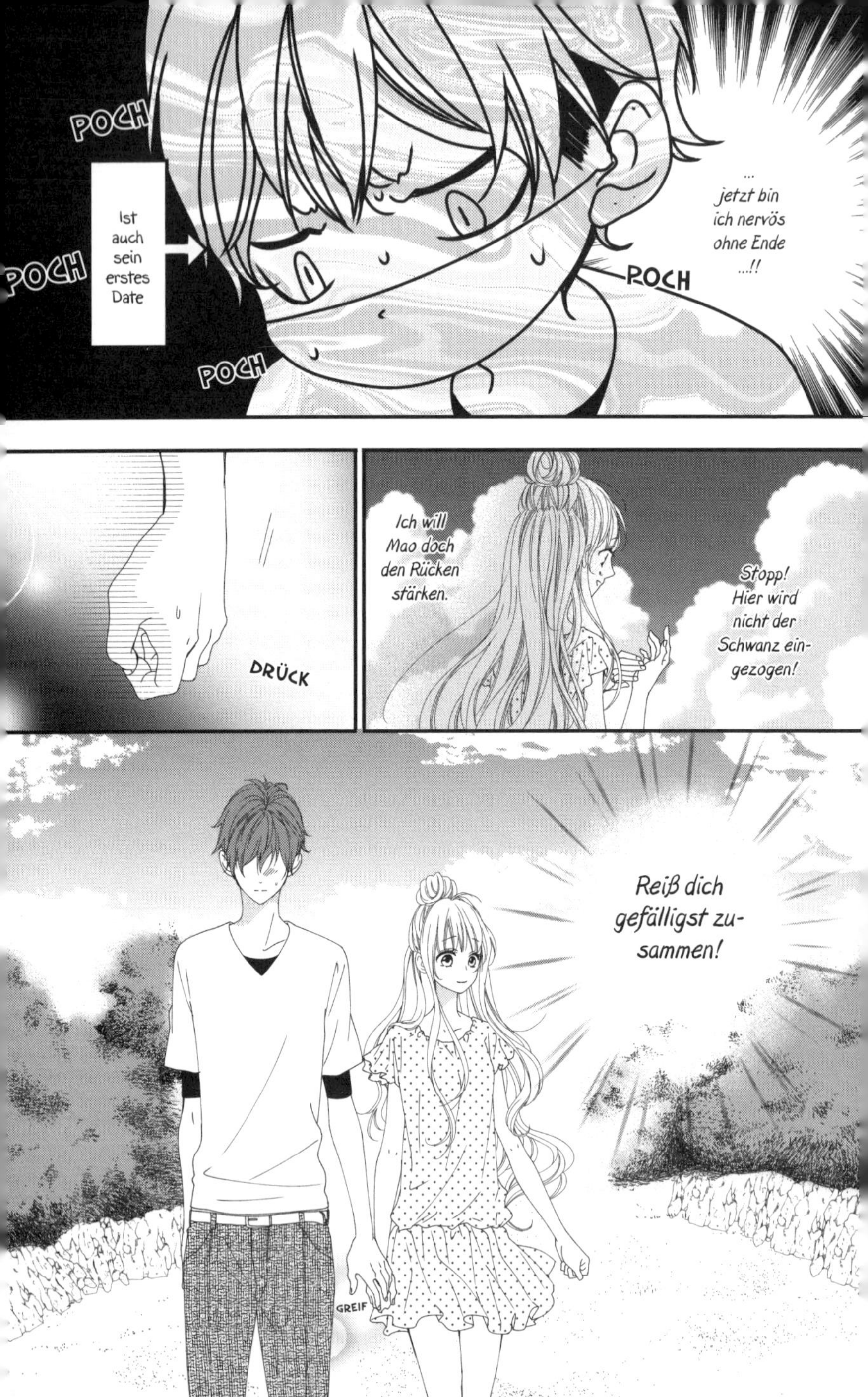
... jetzt bin ich nervös ohne Ende ...!!
POCH
Ist auch sein erstes Date
POCH
POCH
POCH
Stopp! Hier wird nicht der Schwanz eingezogen!
Ich will Mao doch den Rücken stärken.
DRÜCK
Reiß dich gefälligst zusammen!
GREIF

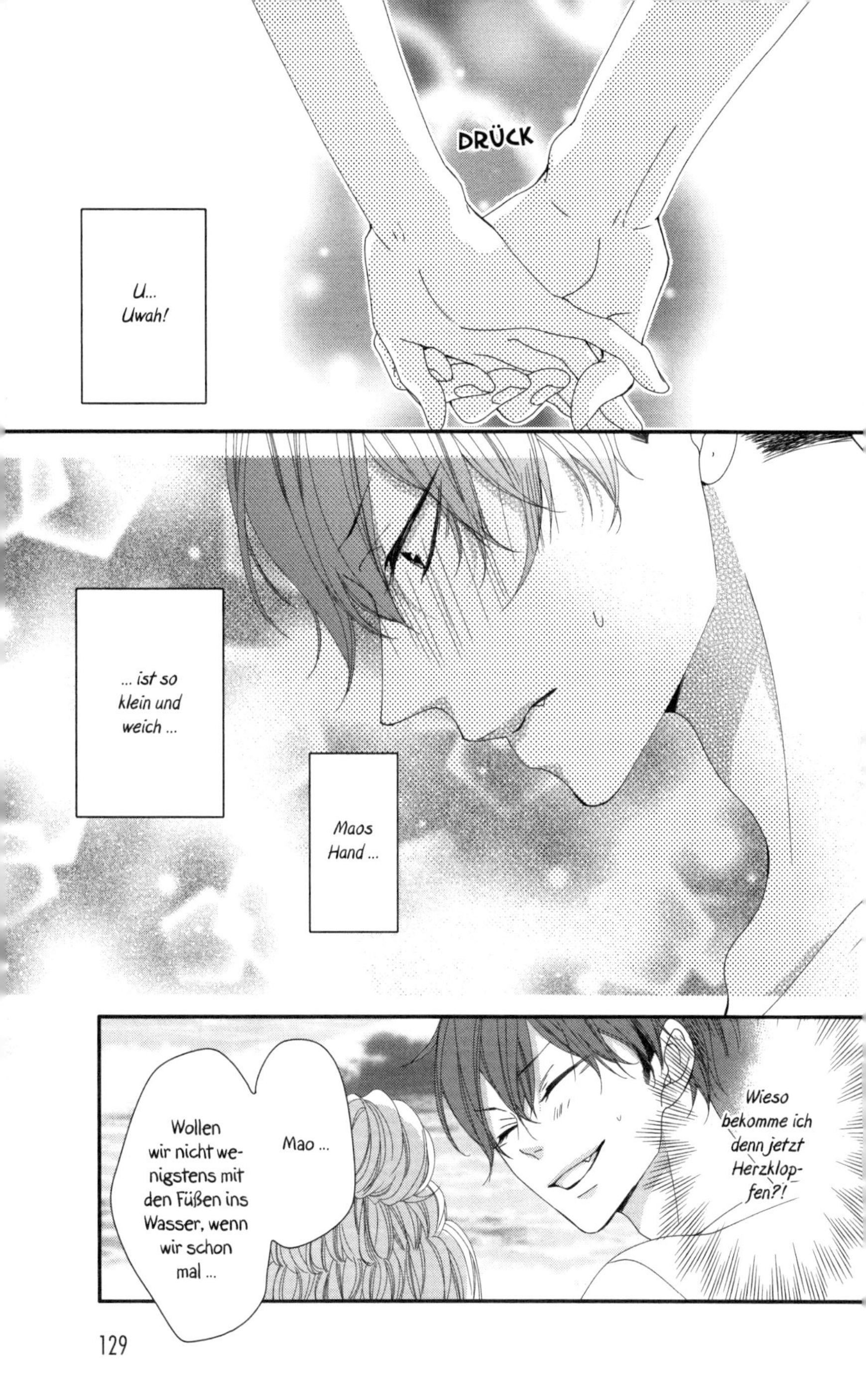
DRÜCK
U...
Uwah!
... ist so
klein und
weich ...
Maos
Hand ...
Wieso bekomme ich denn jetzt Herzklopfen?!
Mao ...
Wollen wir nicht wenigstens mit den Füßen ins Wasser, wenn wir schon mal ...

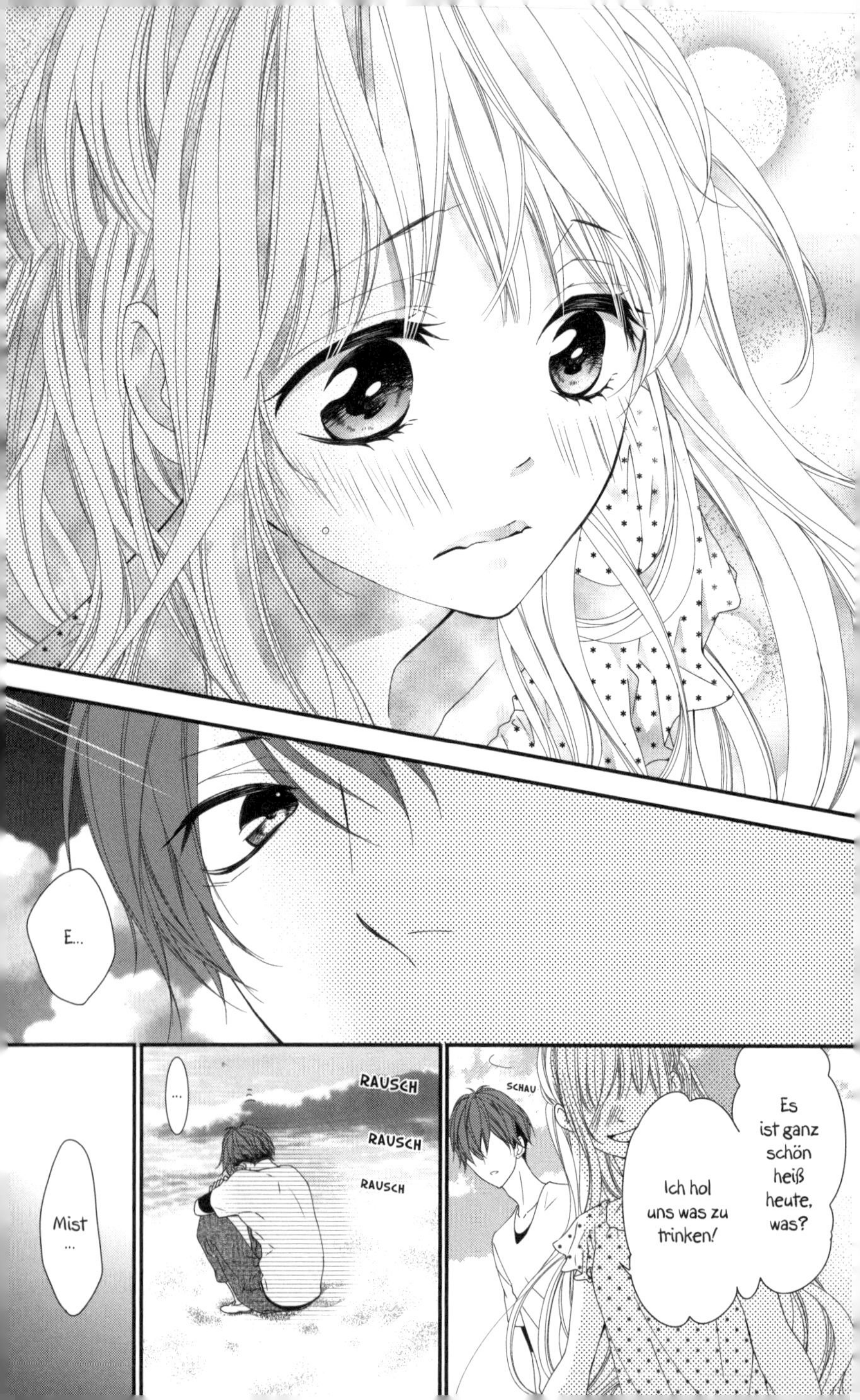
E...
Es ist ganz schön heiß heute, was?
Ich hol uns was zu trinken!
SCHAU
RAUSCH
RAUSCH
RAUSCH
...
Mist ...

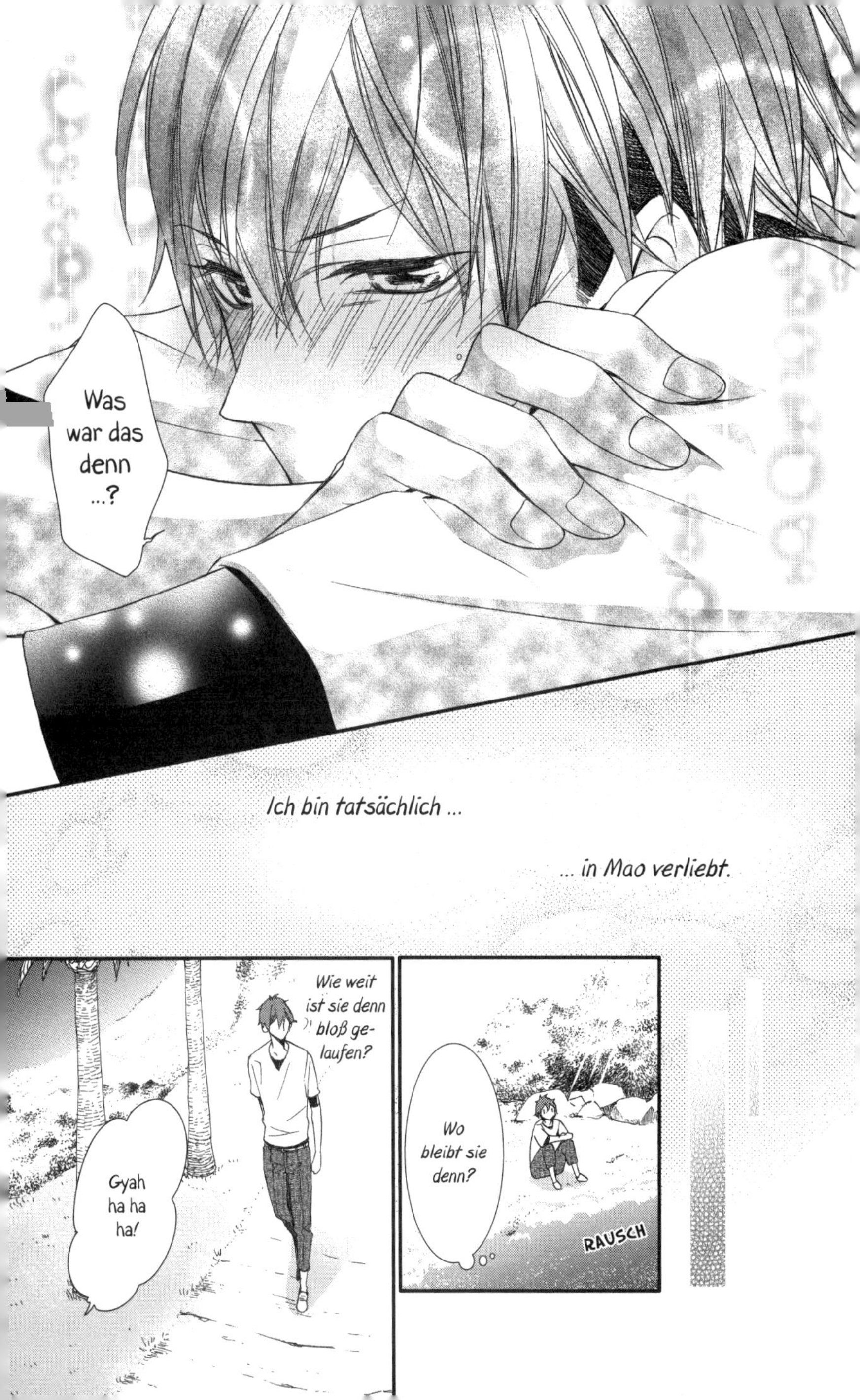

Was war das denn ...?

Ich bin tatsächlich ...

... in Mao verliebt.

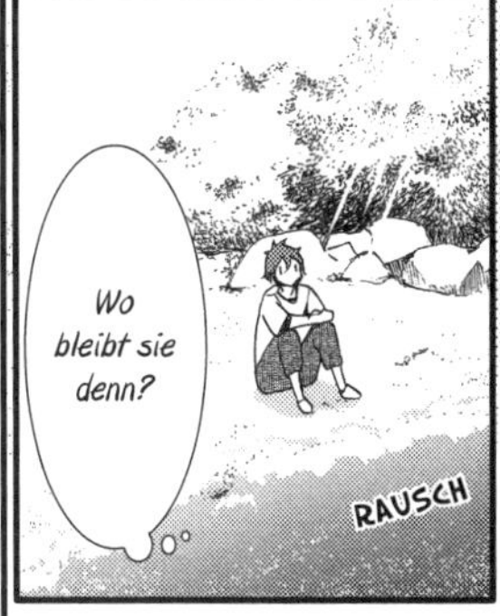

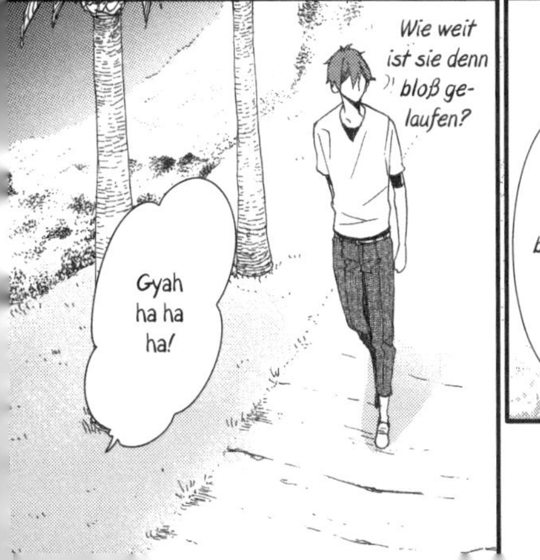

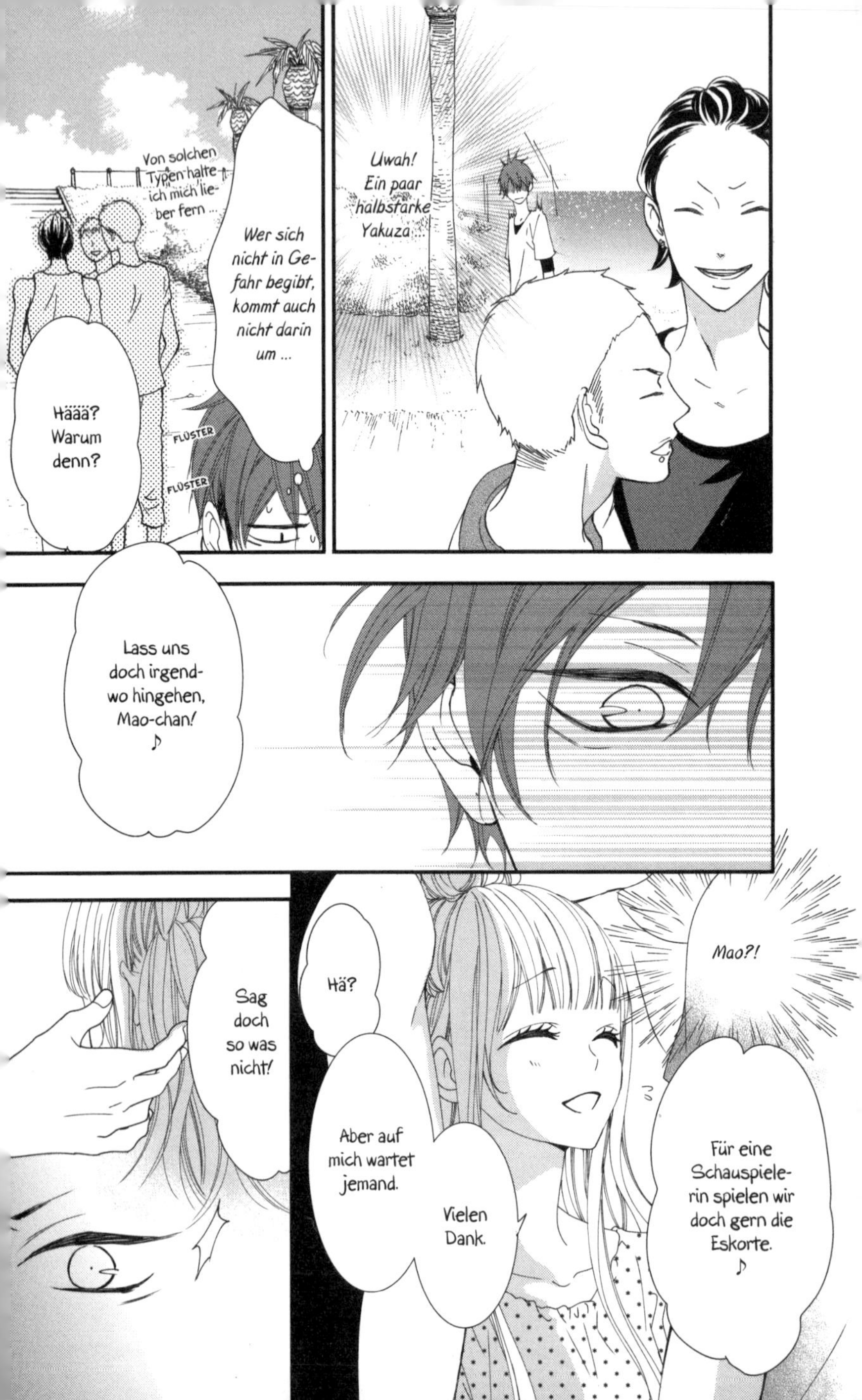
Uwah! Ein paar halbstarke Yakuza ...
Wer sich nicht in Gefahr begibt, kommt auch nicht darin um ...
Von solchen Typen halte ich mich lieber fern ...
Häää? Warum denn?
FLÜSTER
FLÜSTER
Lass uns doch irgendwo hingehen, Mao-chan! ♪
Mao?!
Für eine Schauspielerin spielen wir doch gern die Eskorte. ♪
Hä?
Aber auf mich wartet jemand.
Vielen Dank.
Sag doch so was nicht!

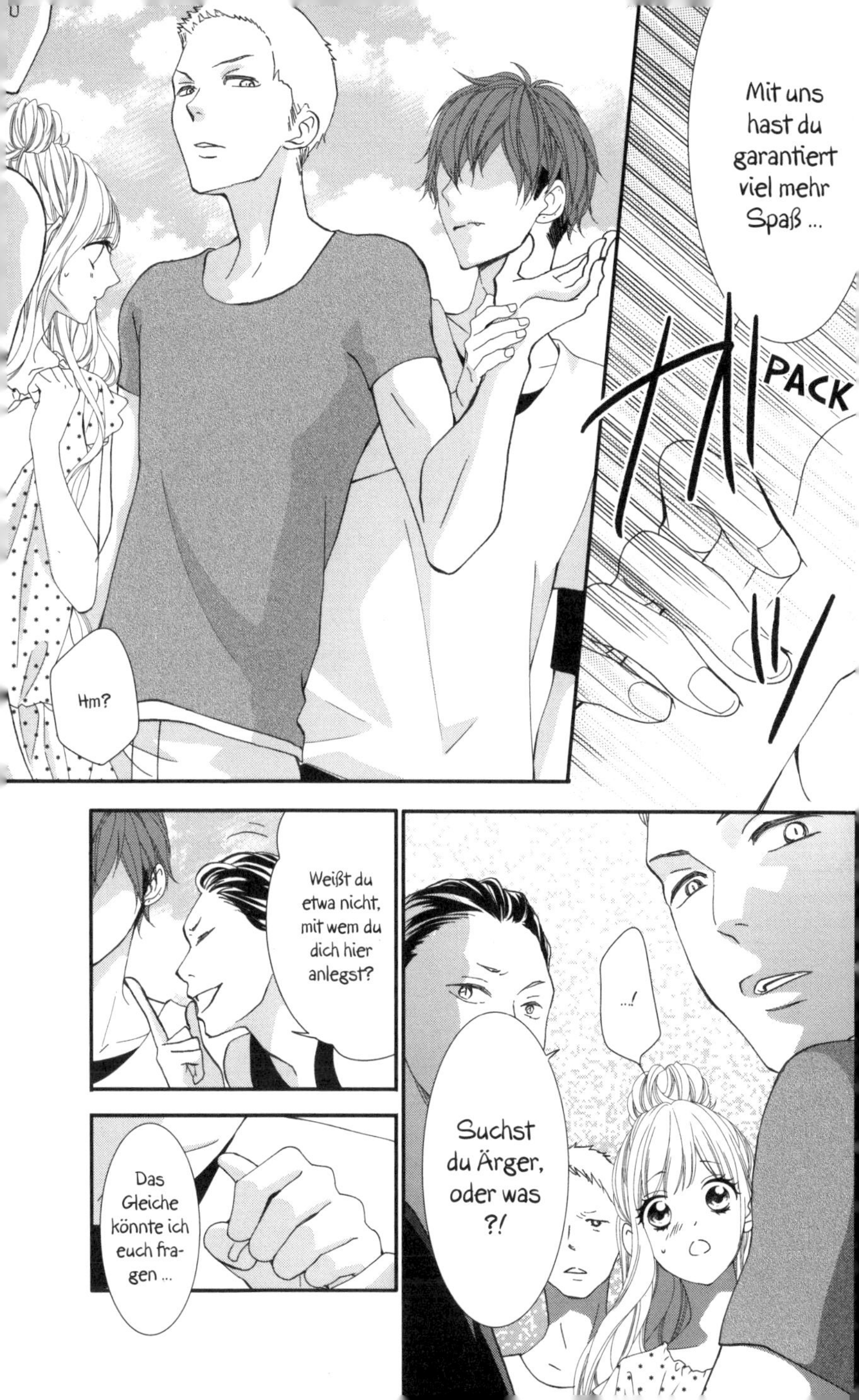

Mit uns hast du garantiert viel mehr Spaß ...
PACK
Hm?
...!
Suchst du Ärger, oder was ?!
Weißt du etwa nicht, mit wem du dich hier anlegst?
Das Gleiche könnte ich euch fragen ...

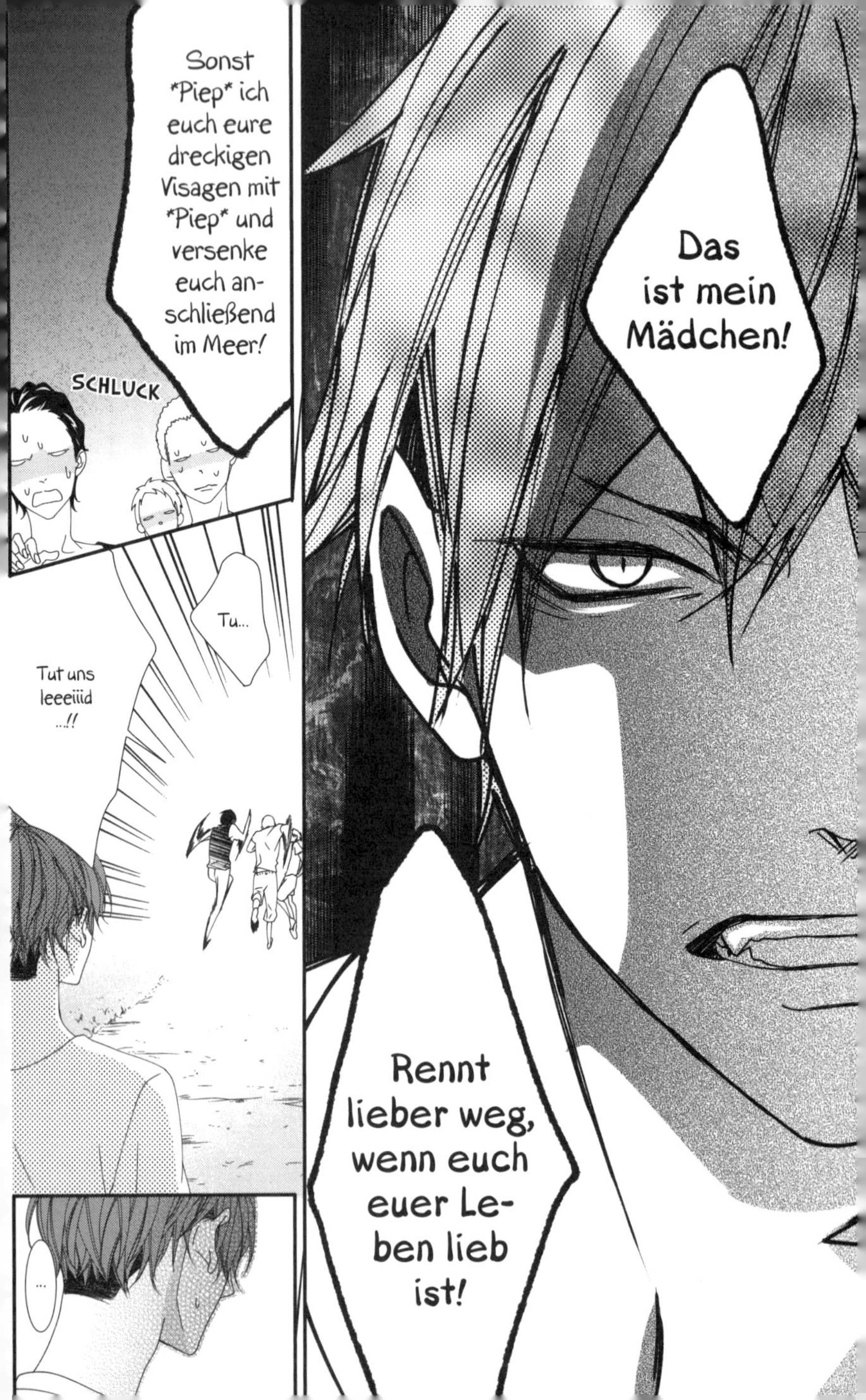
Das ist mein Mädchen!
Rennt lieber weg, wenn euch euer Le-ben lieb ist!
Sonst *Piep* ich euch eure dreckigen Visagen mit *Piep* und versenke euch an-schließend im Meer!
SCHLUCK
Tu...
Tut uns leeeiiid ...!!
...

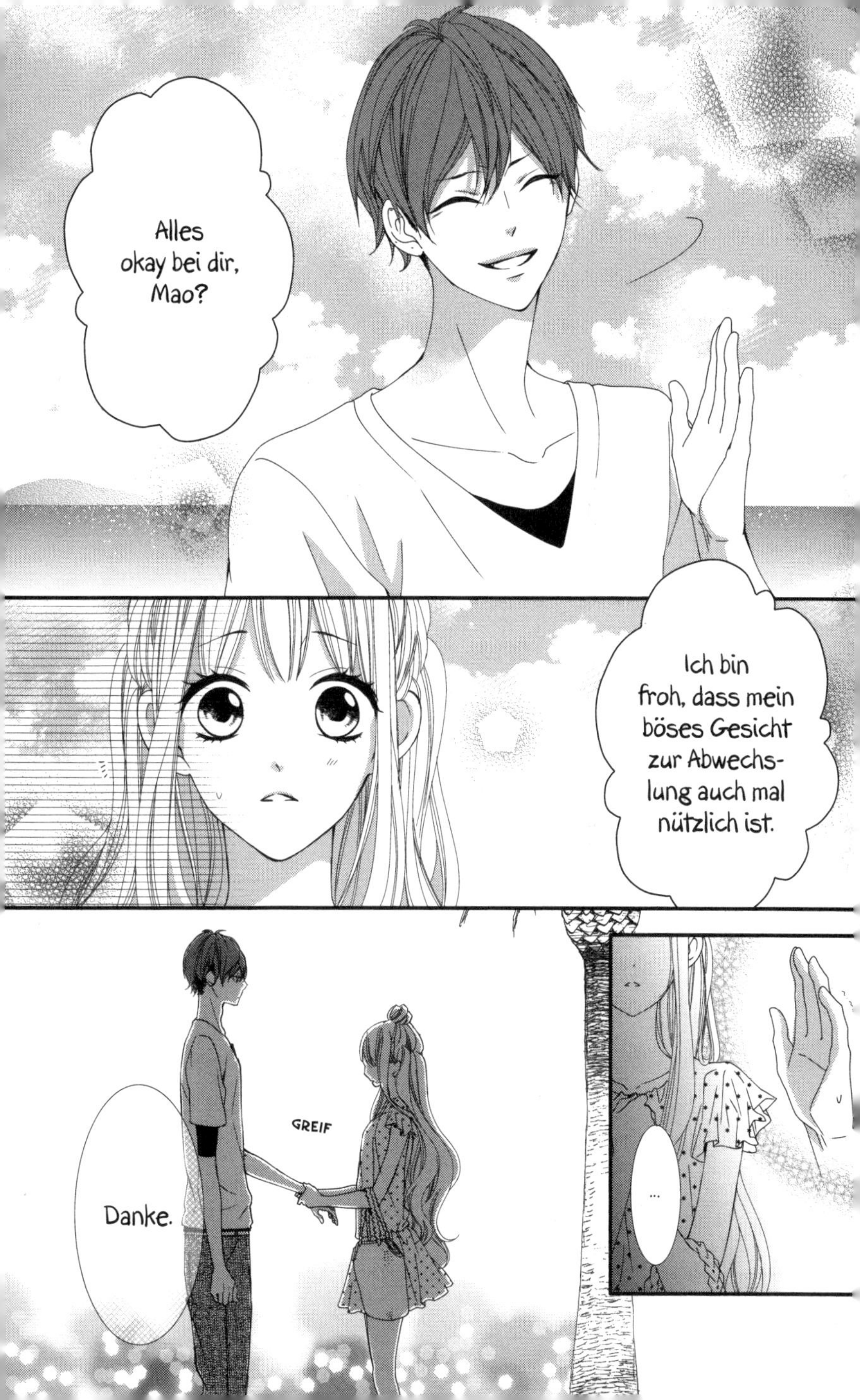
Alles okay bei dir, Mao?
Ich bin froh, dass mein böses Gesicht zur Abwechslung auch mal nützlich ist.
...
GREIF
Danke.

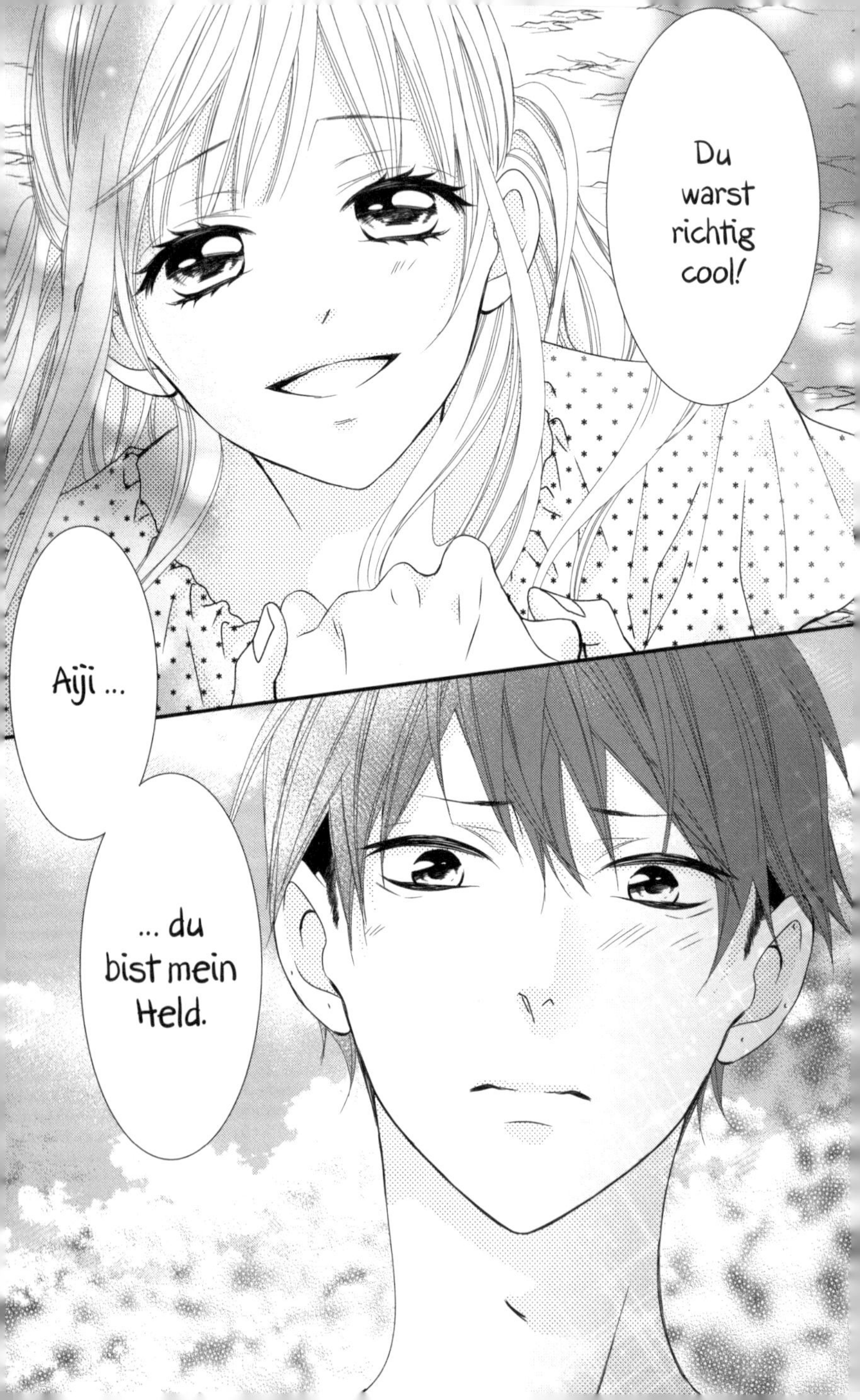
Du warst richtig cool!
Aiji ...
... du bist mein Held.

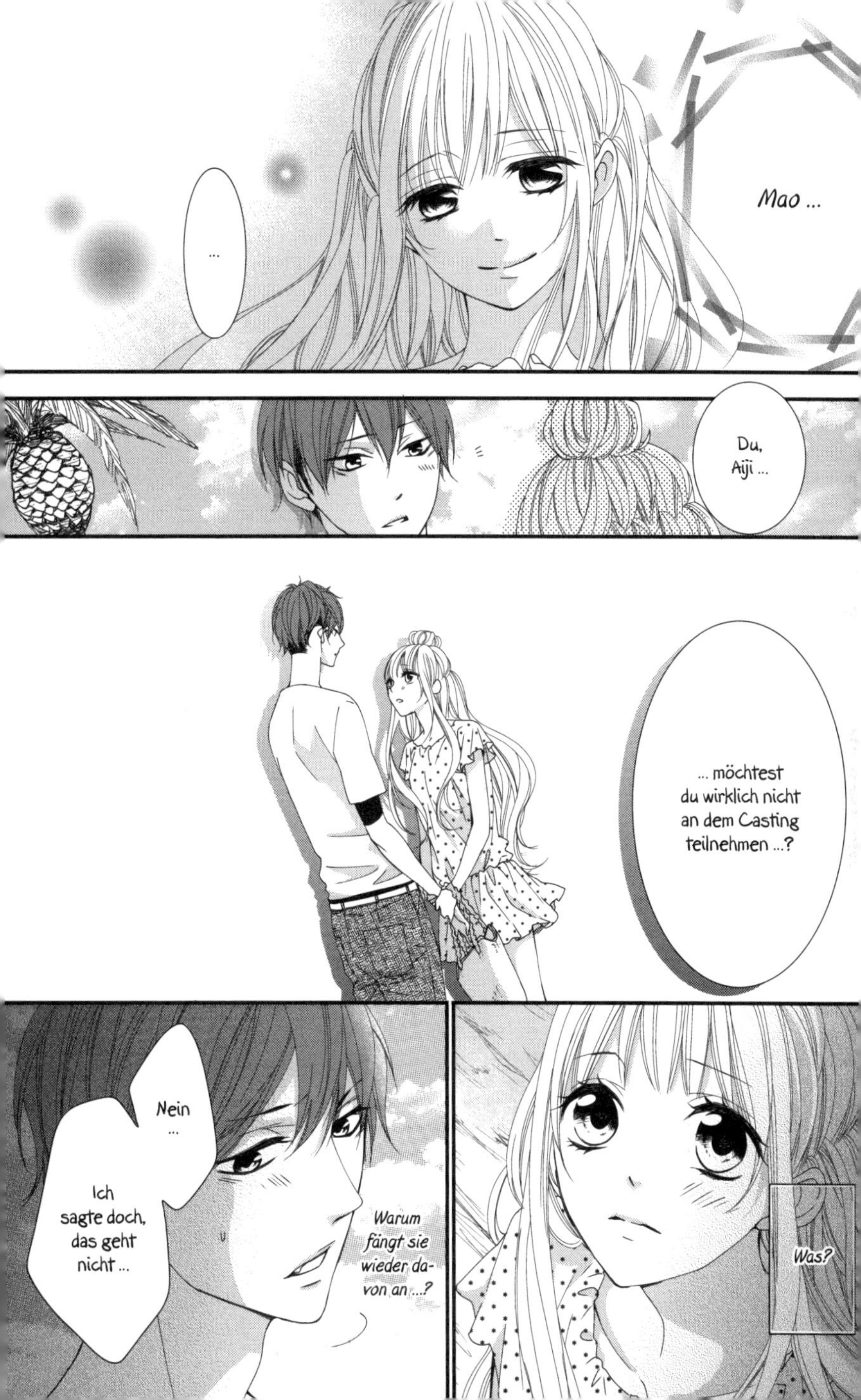
Mao ...
...
Du, Aiji ...
... möchtest du wirklich nicht an dem Casting teilnehmen ...?
Was?
Warum fängt sie wieder davon an ...?
Nein ...
Ich sagte doch, das geht nicht ...

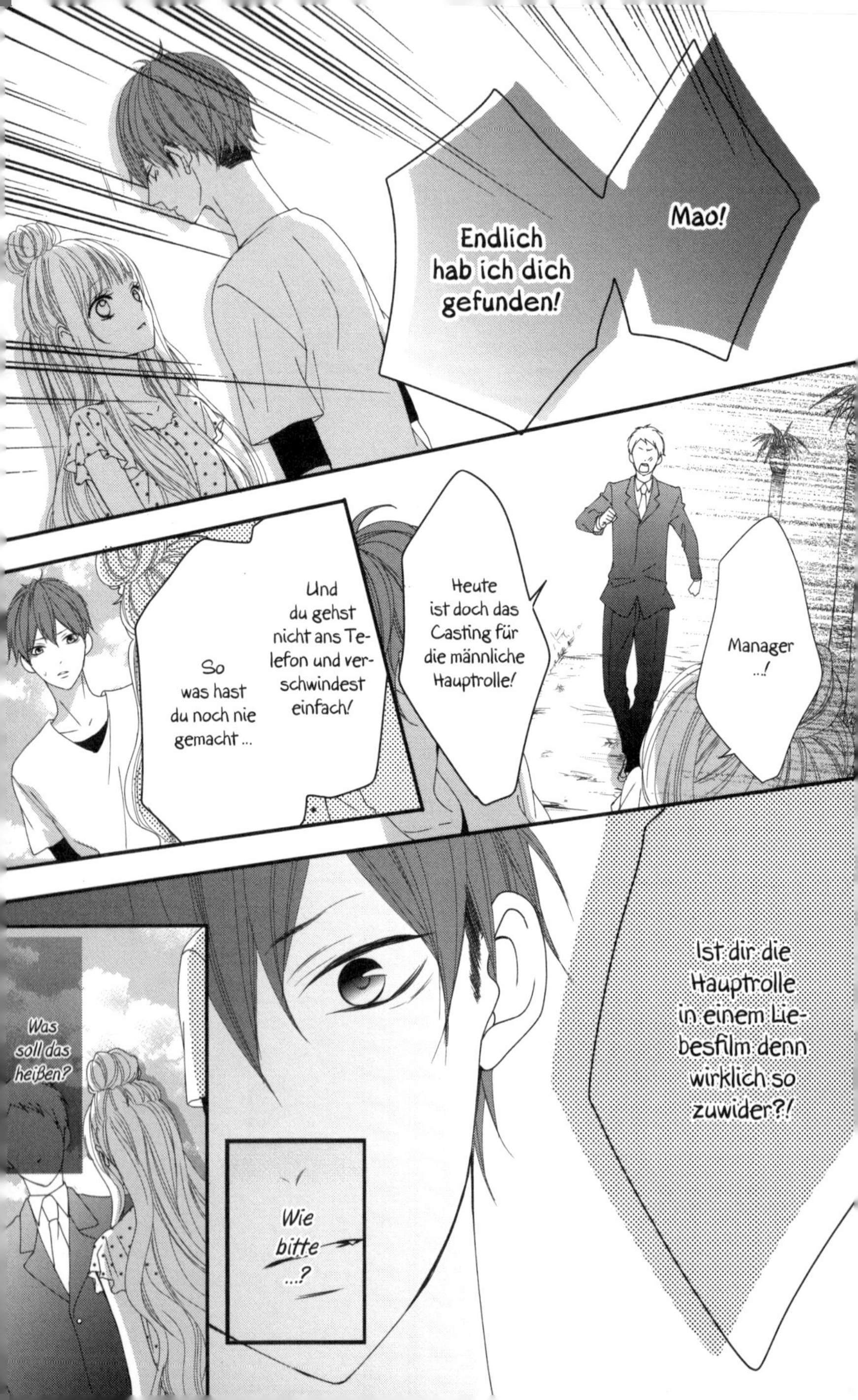

Mao!
Endlich hab ich dich gefunden!
Manager ...!
Heute ist doch das Casting für die männliche Hauptrolle!
Und du gehst nicht ans Telefon und verschwindest einfach!
So was hast du noch nie gemacht ...
Ist dir die Hauptrolle in einem Liebesfilm denn wirklich so zuwider?!
Wie bitte ...?
Was soll das heißen?

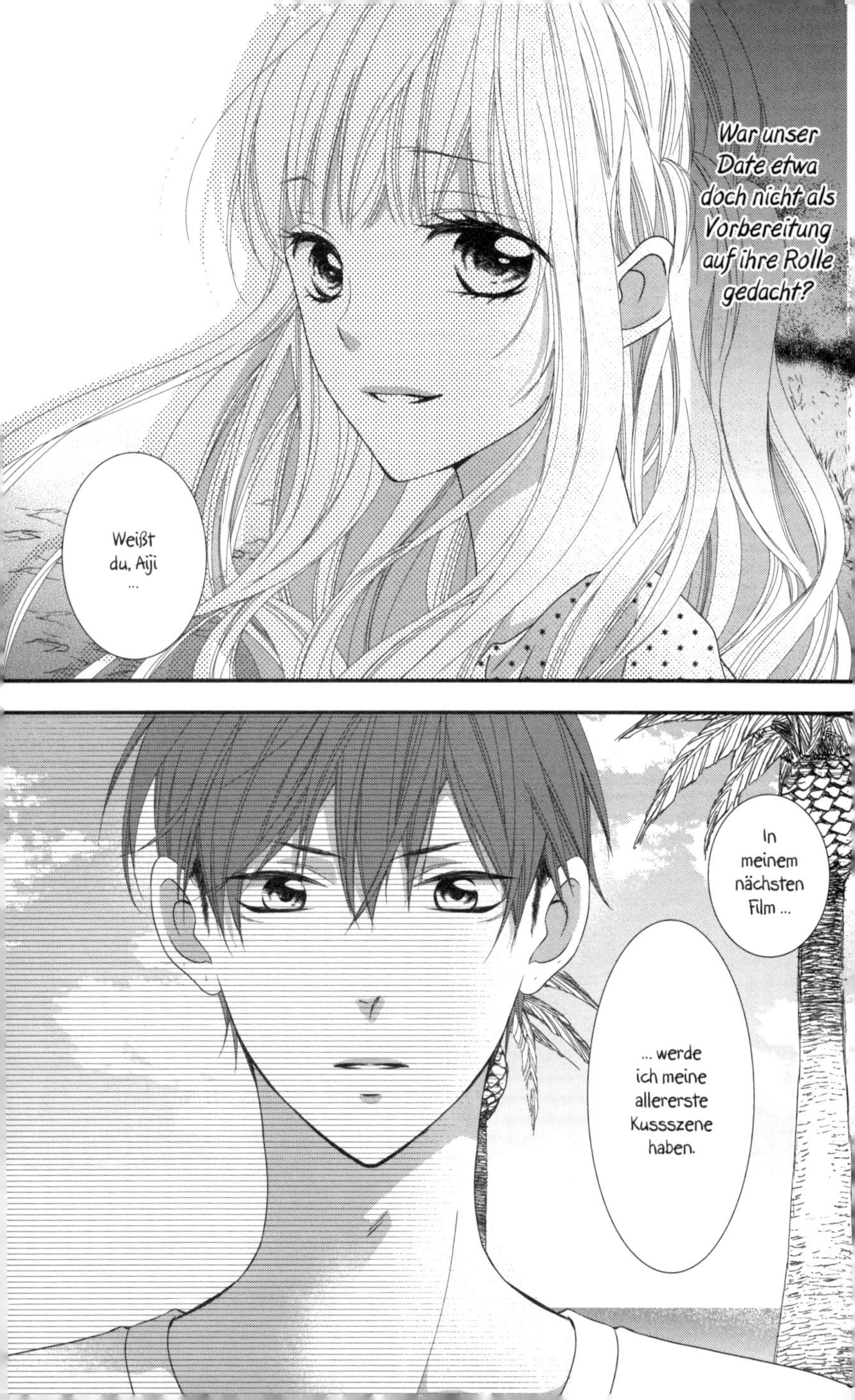

War unser Date etwa doch nicht als Vorbereitung auf ihre Rolle gedacht?

Weißt du, Aiji ...

In meinem nächsten Film ...

... werde ich meine allererste Kussszene haben.

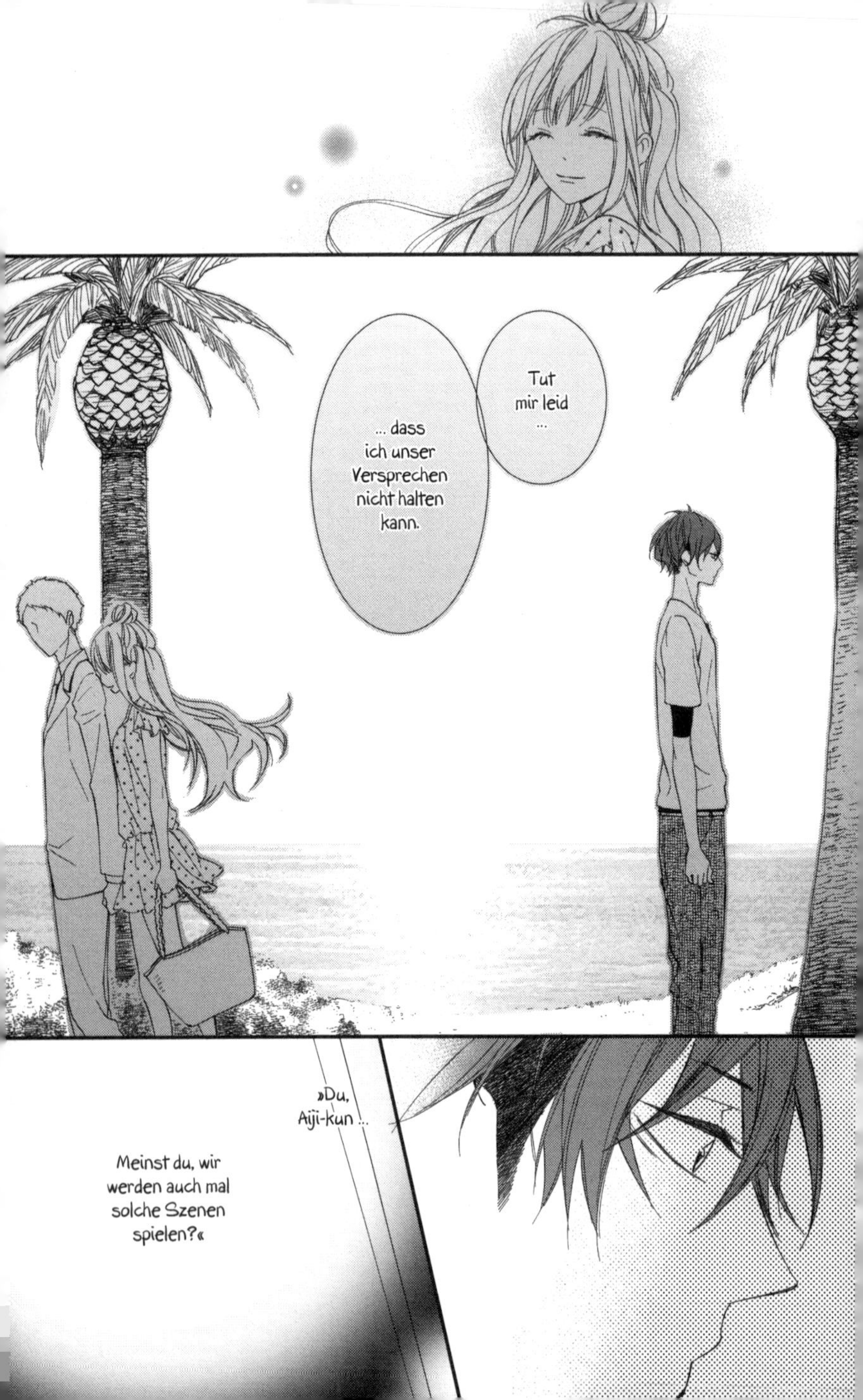
Tut mir leid …
… dass ich unser Versprechen nicht halten kann.
»Du, Aiji-kun …
Meinst du, wir werden auch mal solche Szenen spielen?«

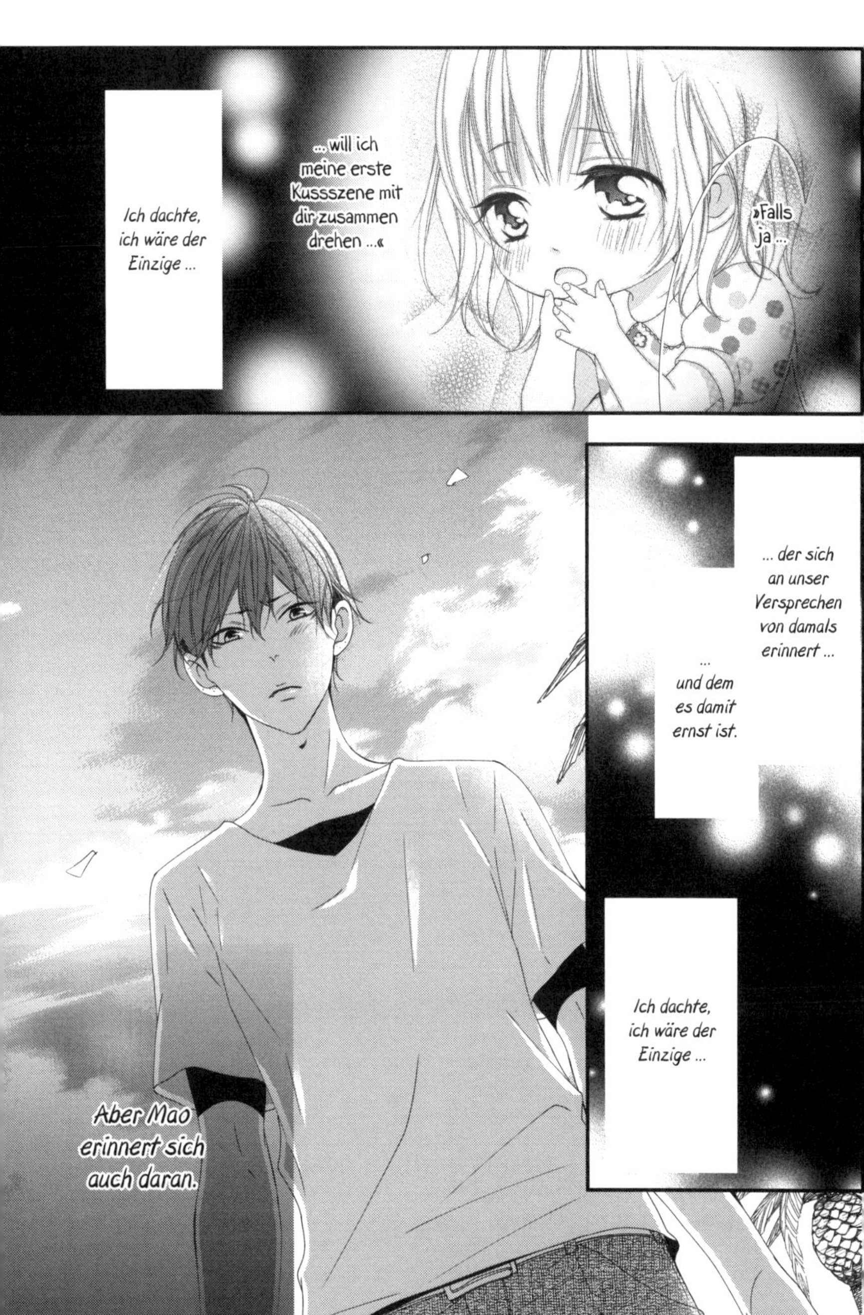
»Falls ja ...
... will ich meine erste Kussszene mit dir zusammen drehen ...«
Ich dachte, ich wäre der Einzige ...
... der sich an unser Versprechen von damals erinnert ...
... und dem es damit ernst ist.
Ich dachte, ich wäre der Einzige ...
Aber Mao erinnert sich auch daran.

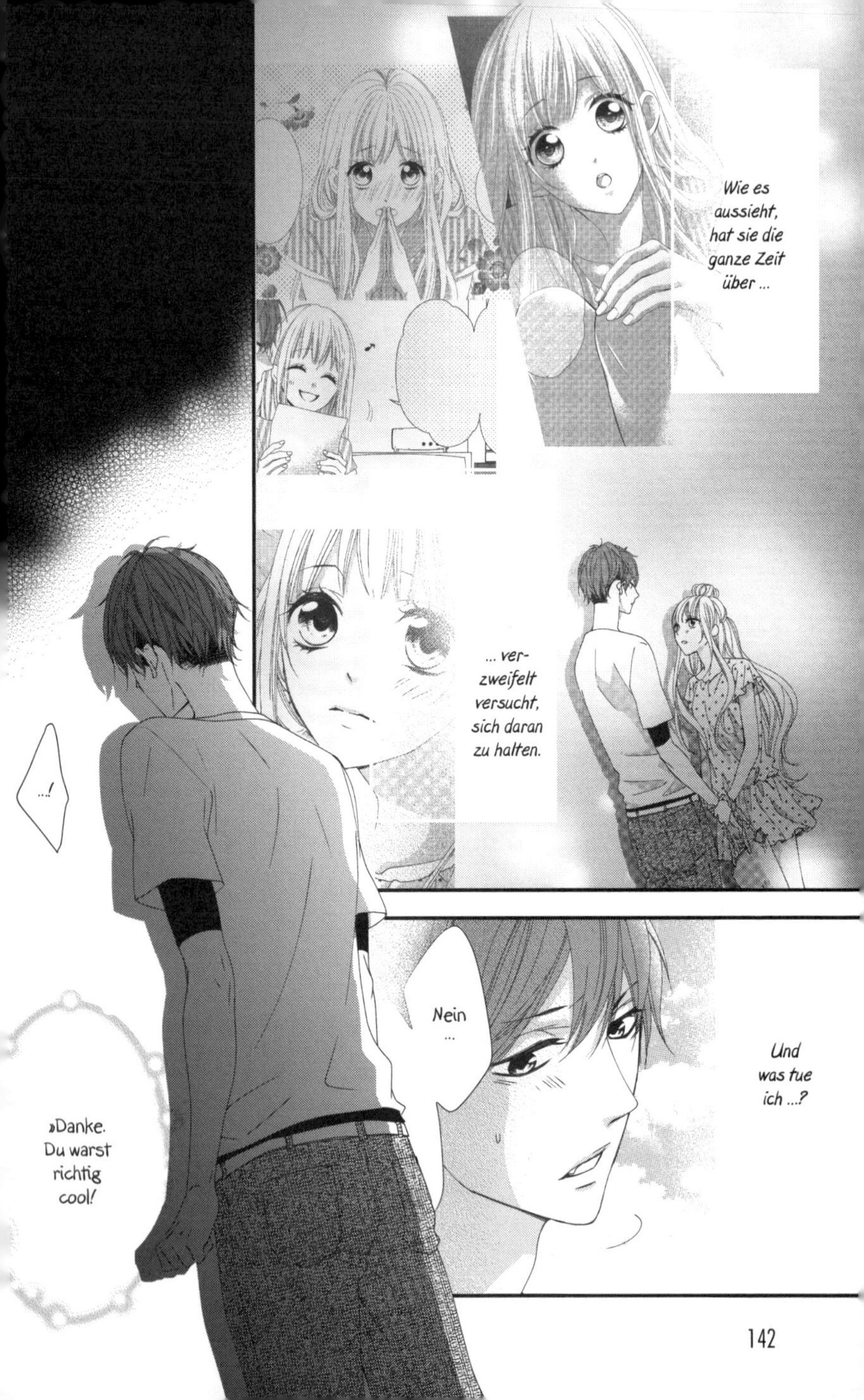
Wie es aussieht, hat sie die ganze Zeit über ...
... ver-zweifelt versucht, sich daran zu halten.
...!
Und was tue ich ...?
Nein ...
»Danke. Du warst richtig cool!

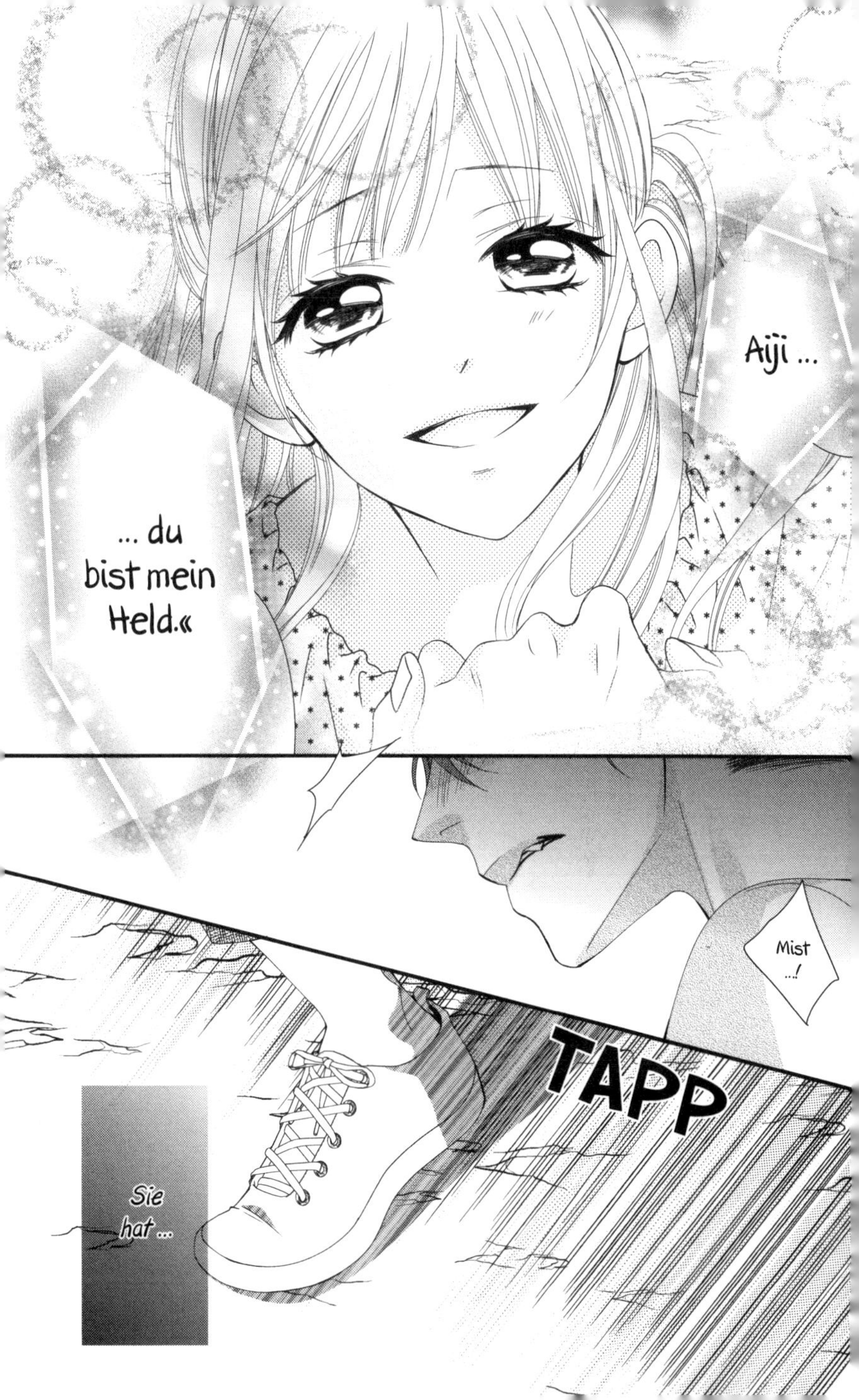

Aiji …
… du bist mein Held.«
Mist …!
TAPP
Sie hat …

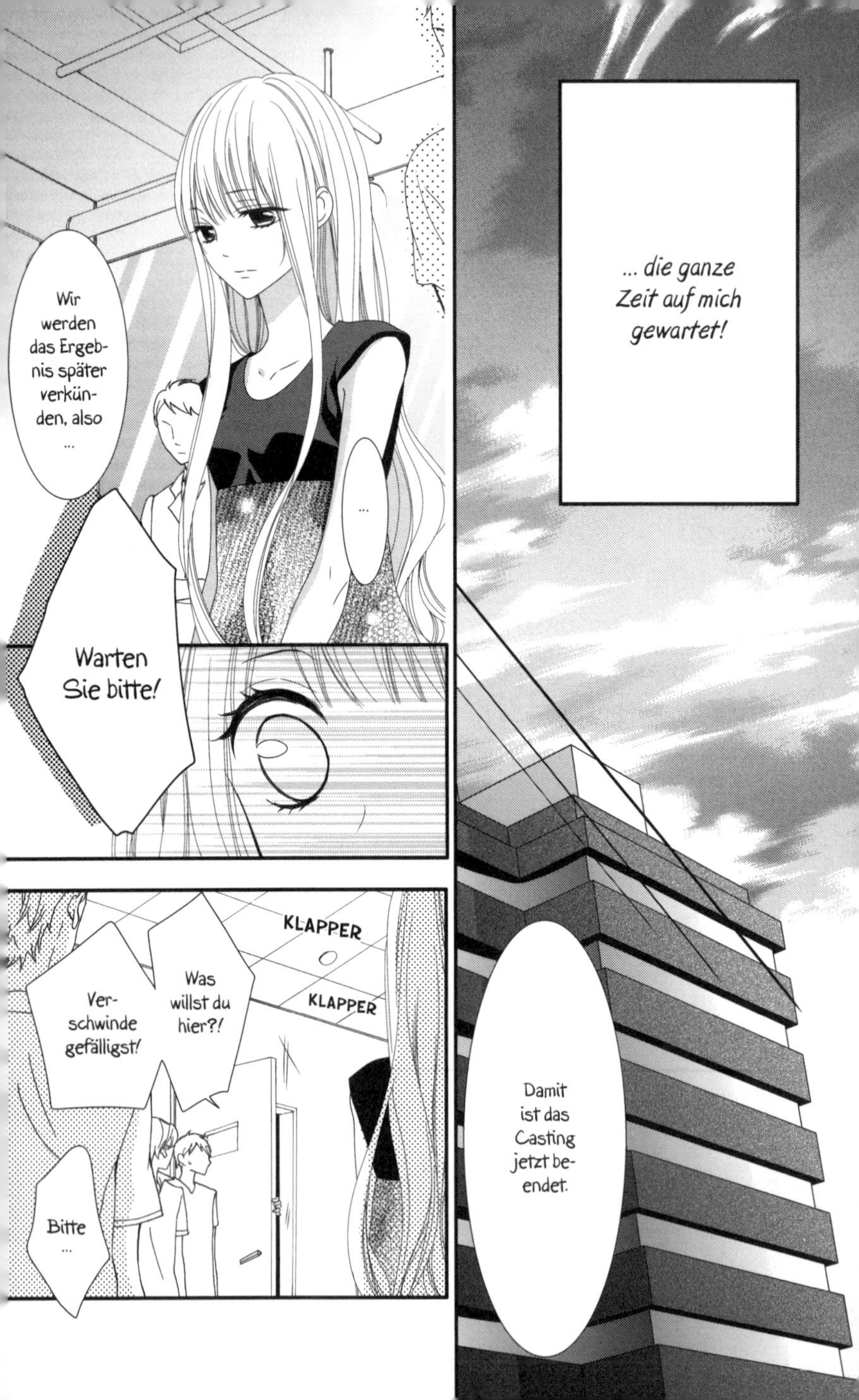
... die ganze Zeit auf mich gewartet!
Damit ist das Casting jetzt beendet.
...
Wir werden das Ergebnis später verkünden, also ...
Warten Sie bitte!
KLAPPER
KLAPPER
Was willst du hier?!
Verschwinde gefälligst!
Bitte ...

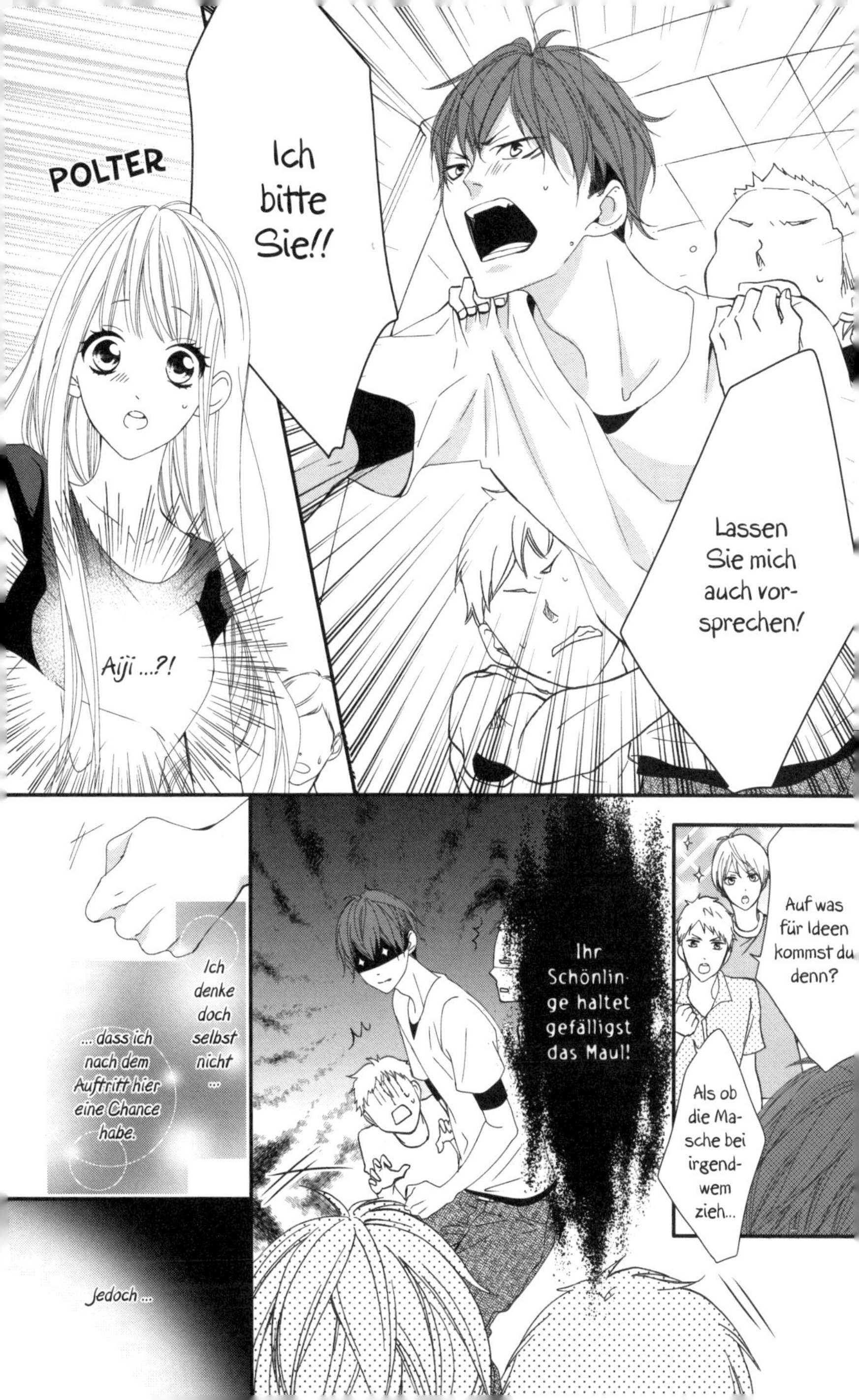
Ich bitte Sie!!
Lassen Sie mich auch vorsprechen!
POLTER
Aiji ...?!
Auf was für Ideen kommst du denn?
Als ob die Masche bei irgendwem zieh...
Ihr Schönlinge haltet gefälligst das Maul!
Ich denke doch selbst nicht ...
... dass ich nach dem Auftritt hier eine Chance habe.
Jedoch ...

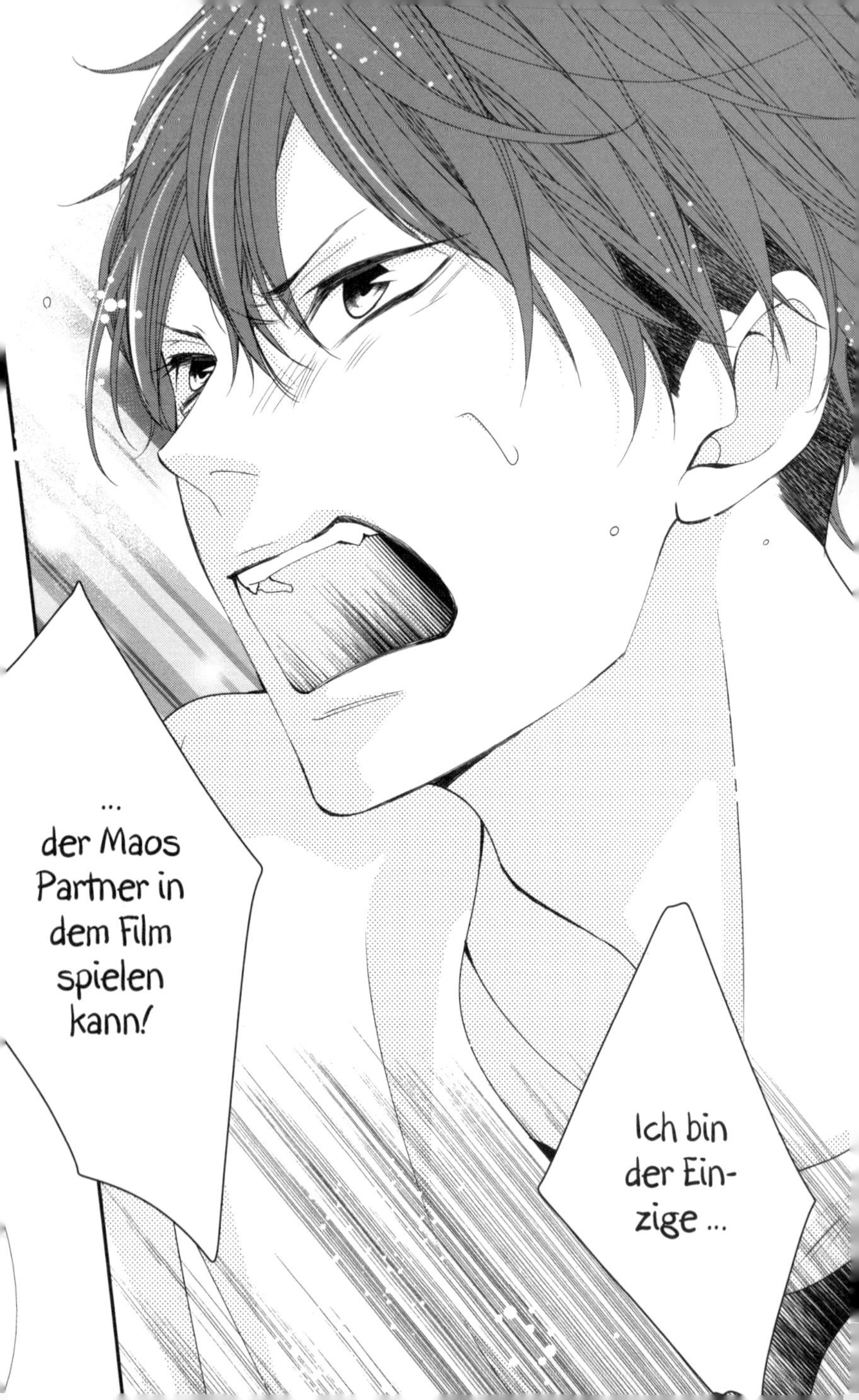
Ich bin der Ein-zige …
… der Maos Partner in dem Film spielen kann!

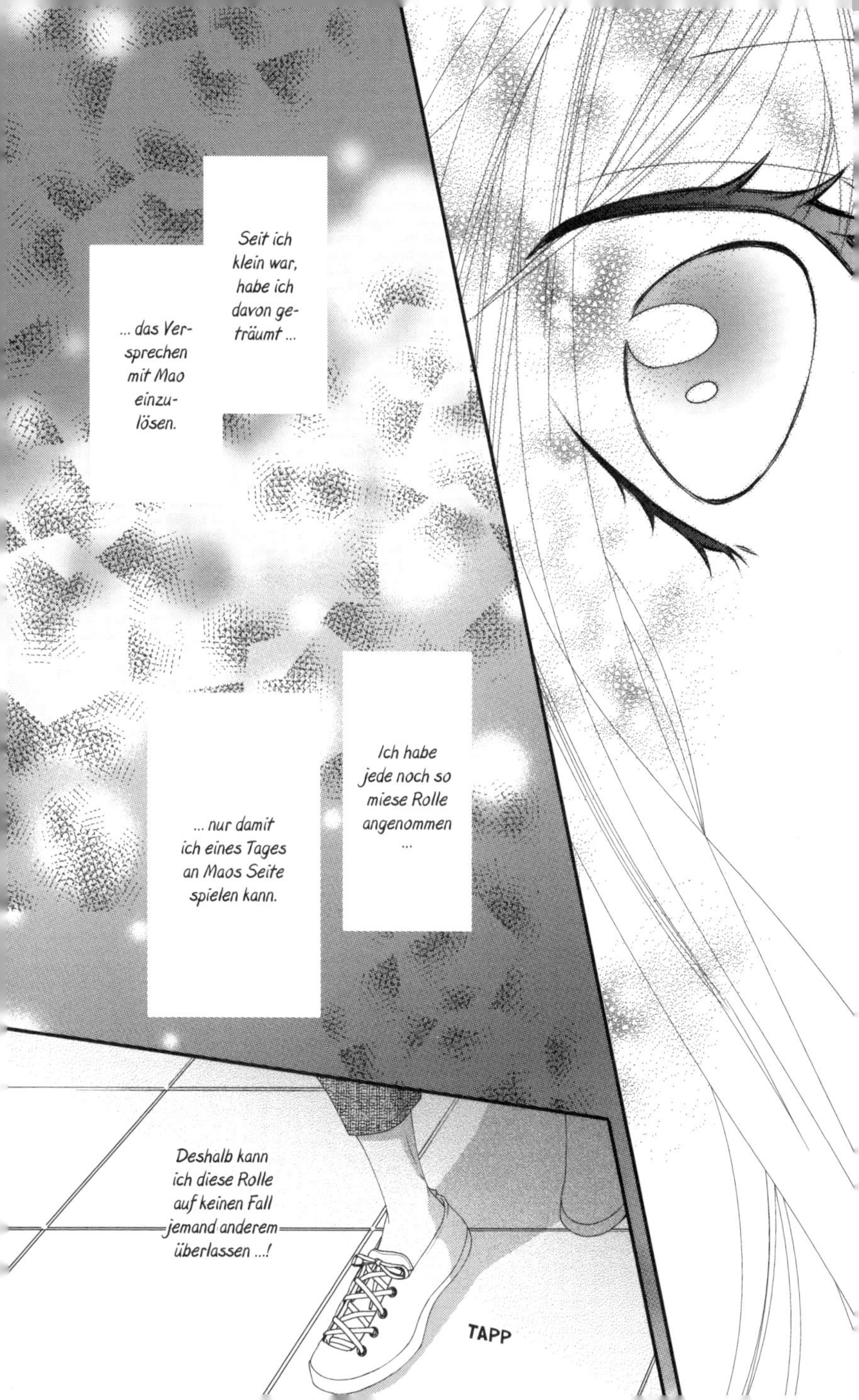

Seit ich klein war, habe ich davon geträumt ...
... das Versprechen mit Mao einzulösen.
Ich habe jede noch so miese Rolle angenommen ...
... nur damit ich eines Tages an Maos Seite spielen kann.
Deshalb kann ich diese Rolle auf keinen Fall jemand anderem überlassen ...!
TAPP

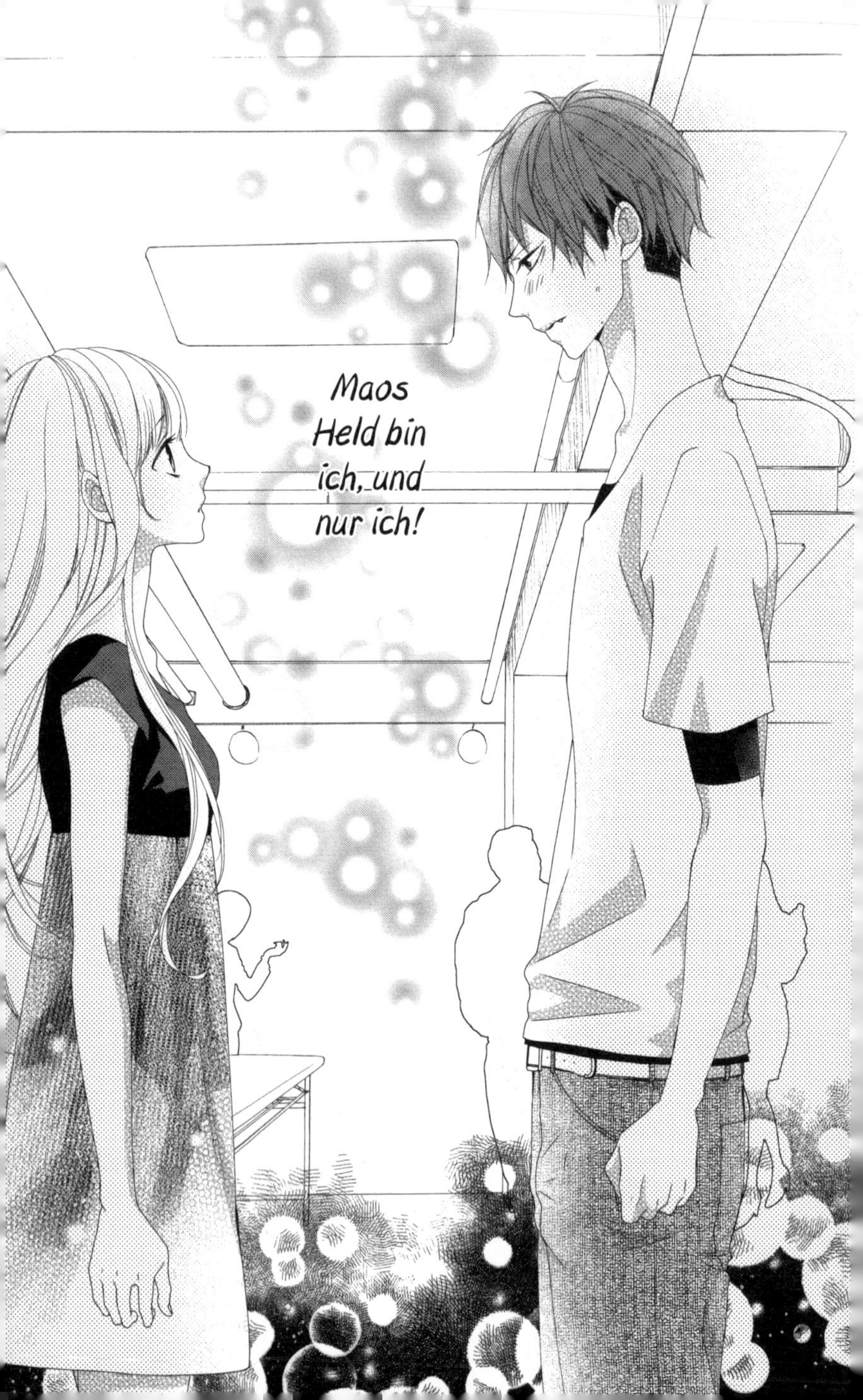
Maos
Held bin
ich, und
nur ich!

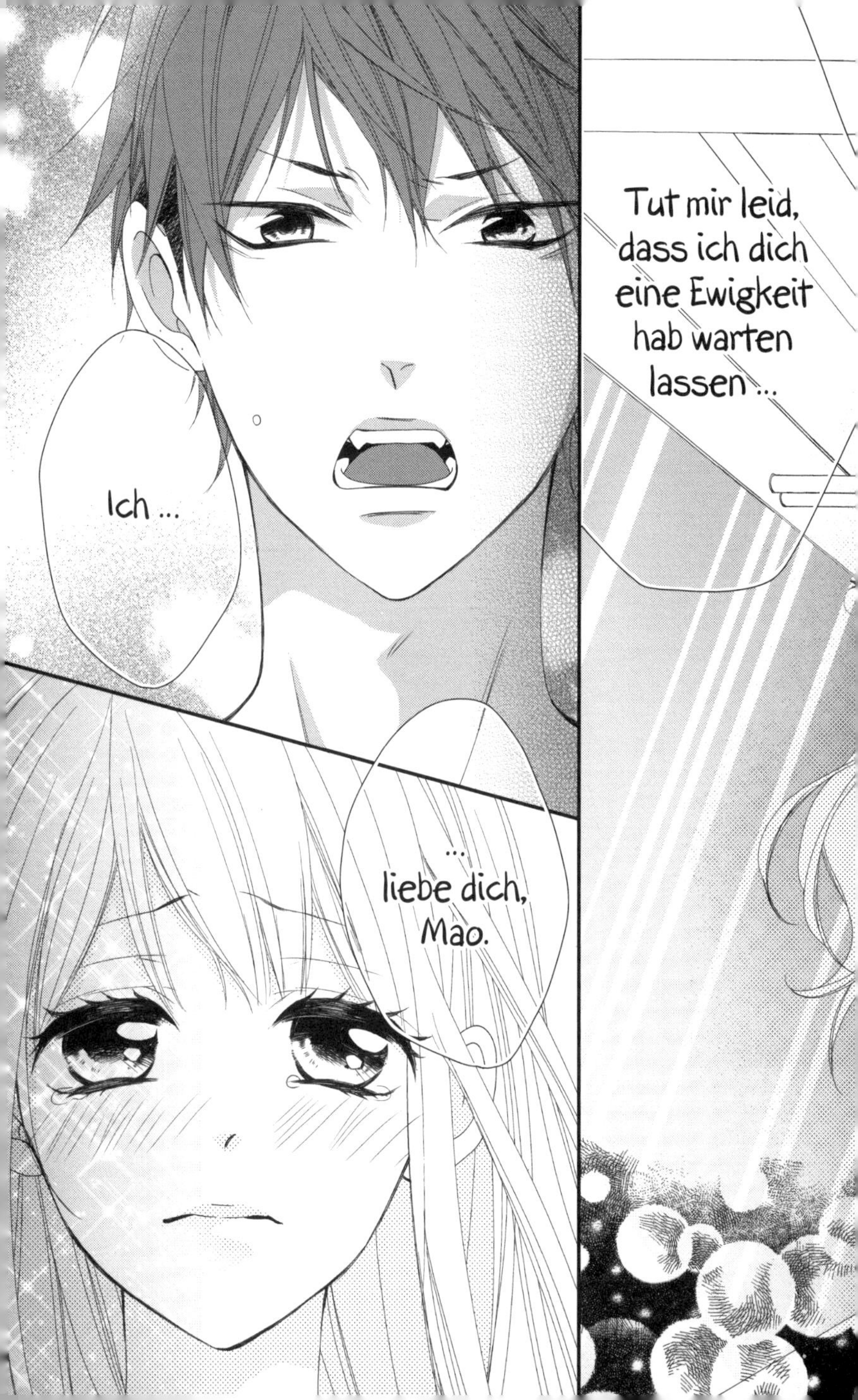
Tut mir leid, dass ich dich eine Ewigkeit hab warten lassen ...
Ich ...
... liebe dich, Mao.

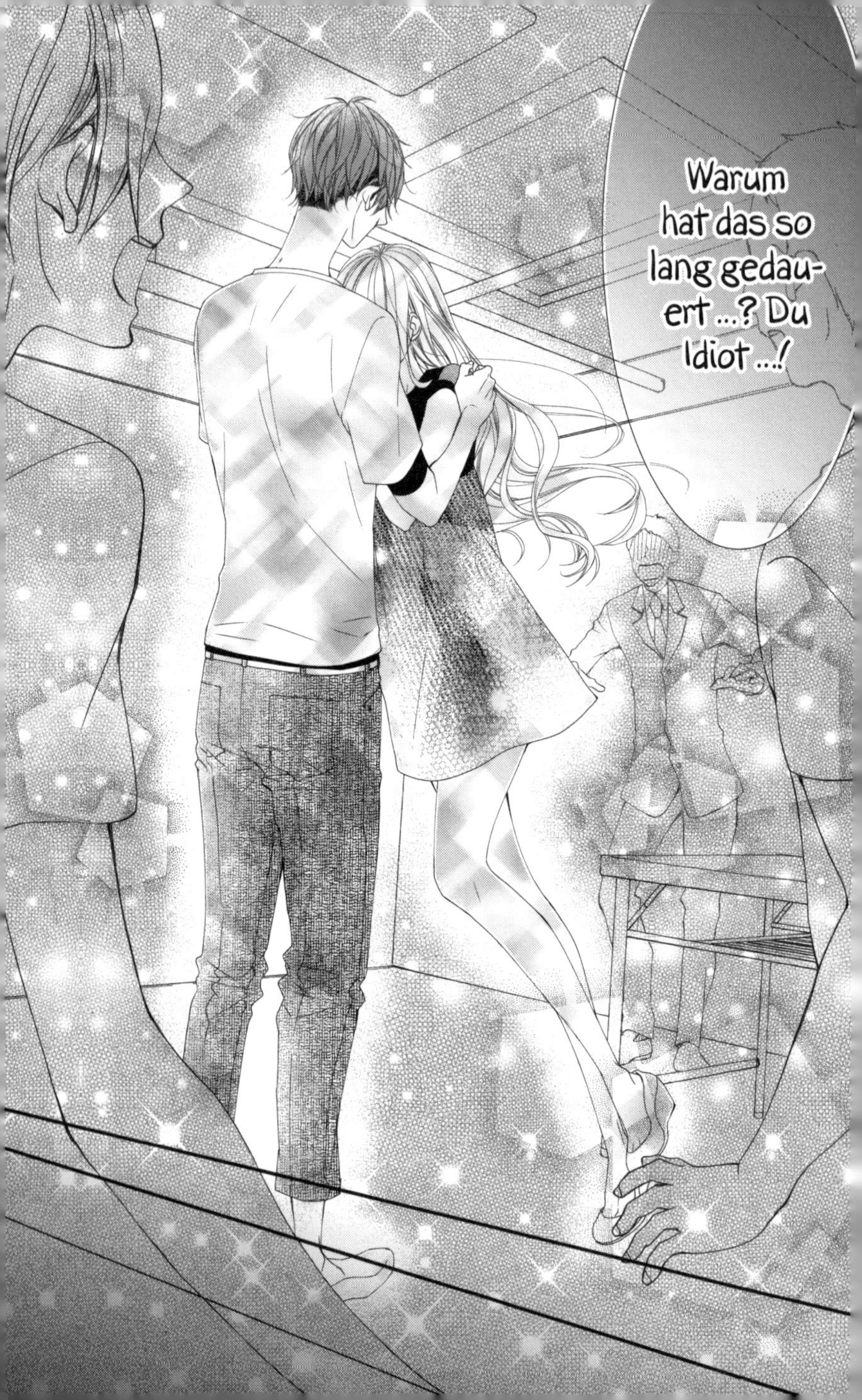
Warum
hat das so
lang gedau-
ert ...? Du
Idiot ...!

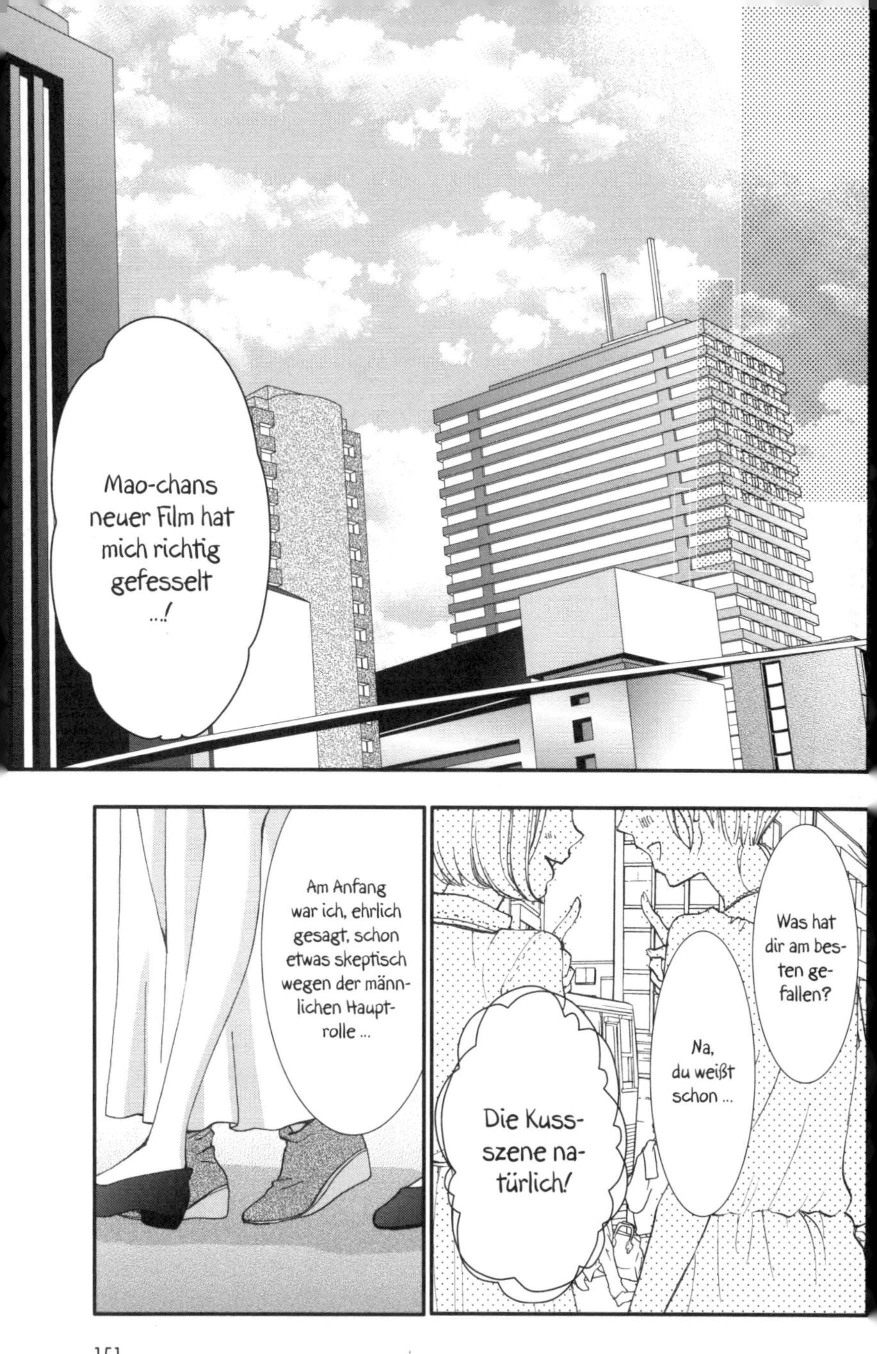

Mao-chans neuer Film hat mich richtig gefesselt ...!

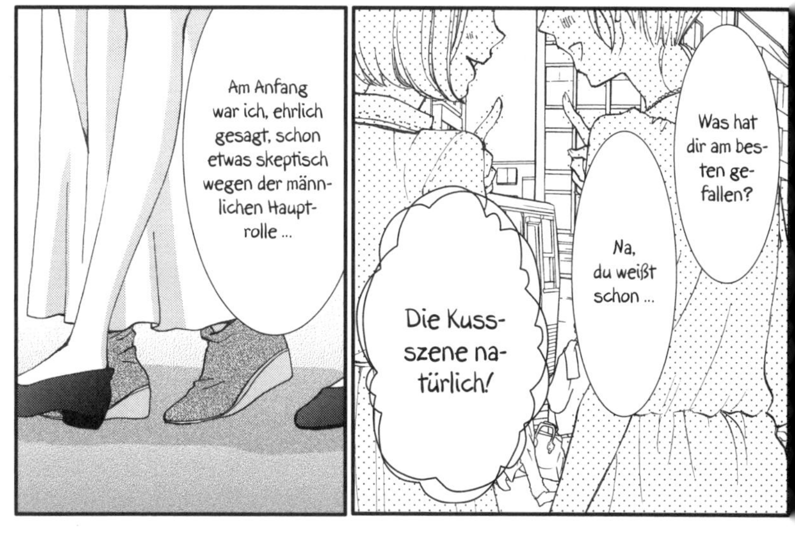

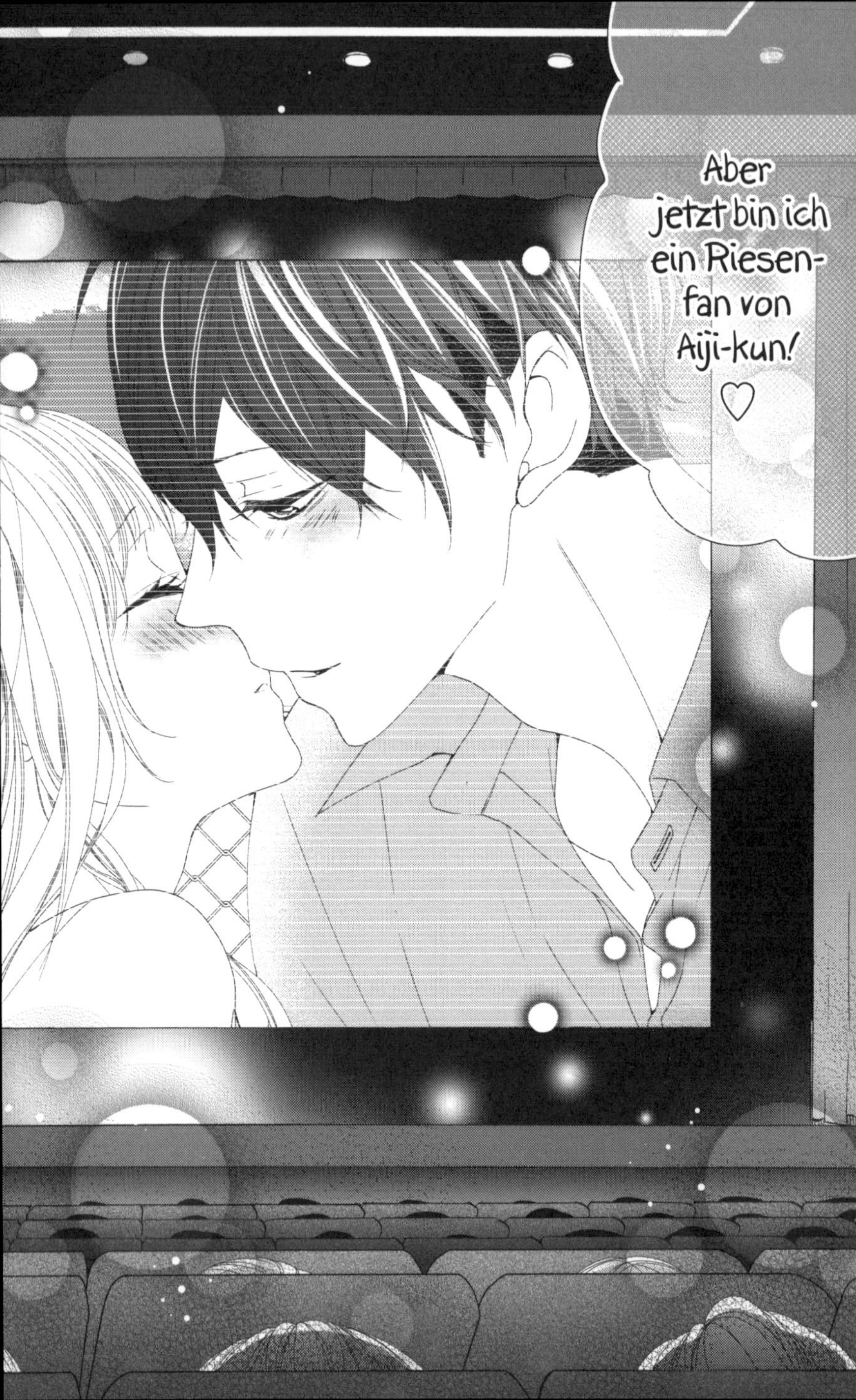
Aber jetzt bin ich ein Riesen-fan von Aiji-kun! ♡

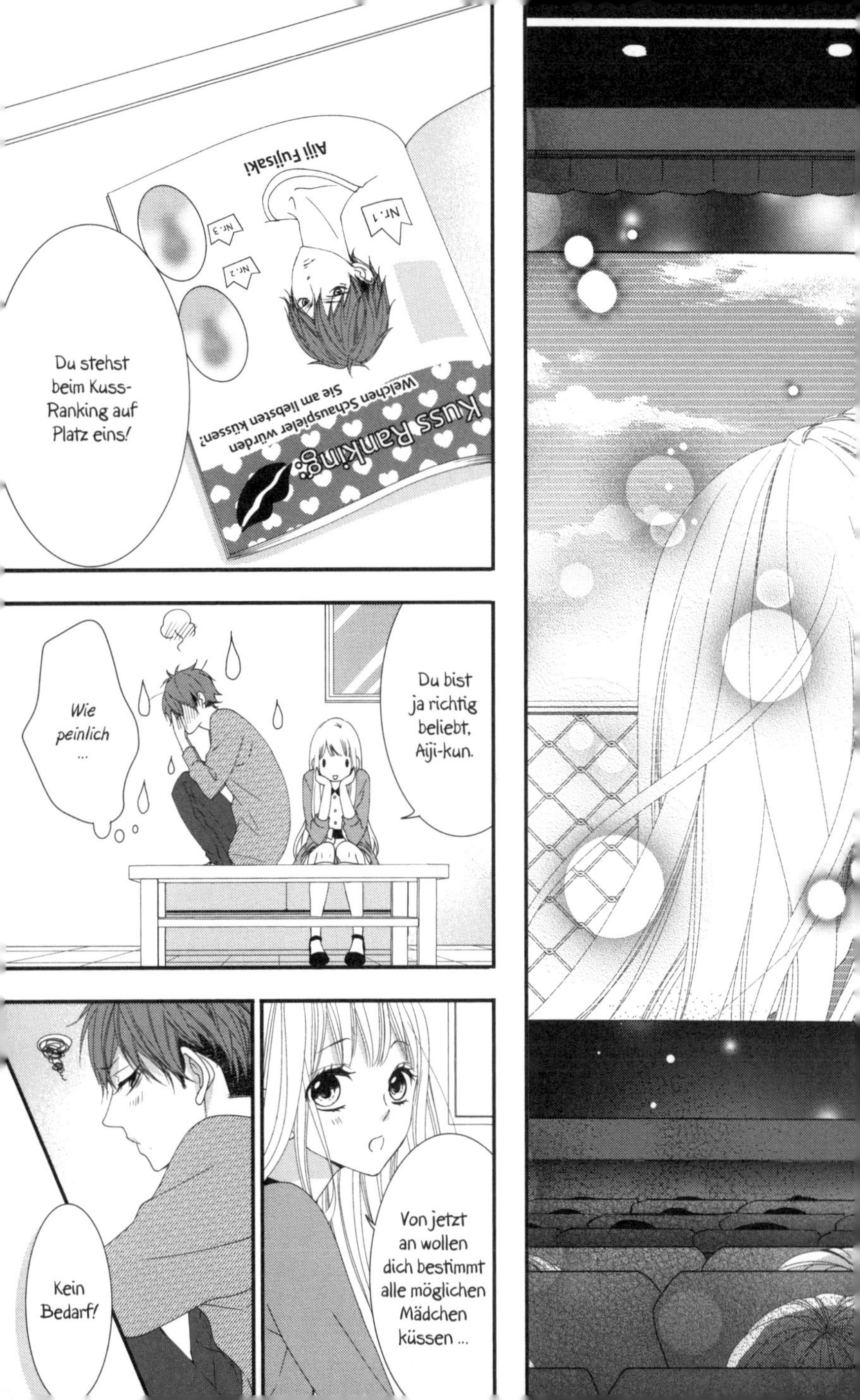

Kuss Ranking:
Welchen Schauspieler würden Sie am liebsten küssen?
Nr. 1
Aiji Fujisaki!
Nr. 2
Nr. 3

Du stehst beim Kuss-Ranking auf Platz eins!

Du bist ja richtig beliebt, Aiji-kun.

Wie peinlich ...

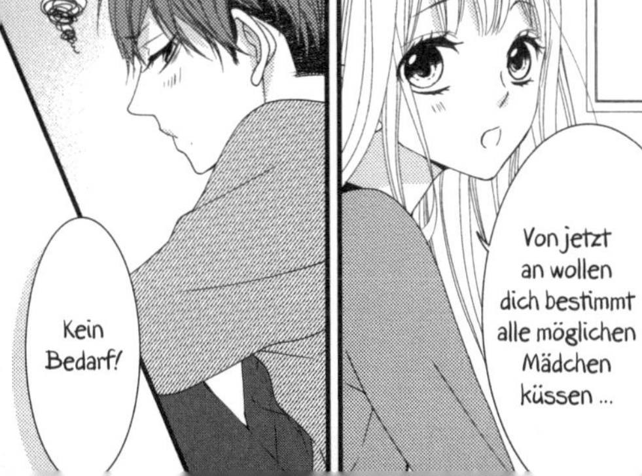

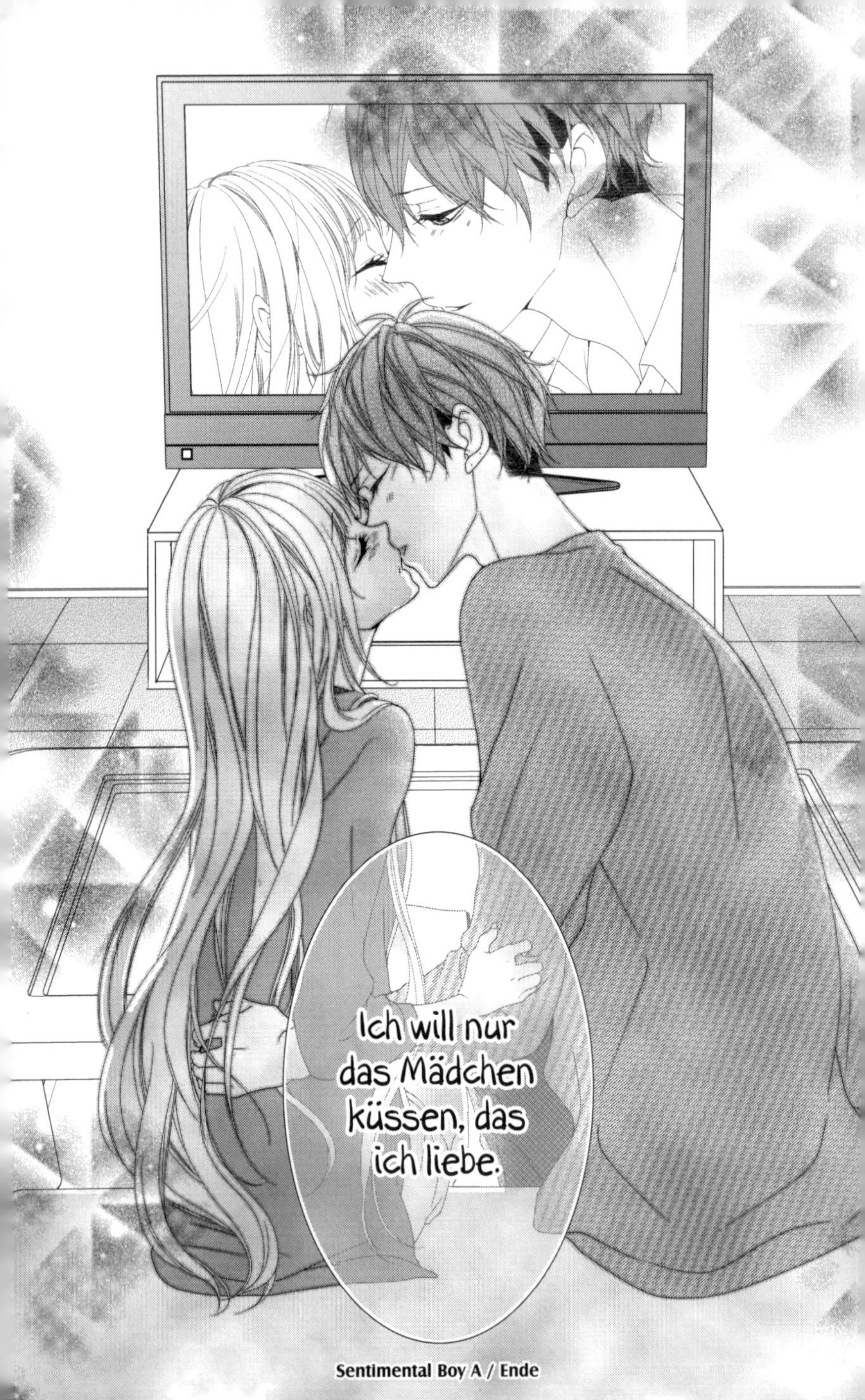

Sentimental Boy A / Ende

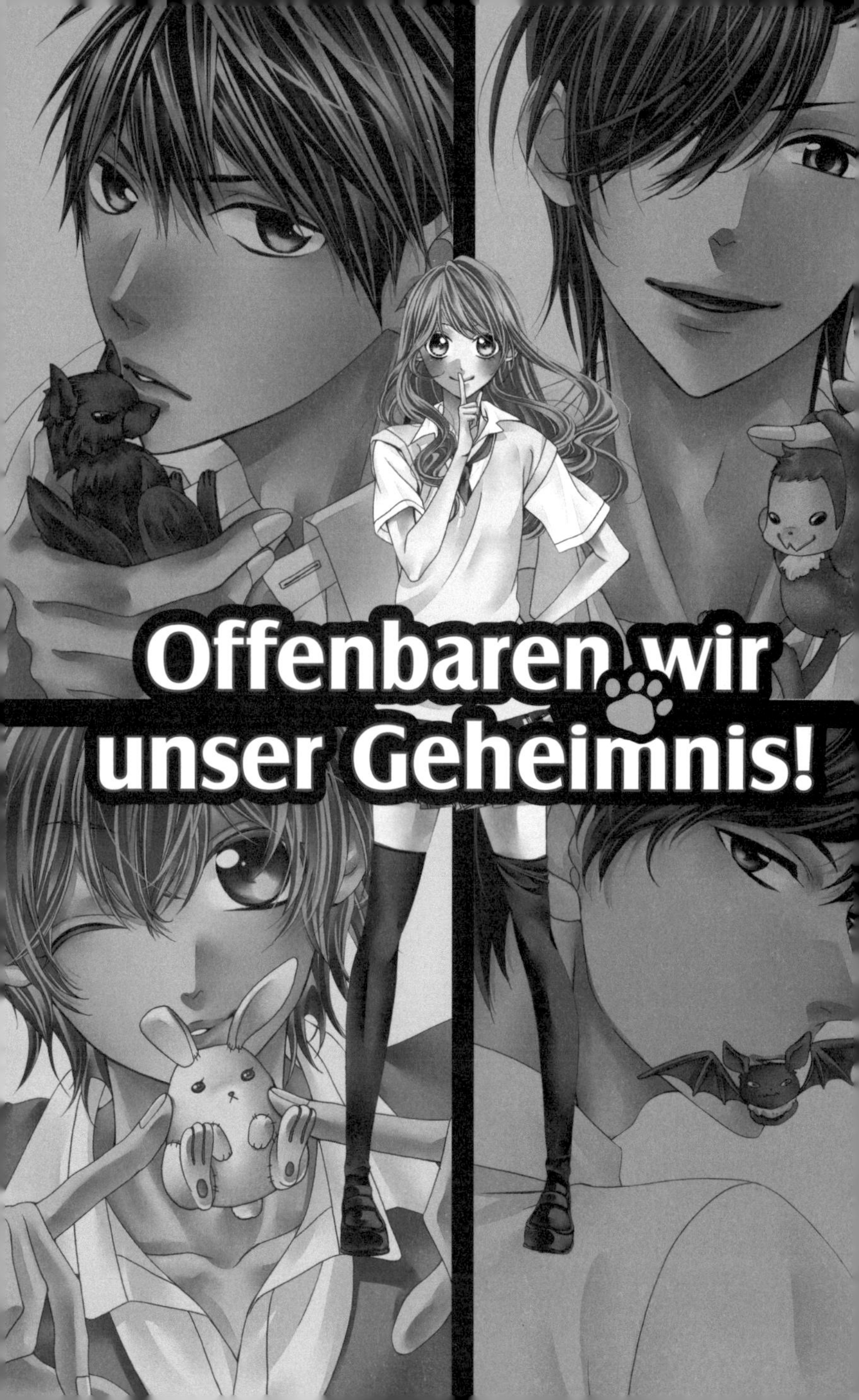
Offenbaren wir
unser Geheimnis!

Vielen Dank!!

☆Redaktion: Shoji-sama, Fujimoto-sama

☆Design: Kawatani Design, Sekine-sama

☆Assistentin: H-chan

☆Meiner Familie

☆Allen, die an der Entstehung dieses Buches beteiligt waren

☆Sowie allen Lesern für die Unterstützung!

Falls ihr mir eure Meinungen etc. schicken möchtet, benutzt bitte die folgende Adresse. ♪

Shogakukan Sho-Comi Editorial Office
Ms Yuki Shiraishi
2-3-1 Hitotsubashi, Chiyoda-ku
101-8001 Tokyo, Japan

xpastelboyx
Auf meinem Blog erfahrt ihr immer das Neueste über meine Arbeit und mehr! ☆

Twitter: @s_yuki329

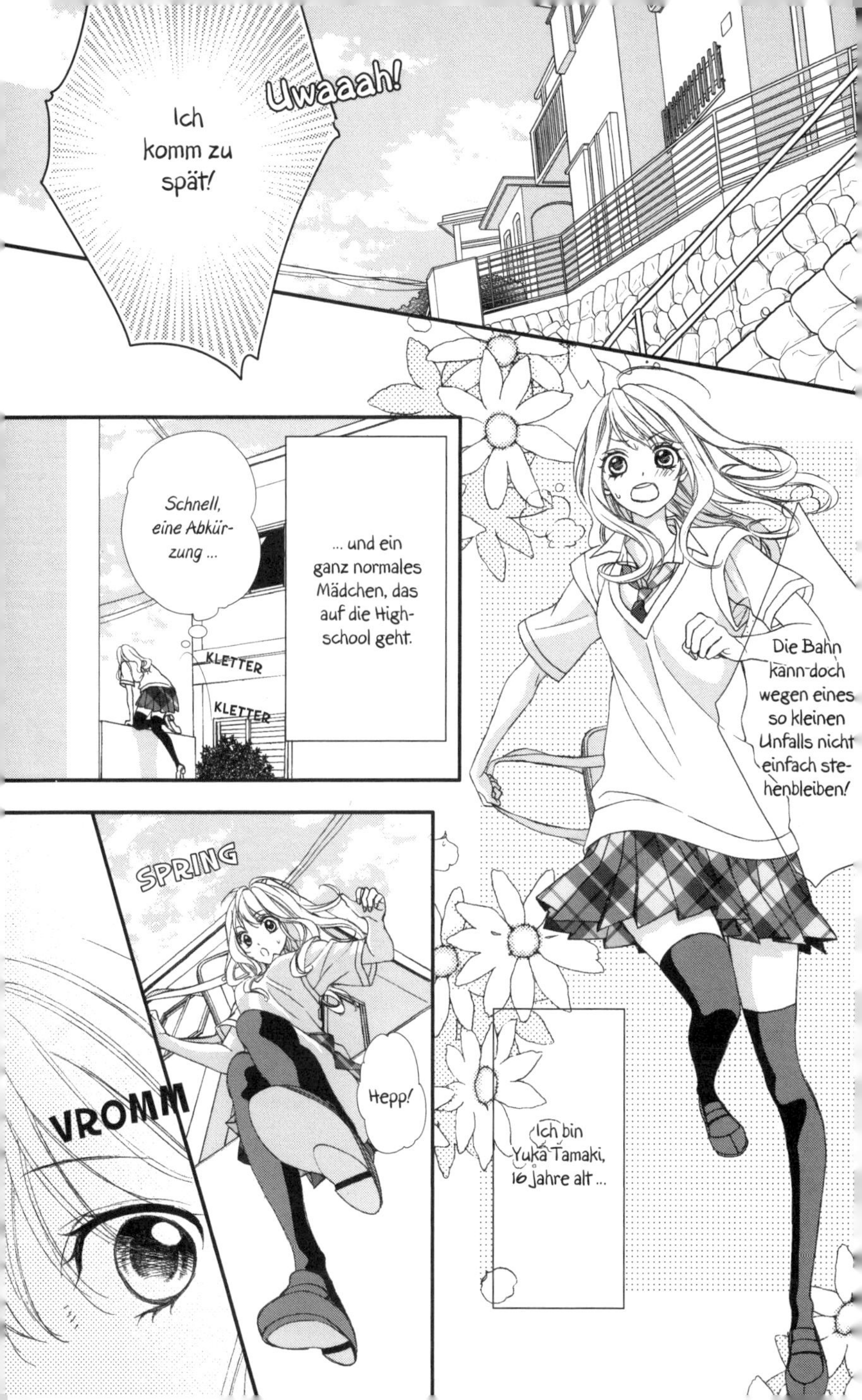

Uwaaah!
Ich komm zu spät!
Die Bahn kann doch wegen eines so kleinen Unfalls nicht einfach stehenbleiben!
Ich bin Yuka Tamaki, 16 Jahre alt ...
... und ein ganz normales Mädchen, das auf die Highschool geht.
Schnell, eine Abkürzung ...
KLETTER
KLETTER
SPRING
Hepp!
VROMM

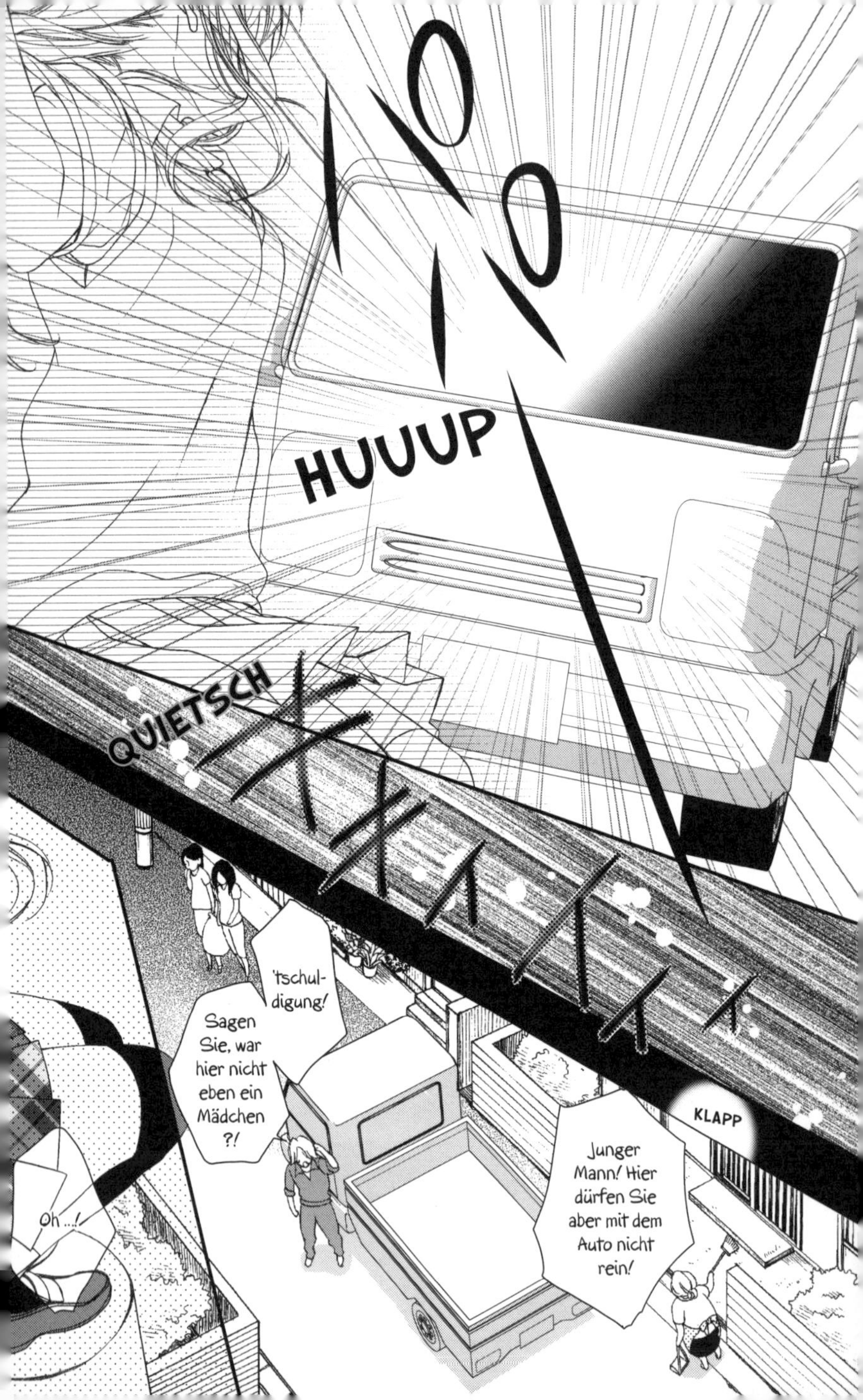
HUUUP
QUIETSCH
'tschul-digung!
Sagen Sie, war hier nicht eben ein Mädchen ?!
Oh ...!
KLAPP
Junger Mann! Hier dürfen Sie aber mit dem Auto nicht rein!

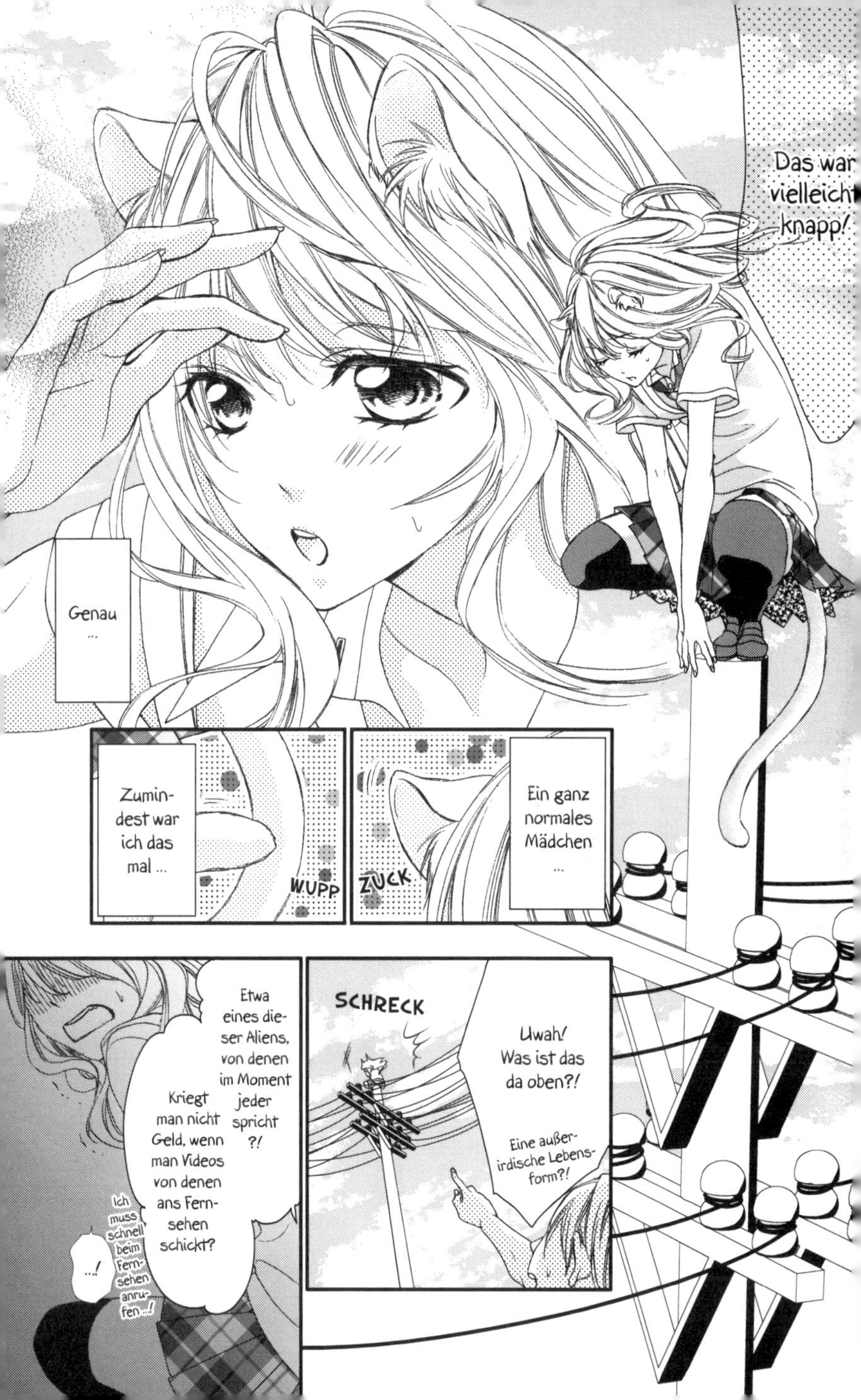

Das war vielleicht knapp!
Genau …
Ein ganz normales Mädchen …
ZUCK
WUPP
Zumindest war ich das mal …
SCHRECK
Uwah! Was ist das da oben?!
Eine außerirdische Lebensform?!
Etwa eines dieser Aliens, von denen im Moment jeder spricht?!
Kriegt man nicht Geld, wenn man Videos von denen ans Fernsehen schickt?
…!
Ich muss schnell beim Fernsehen anrufen …!

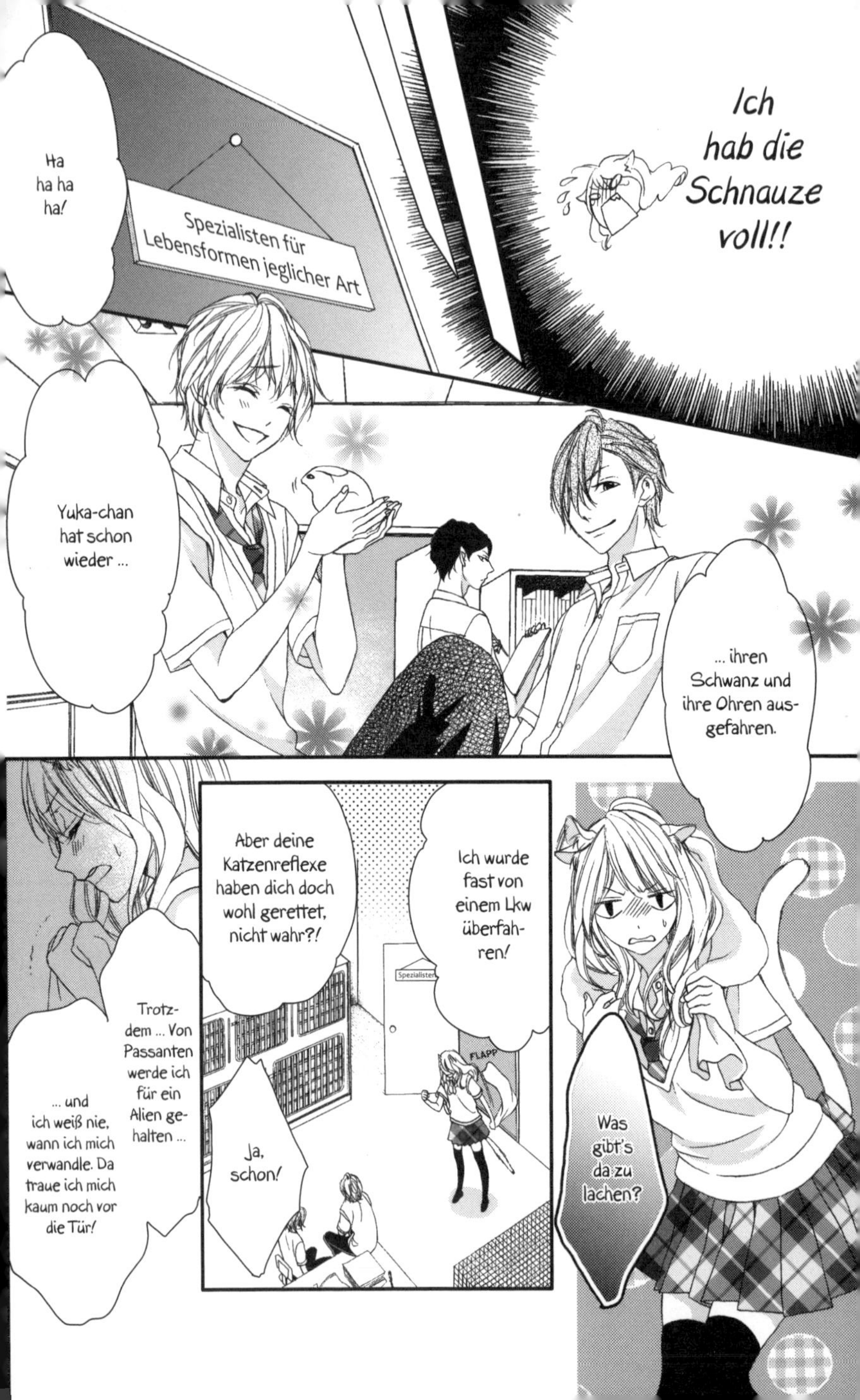
Ich hab die Schnauze voll!!
Spezialisten für Lebensformen jeglicher Art
Ha ha ha ha!
Yuka-chan hat schon wieder ...
... ihren Schwanz und ihre Ohren ausgefahren.
Was gibt's da zu lachen?
Ich wurde fast von einem Lkw überfahren!
Aber deine Katzenreflexe haben dich doch wohl gerettet, nicht wahr?!
Spezialisten
FLAPP
Ja, schon!
Trotzdem ... Von Passanten werde ich für ein Alien gehalten ...
... und ich weiß nie, wann ich mich verwandle. Da traue ich mich kaum noch vor die Tür!

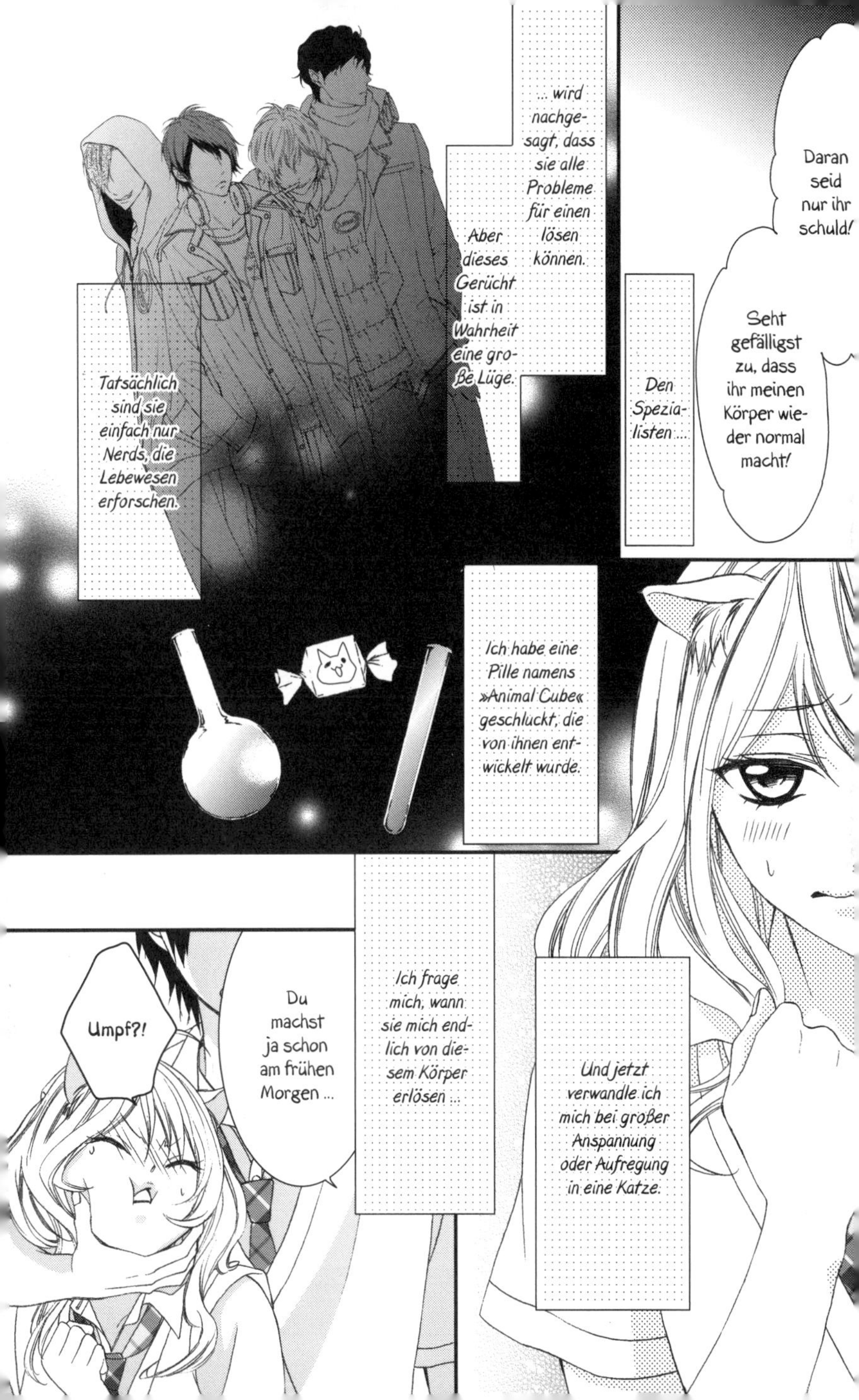
Daran seid nur ihr schuld!
Seht gefälligst zu, dass ihr meinen Körper wieder normal macht!
Den Spezialisten ...
... wird nachgesagt, dass sie alle Probleme für einen lösen können.
Aber dieses Gerücht ist in Wahrheit eine große Lüge.
Tatsächlich sind sie einfach nur Nerds, die Lebewesen erforschen.
Ich habe eine Pille namens »Animal Cube« geschluckt, die von ihnen entwickelt wurde.
Und jetzt verwandle ich mich bei großer Anspannung oder Aufregung in eine Katze.
Ich frage mich, wann sie mich endlich von diesem Körper erlösen ...
Du machst ja schon am frühen Morgen ...
Umpf?!

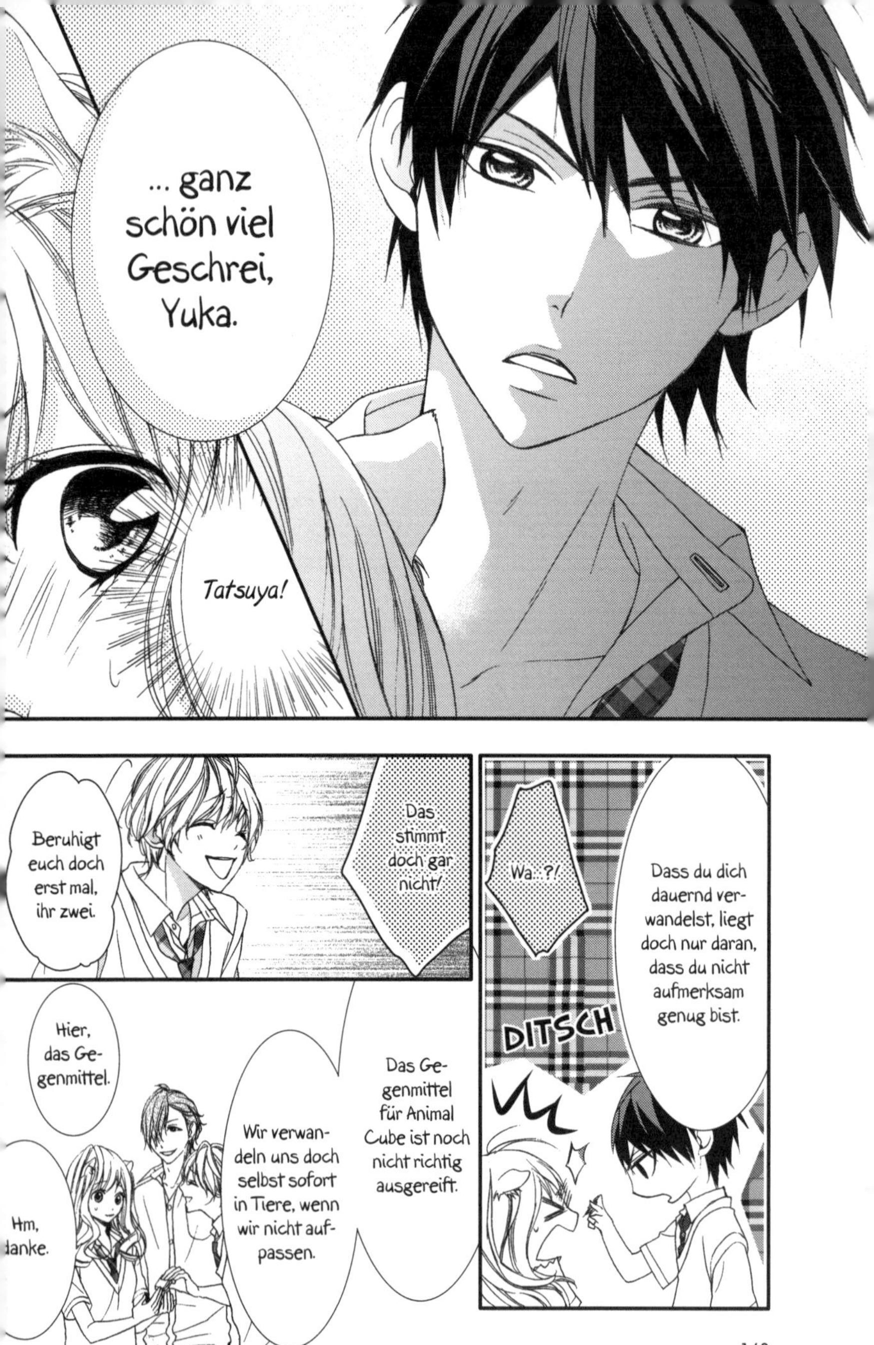

... ganz schön viel Geschrei, Yuka.

Tatsuya!

Dass du dich dauernd verwandelst, liegt doch nur daran, dass du nicht aufmerksam genug bist.

Wa...?!

DITSCH

Das stimmt doch gar nicht!

Beruhigt euch doch erst mal, ihr zwei.

Das Gegenmittel für Animal Cube ist noch nicht richtig ausgereift.

Wir verwandeln uns doch selbst sofort in Tiere, wenn wir nicht aufpassen.

Hier, das Gegenmittel.

Hm, danke.

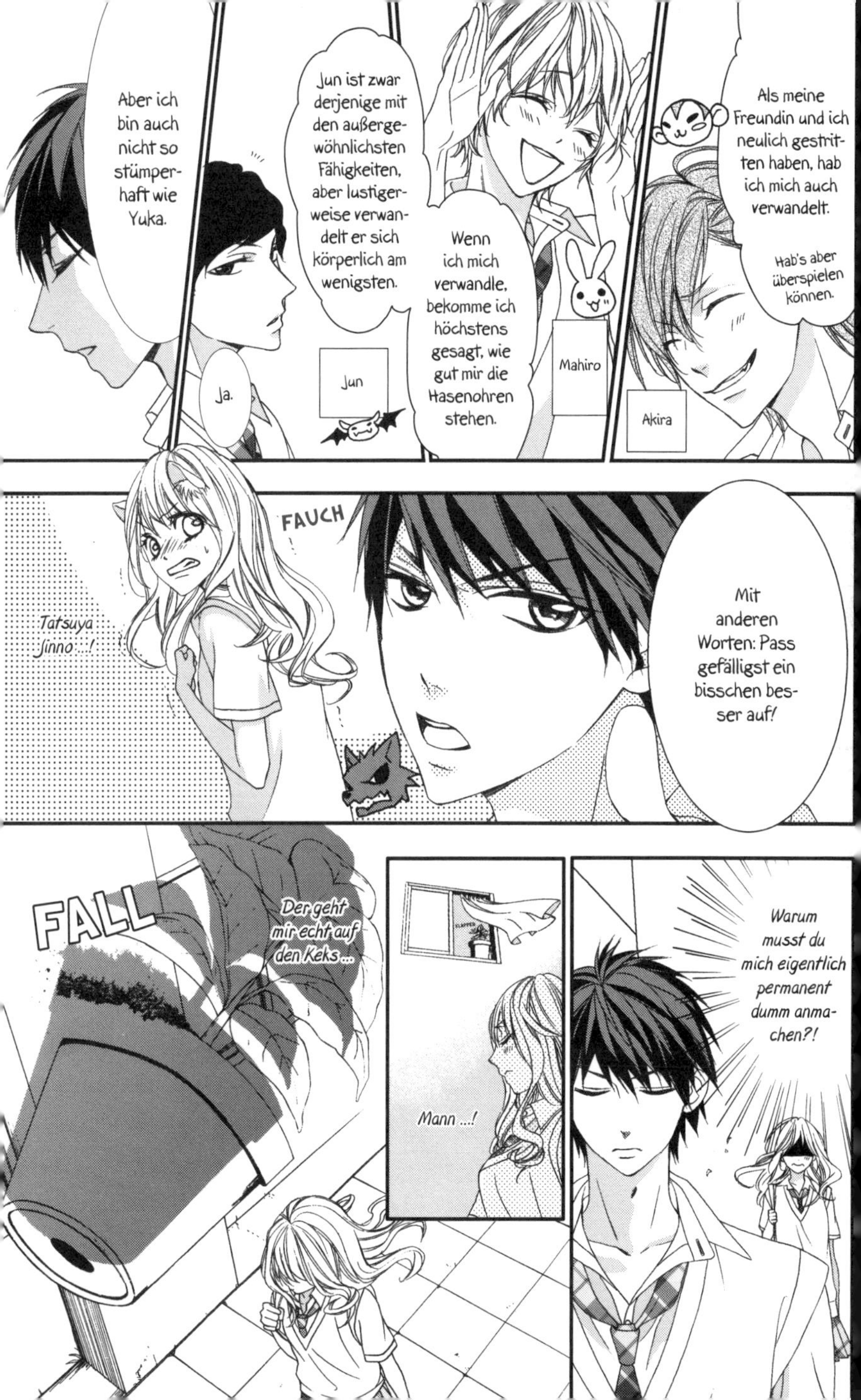
Als meine Freundin und ich neulich gestritten haben, hab ich mich auch verwandelt.
Hab's aber überspielen können.
Akira
Wenn ich mich verwandle, bekomme ich höchstens gesagt, wie gut mir die Hasenohren stehen.
Mahiro
Jun ist zwar derjenige mit den außergewöhnlichsten Fähigkeiten, aber lustigerweise verwandelt er sich körperlich am wenigsten.
Jun
Aber ich bin auch nicht so stümperhaft wie Yuka.
Ja.
Mit anderen Worten: Pass gefälligst ein bisschen besser auf!
FAUCH
Tatsuya Jinno ...!
Warum musst du mich eigentlich permanent dumm anmachen?!
KLAPPER
Mann ...!
Der geht mir echt auf den Keks ...
FALL

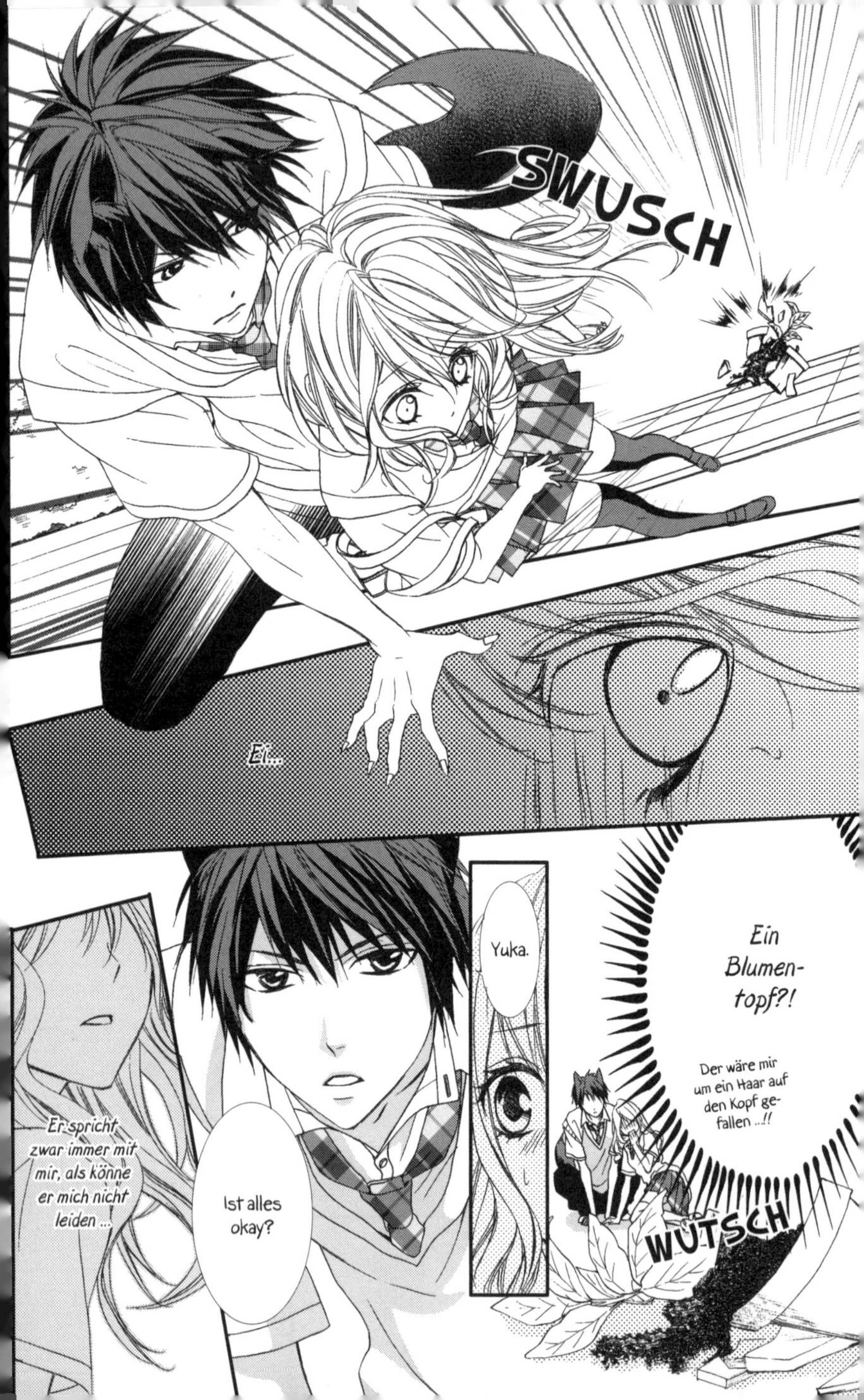
SWUSCH
Ei…
Ein Blumen-topf?!
Der wäre mir um ein Haar auf den Kopf ge-fallen …!!
WUTSCH
Yuka.
Ist alles okay?
Er spricht zwar immer mit mir, als könne er mich nicht leiden …

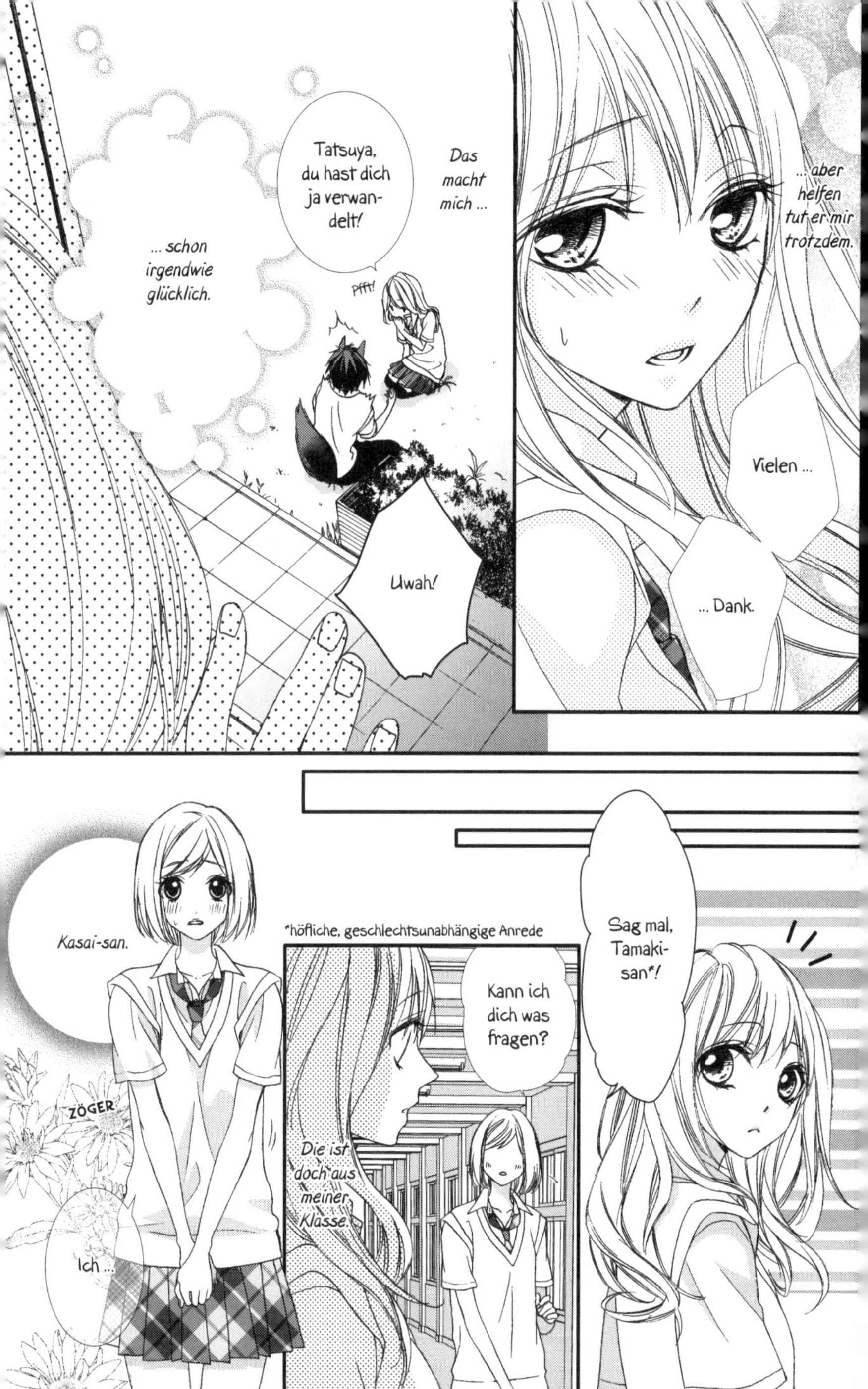
... aber helfen tut er mir trotzdem.
Vielen ...
... Dank.
Das macht mich ...
Tatsuya, du hast dich ja verwandelt!
Pffft!
... schon irgendwie glücklich.
Uwah!
Sag mal, Tamaki-san*!
Kann ich dich was fragen?
Die ist doch aus meiner Klasse.
*höfliche, geschlechtsunabhängige Anrede
Kasai-san.
ZÖGER
Ich ...

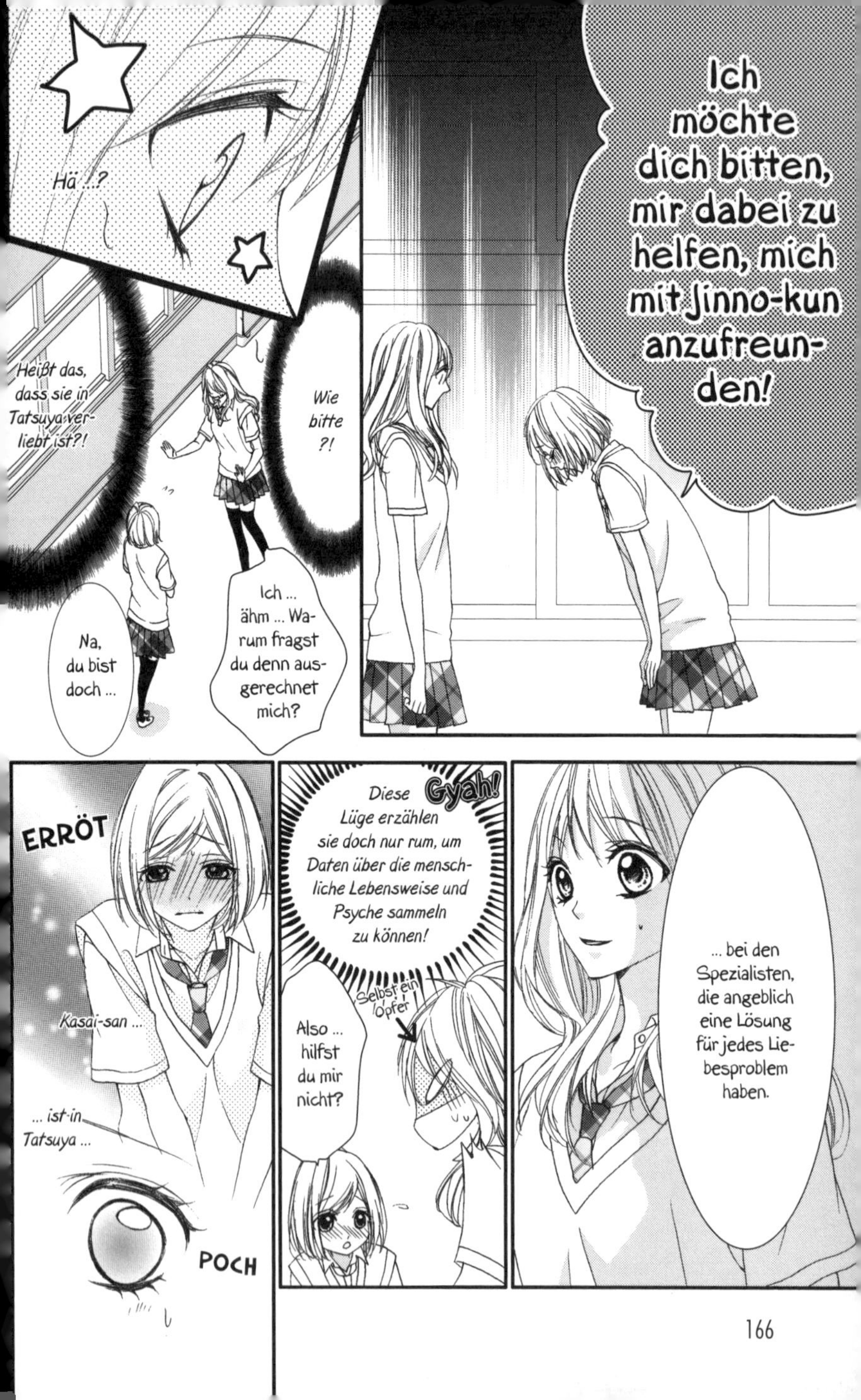

Ich möchte dich bitten, mir dabei zu helfen, mich mit Jinno-kun anzufreunden!

Hä ...?

Wie bitte ?!

Heißt das, dass sie in Tatsuya verliebt ist?!

Ich ... ähm ... Warum fragst du denn ausgerechnet mich?

Na, du bist doch ...

... bei den Spezialisten, die angeblich eine Lösung für jedes Liebesproblem haben.

Gyah!

Diese Lüge erzählen sie doch nur rum, um Daten über die menschliche Lebensweise und Psyche sammeln zu können!

Selbst ein Opfer

Also ... hilfst du mir nicht?

ERRÖT

Kasai-san ...

... ist in Tatsuya ...

POCH

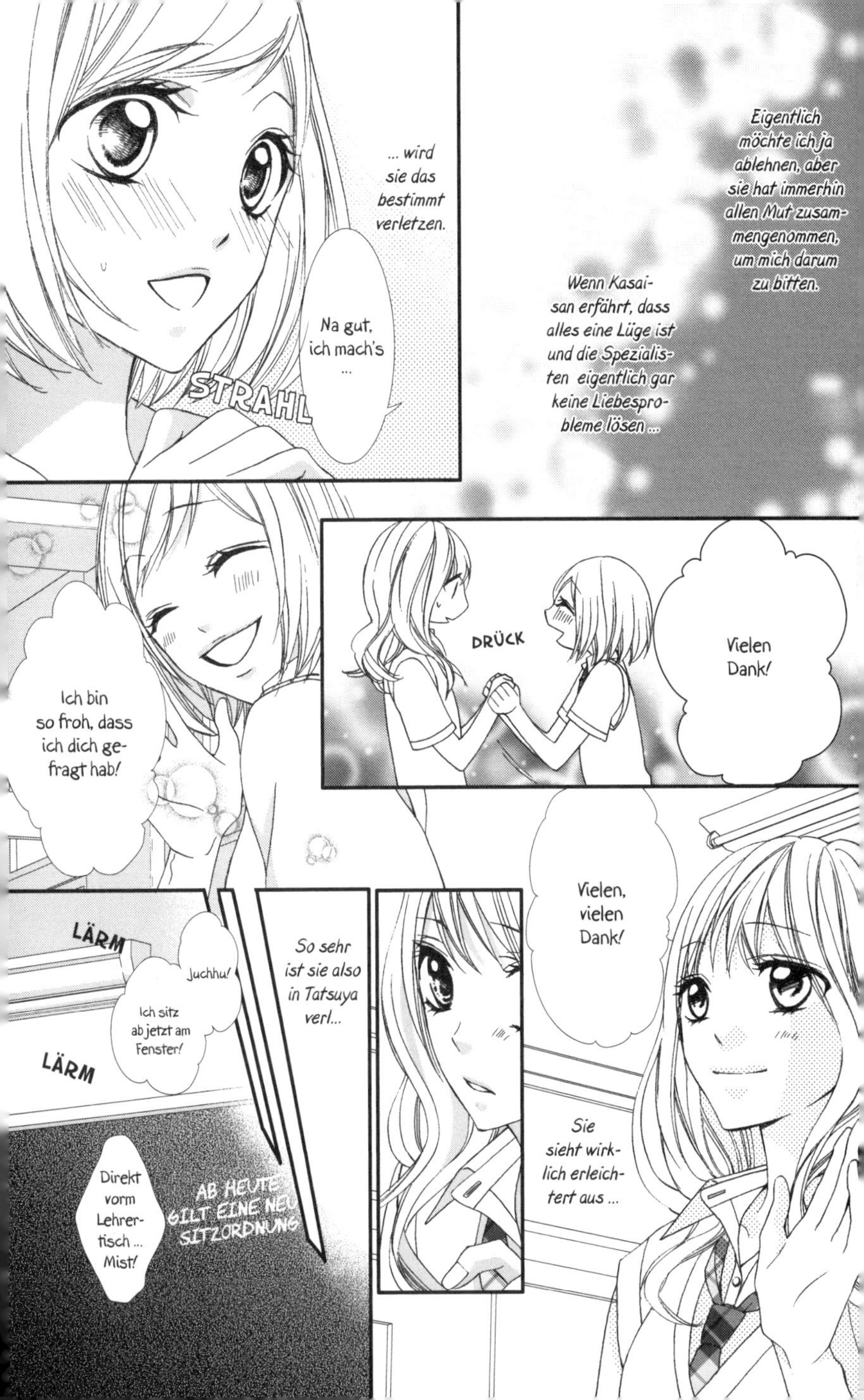
Eigentlich möchte ich ja ablehnen, aber sie hat immerhin allen Mut zusammengenommen, um mich darum zu bitten.
Wenn Kasai-san erfährt, dass alles eine Lüge ist und die Spezialisten eigentlich gar keine Liebesprobleme lösen ...
... wird sie das bestimmt verletzen.
Na gut, ich mach's ...
STRAHL
Vielen Dank!
DRÜCK
Ich bin so froh, dass ich dich gefragt hab!
Vielen, vielen Dank!
Sie sieht wirklich erleichtert aus ...
So sehr ist sie also in Tatsuya verl...
Juchhu!
Ich sitz ab jetzt am Fenster!
LÄRM
LÄRM
AB HEUTE GILT EINE NEU SITZORDNUNG
Direkt vorm Lehrertisch ... Mist!

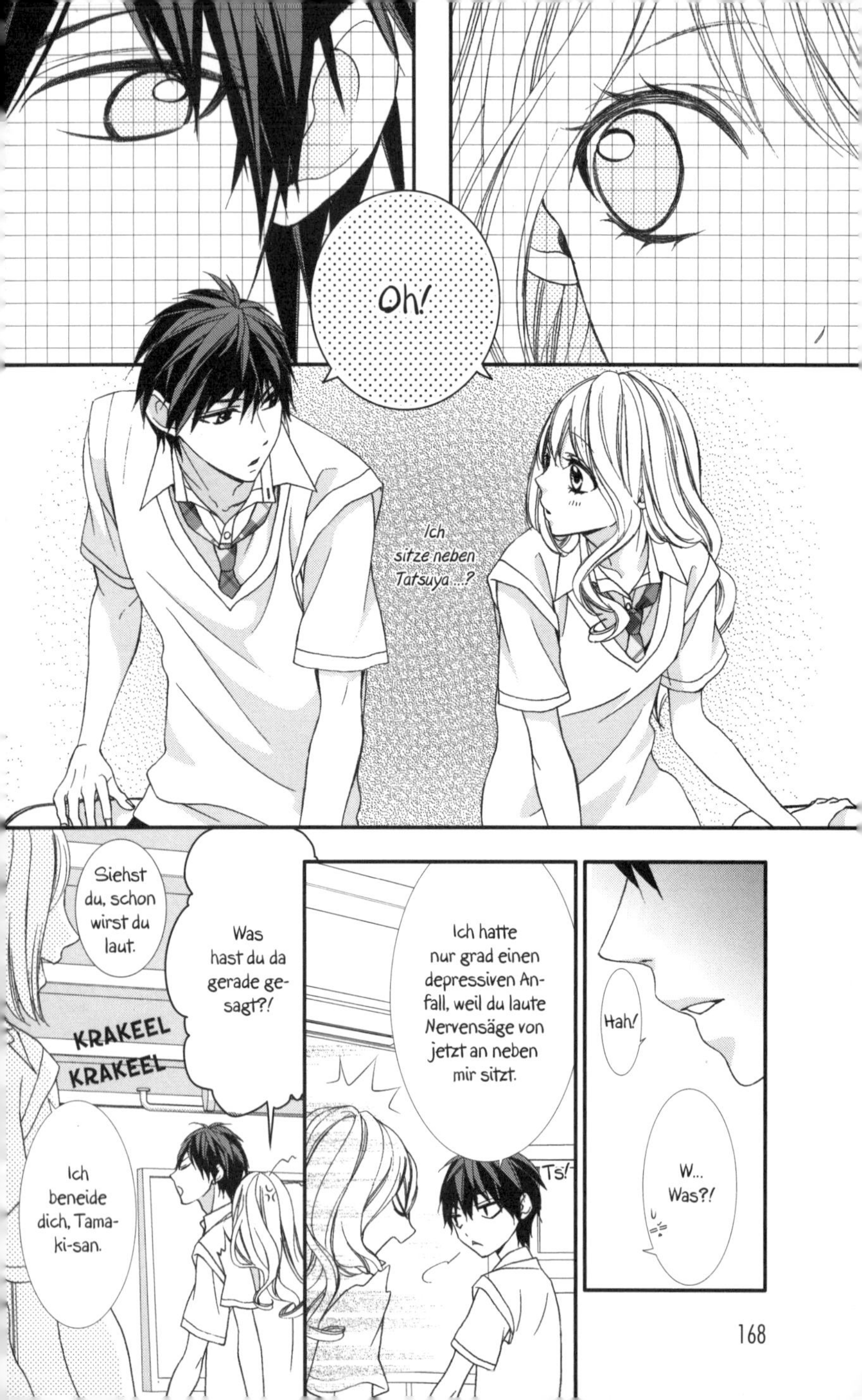
Oh!
Ich sitze neben Tatsuya ...?
Hah!
W... Was?!
Ts!
Ich hatte nur grad einen depressiven Anfall, weil du laute Nervensäge von jetzt an neben mir sitzt.
Siehst du, schon wirst du laut.
Was hast du da gerade gesagt?!
KRAKEEL
KRAKEEL
Ich beneide dich, Tamaki-san.

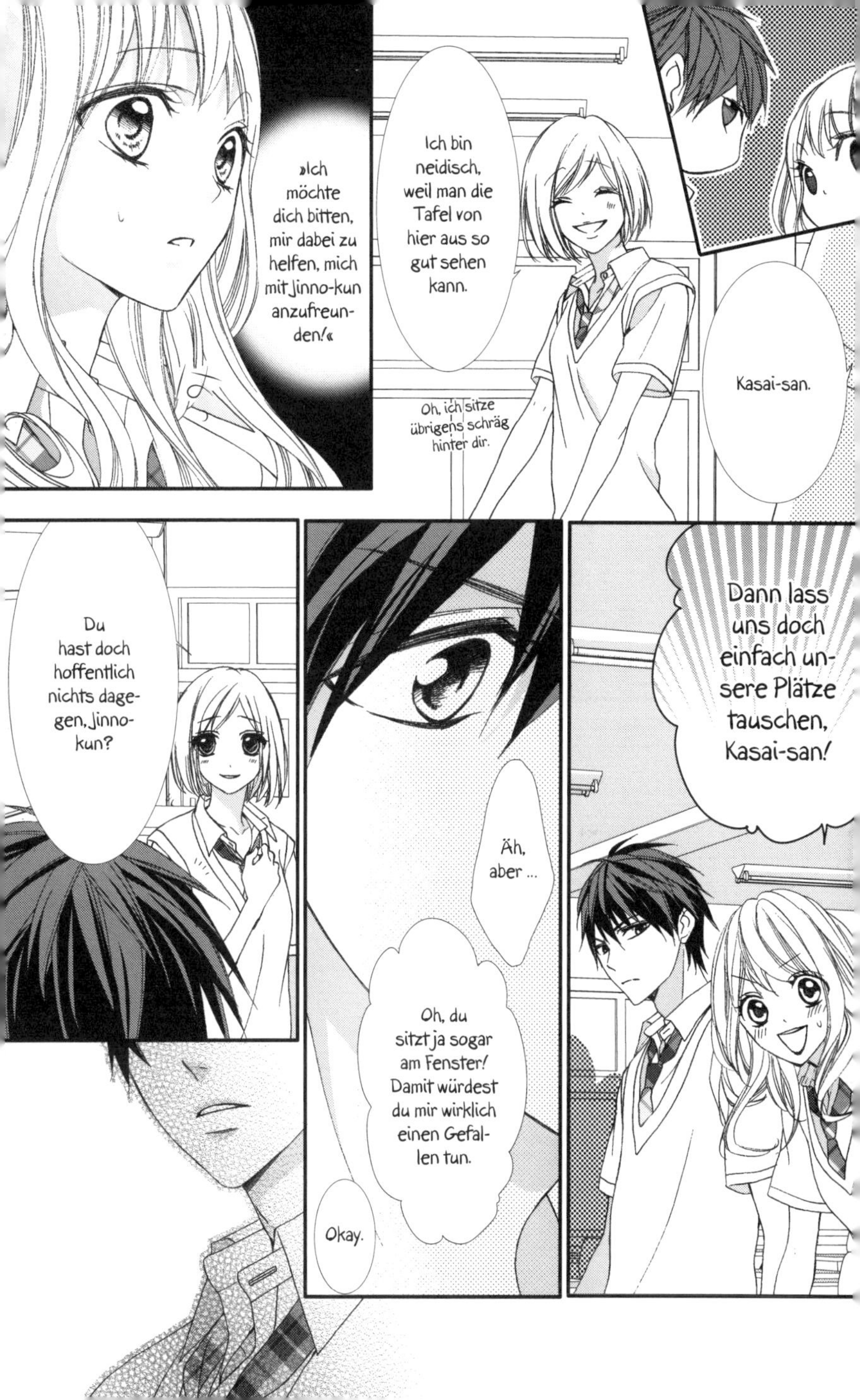
Kasai-san.
Ich bin neidisch, weil man die Tafel von hier aus so gut sehen kann.
Oh, ich sitze übrigens schräg hinter dir.
»Ich möchte dich bitten, mir dabei zu helfen, mich mit Jinno-kun anzufreunden!«
Dann lass uns doch einfach unsere Plätze tauschen, Kasai-san!
Äh, aber ...
Oh, du sitzt ja sogar am Fenster! Damit würdest du mir wirklich einen Gefallen tun.
Okay.
Du hast doch hoffentlich nichts dagegen, Jinno-kun?

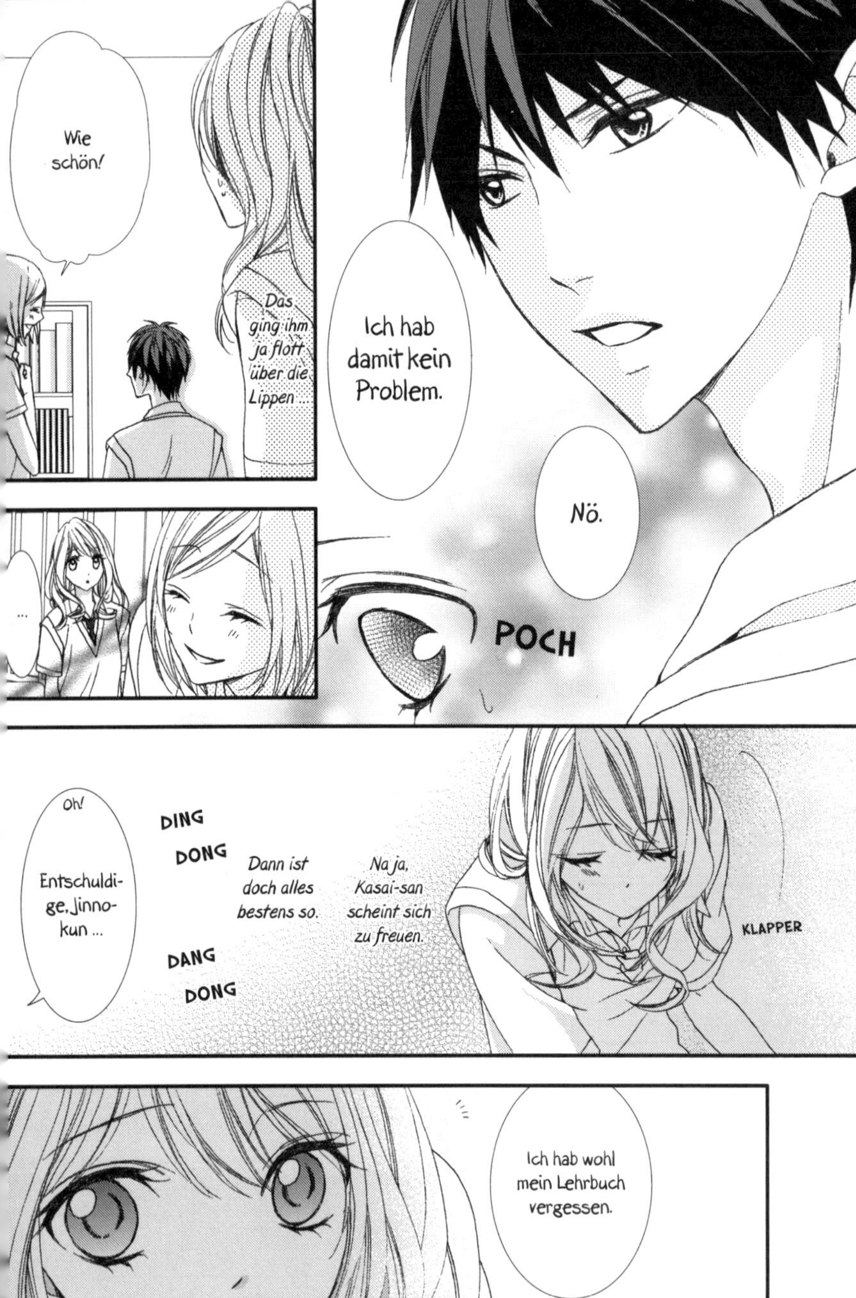

Ich hab damit kein Problem.
Nö.
POCH
Wie schön!
Das ging ihm ja flott über die Lippen ...
...
KLAPPER
Na ja, Kasai-san scheint sich zu freuen.
Dann ist doch alles bestens so.
DING
DONG
DANG
DONG
Oh!
Entschuldige, Jinno-kun ...
Ich hab wohl mein Lehrbuch vergessen.

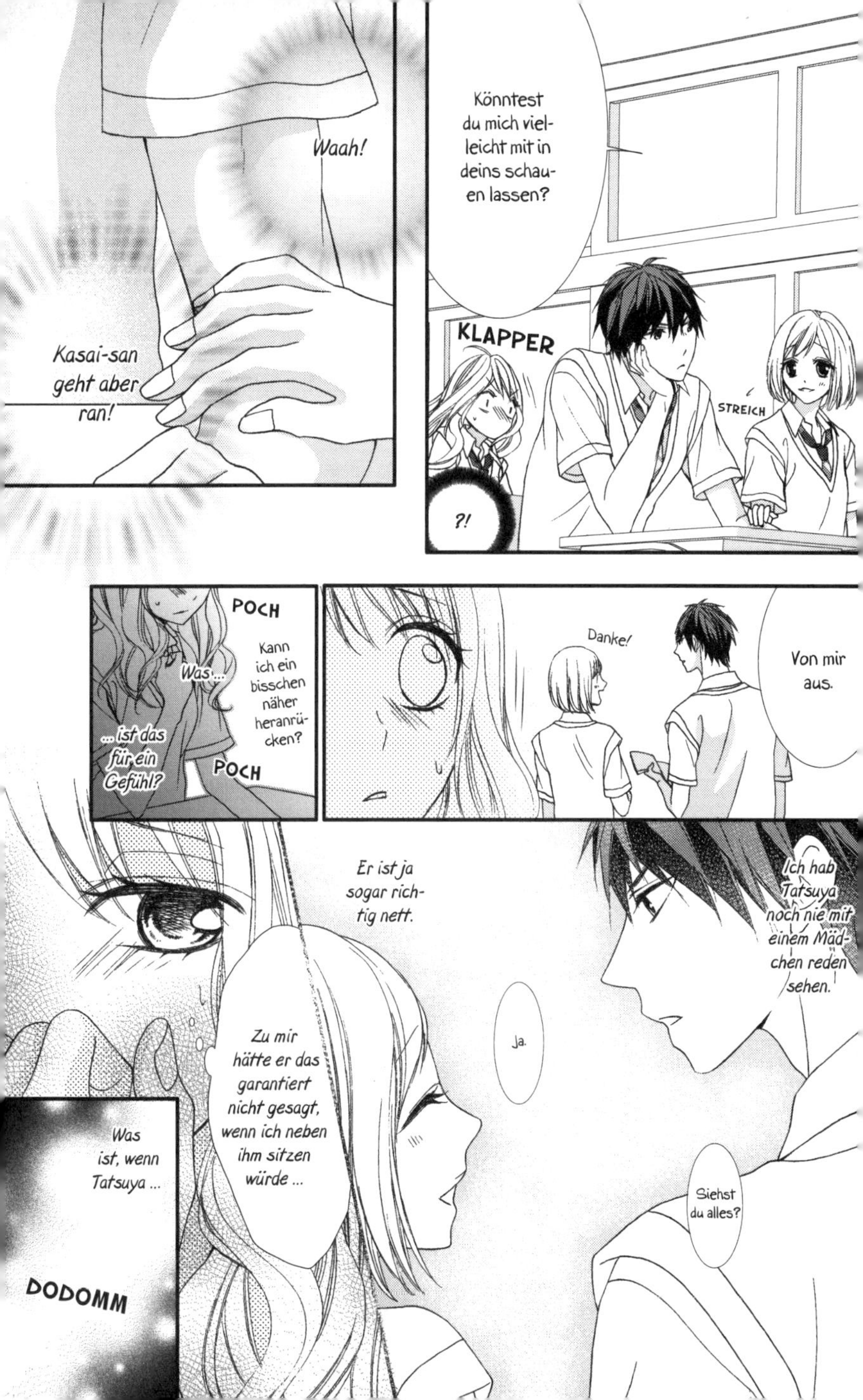

Könntest du mich vielleicht mit in deins schauen lassen?
STREICH
KLAPPER
?!
Waah!
Kasai-san geht aber ran!
Von mir aus.
Danke!
POCH
Kann ich ein bisschen näher heranrücken?
Was ...
... ist das für ein Gefühl?
POCH
Ich hab Tatsuya noch nie mit einem Mädchen reden sehen.
Er ist ja sogar richtig nett.
Ja.
Siehst du alles?
Zu mir hätte er das garantiert nicht gesagt, wenn ich neben ihm sitzen würde ...
Was ist, wenn Tatsuya ...
DODOMM

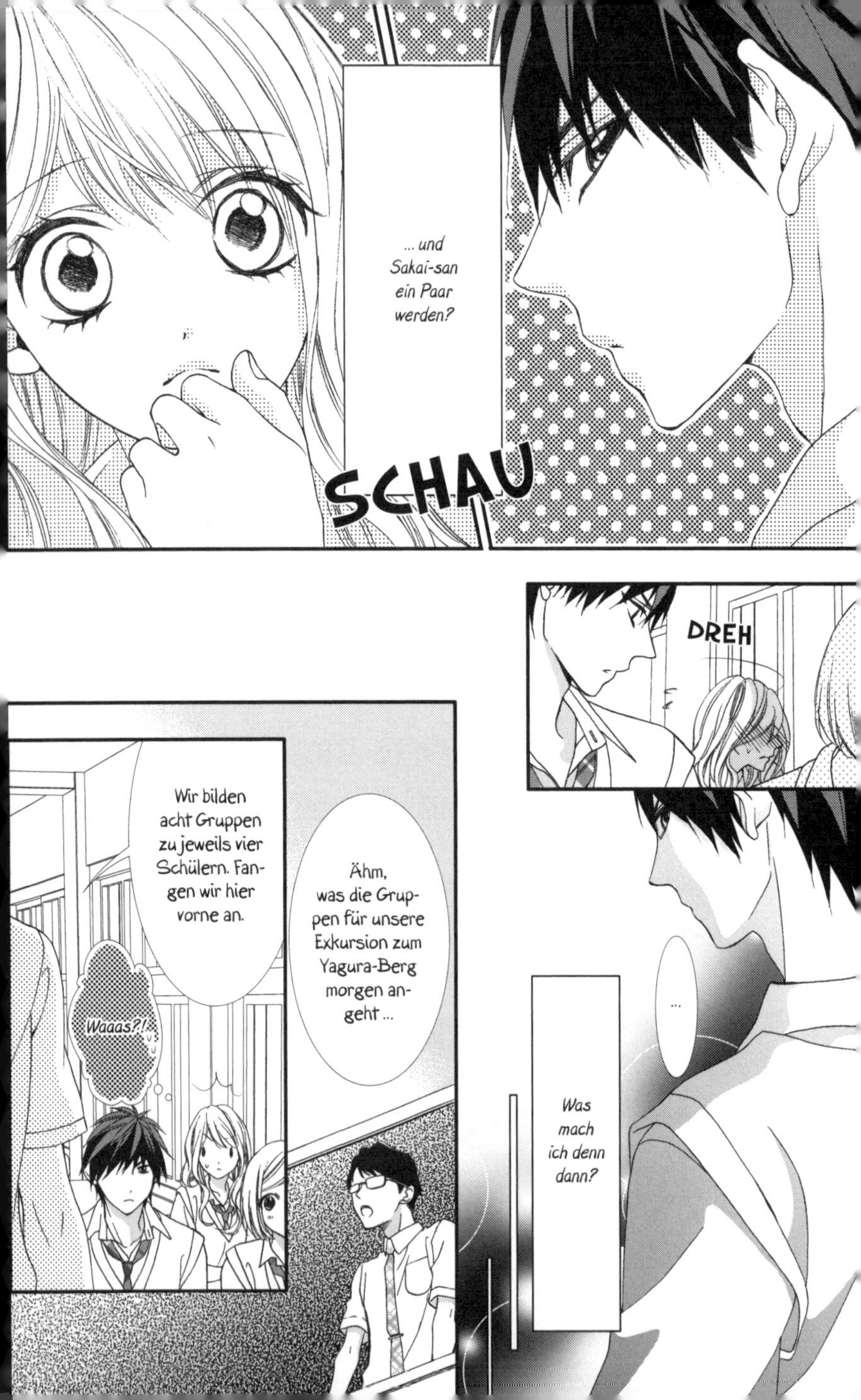

... und Sakai-san ein Paar werden?

SCHAU

DREH

...

Was mach ich denn dann?

Ähm, was die Gruppen für unsere Exkursion zum Yagura-Berg morgen angeht ...

Wir bilden acht Gruppen zu jeweils vier Schülern. Fangen wir hier vorne an.

Waaas?!

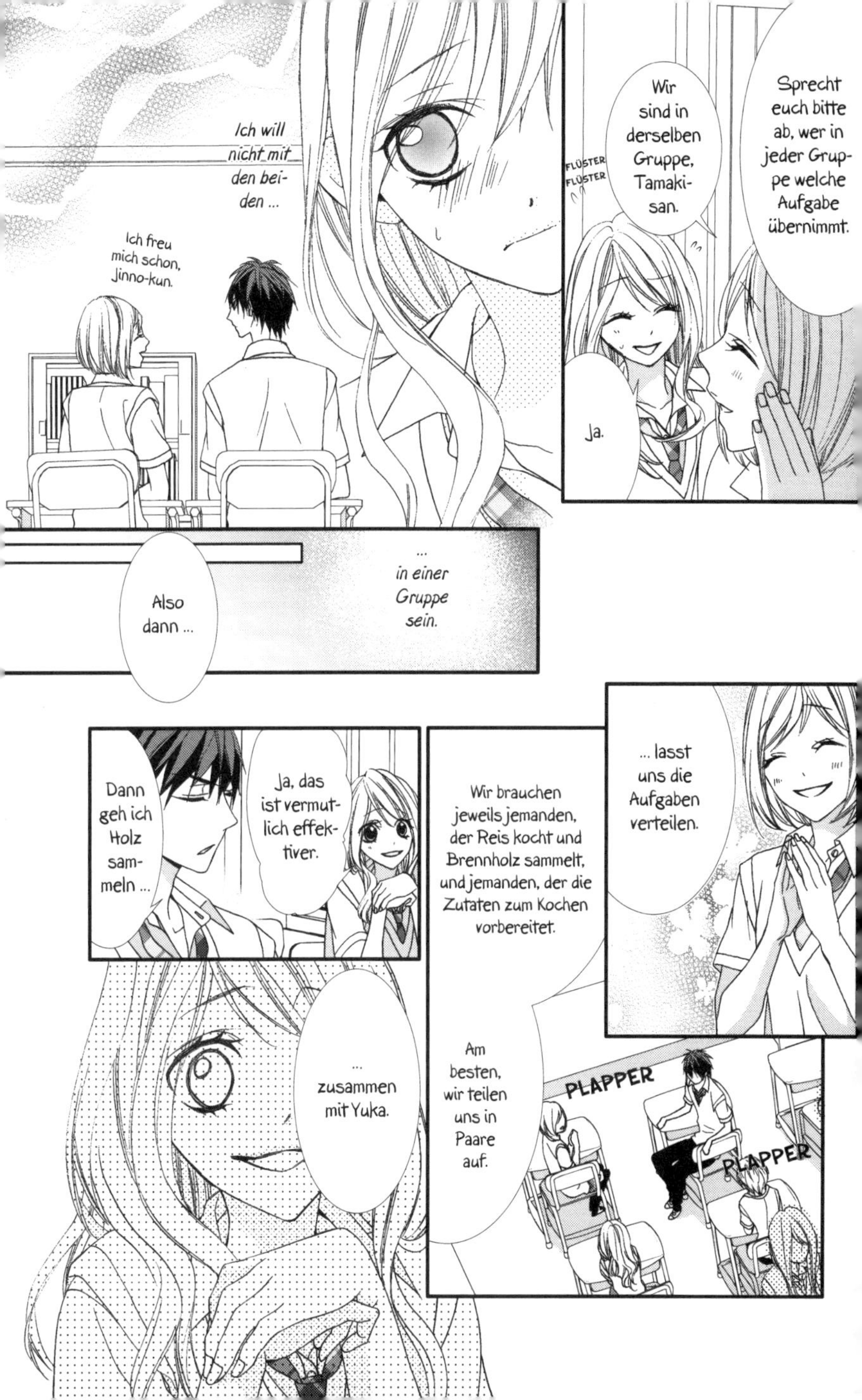

Sprecht euch bitte ab, wer in jeder Gruppe welche Aufgabe übernimmt.
Wir sind in derselben Gruppe, Tamaki-san.
FLÜSTER FLÜSTER
Ja.
Ich will nicht mit den beiden ...
Ich freu mich schon, Jinno-kun.
... in einer Gruppe sein.
Also dann ...
... lasst uns die Aufgaben verteilen.
Wir brauchen jeweils jemanden, der Reis kocht und Brennholz sammelt, und jemanden, der die Zutaten zum Kochen vorbereitet.
Am besten, wir teilen uns in Paare auf.
PLAPPER
PLAPPER
Ja, das ist vermutlich effektiver.
Dann geh ich Holz sammeln ...
... zusammen mit Yuka.

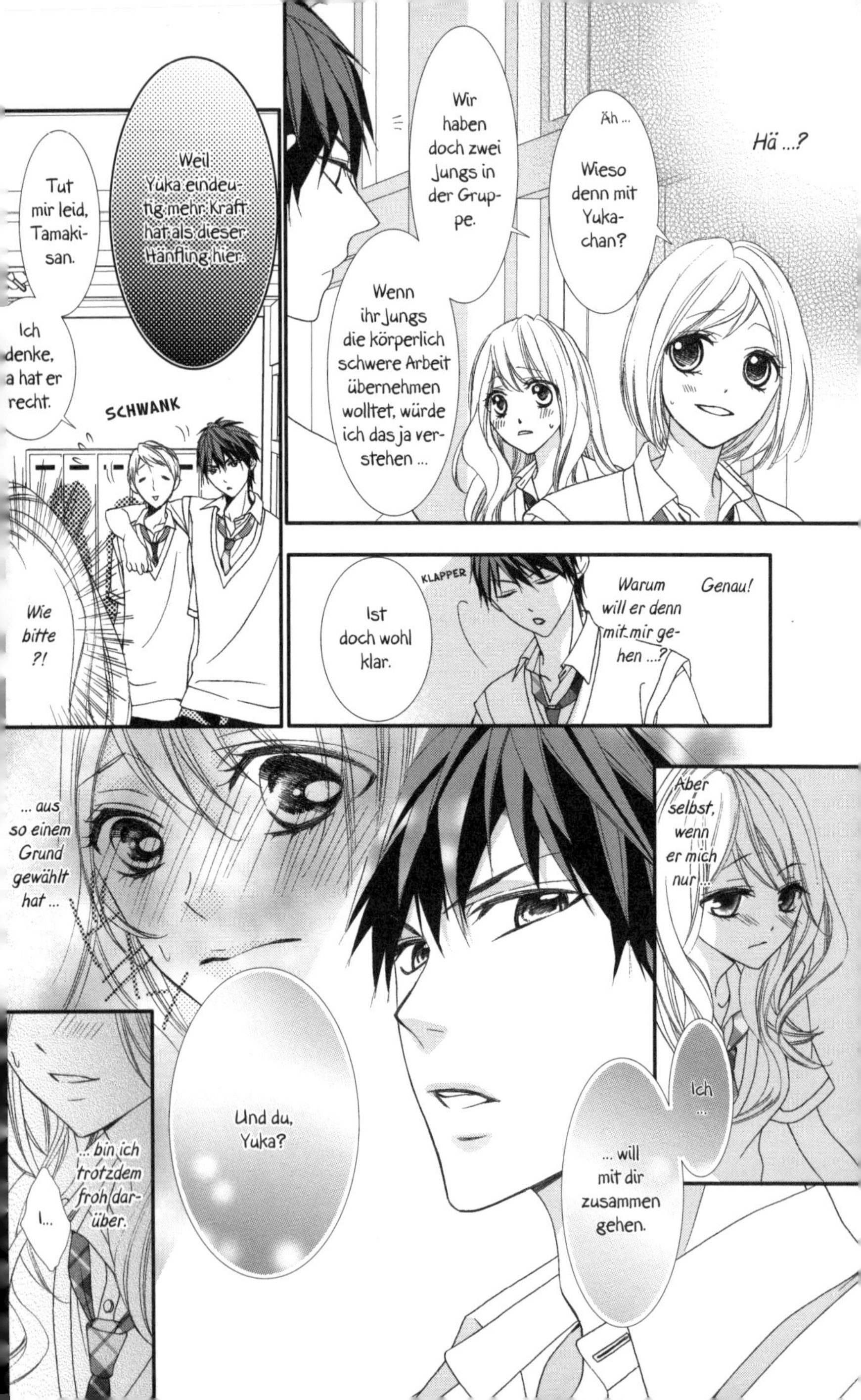

Hä ...?
Äh ... Wieso denn mit Yuka-chan?
Wir haben doch zwei Jungs in der Gruppe.
Wenn ihr Jungs die körperlich schwere Arbeit übernehmen wolltet, würde ich das ja verstehen ...
Weil Yuka eindeutig mehr Kraft hat als dieser Hänfling hier.
Tut mir leid, Tamaki-san.
Ich denke, a hat er recht.
SCHWANK
Wie bitte?!
Genau!
Warum will er denn mit mir gehen ...?
KLAPPER
Ist doch wohl klar.
Aber selbst, wenn er mich nur ...
... aus so einem Grund gewählt hat ...
... bin ich trotzdem froh darüber.
Ich ...
... will mit dir zusammen gehen.
Und du, Yuka?
I...

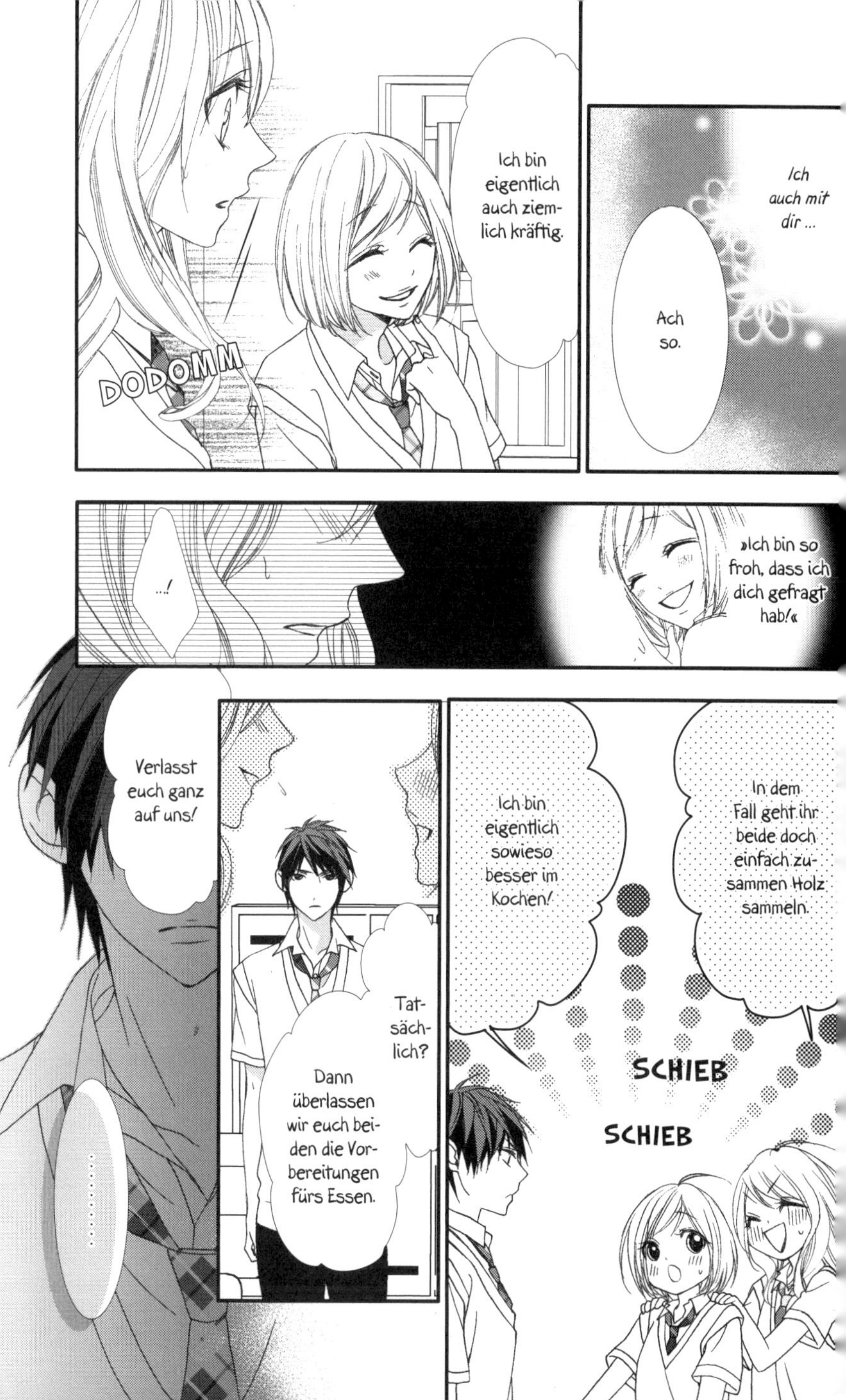
Ich auch mit dir ...
Ach so.
Ich bin eigentlich auch ziemlich kräftig.
DODOMM
»Ich bin so froh, dass ich dich gefragt hab!«
...!
In dem Fall geht ihr beide doch einfach zusammen Holz sammeln.
Ich bin eigentlich sowieso besser im Kochen!
SCHIEB
SCHIEB
Tatsächlich?
Dann überlassen wir euch beiden die Vorbereitungen fürs Essen.
Verlasst euch ganz auf uns!
....

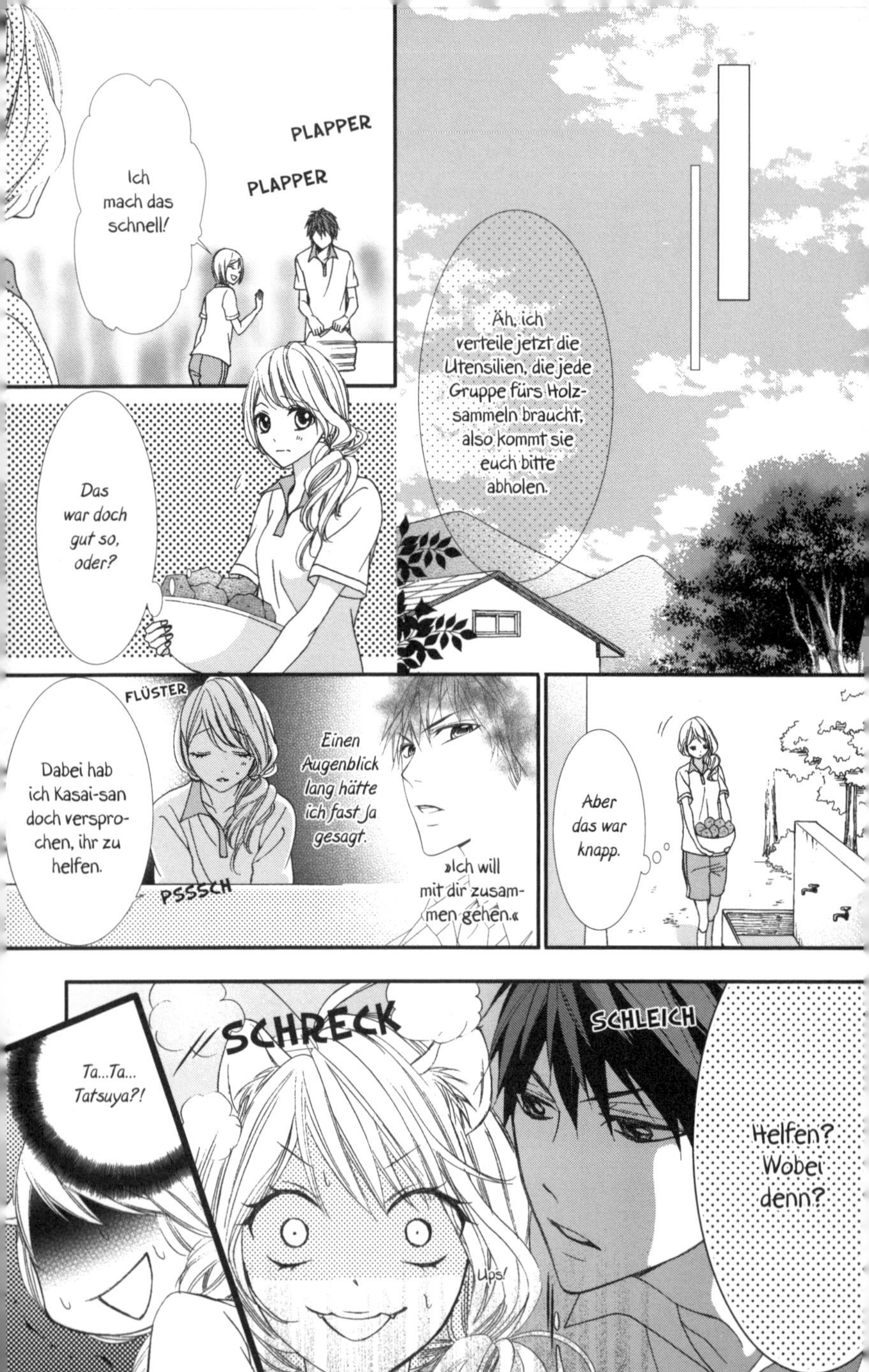
Äh, ich verteile jetzt die Utensilien, die jede Gruppe fürs Holzsammeln braucht, also kommt sie euch bitte abholen.
PLAPPER
PLAPPER
Ich mach das schnell!
Das war doch gut so, oder?
Aber das war knapp.
Einen Augenblick lang hätte ich fast Ja gesagt.
»Ich will mit dir zusammen gehen.«
FLÜSTER
Dabei hab ich Kasai-san doch versprochen, ihr zu helfen.
PSSSCH
SCHLEICH
Helfen? Wobei denn?
SCHRECK
Ups!
Ta...Ta... Tatsuya?!

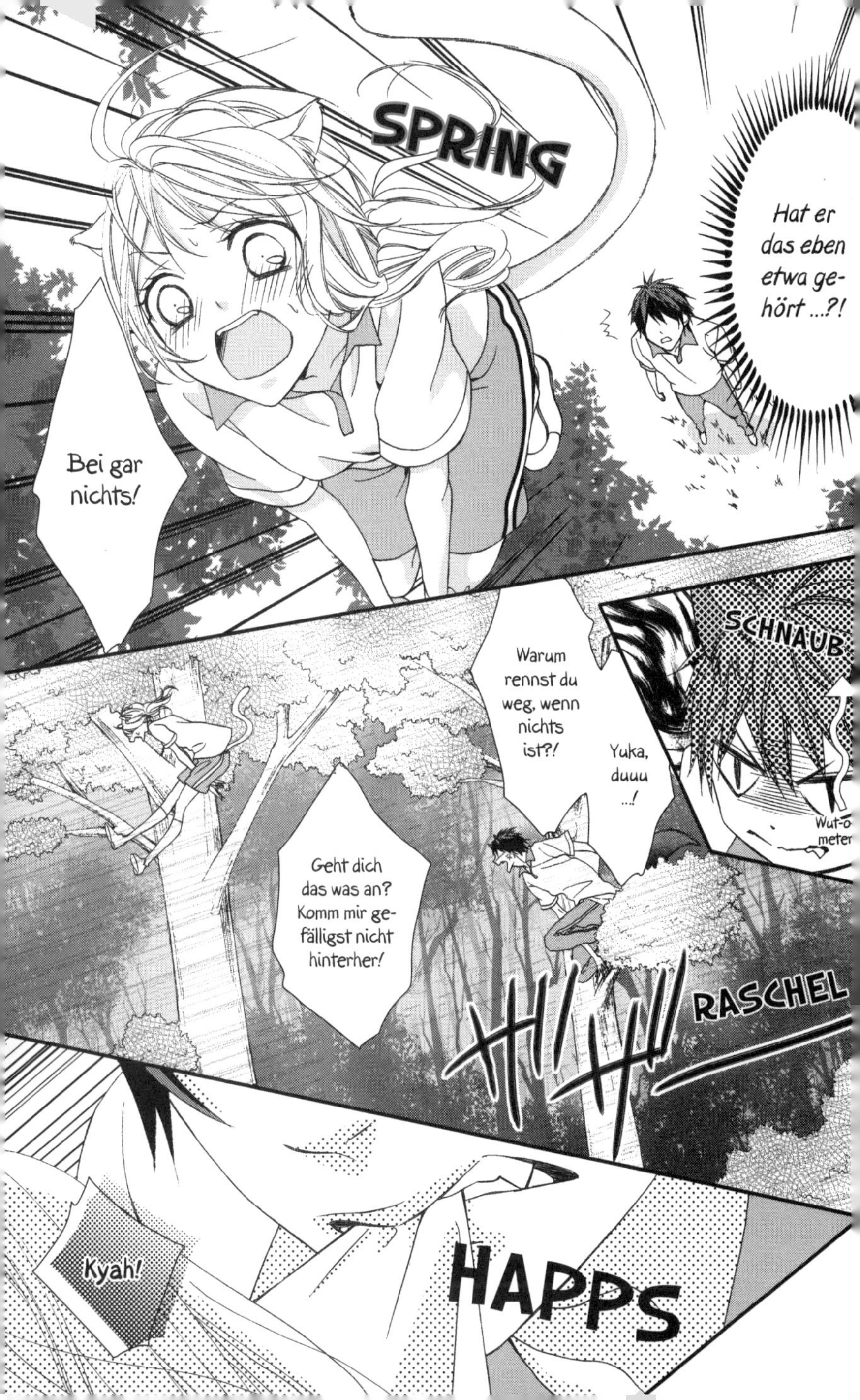
Hat er das eben etwa gehört ...?!
SPRING
Bei gar nichts!
SCHNAUB
Wut-o-meter
Yuka, duuu ...!
Warum rennst du weg, wenn nichts ist?!
Geht dich das was an? Komm mir gefälligst nicht hinterher!
RASCHEL
HAPPS
Kyah!

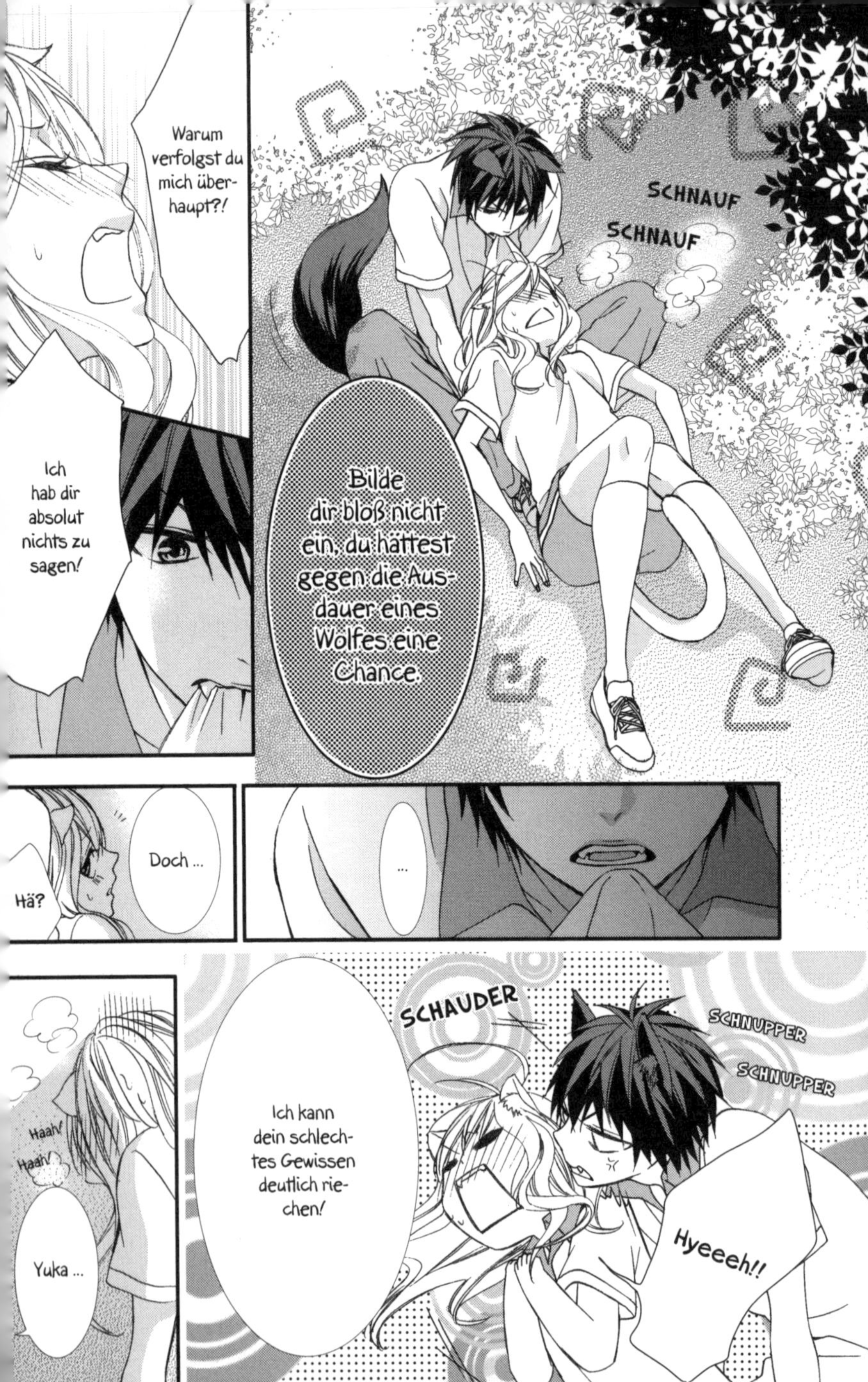
SCHNAUF
SCHNAUF
Bilde dir bloß nicht ein, du hättest gegen die Ausdauer eines Wolfes eine Chance.
Warum verfolgst du mich überhaupt?!
Ich hab dir absolut nichts zu sagen!
...
Doch ...
Hä?
SCHNUPPER
SCHNUPPER
SCHAUDER
Hyeeeh!!
Ich kann dein schlechtes Gewissen deutlich riechen!
Haah!
Haah!
Yuka ...

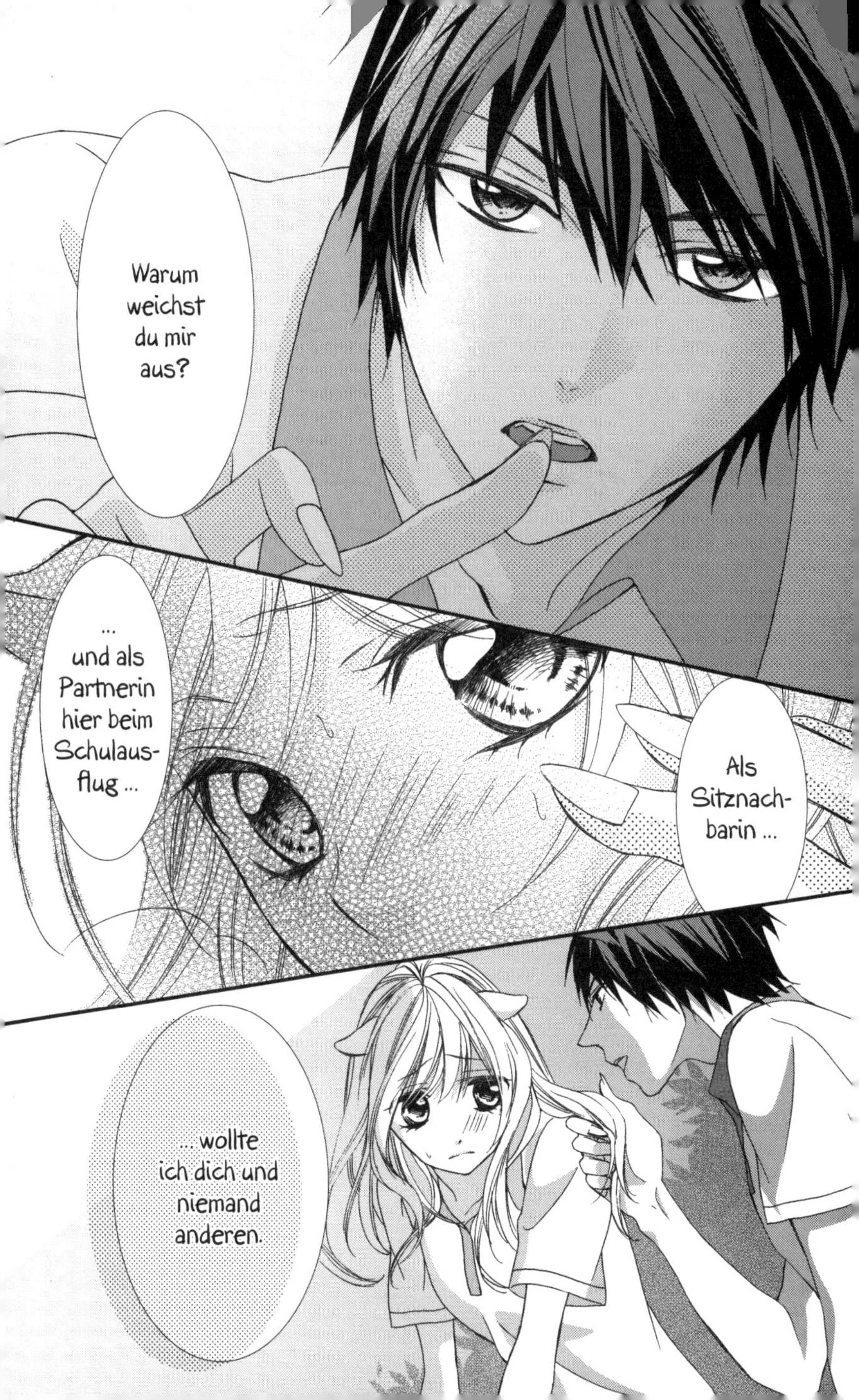
Warum weichst du mir aus?
Als Sitznach-barin ...
... und als Partnerin hier beim Schulaus-flug ...
... wollte ich dich und niemand anderen.

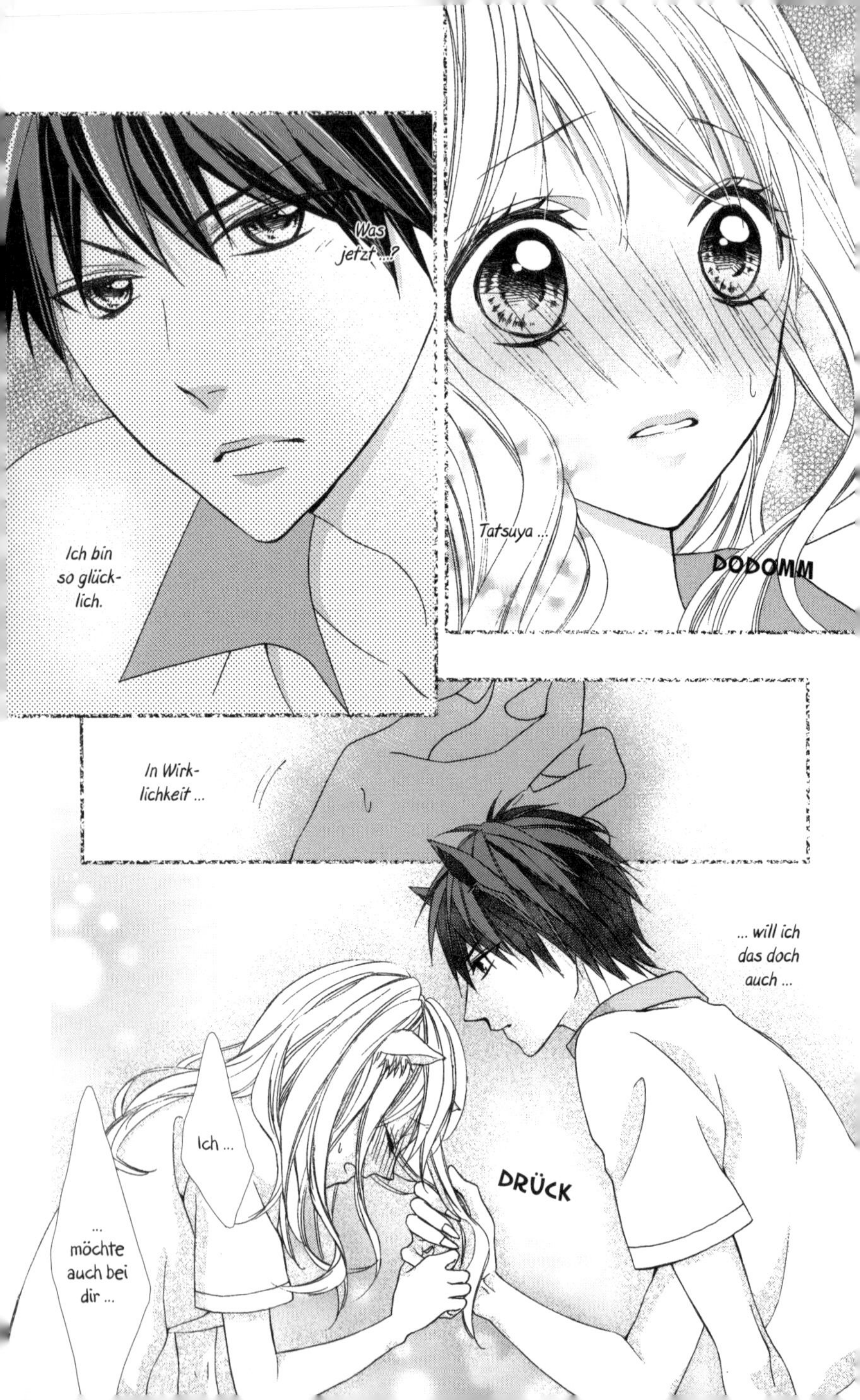
Tatsuya ...
DODOMM
Was jetzt ...?
Ich bin so glück-lich.
In Wirk-lichkeit ...
... will ich das doch auch ...
DRÜCK
Ich ...
... möchte auch bei dir ...

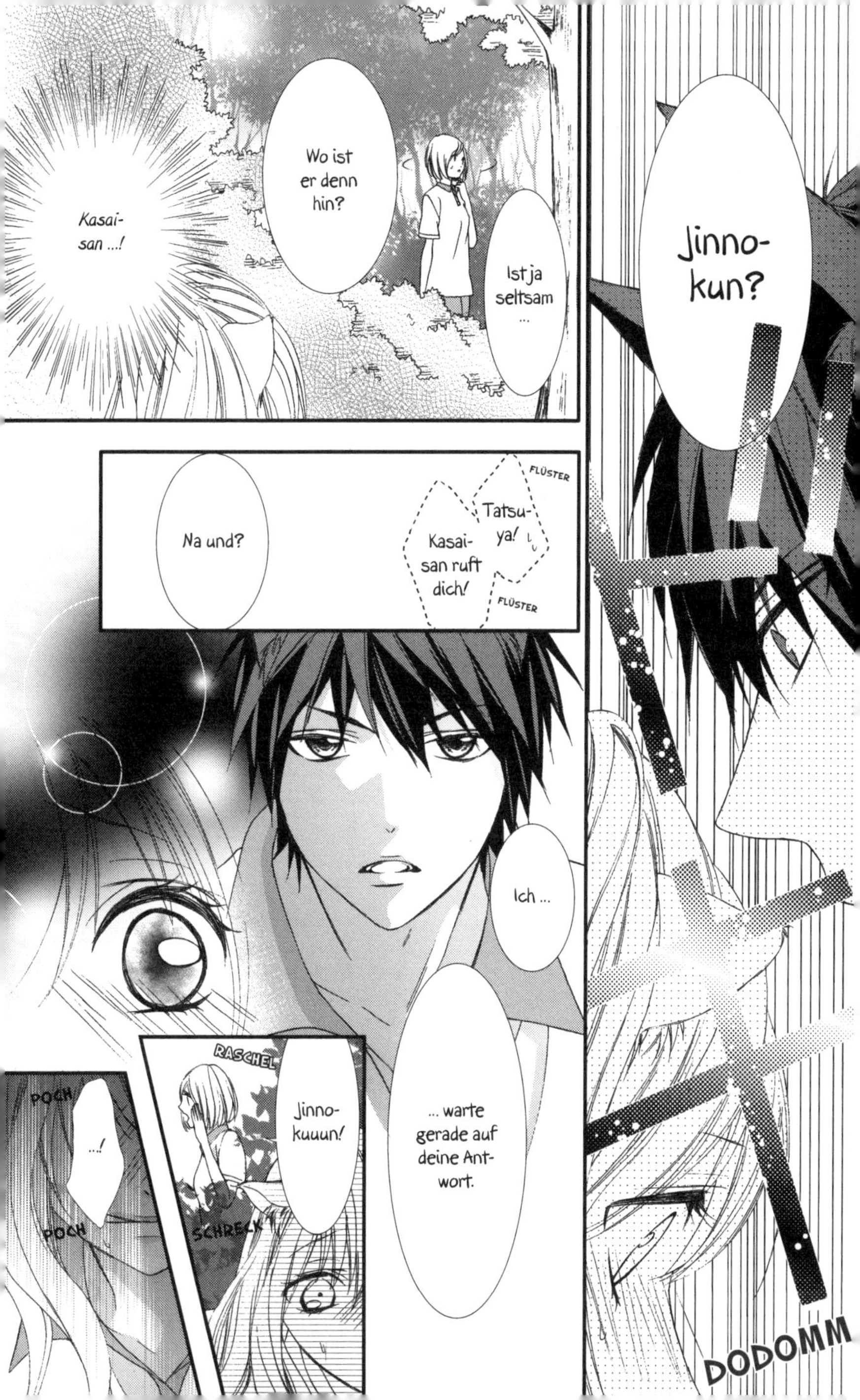
Jinno-kun?
Ist ja seltsam ...
Wo ist er denn hin?
Kasai-san ...!
FLÜSTER
Tatsu-ya!
Kasai-san ruft dich!
FLÜSTER
Na und?
DODOMM
Ich ...
... warte gerade auf deine Antwort.
RASCHEL
Jinno-kuuun!
SCHRECK
POCH
...!
POCH

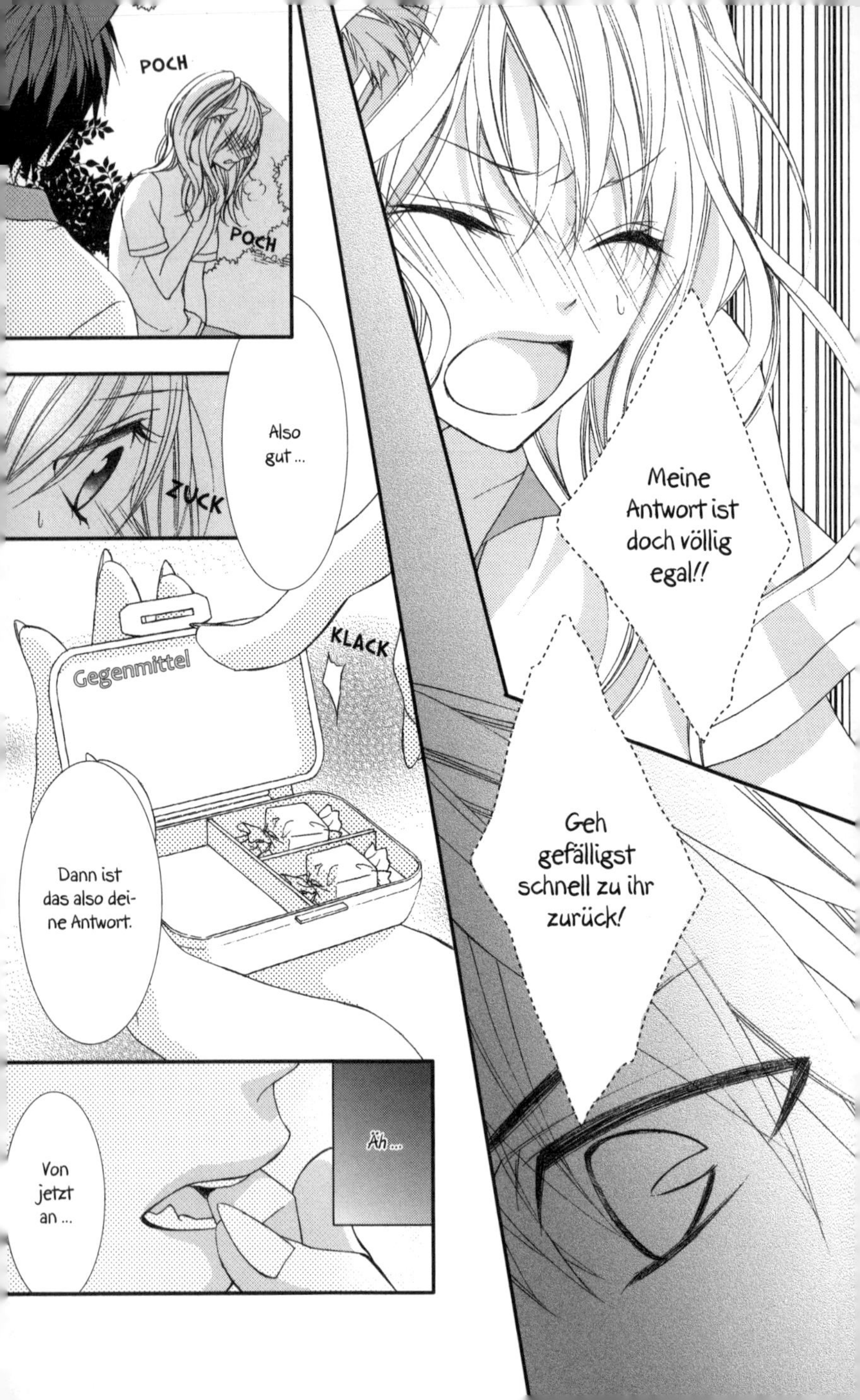
POCH
POCH
Meine Antwort ist doch völlig egal!!
Geh gefälligst schnell zu ihr zurück!
ZUCK
Also gut ...
KLACK
Gegenmittel
Dann ist das also deine Antwort.
Äh ...
Von jetzt an ...

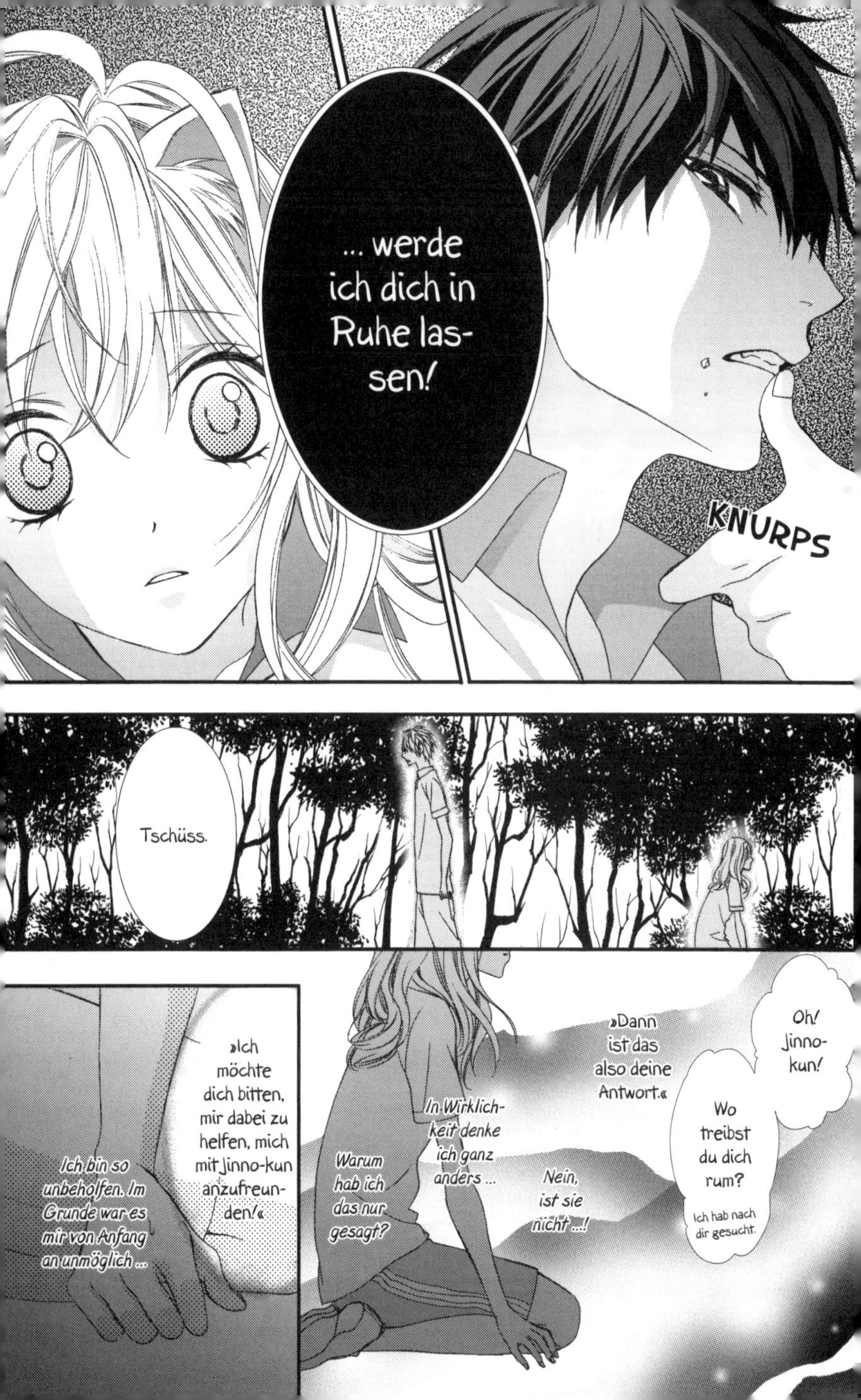

... werde ich dich in Ruhe lassen!

KNURPS

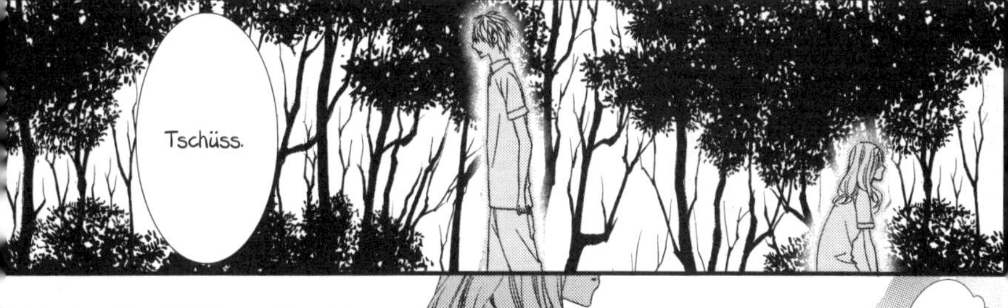

Oh! Jinno-kun!

Wo treibst du dich rum?

Ich hab nach dir gesucht.

»Dann ist das also deine Antwort.«

Nein, ist sie nicht ...!

In Wirklichkeit denke ich ganz anders ...

Warum hab ich das nur gesagt?

»Ich möchte dich bitten, mir dabei zu helfen, mich mit Jinno-kun anzufreunden!«

Ich bin so unbeholfen. Im Grunde war es mir von Anfang an unmöglich ...

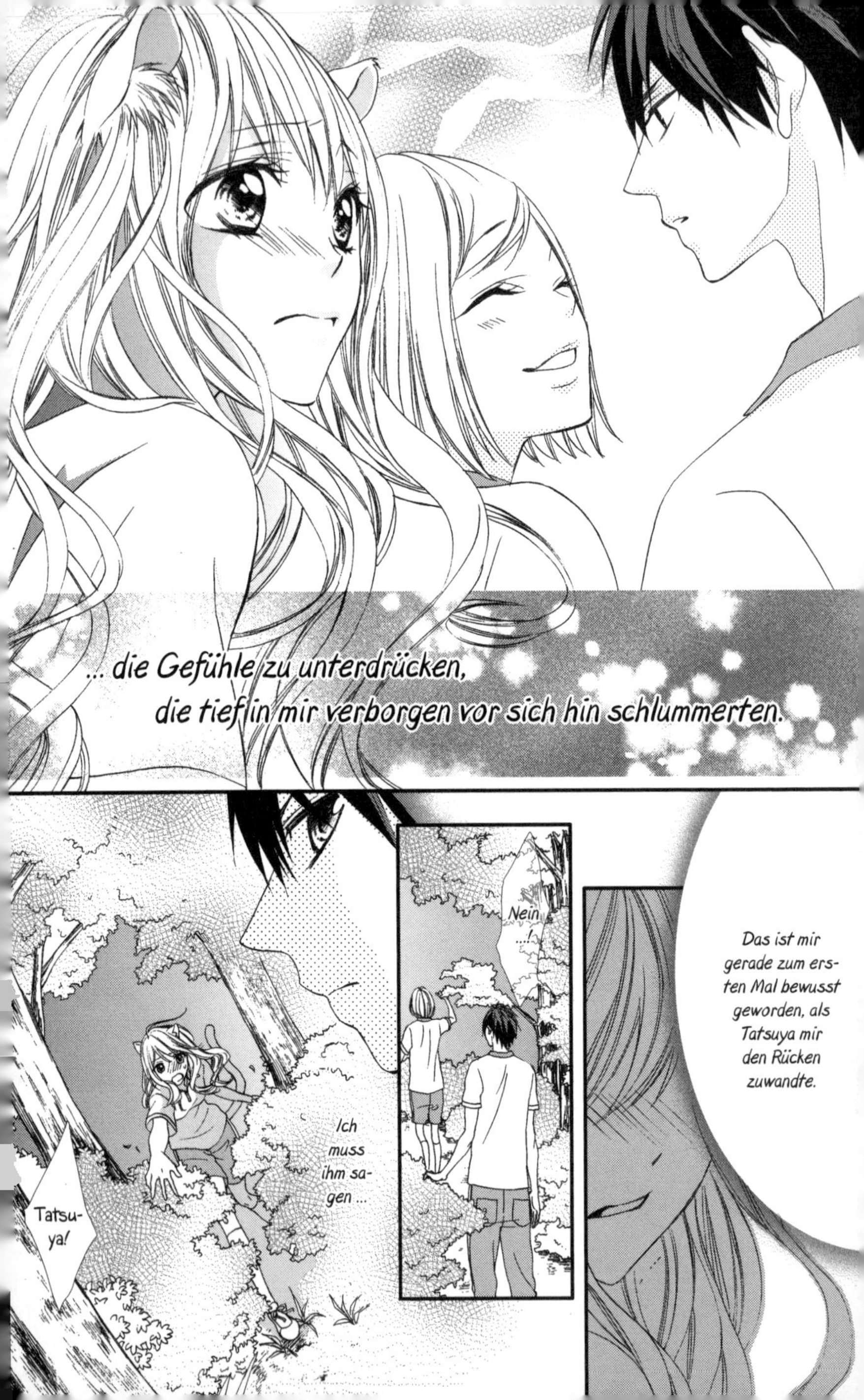
... die Gefühle zu unterdrücken,
die tief in mir verborgen vor sich hin schlummerten.
Das ist mir gerade zum ersten Mal bewusst geworden, als Tatsuya mir den Rücken zuwandte.
Nein ...!
Ich muss ihm sagen ...
Tatsuya!

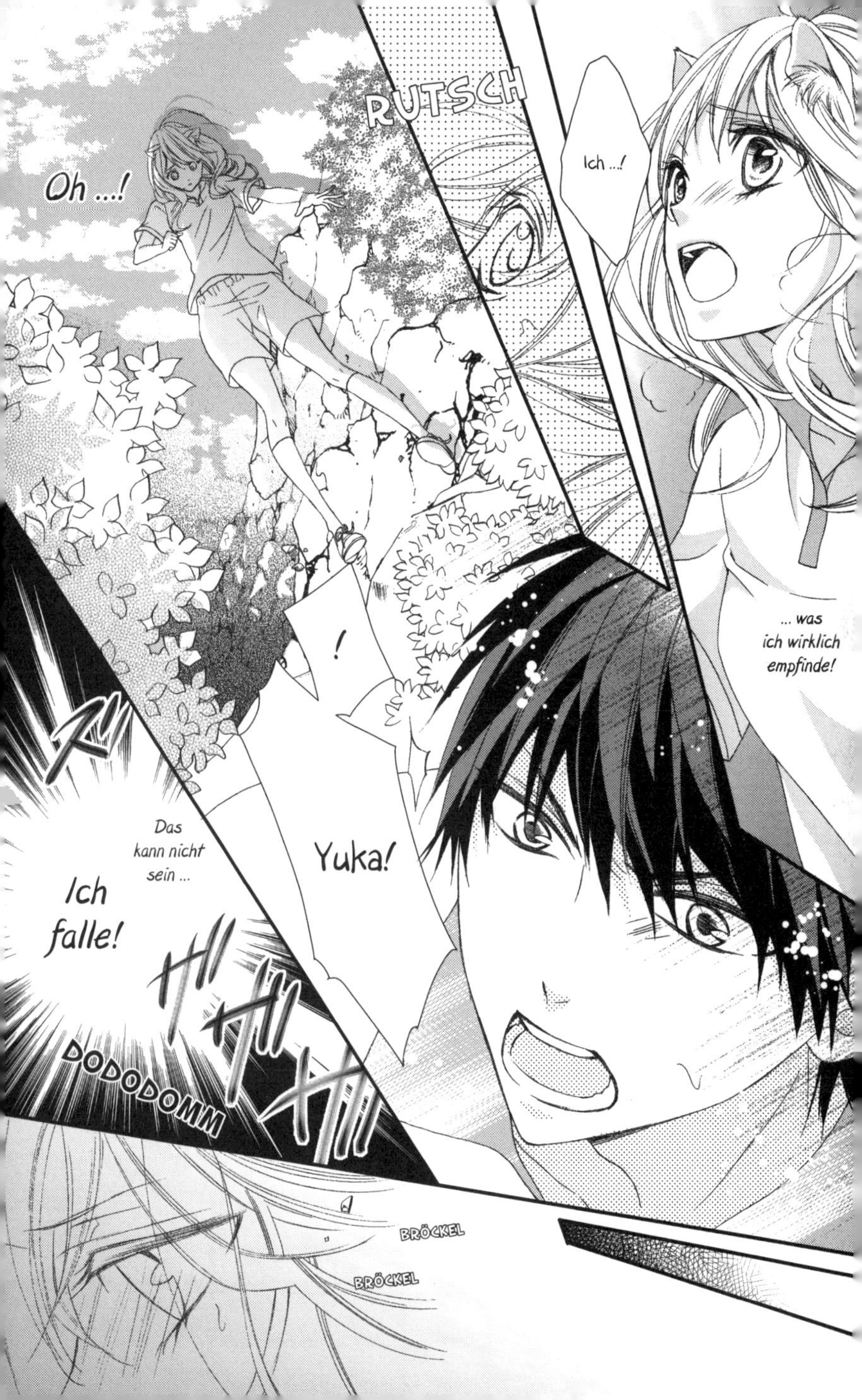
Ich ...!
... was ich wirklich empfinde!
RUTSCH
Oh ...!
!
Yuka!
Das kann nicht sein ...
Ich falle!
DODODOMM
BRÖCKEL
BRÖCKEL

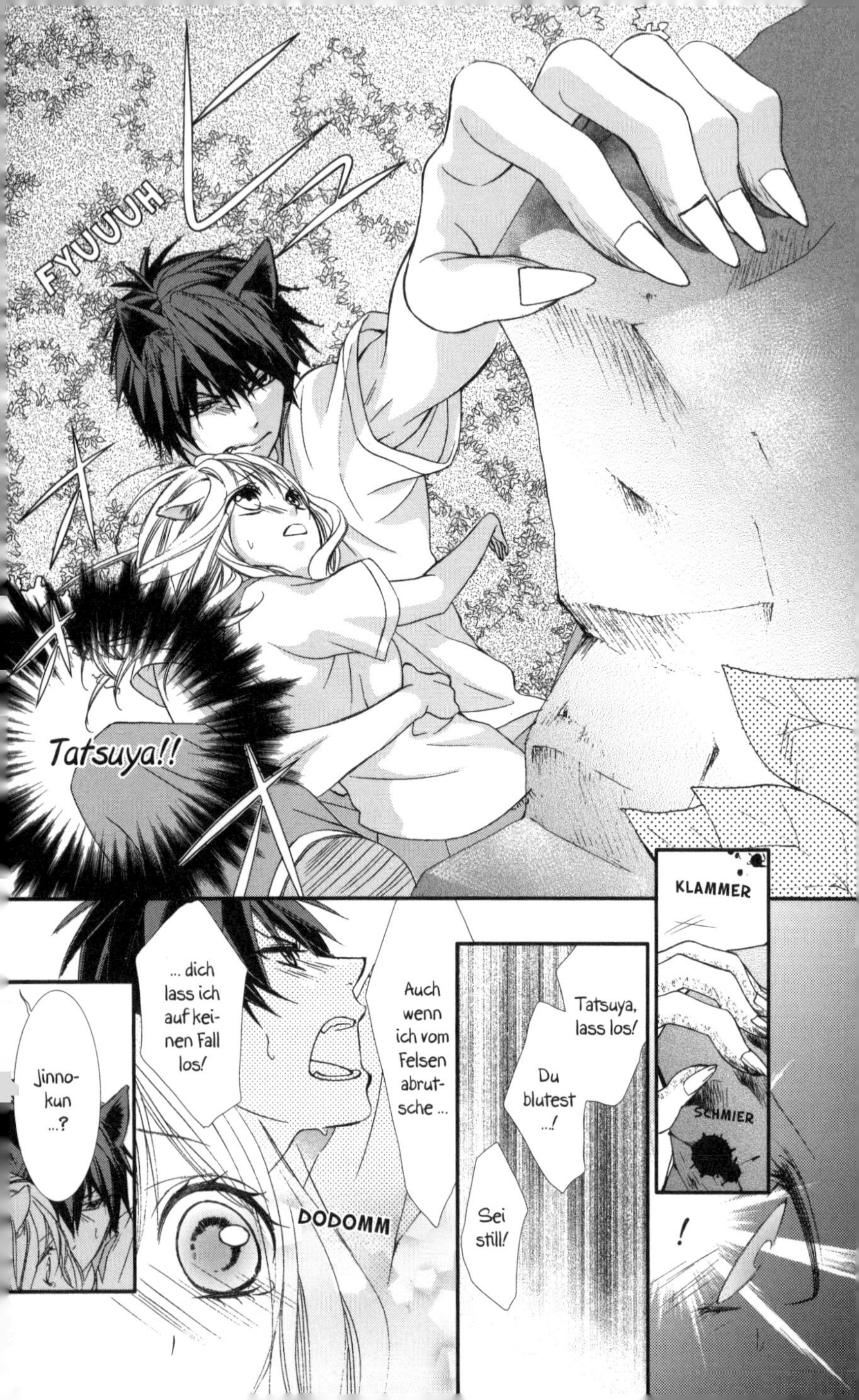
FYUUUH
Tatsuya!!
KLAMMER
SCHMIER
!
Tatsuya, lass los!
Du blutest …!
Sei still!
Auch wenn ich vom Felsen abrutsche …
… dich lass ich auf keinen Fall los!
DODOMM
Jinno-kun …?

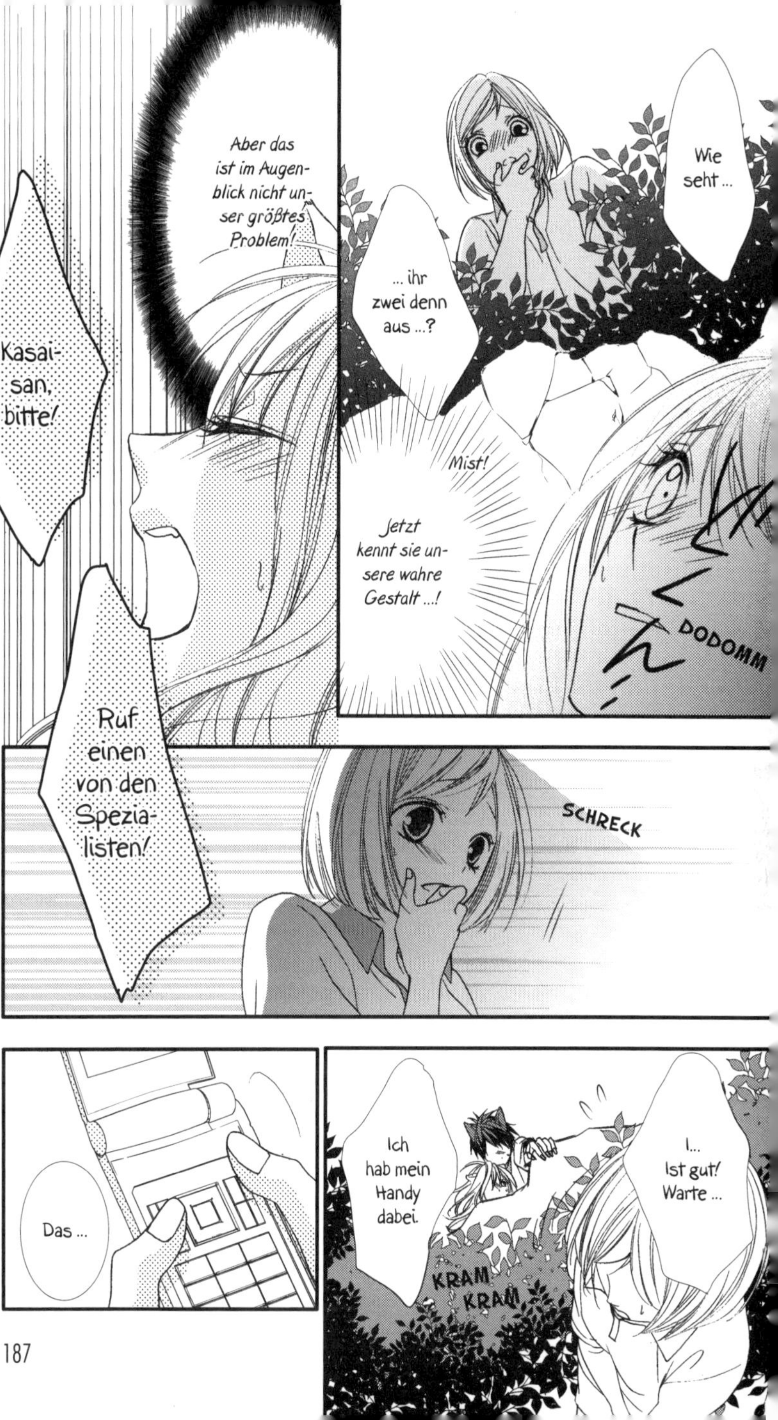

Wie seht ...
... ihr zwei denn aus ...?
Mist!
Jetzt kennt sie unsere wahre Gestalt ...!
DODOMM
Aber das ist im Augenblick nicht unser größtes Problem!
Kasai-san, bitte!
Ruf einen von den Spezialisten!
SCHRECK

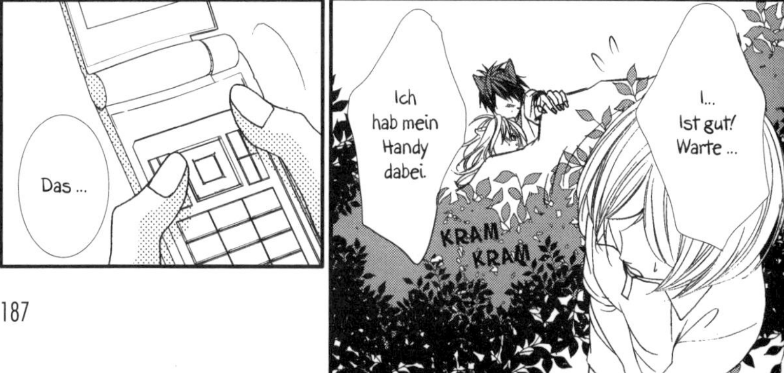

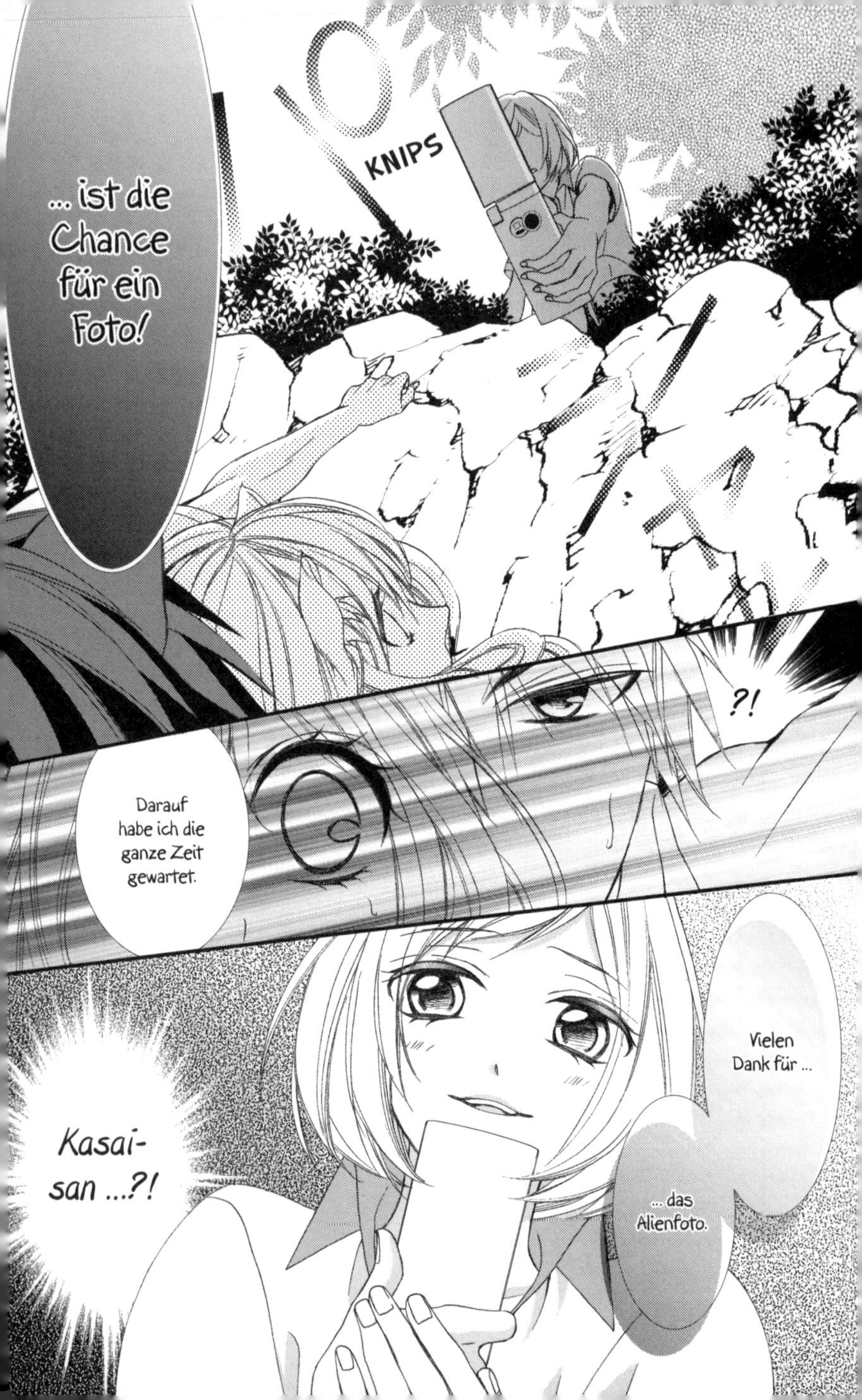
KNIPS
... ist die Chance für ein Foto!
?!
Darauf habe ich die ganze Zeit gewartet.
Vielen Dank für ...
... das Alienfoto.
Kasai-san ...?!

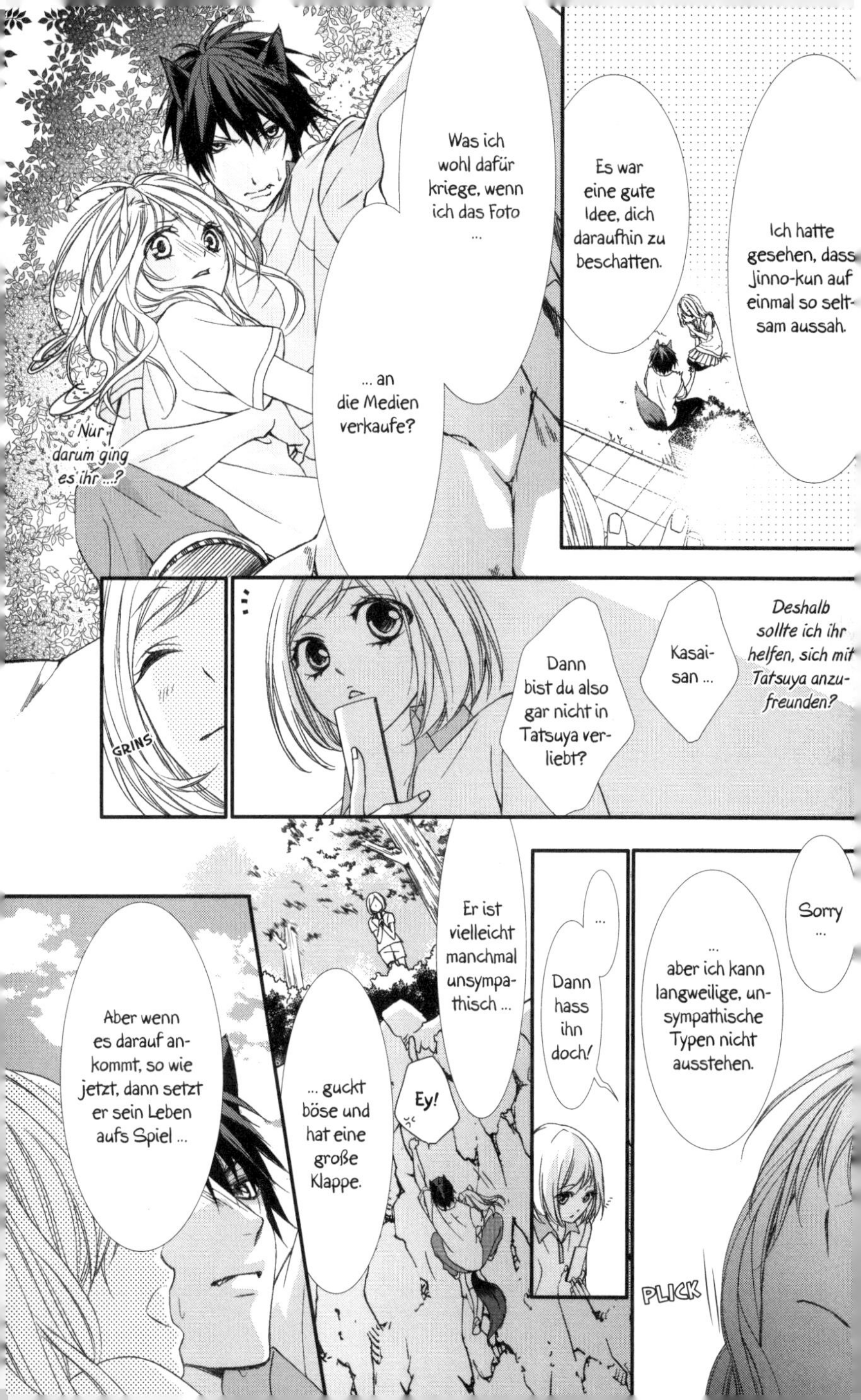
Ich hatte gesehen, dass Jinno-kun auf einmal so seltsam aussah.
Es war eine gute Idee, dich daraufhin zu beschatten.
Was ich wohl dafür kriege, wenn ich das Foto …
… an die Medien verkaufe?
Nur darum ging es ihr …?
Deshalb sollte ich ihr helfen, sich mit Tatsuya anzufreunden?
Kasai-san …
Dann bist du also gar nicht in Tatsuya verliebt?
…
GRINS
Sorry …
… aber ich kann langweilige, unsympathische Typen nicht ausstehen.
PLICK
…
Dann hass ihn doch!
Er ist vielleicht manchmal unsympathisch …
Ey!
… guckt böse und hat eine große Klappe.
Aber wenn es darauf ankommt, so wie jetzt, dann setzt er sein Leben aufs Spiel …

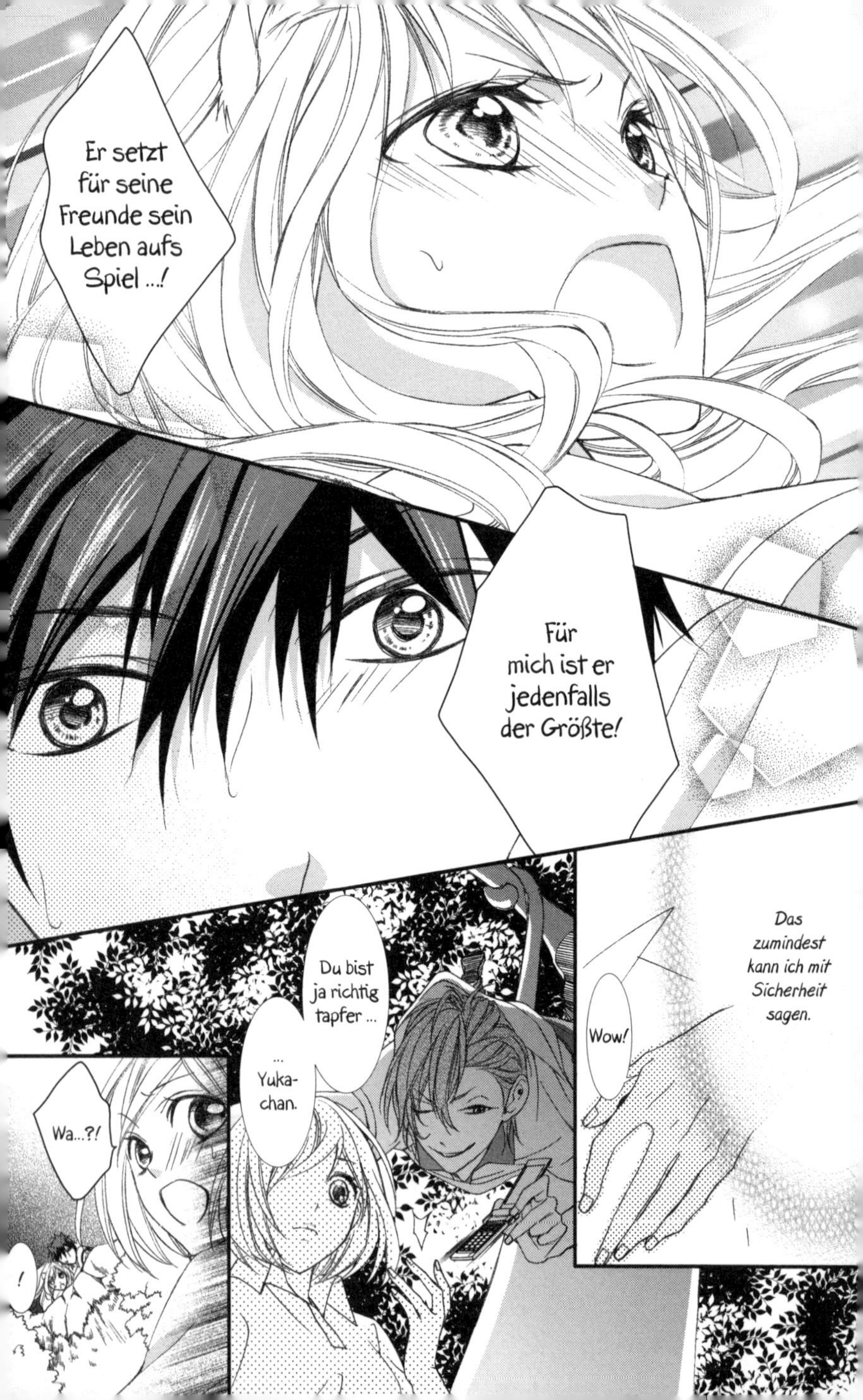

Er setzt für seine Freunde sein Leben aufs Spiel ...!
Für mich ist er jedenfalls der Größte!
Das zumindest kann ich mit Sicherheit sagen.
Wow!
Du bist ja richtig tapfer ...
... Yuka-chan.
Wa...?!
!

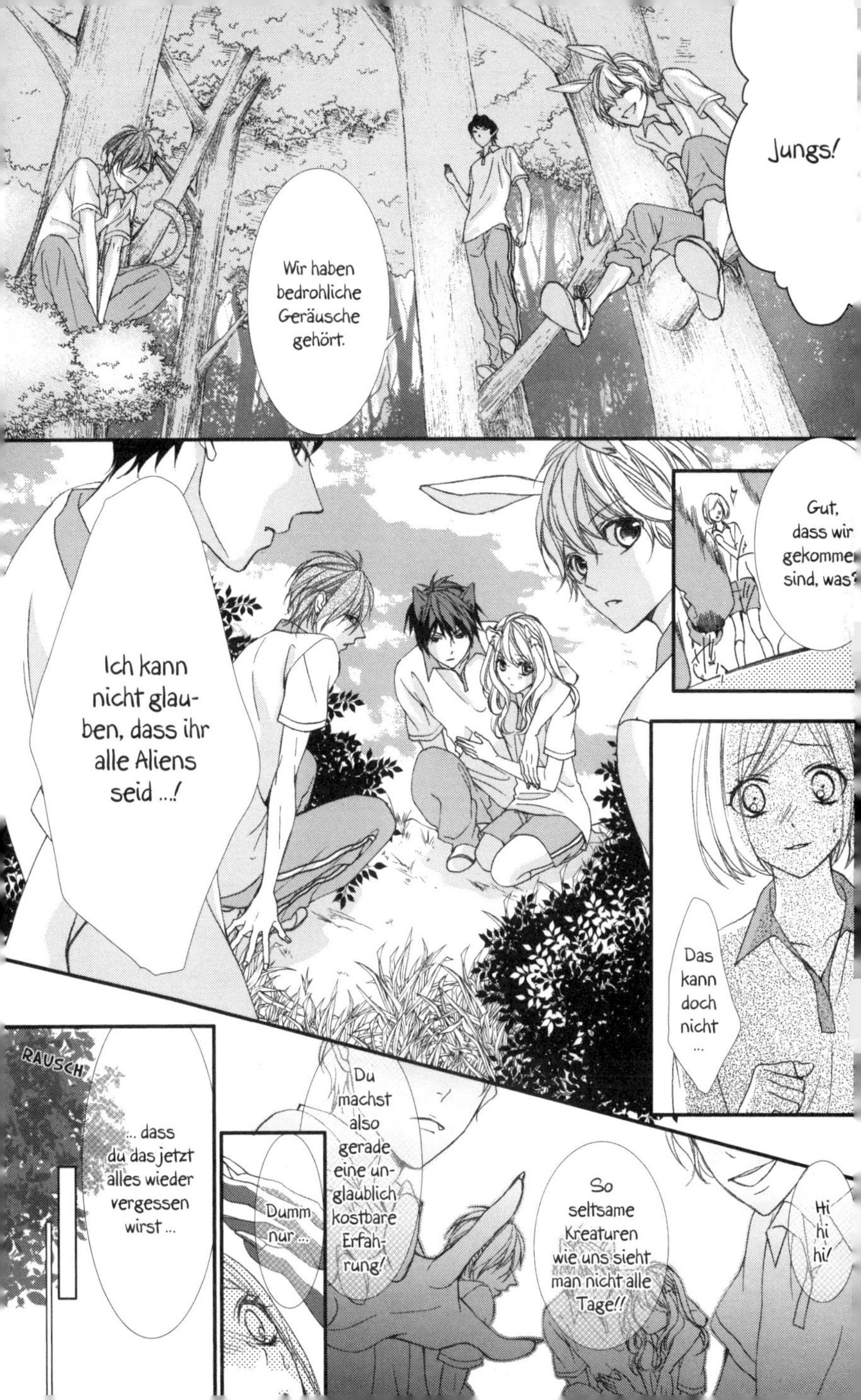
Jungs!
Wir haben bedrohliche Geräusche gehört.
Gut, dass wir gekommen sind, was?
Ich kann nicht glauben, dass ihr alle Aliens seid ...!
Das kann doch nicht ...
Hi hi hi!
So seltsame Kreaturen wie uns sieht man nicht alle Tage!!
Du machst also gerade eine unglaublich kostbare Erfahrung!
Dumm nur ...
... dass du das jetzt alles wieder vergessen wirst ...
RAUSCH

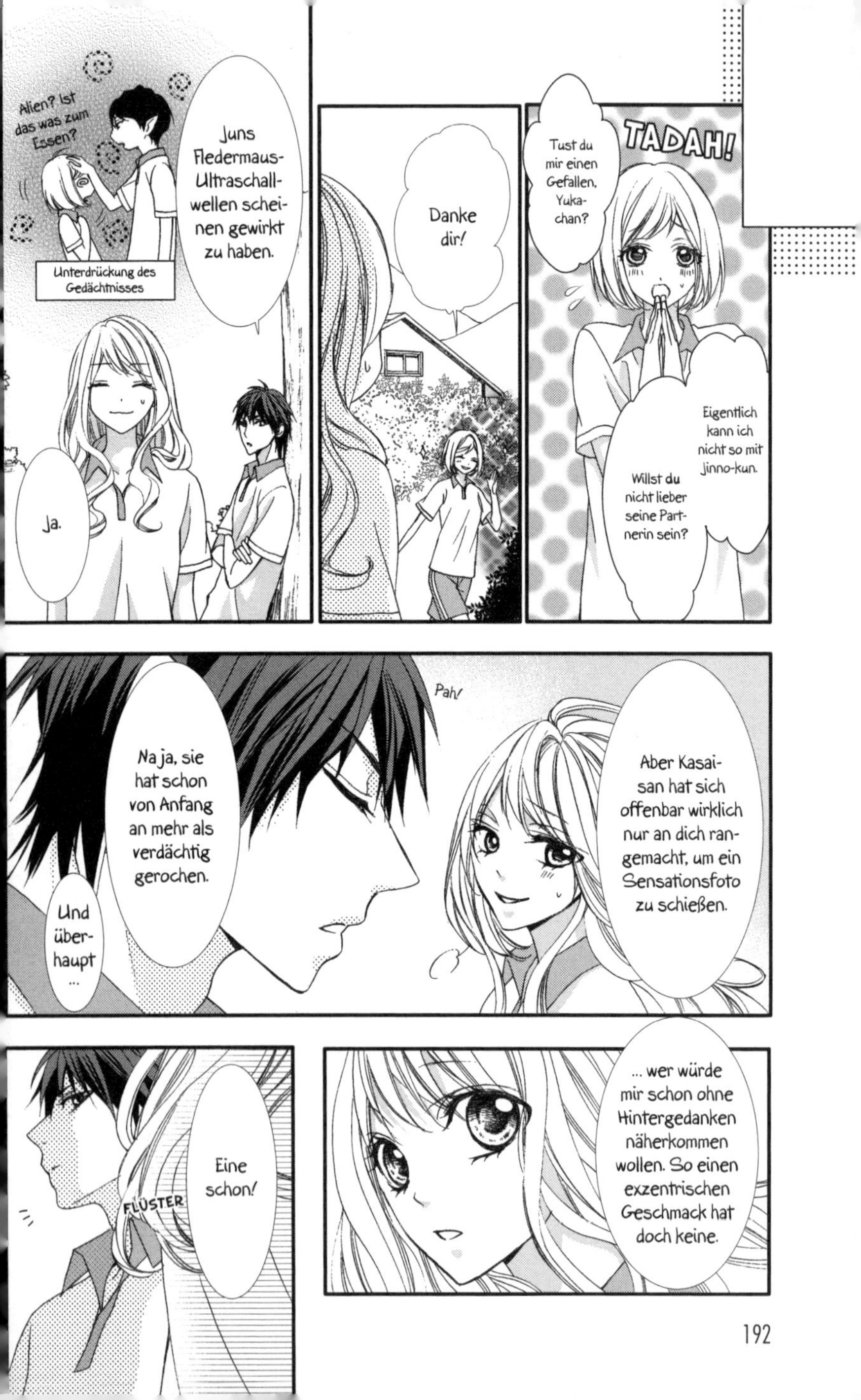

TADAH!

Tust du mir einen Gefallen, Yuka-chan?

Eigentlich kann ich nicht so mit Jinno-kun.

Willst du nicht lieber seine Partnerin sein?

Danke dir!

Juns Fledermaus-Ultraschallwellen scheinen gewirkt zu haben.

Alien? Ist das was zum Essen?

Unterdrückung des Gedächtnisses

Ja.

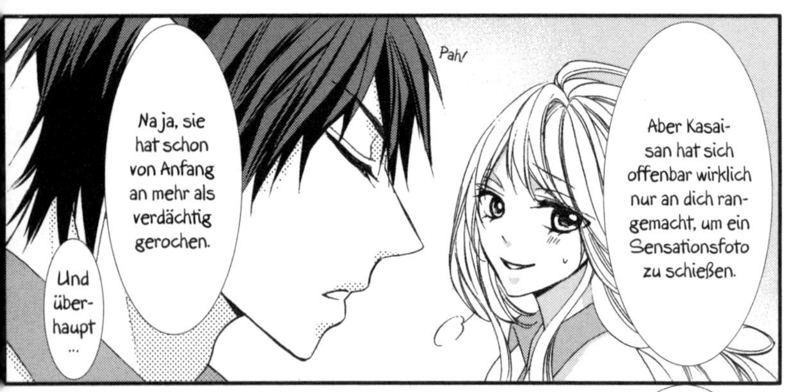

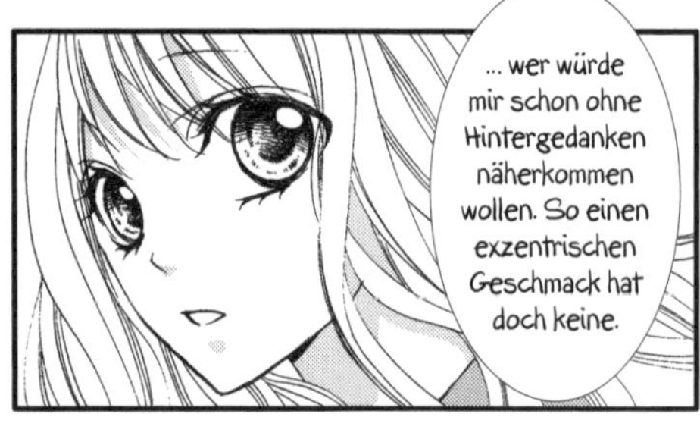

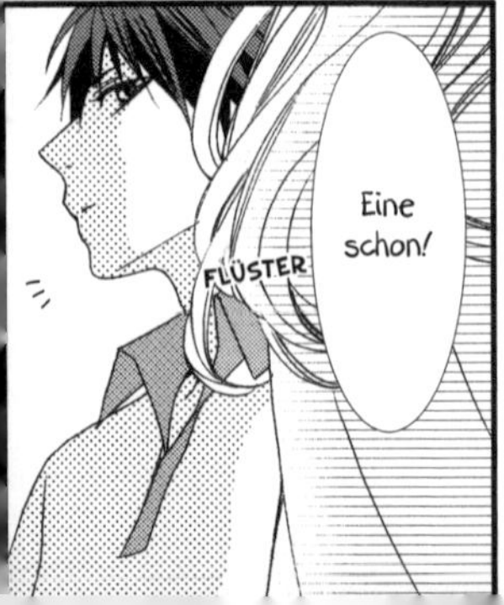

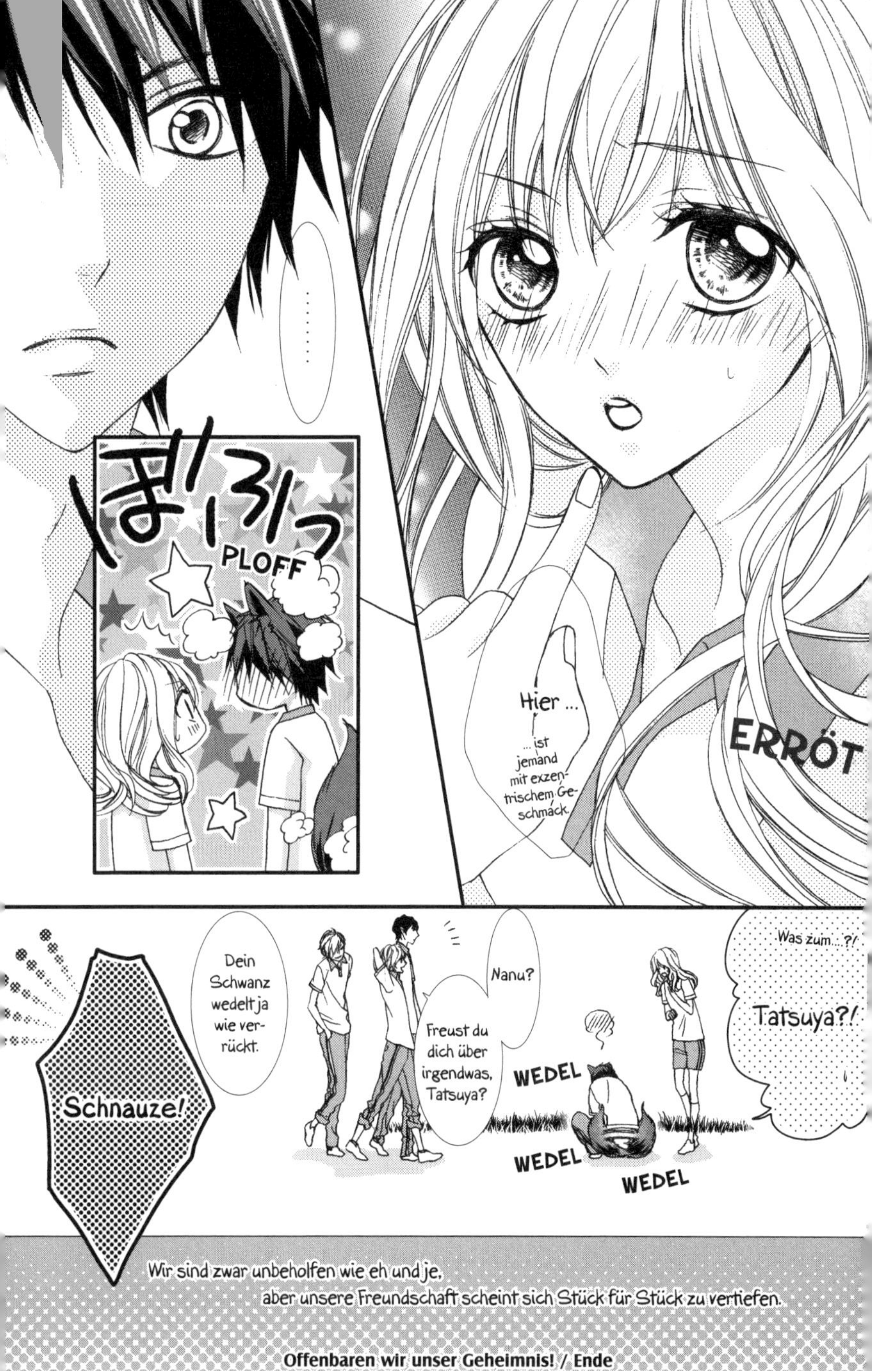

Hier ...
... ist jemand mit exzentrischem Geschmack.
ERRÖT
......
PLOFF
Was zum ...?!
Tatsuya?!
WEDEL
WEDEL
WEDEL
Nanu?
Freust du dich über irgendwas, Tatsuya?
Dein Schwanz wedelt ja wie verrückt.
Schnauze!
Wir sind zwar unbeholfen wie eh und je,
aber unsere Freundschaft scheint sich Stück für Stück zu vertiefen.
Offenbaren wir unser Geheimnis! / Ende

Und wenn
ich dich
lieben
würde?

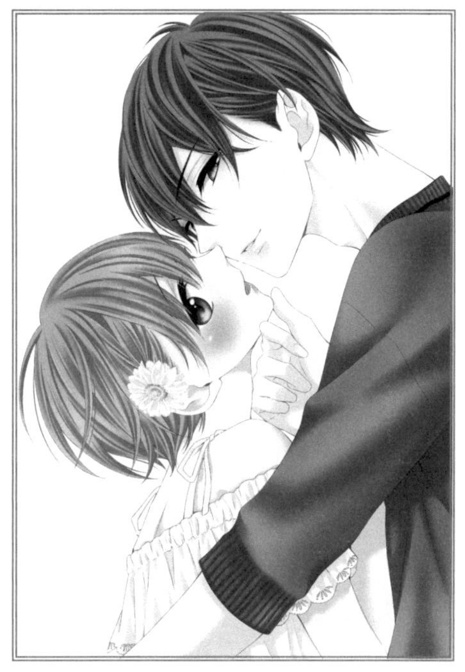

Message der Autorin

In letzter Zeit sammle ich handgemachte Gegenstände. Vor allem Miniaturlebensmittel und Fake-Sweets haben es mir angetan ...! Diese ganzen noch so kleinen Details und die Liebe, mit der jedes einzelne Stück angefertigt wurde, erheitern meine Seele.

Yuki Shiraishi

MEINE WUNDERBAREN BRÜDER

Yuki Shiraishi

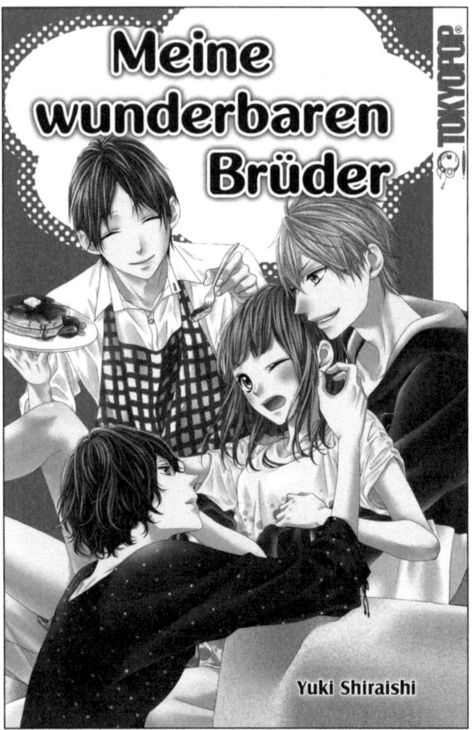

Wie zwischen drei schillernden weißen Schwänen ...

Ayumus ältere Brüder Sou, Daichi und Yuto sind fürsorgliche, gut aussehende Jungs und starke Persönlichkeiten. Die drei bedeuten ihr sehr viel, doch neben ihnen fühlt sie sich wie ein minderwertiges hässliches Entlein. Ihre Brüder versuchen sie vom Gegenteil zu überzeugen, aber die Frage, warum sie so anders ist als sie, lässt sie nicht los.

DIE MIT DEN WÖLFEN SPIELT

Yuki Shiraishi

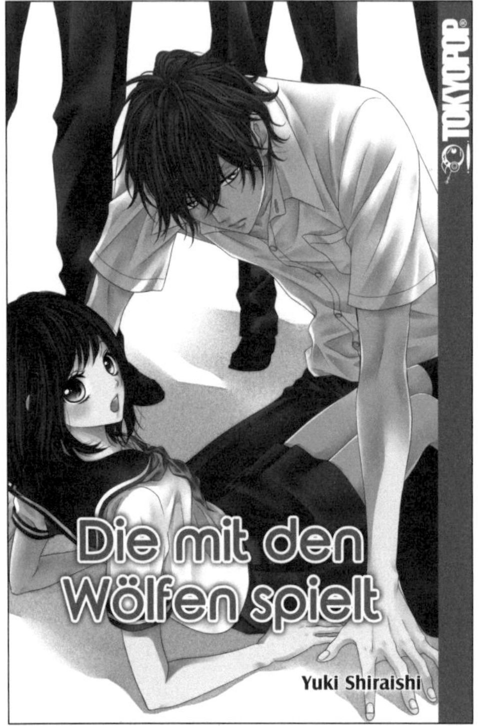

Aus der Feder von Yuki Shiraishi *(Fesseln der Liebe)*!

Keiji kommt neu an die für ihre rauen Sitten berüchtigte Origawa-Highschool für Technik. Dort lernt er Nozomi kennen, das einzige Mädchen und Anführerin seiner neuen Klasse, die eher einem Schlägertrupp gleicht. Hartnäckig versucht Nozomi, ihn zu überzeugen, sich am Klassenprojekt zu beteiligen: der Konstruktion eines Wagens für die landesweite Motorenmeisterschaft. Nach anfänglichen Schwierigkeiten nähern die beiden sich an, doch Nozomi ist kein gewöhnliches Mädchen ...

ATEMLOSE LIEBE

Kanan Minami

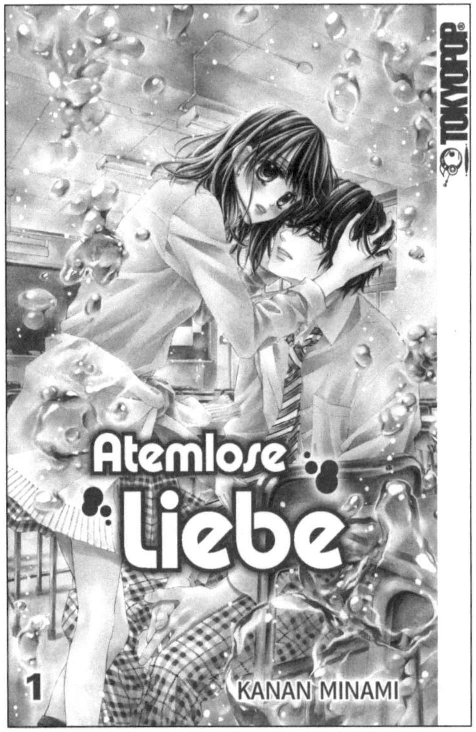

Endlich Highschool – endlich einen Freund?!

Yuka hat sich vorgenommen, auf der Highschool einen Freund zu finden. Dafür schließt sie sich den beliebten Mädchen an, obwohl sie mit ihnen im Grunde gar nichts anfangen kann. Sie verliebt sich auch prompt in den coolen Kentaro, doch der scheint gar kein Interesse an ihr zu haben. Trotzdem hilft er ihr immer wieder aus der Patsche ...

ZU JUNG FÜR DIE LIEBE?

Kanan Minami

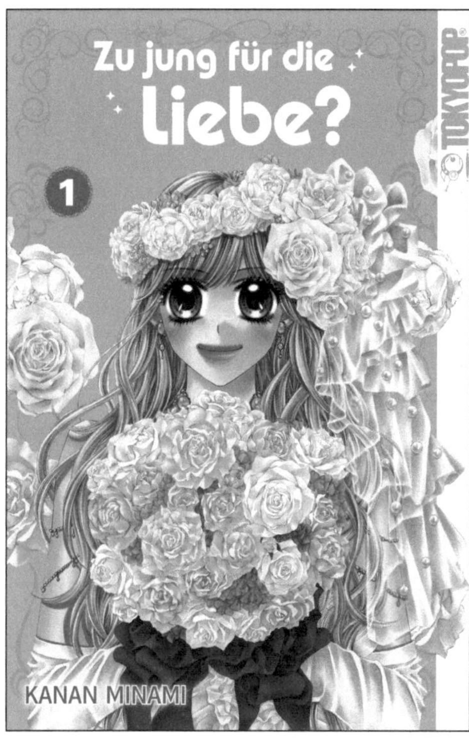

Liebesglück mit Hindernissen!

Die verwöhnte Karin soll mit zarten sechzehn einen Freund der Familie heiraten! Als sie erfährt, dass es sich um den gut aussehenden Nao Tsurugi, den Mädchenschwarm der Schule, handelt, willigt sie aber schnell in die Hochzeit ein. Doch bald danach ist Naos Freundlichkeit verschwunden und Karins Leben hat nichts mehr damit zu tun, was sie sich vorgestellt hat ...

VERLIEBT IN PRINZ UND TEUFEL?

Makino

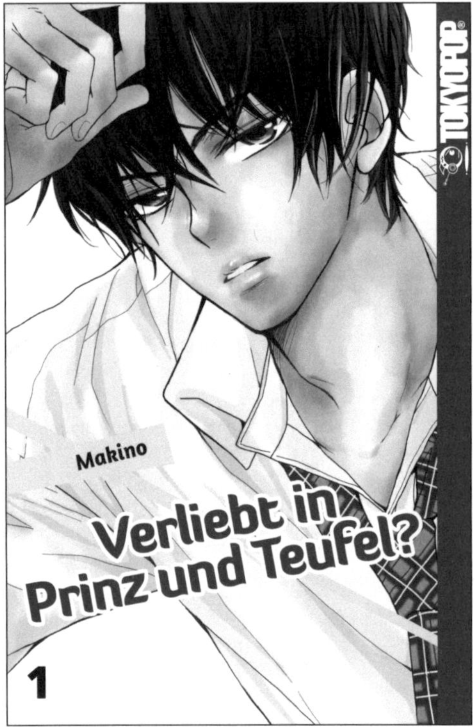

Traumprinz vs. heißer Bösewicht

Für die Highschool hat Yu es zu ihrem Ziel erklärt, mit dem Schwarm der Schule (bekannt als der »weiße Prinz«) zusammenzukommen. Doch dabei gerät sie immer wieder mit dessen düsteren, unfreundlichen Kumpel, schulbekannt als der »schwarze Teufel«, aneinander. Zwischen ihm und Yu entsteht eine Hassliebe, bei der keiner bereit ist, klein beizugeben. Und plötzlich ist Yu sich gar nicht mehr so sicher, in wen sie eigentlich verliebt ist ...

LION AND BRIDE

Mika Sakurano

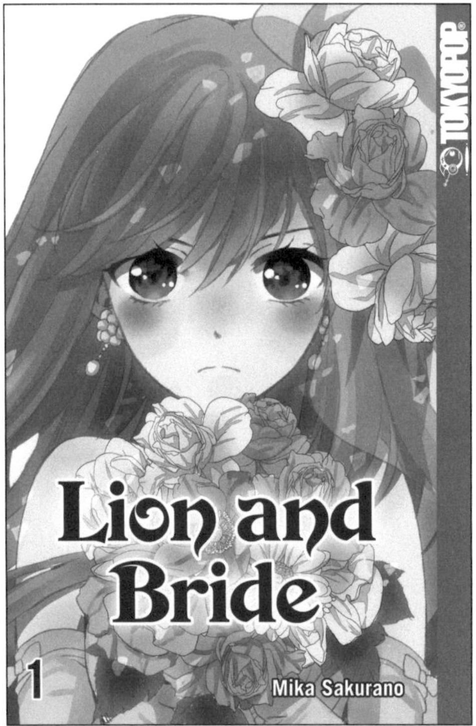

Schülerin, Ehefrau ... Mutter?!

Yua und ihr Lehrer Ryota sind unsterblich ineinander verliebt. Da die beiden schon länger von einer gemeinsamen Familie träumen, geben sie sich schließlich das Jawort und ziehen zusammen. Doch schon am ersten Tag als frischgebackenes Ehepaar gesteht Ryota seiner Frau, dass er einen Sohn hat. Und der ist ausgerechnet ein Klassenkamerad von Yua ...

HAUSARREST AB 19:00!

Kozue Chiba

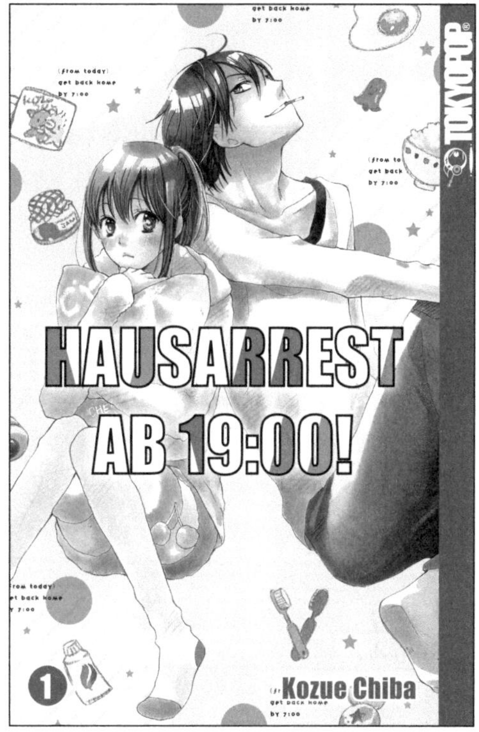

Er und ich ... unter einem Dach?!

Nach dem Tod ihrer Mutter ist Toka ganz auf sich allein gestellt – zumindest denkt sie das. Denn plötzlich sitzt ein Fremder in ihrem Haus, der rotzfrech behauptet, von nun an ihr Aufpasser und ihre Haushaltshilfe zu sein! Am liebsten würde Toka diesen Typen hochkant rauswerfen. Aber dann erfährt sie, dass er auf Wunsch ihrer Mutter da ist, und lässt sich auf eine WG mit ihm ein ...

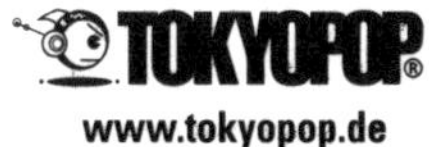

www.tokyopop.de

STOPP!

Dies ist die letzte Seite des Buches!
Du willst dir doch nicht den Spaß verderben
und das Ende zuerst lesen, oder?

Um die Geschichte unverfälscht und originalgetreu mitverfolgen zu können, musst du es wie die Japaner machen und von rechts nach links lesen. Deshalb schnell das Buch umdrehen und loslegen!

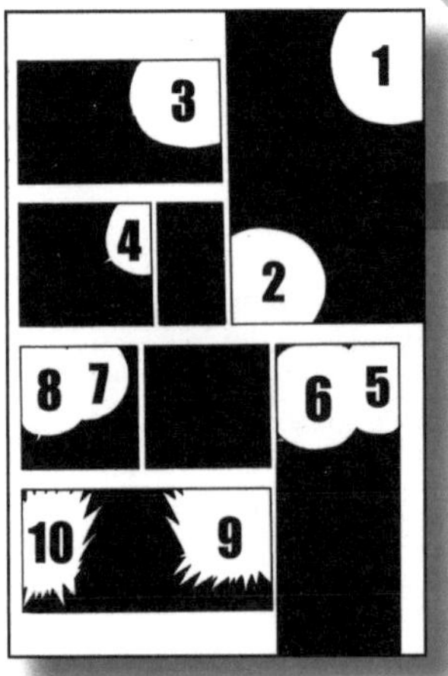

So geht's:

Wenn dies das erste Mal sein sollte, dass du einen Manga in den Händen hältst, kann dir die Grafik helfen, dich zurechtzufinden: Fang einfach oben rechts an zu lesen und arbeite dich nach unten links vor. Viel Spaß dabei wünscht dir TOKYOPOP®!